权威·前沿·原创

皮书系列为
"十二五""十三五"国家重点图书出版规划项目

媒体融合蓝皮书

BLUE BOOK OF
MEDIA CONVERGENCE

中国媒体融合发展报告
（2019）

ANNUAL REPORT ON CULTURAL DEVELOPMENT OF MEDIA
CONVERGENCE IN CHINA (2019)

北京市新闻工作者协会／编
梅宁华　支庭荣／主编

社会科学文献出版社
SOCIAL SCIENCES ACADEMIC PRESS (CHINA)

图书在版编目（CIP）数据

中国媒体融合发展报告. 2019 / 北京市新闻工作者
协会编. -- 北京：社会科学文献出版社，2019.1（2019.10 重印）
（媒体融合蓝皮书）
ISBN 978 - 7 - 5201 - 4018 - 8

Ⅰ. ①中… Ⅱ. ①北… Ⅲ. ①传播媒介 - 发展 - 研究
报告 - 中国 - 2019 Ⅳ. ①G219.2

中国版本图书馆 CIP 数据核字（2018）第 278507 号

媒体融合蓝皮书
中国媒体融合发展报告（2019）

编　　者 / 北京市新闻工作者协会
主　　编 / 梅宁华　支庭荣

出 版 人 / 谢寿光
项目统筹 / 陈　颖　薛铭洁
责任编辑 / 薛铭洁　周爱民

出　　版 / 社会科学文献出版社·皮书出版分社（010）59367127
　　　　　　地址：北京市北三环中路甲 29 号院华龙大厦　邮编：100029
　　　　　　网址：www. ssap. com. cn
发　　行 / 市场营销中心（010）59367081　59367083
印　　装 / 三河市东方印刷有限公司

规　　格 / 开本：787mm × 1092mm　1/16
　　　　　　印张：25.5　字数：418 千字
版　　次 / 2019 年 1 月第 1 版　2019 年 10 月第 2 次印刷
书　　号 / ISBN 978 - 7 - 5201 - 4018 - 8
定　　价 / 128.00 元

本书如有印装质量问题，请与读者服务中心（010 - 59367028）联系

《中国媒体融合发展报告（2019）》
编委会名单

主编简介

梅宁华　历任中共北京市委宣传部宣传处干部、副调研员、副处长、处长。中共北京市丰台区委常委、宣传部部长，区委副书记。1997 年 10 月起历任北京市文物事业管理局党组书记、局长，北京市文物局党组书记、局长。2006 年 3 月任北京日报社党组书记、社长，北京日报报业集团社务委员会主任委员。2006 年 10 月任中国记协第七届理事会副主席。2014 年 7 月任北京市记协第七届理事会主席。2014 年 9 月任北京新闻道德委员会主任。第十一届全国人大代表。

支庭荣　中国人民大学传播学博士、北京大学管理学博士后、宾夕法尼亚大学安伦伯格传播学院访问学者。现任暨南大学新闻与传播学院教授、执行院长。入选教育部新世纪优秀人才支持计划、广东特支计划宣传思想文化领军人才。国家社科基金重大招标项目"互联网群体传播的特点、机制与理论研究"（批准号为 15ZDB142）首席专家、教育部"马克思主义理论研究和建设工程"教材编写专家、教育部评估中心本科专业认证专家。独著或参与成果中，入选"十一五""十二五"国家级规划教材 3 部，获教育部高校人文社科优秀成果三等奖、教育部全国优秀教材二等奖、广东省哲学社科优秀成果一等奖和二等奖、广东省教学成果一等奖、中国新闻奖三等奖。2016 年、2017 年获中国传媒经济年度观点奖。

摘　要

2017～2018 年，堪称我国媒体融合由相"加"迈向相"融"的转折点，由单体融合、各自融合迈向区域融合、整体融合的关键点，由企业云建设迈向媒体云建设的新起点。我国媒体融合已由形式融合、内容融合一跃而升级至以体制机制融合为主要特征的融合 3.0 时代。

本报告主体分为五个部分，分别是总报告、探索篇、区域篇、评价篇、借鉴篇和附录。在总报告部分，主要描述了中国媒体行业进入融合 3.0 阶段的新进展、新动能，实现进一步突破面临的新挑战与正在呈现的新特征。在报告中，课题组引用了一些全国代表性媒体的具体数据，以及业界人士与课题组进行交流时提出的意见和建议。总报告重点阐释了"融合 3.0"阶段的主要特征，所取得的成效及其中存在的困难和问题。

概括起来，最近一年我国媒体融合呈现如下几个鲜明的新特征。

一是从被动融合到主动作为。向移动端的转移甚至倾斜不是随波逐流，不是偶或为之，而是刻意推进，是奋发有为的具体表现。

二是从做新如新到做旧如新。最初的媒体融合探索，主要是做新媒体，做增量。在升级的过程中，从增量到存量，改革向深层次突破。

三是从点线带动到全面突破。经过数年的努力，我国媒体融合由量的积累到质的变化，从点线突破到面的推进，对我国媒体行业整体而言既是一次剧烈的转型，也将是一次成功的跨越。

四是从借船出海到造船出海。在造船出海方面，媒体的自主可控平台化建设出现了许多新标杆，如川报集团的封面传媒、湖北广电的长江云、广东广电的触电新闻等。媒体一方面积极扩大影响力，借道各大商业平台进行信息分发；另一方面更为重视客户端、云平台和全媒体指挥调度中心建设并取得成效，进一步掌握了主动权，提升了传播力。

是做媒体矩阵还是做媒体平台？做一个端还是 N 个端？做门户还是做垂

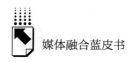

直，对于很多媒体单位来说，下决心并不容易。但是平台建设的意义不可低估。一段时间以来，互联网和商业平台的冲击事实上危及媒体作为渠道控制者和入口把关者的地位。建立在自主平台基础上的媒体融合发展或许还不太可能消弭与商业平台及用户创造内容之间的一些流量上的差距，但是可以植根于权威信源和区域优势，成为舆论场上坚不可摧的主流阵地。

从全国各地媒体的经验来看，平台化发展受到空前的重视。平台化有利于实现"四个可控"。一是阵地可控，对于内容的策采编发及之后的传播全程主导，对于入驻平台的政务号建立起了相应的制度规范。二是技术可控，平台的关键技术和迭代能力掌握在自己手里。对于核心技术人才，多数采用与市场接轨的激励机制引人留人。对于研发的技术成果，则组建公司进行应用转化，以项目养团队。三是数据可控，关于用户的数据、传播效果的数据能够拿得回来，还能进行新闻大数据、舆情大数据、智慧城市大数据的业务开发。四是经济可控，可以增强"造血"功能，有利于测算并控制运营成本，找到盈亏平衡点。

与此同时，关于我国媒体融合的进展情况，各地各媒体差异甚大。在经济发达地区，媒体融合第一方阵虽然困难依旧不少，但突破也不少，成绩显著，取得了不少成功的经验。在经济较发达地区，媒体融合第二方阵紧紧学习跟随先进，各有一些突出的亮点，也各有一些隐忧。在经济欠发达地区，媒体融合第三方阵在理念、观念上还存在不小的阻力，在行业低迷的环境下有待下定决心，加快步伐。

在探索篇部分，对最近一年来国内外相关理论研究的最新成果进行了概括，同时探讨了近一年来成为热点的区县融媒体中心建设、媒体智库建设，以及短视频行业的情况，并从"今日头条"的视角对"算法＋"背景下如何做内容，进行了一些思考。

在区域篇部分，选取了部分行政区，包括北京、天津、吉林、江苏、上海、浙江、四川、重庆、甘肃、湖南、湖北、广东等省、直辖市及深圳特区，分析了这些区域内媒体融合的新做法、新经验以及存在的问题和对策。

在评价篇部分，课题组邀请专家学者评选出了2017～2018年度中国媒体融合先锋榜和融合发展领军人物排行榜，并对部分媒体的融合指数根据专家打分情况进行了综合评价，以实现行业标杆的示范引领作用。

本报告附录部分从政策规划、新技术、新产品、新平台、会议与论坛、战略合作等角度，整理了最近一年来媒体融合发展大事记，力求全面系统地呈现我国媒体融合留下的印记。

《中国媒体融合发展报告》已连续出版八年。与往年的报告相比，本报告除了情况、数据、观点的更新外，还具有以下一些特色。

一是关注行业整体的真实生态。课题组通过对19个城市50多家媒体的实地探访，了解了很多一手的情况，深为一线传媒人坚定的理想和信念所感动。同时，也注意到一些经济比较不景气地区的媒体特别是地市一级媒体，需要获得更多的扶持，也应找到更多的办法。

二是从"整合融通"的角度来阐释融合。整合是机构要整合、区域要整合、市场要整合。融通是技术要打通、机制要打通、管理要打通。媒体融合经历了"穷则变，变则通"，当下则应着重整而合、融而通。媒体融合经历了数年从上到下的努力，已经看准了方向看见了曙光。

三是对融合指数的评价方法进行了试验性探索。对于整个媒体行业的评价需要采集大量的数据，工程过于浩大。课题组从实际出发，以面向专家的问卷调查为主要手段，进行了初步尝试。那些得分高的媒体，其实也有困惑；那些相对得分低的媒体，其实也颇有心得。因此结果并不重要，重要的是全行业全社会齐心协力，让中国传媒的未来更美好。

关键词：媒体融合　融合3.0　平台型媒体　县级融媒体中心　媒体智库

前　言

梅宁华

　　2017～2018 年，是中国媒体融合进程中极其重要的关键节点。从课题组 2018 年 6 月至 8 月对全国 19 个城市约 50 多家媒体的逐一实地调研结果看，以融媒体指挥中心（或者"中央厨房"）和"N 微 N 端"为标配，以"新闻＋政务＋服务"的云平台建设为契机，以新闻策采编发全流程再造为核心，以媒体内部考评奖惩机制创新为突破口的中国媒体融合实践，正在大踏步地跨越从起步变为起跑、从势能转化成动能这一重要的历史阶段。

　　在这波澜壮阔的一年中，关于媒体融合发展路径的讨论仍然比较激烈。正如我们推动一辆重载列车，启动当然很困难。但是，速度提起来以后，速度越快动能越大，这就对把握好方向和节奏提出了更高的要求。在众说纷纭之中，关于媒体融合的价值观和基本逻辑问题特别值得重视。如果媒体融合的价值观和基本逻辑搞不清楚，就会使媒体融合实践的方向发生偏离，速度越快，动能越大，后果也就越严重。在当下这个重要的时间关口，我认为，把以下几个问题搞清楚，十分必要。

　　第一，互联网思维是什么？面对互联网与新媒体的发展，习近平强调要运用和强化互联网思维，推动传统媒体和新兴媒体融合发展。现在阐述互联网思维的说法很多，但我认为，最根本的是三条：第一条，互联网思维是最彻底的革命性思维（创新），互联网思维不仅革别人的命，革自己的命也毫不客气。互联网时代，不进步就消亡，这一点做到极致。第二条，互联网思维是最广泛的普惠性思维（共享），它至少在 IP 层面基本实现了人人平等。人人都有麦克风，人人都有话语权成为现实，大众创业、万众创新、共享经济成为可能。第三条，互联网思维是最智慧的技术性思维（智能），互联网催生了大数据和人工智能，技术创新的速度也越来越快，技术应用的门槛越来越低，新闻传播业发展的空间也越来越大。一些同志之所以对媒体融合的前途没有信心，就是没

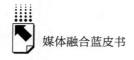

有掌握互联网思维的本质，也就谈不上运用互联网思维来解决融合发展中遇到的问题了。

第二，新闻传播的核心功能是什么？根据马克思关于"社会变动产生信息需求"的观点，社会的发展变化导致人们的信息需求越来越丰富、多样，新闻传播与人们的生存、发展，社会的文明、进步的关系也越来越紧密和重要。从这个角度看，新闻传播的核心功能就是适应社会发展变化，最大限度地满足人们丰富多样的信息需求，以帮助人们实现美好生活的愿景，进而促进社会的文明进步。人们满足信息需求的渠道当然不仅限于新闻传播，但新闻传播是其中最真实、最可靠、最丰富、最鲜活、最便捷的方式。新闻传播的核心功能决定了新闻传播的终极目标是传播价值的最大化，而不仅仅是传播数量的最大化和传播者收益的最大化。

第三，媒体是什么？我认为，新闻传播的核心功能决定了新闻信息的传播者（媒体）必然具有高度社会化（分工与组织）、高度现代化（技术与智慧）、高度专业化（道德与规范）的属性。媒体必然是由一些具有专业素养和专业能力的人组织起来，承担起足够广泛的事实采集、足够精细的信息加工、足够丰富的内容发布的社会责任。媒体作为有组织、有效率、有责任的机构，为了追求传播价值最大化，承担其社会责任，就一定要紧跟社会和技术的进步，不断改进传播方式、提高传播效率，不断提升传播力、引导力、影响力、公信力。因此，媒体不会消亡，甚至，社会越是发展，技术越是进步，人们对媒体的需求和依赖就越大，而不是相反。

第四，媒体机构与商业机构的区别是什么？新闻传播的核心功能与媒体机构的社会责任决定了媒体机构必然奉行与商业机构不同的价值观和逻辑。首先，媒体机构对社会负责，奉行社会责任至上；商业机构对资本负责，奉行利润至上。其次，媒体机构遵从传播规律和逻辑；商业机构遵从市场规律和逻辑。通俗一点说，媒体机构是大势见得早，机会抓得巧，影响大才好，责任忘不了，哪里有人群，传播就延伸到哪里，哪里有舆论，引导就要扩展到哪里；商业机构是无利不起早，机会抓得牢，来钱快才好，利润忘不了，哪里有机会，资本就扩张到哪里，哪里有利润，竞争就扩展到哪里。当下，有的媒体人感叹：媒体不再只是媒体，被默认成公关公司、策划公司、营销公司等商业机构，最终稿子写得如何并不重要，重要的是你能否挣到钱！这些困惑就在于一些人在心目中混淆和模糊了媒体机构与商业机构的区别。

上述几个问题搞清楚了，对于媒体融合发展过程遇到的问题和困难，我们就掌握了分析和解决问题的思想工具。技术进步带来了舆论环境和媒体生态的深刻变革，面对这样的变革，既要顺势而为，又要不忘初心，把握好变与不变的关系，就能辨明方向，掌握规律，谋定而动，就能比较好地实现融合发展。

如果我们弄清了媒体融合的基本逻辑，我们就会更充满信心，更加自信地坚守新闻传播的价值理念，更加自觉地掌握和运用新闻传播规律，不断地扩大主流舆论阵地，追求新闻传播价值的最大化。我们就更能保持定力，更加有动力去探索媒体融合的合理路径，形成百舸争流、千帆竞渡的融合发展新局面。我们就更加有魄力，去"推动各种媒介资源、生产要素有效整合"，"推动传统媒体和新兴媒体在内容、渠道、平台、经营、管理等方面的深度融合"，在"创新理念、内容、体裁、形式、方法、手段、业态、体制、机制"方面开辟一条康庄大道来。

当下，一些报纸停刊，不需要恐慌，在迭代迅猛的互联网行业，每天也有很多企业新陈代谢。传统媒体的广告收入断崖式下跌，不需要恐慌，中国广告产业的总规模仍在持续增长。在商业互联网巨兽面前，不需要自卑，若把全国的媒体行业加在一起衡量，不管在体量上还是影响力上，差距并没有想象中的那么大。在新技术面前，不需要自卑，归根结底技术是人掌握的，我们媒体人最擅长的不就是做人的工作吗？从芒果 TV 到长江云，实践已经证明了，媒体融合发展是一条生路而不是死路，而且是传统媒体凤凰涅槃的必由之路。

当然，通过调研，我们也清醒地看到，目前各地媒体融合实践中，困难和问题也还不少，主要有以下几个方面。

一是投入不足的现象还比较普遍。互联网是"三高"产业，高技术、高投入、高风险。即便是一些党委政府部门对媒体融合提供了一些支持，由于投融资机制的限制，目前我们对媒体融合的投入与商业互联网公司相比较，仍然是杯水车薪。由于媒体融合是一项长期的不断发展的过程，完全靠财政支持难以为继，也不具备可持续性。

二是对高端融合型人才的吸引力不足的问题仍然比较突出。囿于编制、薪酬待遇等体制、机制的限制，留不住人，几乎是所有媒体面临的难题，即使是效益比较好的媒体，也同样无可奈何。传统媒体在某种程度上成了商业互联网

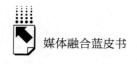

公司的"蓝翔技校"。

三是产品研发和运营的能力亟待提高。相较于商业互联网公司善于和重视产品研发和运营管理，传统媒体产品研发和运营管理的经验和观念偏弱，面对新闻传播社交化、互动化、分众化、多样化的认识还不够深刻。特别是互联网巨兽在数据、流量、用户资源等方面居于垄断地位的市场环境下，传统媒体在产品研发和运营管理方面的能力明显偏弱。

四是跨媒体、跨地域融合还有若干难题。条块分割、画地为牢的情况仍然常见。一些地方虽然把一些媒体捆绑在一起，但管理、运营、采编仍然自成体系、各自为政，并没有实现媒介资源优化配置、生产要素有效整合。"拉郎配"不仅没有抱团取暖，反而成了抱团贫困。

五是媒体内部资源优化配置方面还需要加大力度。一些媒体虽然建立了"中央厨房"，但仍然各用各的锅，各做各的菜，还没有发挥出"中央厨房"集团化采购、流水线生产、订单化分销的优势。在策采编发机制上没有发挥出聚合效应优势，没有实现降低成本和提高效率的目标。

六是在监管方面，传统媒体包括传统媒体举办的新媒体，并没有享受"国民待遇"，或者说对商业互联网公司的监管还没有做到一把尺子量到底。

困难虽然不少，但更大的希望在前方。总体来看，中国媒体融合发展已经跨越了艰难的起步期，进入了快车道，大势已成，势不可当。可以相信，未来的几年必将是中国媒体融合发展的开创新局阶段。

《中国媒体融合发展报告》与中国媒体同呼吸，与中国媒体融合的伟大实践共命运。在此，特别感谢全国各省、直辖市、自治区党委宣传部门和记协组织，以及杭州、上海、南京、合肥、长沙、武汉、重庆、成都、西安、兰州、石家庄、天津、沈阳、长春、广州、深圳、南宁、贵阳、北京19个城市的50余家媒体和阿里巴巴、腾讯、新浪微博、今日头条、喜马拉雅等互联网企业为《中国媒体融合发展报告》课题组所提供的大力支持和交流的宝贵经验。这些经验，是全国媒体行业不可多得的宝贵财富。

目　录

Ⅳ　评价篇

Ⅴ　借鉴篇

Ⅵ　附　录

皮书数据库阅读**使用指南**

总 报 告

General Report

B.1

迈向融合3.0——2017~2018年中国媒体融合发展的成就、动能、挑战与趋势

课题组 *

摘　要： 2017~2018年，我国媒体行业成绩亮眼，传统媒体与新媒体各自表现不俗，并走向深度融合。传统媒体转型步伐加大，新媒体考核占比越来越重，营收增长迅速，看到亮光。中央广播电视总台完成内部整合正式亮相，各地大力推进省市县融媒体中心建设。移动直播、短视频和音频应用成为新的城市宣传窗口，人工智能与大数据助力内容生产模式个性化、精准化。在取得新成就的同时，我国媒体融合也面临新挑战，

---

* 执笔：支庭荣，暨南大学新闻与传播学院教授；汪金刚，暨南大学新闻与传播学院博士生；罗敏、胡帅、袁贝宁，暨南大学新闻与传播学院硕士生。报告中引用的业界专家观点均根据课题组在全国19个城市媒体或商业平台的座谈记录整理而成。在此谨向参加交流座谈的所有媒体领导、中层骨干及各地记协特别致谢。

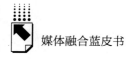
呈现了若干新趋势。

关键词： 媒体融合　融合3.0　报网端融合　版权收入　整体解决方案

从 2014 年媒体融合元年开始，我国媒体全行业进入了勇敢应对新媒体时代挑战、以先进技术为支撑、以内容建设为根本、内容平台渠道经营管理多点全方位创新的大转型、大融合、大发展的新阶段。2017～2018 年，我国媒体融合进入了"多点突破期"，跨入了融合 3.0 时代。

转型首先是转场。从传统端、PC 端到移动端，从自有平台到第三方平台，要实现战场的转移，要适应战场的转移。面向终端用户，移动优先战略，在经营环境相对较好的媒体中，都已得到坚决有力的贯彻。

融合首先是融通。包括打破块状结构，打通生产端与分发端，打通不同子媒体之间的稿库、流程和经营平台，理顺招聘、考核、激励机制，将新媒体部门的地位提升上来。这一步的融通也正在陆续实现。

发展首先是找到新方向、新动能、新希望。用好用足各项支持政策，抓住市场不放松，政策和市场两手都要硬。止跌企稳或稳中有增的趋势在经济较为发达的地区、融合进展较为顺利的地区已日益明显。

媒体融合是我国主流媒体掀起的一场"内容端供给侧结构性改革"。以超级商业平台和品牌自媒体为竞争对象、赶超对象，以缩减相对落后的传统介质新闻产能来调节新媒体内容的生产，以移动"互联网＋"内容来超越"内容＋"互联网的原有战略，我国媒体行业正在迎来又一轮越冬迎春。

一　我国媒体融合发展的十大新成就

2017～2018 年，我国媒体融合在攻坚克难中蹚过"深水区"。各大媒体集团在党委政府的支持下，在内外部环境和压力的逼迫下，在改革创新的实践中不断规划、不断总结、不断推进，努力行稳致远。总体上亮点纷呈，主流媒体形成积极向好多点突破的喜人态势。

（一）从上到下融合逐步向深度广度推进

我国媒体的融合创新实际上采取了"从增量到存量"的渐进方式，第一步开始的是新媒体端的创新，通过增量投入在互联网世界中进行定位，寻找新突破点。传统媒体不做新媒体，影响力得不到延续，价值大打折扣，将失去连接能力。第二步是一边向移动端倾斜，一边进行传统媒体自身的创新，包含内容、形式、技术手段方面的创新等，必须跟上去。第三步是传统媒体和新媒体的融合创新，比如实现报端一体。那些进展较快的媒体，纷纷跨出了第三步。即便进展较慢的媒体，第一步也迈开了不小的步伐。

在中央级媒体中，人民日报社以人民网作为媒体融合的旗舰和主要突破口，形成了全媒体矩阵。人民日报媒体矩阵共计拥有7.8亿用户，其中人民网日均覆盖2.5亿用户。2017年8月，人民日报社依托"全国党媒信息公共平台"，再次谋划内容生态系统的升级，通过与其他地方性媒体合力构建党媒传播矩阵，达成内容资源在各个传播端口的互相引流，增强了传播力，也实现了从单个媒体集团的内部融合向行业融合的跨越。2017年底，自有平台人民微博平台用户量达3000多万人。人民日报社继续推进"中央厨房"建设，一方面，在"中央厨房"大厅进行了2018年全国两会报道指挥调度，报社35个部门近300名编辑记者在做好本职工作的同时，组建起40多个融媒体工作室，开展跨部门协作；另一方面，向全国扩张其"记者一次采集信息、厨房多种生成产品、渠道多元传播给用户"的模式，且在全国落地《人民日报》数字大屏2万块。

中央电视台除了央视网、央视新闻客户端之外，2017年2月起大力建设央视新闻移动网，做"央视新闻＋"，意在整合全国资源，将UGC作为重要内容来源，搭建起又一自有平台，全盘掌控新媒体核心数据，把用户抓在手中，与商业平台相抗衡。入驻矩阵号已达330多家，包含190多家地方电视台和80多家其他媒体和机构，已累积用户1300万人。

更为重要的是，2018年4月19日，中央电视台、中央人民广播电台、中国国际广播电台合三为一，组建了中央广播电视总台，开始了从信源采集、编辑播发到宣传推广的"全流程融合"的新征程。这是中央打造现代新型主流媒体的重大战略部署，也是国家层面对媒体融合转型的一张顶层设计新蓝图。音频视频

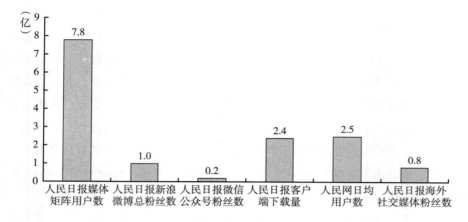

图1 人民日报社媒体融合成绩单（截至2018年6月）

共振，大屏小屏聚合，央媒融合的速度将更快，范围将更广，程度将更深。

在省级报业传媒，传播量、传播力都在不断增长。虽然纸质传播重回巅峰已属不可能，一张报纸已很难靠得住，依托原有资源，另辟新路生路，既是生存和发展的需要，也契合地方领导对传播的要求。

湖南日报报业集团在客户端上线后，最近两年走出了这样的三步：第一步是建设"中央厨房"，实现全媒体采编流程的再造；第二步是报网端融合（"湖南日报＋华声在线＋新湖南客户端"）；第三步是在前两步的基础上，实现全报社全集团的融合。其中核心层（报网端微）的深度融合放在首位，然后推进到一些关联子报的融合。浙江日报报业集团一方面走出了独具特色的产业突围之路，同时也在"内容＋覆盖"两方面下功夫，以地域特色占据本地市场，此外还竭力打破线性信息生产方式和线性"中央厨房"的局限，推动自己的融合进程。

全国的都市报大多处于断崖式下滑的轨迹中。例如《华西都市报》2011年利润达3.2亿元，2015年仅为6000万元，2017年再跌为3000万元。《扬子晚报》表现尚好，其广告版面较多，不过成本大大上升了，现在的广告必须包含举办各种线下活动和新媒体客户端的打包推送。《北京青年报》正在探讨做"独立App"。2017年7月《法制晚报》上线了"看法"，用户量几百万人，北青传媒广告部也打造了"北京头条"，两个客户端加起来用户不到1000万人。2018 年，《北京青年报》准备上线"北青"独立 App，试图举集团之力，打造北青自有综合融媒体平台，也是集团唯一的综合客户端，将客户端与北青网打通，将内容与生产经营打通，再一次寻求逆境中的突围。

在省级广电传媒，以打散频道制、突破块状分割转向中心制为一大亮点，在日常运作实体运作中不断探索与广电运营机制相适应的新路径，当然具体做法差异甚大。有的侧重新媒体移动端增量拓展，有的侧重存量创新。频道制作为历史上业绩辉煌的经济核算主体，改革不易。广电大采编中心要实现跨部门运作又不实质整合资源，难度可想而知。在广电行业内，有人不主张媒体融合概念，提倡用融合传播概念，实际上是在做加法而不是做乘法。也可能因为坚冰难以打破，内容生产方式仍是传统方式，播出管理仍然传统思维，羁绊甚多，腾挪空间太少。

其中，也有一些步伐较大的媒体。如江苏广电集团要求广播电视记者都要向全媒体记者转型，每次采访的内容不仅要编辑传统媒体稿件，还要会生成新媒体稿件。从 2018 年开始，其融媒体新闻中心加大了考核的力度，所有的记者回来了以后，做完自己的广播电视的稿件，只能拿到他的工资的 80%，另外的 20% 必须要给新媒体。江苏广电提出，宁愿我们在创新的过程中犯一点错误，也不能犯不创新的错误，这是在形势有利的条件下提出的十分有勇气的口号。

在省级网络媒体，有一部分成立了新媒体集团，其中一些单位拥有厅级行政级别。它们一方面以网络为基础，坚持党管媒体，积极抢占网络舆论阵地；另一方面也各有一本难念的经。传统媒体网站从来没有辉煌过，连曾经火爆的商业门户都处于衰落中，各自单立门户，担子不可谓不重。

表1 我国部分新媒体集团运营情况一览

名称	成立时间	构成	性质	主要出资者	财政扶持
河北长城新媒体集团	2017. 10	长城网；《河北经济日报》	省属一级文化企业，比照正厅级	河北省文资办；河北日报报业集团；河北广播电视台；河北出版传媒集团；河北广电信息网络集团	300 万元
湖南红网新媒体集团	2017. 6	红网网站；"时刻新闻"客户端	省级新媒体集团	湖南出版集团；中南传媒集团	

名称	成立时间	构成	性质	主要出资者	财政扶持
天津津云新媒体集团	2017.3	新媒体集团（北方网）；日报事业部；晚报事业部；广播电视事业部	文化企业（新媒体集团）；事业单位（各事业部）（新的系统与原来的系统正在对接中）	天津北方网新媒体集团股份有限公司	1.7亿元
南方财经全媒体集团	2016.11	《21世纪经济报道》；TVS1；投资快报；21世纪财经客户端	广东省属国有重点文化企业，副厅级	南方报业传媒集团；广东广播电视台	
北京新媒体集团	2016.4	北京时间新闻媒体有限公司；北京时间股份有限公司	北京市新媒体发展平台	北京广播电视台；北京市文资办	
山东省互联网传媒集团	2015.7	大众网；山东手机报；山东24小时客户端	省管国有大型文化传媒企业	山东大众传媒股份有限公司	
黑龙江新媒体集团	2015.1	黑龙江网；龙江搜索网	国有文化企业	黑龙江出版集团	
安徽新媒体集团	2014.7	中安在线网站及移动平台；手机报	省级新媒体集团	安徽日报社	
多彩贵州网	2014.7	多彩贵州网；微博群；微信群；众望客户端；贵州手机报	省管国有文化传媒企业	贵州日报报业集团；贵州广播电视台；当代贵州期刊传媒集团	

在副省级、省会城市和地市一级媒体中，深圳、苏州、宁波等地表现抢眼。也有一些地方仍处于奋力追赶或勉强维持中。例如广州日报的纸媒体生产与新媒体生产平台尚没有打通，长春日报在媒体融合投入不太充足。近年来长春日报社在努力走出停滞局面的同时，做全媒体指挥中心，构建融合发展机制，以一套人马生产多个产品在多平台发布，实际投入在500万元至800万元之间，步履艰难。对于这些媒体来说，融合不能没有，但也不能烧太多的钱。

（二）主题宣传浓墨重彩有声有色

国家媒体融合战略的重点是壮大主流舆论。最近一年，无论是主流媒体还是商业平台，在描绘新时代、弘扬主旋律、传播正能量方面都有明显的加强。

人民网既呈现全面真实的图景，又不断贡献有说服力的观点。其2017年的"三评"系列，如三评算法推荐、三评浮夸自大文风、三评《王者荣耀》等，通过内容积极地引导了舆论，引起了强烈的社会反响。

在2018年全国两会期间，重庆日报报业集团创新了全媒体产品的报道形式，获中宣部表扬11次，涉及重报集团"中央厨房"和各媒体的亮点报道近40篇（次），其中对新媒体的表扬超过了报纸。

2017年，上海报业集团的"澎湃新闻"根据中宣部、中央网信办的指引，积极参与重大活动报道，如"砥砺奋进的五年"、精准扶贫、"西城大妈"等主题宣传报道，运用H5、直播、视频等形式进行传播。其对"复兴号"高铁开通的直播时长超过4.5小时，在汶川地震十周年报道中对两个人物进行为时半年的跟拍，都有较大的社会影响力。当然，业界也有人认为不能走澎湃的路子，要确保方向不能跑偏了。

江苏广电集团在党的十九大以后推出了《厉害了，我们的新时代》节目，播出效果甚好。2018年推出了又一档通俗的理论对话节目，叫《马克思是对的》，在全国引起了比较大的反响，包括《求是》杂志、《人民日报》都刊文予以充分的肯定。为了向世界讲好中国的故事，江苏广电请了一些外国人担任主持人，吸收了很多外国团队合作，也吸收了很多新的拍摄理念和一些讲述故事的叙事性的角度，这些节目也在BBC新闻频道同步播出。

湖南广电集团旗下的芒果TV亦成为在新兴互联网领域弘扬正能量和社会主义核心价值观、体现中央融合决策部署与湖南卫视落地实施科学性的重要窗口。芒果TV除了生产文化娱乐内容外，社会正能量传播板块也占据了十分重要的位置。芒果TV用作主流宣传的特制节目都是单独的预算，而且是唯一没有规定收益必须大于支出的板块，如果节目有创新点，且受到相关表彰则会增加后期投入，并奖励相关团队。年终还会根据播出情况对各节目进行评估并适当增加预算。它有两个节目获得了主流媒体的高度肯定，一个是在2018年全国两会时制作的《我的青春在丝路》（偏年轻态）；另一个是4月发布的《我爱你，中国》，讲述军人、环保战线、科学家、改革家四个群体奋斗的故事，用人物命运来反映国家命运，用人物故事和生涯来塑造典型，反响都很好。

湖南红网新媒体集团在主题宣传中，善于对通稿进行深入挖掘，对历史横向纵向、宏观微观进行解读，提升新闻品质。红网目前有1000人的评论员队伍，建立了互联网原创评论基地，成立了网上问政平台，每年解决老百姓网上

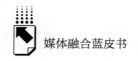

问政20万件，批示率、解决率超过80%。在舆论引导上，红网开展舆情分析，为政府提供了从抓取、预警、研判、分析、处置到引导的一整套舆情服务，为中央、省委、省委宣传办、网信办和部分企业提供从网络舆情、宣传决策、媒体平台，到线上线下的设计和执行推广方面的支持，成为政府和企业的智囊。

（三）主业营收企稳，新媒体增幅显著

新媒体板块收入最喜人的是上海报业集团。2014年，上海报业集团新媒体经营收入在主业收入中占比不到1%。2017年，其新媒体收入在集团报刊主业收入中占比达到34.5%，预计2018年将继续增长，并超过纸媒收入占比。同时，其媒体主业总收入已止跌企稳，预计2018年将继续反弹增长。其中，澎湃新闻在起步阶段获得了一定的补贴，现已年收入2.5亿元左右，盈亏基本平衡。

"潮来潮往，皆为光辉岁月。"上海报业集团社长裘新的这句话，既是为集团关停并转11家占品种数达三分之一的报刊鼓劲打气，也按压不住重现昔日风华一朝凤凰涅槃的信心和决心。

南方报业传媒集团副总编辑、南方新闻网总裁、"南方+"客户端总裁胡键在与课题组座谈时说，不做移动端不行，做移动端谁来埋单呢？"'南方+'终于度过了那个阶段。"

在都市报业中，同样不乏止滑趋稳的消息。截至2018年上半年，华西都市报的经营效果与上一年同期相比增长1.63%，是近年来的第一次。虽然报纸部分仍然下跌了19%，但客户端的业务在增长。用四川日报报业集团副总编辑、华西都市报社社长、封面传媒董事长兼CEO李鹏的话来说："现在，看到亮光！"其新媒体部分，目前没有亏损，盈亏平衡了。当然李鹏在2018年7月接受课题组调研的时候坦言，没有政策支持的话，也得亏。

在赢利模式方面，报业新媒体的收入中，最大的部分仍然是二次售卖，通过信息、直播、AI、活动等，获得广告。第二大部分是版权收入。在封面传媒，其第三大部分是技术输出。

成都传媒集团每日经济新闻编辑中心主任肖勇在谈到赢利模式时认为，最大的部分，即品牌投入广告，做影响力变现，这没有大的变化。它们的第二大

部分来自线下活动，每年 50 多场，也有收入。此外，其微信公众号有几千名会员。相对来说，针对上市公司即 B 端的活动多，针对用户即 C 端的比较少。

2017 年，湖南红网集团收入 3 亿元，主要来自向企业和政府提供服务和产品销售，其中，党政机关和企业服务各占一半。

南方报业传媒集团"南方＋"客户端的收入构成以广告收入为主。2017 年达 3000 万元，2018 年截至 8 月已经达到 4000 万元。收入当中直播可能占 20% 左右。

2006 年，深圳发改委扶持了深圳新闻网 2600 万元，2017 年其营收超过 1 亿元，迈入了"新三板"市场，利润大概 1600 万元左右，在城市网站里面排在前列。深圳新闻网的发展以客户端见圳为主，网站为辅。见圳刚刚推出 1.0 版本，与算法型公司英威诺合作，2.0 版本之后将加入算法。2017 年，深圳读特客户端的营业收入 1200 多万元，主要来源于跟各区合作频道的收入，还有一个是广告，以及一些新媒体产品的收入。

也有一部分媒体的新媒体收入总量不大。例如在辽宁报刊传媒集团，传统媒体收入占比超过 80%，新媒体收入不足 20%。广西日报报业集团主营业务广告、发行、印刷占 90%，这不合理，但这仍是现实。

倘若对新媒体部分进行全成本核算，十有九亏。新媒体大家都在做，但是若计算全部成本则还没有收回来。在新华日报报业集团，新媒体营收从整年来看也还是亏损的。在贵州日报报业集团，公众号、客户端、平台顶多刚刚养活自己。以至于有人认为，新媒体运营单独讲是伪命题，独立核算的话没有一家实现了赢利。赢利模式不明确，新媒体赚不到钱，仍然是普遍的烦恼。

（四）报（台）网端打通梗阻"三端相融"

几年前，随着人的阅读习惯发生变化，传统媒体势头减弱，纷纷寻求转型突破，在向网络平移内容的同时强化报（台）网互动，这也被称为融合 1.0 阶段。紧接着，在融合 2.0 阶段，移动优先，"一端两微"建设进入风口，移动"互联网＋"媒体成为外延扩张和内涵增长的主线，"中央厨房"建设成为其中一个重要的后台节点。

对于"中央厨房"，不同的媒体、不同的媒体人褒贬不一。力挺者、推广者有之，腹诽者亦大有人在。有人直言采编系统家家都有，"中央厨房"不过

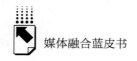

是一个噱头，属于形象工程，是媒体融合中的形式主义。有人说"中央厨房"不是标配，而是浪费，无它不行，有它没用。很多单位把技术嫁接了，但是建好以后没有处理好流程问题，基本上都是好看难用。在一些媒体集团，其"中央厨房"与新媒体公司合二为一，而子报是独立的，"中央厨房"难以在集团的层面上有效发挥作用。《贵州日报》曾被批评"中央厨房推进缓慢"，但是报社自己不觉得"中央厨房"能管用。

"中央厨房"为人诟病的第二点是未能常态化运行。有的每周例会用一次，平时不定期地使用。有的干脆被称为"节庆厨房"。在课题组的调研中，只有河北长城新媒体集团说，它们建设了相对领先的"中央厨房"系统，重构了策采编发流程，真正在日常中运用。

"中央厨房"在理念上相当先进，实现资源整合。不过，只有一个编辑部，就没有特色了，怎样形成特色呢？有人说，"中央厨房"从头到尾，像"大跃进"时代的大食堂，搞不到一块儿。一个人挑水吃，两个人抬水吃，三个人没水吃。

课题组带着这一疑问到人民网调研，得到的答案是：第一，"中央厨房"不是机构，而是机制，是用集成化的技术、机制盘活存量资源，是用全新机制、全新系统来激发采编人员的潜能，编辑记者重新分工，从线索、选题、处理、报道、呈现、投放到反馈、舆情信息等，形成新闻闭环。系统对于每一个点都实现模块化，比如用户画像系统、传播效果追踪系统等，按需部署。第二，"中央厨房"不仅关涉业务层面、技术层面、空间层面，也关涉资本层面。在空间层面，"大屏＋围成一圈"办公只是形态之一，应该尽可能在线办公，因为80%的新闻工作都是人机界面。只有某些工种、在某些时间段才坐在一起。空间背后是流程和技术的具象化呈现。不管空间在哪里，应该做到机制一直在运行。

易而言之，"中央厨房"的软硬件和运营机制建设，缺一不可。最重要的是要处理好流程问题，否则，采用旧的流程，根据惯性运行，好多技术没有用武之地。也就是说，要发挥"中央厨房"的全部潜能，应该实现报（台）网端微无处不相融。

在融合3.0阶段，媒体集团旗下的各个产品的生产流程，应该打通，亦即报（台）网端微相融，彼此联动，实现快、全、深、广覆盖。建立策采编发一体化协调机构，在采前会同时评报网端。融合 3.0 的标志，也包括云平台的建设、大新闻中心的成立，以及省市县融媒体中心的建设。

川报集团的李鹏在与课题组座谈时提出，融合 1.0 是心理融合；融合 2.0 是产品融合；融合 3.0 是产业融合，重点开展资本运作，扩大影响力。

课题组综合各方观点认为，中国的媒体融合已进入 3.0 阶段，其内外部表现包括体制机制融合、报（台）网端融合、云平台、省市县融合，其总体特征是区域融合。

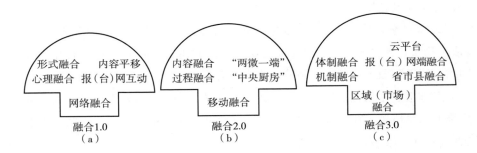

图 2　媒体融合从 1.0 到 3.0 的升级

客观地说，"中央厨房"带来了一定的改变。浙报集团最初在组织架构方面，形成了报纸、网站、客户端"三端"共存的局面。到 2016 年，浙报集团积累了一定经验，推动成立了新媒体中心，同时对集团业务进行改革，开始确立全媒体报道的方针，对《浙江日报》、浙江在线、浙江新闻客户端进行资源整合，从"三端"共存走向三端相融。这种围绕着移动产品或端来组织生产，实行"大中心 + 垂直产品"模式，走出了一条融合新路。在硬件建设方面，浙报集团从 2016 年开始运行的"媒立方"采编平台是工作的核心，该平台其实就是比较先进的"中央厨房"，它将智能策划、统一指挥、统一采集、融合编审、集中共享、多元分发、个性推荐、科学评价等功能融为一体，使"三端"资源得以充分整合。

浙江广电集团 2009 年设立了网站新蓝网，接着各频率频道纷纷开办自己的 App、微信公众号、微博认证账号，如 FM93 浙江交通之声，此外还与第三方平台合作，入驻今日头条、腾讯新闻、喜马拉雅等平台。2017 年 4 月，中国蓝云技术平台建立；2018 年 7 月，浙江丽水融媒体中心上线，标志着浙江

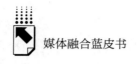

广电的融合跃上新台阶。

如果说浙江丽水融媒体中心是浙江广电集团全省布局的第一家试点，那么2018 年 6 月，重庆广电集团谋划成立 500 人左右的融媒体新闻中心，对重庆新闻之声、电视新闻中心、网络广播电台资讯板块进行机构整合，则是媒体集团内部的一次组织再造。

事实上，人民日报社于 2017 年计划成立一个大采编中心，实行同工同酬，所有人的计分采用同一个标准，只是各自薪酬由各自原单位发放。由于种种原因，并未实现预期。

成都传媒集团的报网端三者也在往融合方向走。其中报端融合相对较好，《成都日报》和"锦观"，读成都且观天下。网要相对独立一点，成都市外宣网站，读者对象不一样，经济效益也不甚彰显。

南方报业正在自己研发采访指挥协调系统，一稿投报网端。采编人员可在系统上选题报题，在系统上建群沟通，实现移动端写稿，写完之后在手机上发送审稿。记者、编辑、频道紧密地联系在一起，在系统上实现一体化操作，效率大大提升。通过技术打通所有部门，前期收集各部门的需求，收集完了之后开发系统，打通技术壁垒，然后建立一个很严格的技术管理规范。所有收入归集团所有，各个部门的经济支出靠各个部门的负责人来向集团申请，并且是责任制。

2018 年 3 月，深圳报业集团试运营一个全媒体的指挥调度中心，初步取得一些成效。《深圳特区报》和读特客户端实现了五个打通。

第一，打通指挥体系。每天读特的值班总监，都要参加报社的三个会：上午采编会、下午编审会、晚上编审会。所有的把关，跟报纸是一致的。

第二，打通专业限制。鼓励员工一岗多能。要求记者除了写稿还要拍摄剪辑视频。

第三，打通考核体系。例如爆款的作品采取一个怎样的奖励措施，正在制订这种方案，很快就会在新媒体中实施。

第四，打通发展通道。"三名工程"就是每年一评，无论职位高低都可以以实力竞聘。

第五，打通经营品牌。《深圳特区报》的广告部，也在做读特的业务。后来成立了一个公司，公司也在经营广告，以后要进行品牌整合。

在报（台）网端融合中，各终端对经济利益的追求应该适度切分，否则内部将产生利益冲突。

同时，报（台）网端的融合不是"一言堂"。集中是对特色的消弭。哪怕是同样一个题目，只要找两个人去做，做出的效果就会不一样。这种不一样，就是一种多样化。这种多样化对媒体集团来说是非常需要的。所以报（台）、网、端在融合中竞争，也要形成不同的风格，才能产出优质内容，让报（台）网端最终此长彼长。报（台）网端如果合并，就会过度同质化。要统分结合，将通用的打通，大的技术如基础架构、数据、安全相统一。只要养得起一支媒体，就让它独立。

（五）移动优先用户在哪媒体就在哪

我国媒体着力建设新闻客户端，起步于2014年。比如浙报集团，它早期的App是探索性的，当时的定位还是文艺范，没有加入太多的新闻元素。而今放眼全国，客户端已经成为贯彻移动优先战略的主要支撑点。

成都传媒集团党委委员、副总编辑李科在谈到"锦观"这一轮改革时说，过去，"锦观"围绕《成都日报》转；现在，《成都日报》围绕"锦观"转。

由于用户注意力已经普遍转移到移动端，湖南日报报业集团指定原纸媒的记者、编辑转到移动端作业。要求在信息发布上，重大新闻稿件要先向移动端供稿，然后再作适合报纸的深度报道。

App对于内容的巨大需求量和承载量搭建了一个内容融合平台。移动优先战略以及业务向移动端的倾斜事实上推动了媒体的深度融合和整体转型。

那些报（台）网端微五脏俱全的媒体，往往不会将网作为重点，而是以端为重点，做移动新媒体。即便在安徽新媒体集团，当调研组问及哪一个是我们的主导业务和方向时，被访者回答说，中安在线是基础，但PC端的网站广告营收一般般；移动端是方向，视频也是方向。

比较而言，广电行业对于移动优先的紧迫感可能不太强烈。在媒体融合转型的起步阶段，上海广播电视台思考大屏端在新媒体发展中的定位问题，得出的基本判断是，虽然移动端已经改变了受众接收信息的方式，但大屏依然具有自己的优势，比如在体育、综艺和突发事件等领域。因此它们一边在互联网上采取直播流的方式，通过PC端、IPTV、OTT等平台渠道，24小时

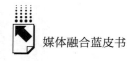

不间断播出新闻，一边尽量兼顾移动端，与用户积极建立互动关系，砍柴磨刀两不误。

（六）视频直播常态化，每逢大事不间断

视频和直播是近两年媒体形态中的热门，VR、大数据等新兴技术也被广泛应用于助力新闻生产。特别是短视频，容易适应用户的"碎片化"需求，传播力强。传统媒体包括广播行业都在赶着做视频。2018年，江苏广电集团已经拍了30多个短视频，其中的爆款的微博点击量已有3000万人次左右，内容选择主要集中在传递正能量、传递公益情怀的小故事。这些人文关怀的题材时间不长，三分钟至五分钟，稍微用一点镜头语言，简单包装以后就能够传播，效果非常好。江苏广电的直播在全国新闻广播当中一直都排在前三，同时搭载到喜马拉雅、蜻蜓等平台，新媒体点击量也较高。

在直播方面，《人民日报》、新华社与中央电视台三大国家级媒体2017年同时宣布发展移动直播业务，人民日报社发起"人民直播"，新华社搭建全国服务平台"现场云"。中央电视台的"央视新闻移动网"也积极投入直播，一方面不间断直播大事件；另一方面将长视频品牌化。澎湃新闻视频直播部员工共12人，2017年做了465场直播，在今日头条的媒体直播排行榜上排名第二，仅次于央视新闻，比封面新闻略多。2017年，长江日报进行的现场直播同样超过了400场。

在2017年全国两会期间，各大媒体纷纷创新优化报道方式，将移动直播与短视频相互配合，两会俨然成为媒体报道技术的"竞技场"。2018年全国两会期间，各媒体进一步优化用户体验，争相布局视频产品，使"现场新闻"理念在实际工作中充分体现，前沿技术与内容创新充分交融，真正实现移动直播常态化。

地方媒体纷纷在直播中发力。2018年7月11日，因四川地区持续强降雨，绵阳市境内涪江流域水位迅速上涨，对宝成铁路涪江大桥造成影响，铁路部门紧急采取"重车压梁"的方式抗洪。川报观察推出《重车压梁！两列数千吨火车开上涪江大桥抗洪》报道配以直播视频，成为"央视移动新闻+"推荐的优秀案例。

深圳有一个很出名的执法直播节目叫《星期三查餐厅》，也是广东省网信

办的"一网一品牌"栏目。由深圳新闻网跟食安局联合，已经做了一年多，每周一期，现在是深圳的一个现象级事件。星期三本来就是深圳厨师的休息日，在《星期三查餐厅》播出之后，深圳厨师的休息日改到星期四了。

（七）政务服务成为融媒新蓝海

政务服务属于"体制内市场"。截至 2017 年底，我国经认证的政务微博超过 17 万个。此外，政务微信、政务微头条也迅速扩张，形成多足并立态势，在新闻生态系统中扮演着重要的角色。政务微博强调网络问政和社会治理功能，政务微信突出政务服务平台打造，政务微头条重视政务信息滚动发布，为各级政府部门的信息发布、政民互动和舆论引导起到巨大的推动作用。

在政务服务方面，大多数媒体找到自己的新蓝海。

第一种是做政务服务方面的接入。一些地区政府部门觉得自身现在还没实力去做，媒体就帮它们做政务服务，现在的"南方+"给地方政府免费做接入口，只要愿意来，就会给它们提供对接的平台。另外"南方+"上面的新的政务功能，例如交党费已经开通了。以后包括出入境事务等都有计划要做。其他一切政务服务，只要政府开源，"南方+"随时可以把它接过去，响应政府倡导的数字广东计划。另外也可以给政府做一些引流，比如说粤港澳大数据建设，把办事的入口配置在"南方+"下面即可，这样能够实现一些政策的及时发布，帮助政府增加用户黏度。

河北长城新媒体集团以"阳光网上直通车"为主平台，聚合舆情，搭建群众路线的桥梁，为群众办实事，入驻省市机构 600 家。预计到 2018 年底，入驻机构将达 3000 家。

广州日报本地政务号以前比较弱，目前正在发力。2017 年以来，积极推动政务服务的增长。2018 年政务服务已签约 2500 万元。

第二种是新媒体的代运维。比如，深圳晚报代运维近 200 家。深圳晶报做政务融媒体代运维 112 家，近两年发展非常快，年收入也已经达到 2000 多万元，毛利在 30% 左右，规模上全国领先。另外，深圳晶报还在进一步升级，由于它代运维了一百多家政务类新媒体，它就有了一定的渠道控制能力，接着做起了政务联播。假如深圳市有一个需要尽可能广泛传播的新闻，那么它就可以在它所有的代运维的公众号里面同时发布。这种探索把所占有的渠道和用户

利用起来，形成一个循环。

另外，在一些地区，政府部门也有不同的想法，也有信息公开的要求。一些职能部门不愿意将各自的信息共享，信息壁垒比较严重，难以打通。行政级别带来的制约也比较大，地方级别越小越难做。

第三种是宣传或活动方面的委托。例如，贵州日报报业集团的新媒体部分，历年设备服务器投入大概 1000 万元，在 2017 年，投入人工成本 800 万 ~900 万元，创收 1400 万 ~1500 万元。收入来源中，硬广、银行系统专题、6 个经营性频道、各种活动创收，各占 1/4。从整体上看，来自政府和银行系统的收入占比 70% ~80%。

"新闻 + 政务 + 服务"的模式，成为党媒融合的主要通道，也反映了政府部门以购买服务的方式，对于媒体融合的发展提供了直接补贴以外的支持。在财力雄厚的深圳，连街道都有支持媒体的实力。

（八）省级媒体强势切入市县区域整合

在 2018 年 8 月全国宣传思想工作会议上，抓好县级融媒体中心建设成为深化国家文化体制改革的重大举措受到充分肯定。有人说，媒体融合的上半场，就是"一批、几家"。媒体融合的下半场，主要是区县级融媒体中心，另外还有"智慧城市 + 智慧媒体"。

在这一过程中，湖南红网以及湖南日报新湖南客户端，在全国做得最早。红网在 PC 时代即着手打通省市县，以红网总站和分站为基础，构建起双网（互联网和移动互联网）、四级（省市县和街道分站）、六位一体（网报端微视屏）的"树型"传播矩阵，实现覆盖 14 个市州分站、141 个县区分站的党媒新兴传播平台。新湖南客户端起步稍微慢一点，也在收复失地，竞相切入区域融媒体市场的大整合。湖南日报把各媒体（如华声在线记者站、三湘都市报记者站等）在湖南的力量统一整合为湖南日报社融媒体分社，地市级统一向湖南日报社供稿，统一运行新湖南客户端，实现了报网端在地市级的融合，目前全省有 14 个分社，共享"1 + 14 + N"的新湖南云。

在浙江，浙报和浙广电同样摆开了竞争的态势。浙江广电的蓝媒号已有400 多家媒体进驻，正争取两年时间内全省覆盖。此外，北京、河北、河南、湖北、江西、广东、四川等地的媒体都在发力。河北长城新媒体集团编织全省一张网，推进县级融媒体中心建设，打通基层"最后一公里"，建立省市县三级新媒体网络。将长城云打造成媒体云、政务云、智慧云，成为网络宣传平台、网络政务平台、网上群众路线平台、大数据舆情分析平台、智慧民生服务平台、新媒体技术创新平台。

四川日报报业集团推出了四川云"21183"计划，为全省搭建免费平台，让党的声音在网络空间熠熠生辉。四川云汲取新湖南的教训，以摧枯拉朽之势迅速推开。当地可以将本地版面切换到川报观察客户端的前屏。可以一键置顶，精准推送。签约后，三审终校，各负其责。当然后续维护对于30多人的管理队伍来说，也带来了不小的挑战，账号管理、权限配置、VPN，尤其是发稿权，需要跟进。人员培训、版权纠纷，也要川报观察去应对。不管怎么说，通过省市县三级共建融媒平台。川报在技术上布局，在走平台公司的路子，带动了川观的平台化转型。

在深圳，报业集团旗下的《宝安日报》采取一种合作共建方式。宝安日报运作一个 App 叫作宝安通。它自己没有投一分钱，宝安区投入500万元，宝安日报来运营内容，整个采编团队都是报社的，投入由宝安区承担。宝安通其实是县级融媒体中心的一个雏形。深圳新闻网也在宝安、南山、光明建融媒中心，所谓思路一换，遍地是钱。

（九）多平台分发范围更广传播力更强

从一定意义上讲，现在的传统媒体已经不再是过去的传统媒体了。2018年8月，南方日报社跑医疗线的记者，跟省卫计委和几个医生一起创作了一首歌《相信》，在中国首个医师节当天的传播量非常大。南方报业的胡键说，只要你能把医师节这个事情宣传出去，你唱歌也行，你漫画也行，跳舞也行，关键是你能够宣传出去，产生正面的影响力。

在内容、形式创新后，平台成为关键。互联网时代的今日头条迎合社会需要。2017年，今日头条阅读量10万以上的有几千篇，平均每天7篇。头条影响力大，党委政府的考核要求中已包括要上头条。因此超级商业平台对于传统媒体来说，既是伙伴，又是冤家。通过多平台的传播扩散，媒体的声音到达范围更广。同样的作者、同样的稿件，在《光明日报》和在今日头条的传播力，其间的差距单从数量上来看，不可以道里计。

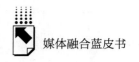

《人民日报》入驻了各大商业平台。人民网除了自有平台外，在微博平台有粉丝4100多万人，微信粉丝有600万人。人民网运营《人民日报》的海外社交账号30多个。人民网的抖音账号开通一个月，粉丝涨了100万人。2018年是抖音大放异彩的一年，已有1700多家党政机构，400多家媒体入驻。

那些十分注重原创的媒体，也极度依赖超级平台。北京青年报微信公众号矩阵"政知"系列，其内容都是原创的，在今日头条、企鹅号、搜狐号、大鱼号、百家号等几个超级平台上累积阅读量20多亿人次，不过，产生的收益不到300万元。

深圳晚报采用借船出海方式，它没有建自己的 App 或者网站。它是和Zaker 及网易合作，建立了深圳 Zaker、深圳网易。在深圳报业集团内部的融媒体矩阵里面，它的用户量和日活都是最大的。从渠道影响力来说，这是一种比较特殊的模式。

（十）多点突破融合升级取得综合成效

通过推进媒体融合，传统媒体在多方面获得了实实在在的效益。主流网上舆论阵地虽然跟商业平台比，有一些差距，但是自己跟自己纵向比，成绩显著。

首先，传统媒体的地位得到巩固。例如，《湖南日报》从纸媒的34万份发行量，发展到新湖南客户端的累计下载量1900万次，日活跃用户160万人左右，新闻的时效性提升了，传播范围更大了，影响力也成倍地增长了。优秀的报道、爆款文章可以被读者分享、转发、点赞，提高了与用户的互动率。重报集团2014年的日均受众仅有200万人，融合发展之后，2017年的日均用户1亿人，影响力同样大大扩展，综合实力大幅飙升。

其次，在舆论场上的话语权更强。有关湖南省委省政府的重要时政报道，90%以上都已通过新湖南首发。目前新湖南客户端日发稿800条，对于重大事件敢于发声，在正面报道、热点引导和舆论监督方面都发挥着重要作用，党媒在互联网空间的话语权不断得到增强。

最后，媒体比以往更懂用户。通过掌握终端数据，媒体更能对用户需求和痛点体察入微。在形式和内容上，特别考虑用户习惯、消费场景，在服务上也更深入。用户思维不是迎合用户的每一个需求，而是满足用户的每一个合理的需求。随着影响力更加深远，记者的存在感和荣誉感也得到回归。

此外，媒体融合的不断走向纵深促进了资源配置的优化，进一步延展媒体的服务功能和触角，同时也为媒体的发展开发了新的经济增长点。

有的媒体在融合发展中，长得太快，到达了第一个天花板。比如广东广播电视台的触电新闻客户端，现在需要升级，要打破天花板。具体说来，就是从新闻中心独立出来，升级为台直管。组建自己的新闻团队，体制机制重新规划，进行独立核算，放飞自我。

二　我国媒体融合发展的十大新动能

我国媒体的融合发展，始终离不开各级党委政府的支持，这是最大的助力；也离不开互联网环境、形势和对手的挤压，这是最大的压力；更离不开自我驱动、自我转型、自我成长，这是最大的动力。

（一）各级党委政府政策资金两扶持

近年来，中央和地方各级政府审时度势，继续出台政策举措，促进融合。2017年9月，业界期盼已久的《新闻出版广播影视"十三五"发展规划》出台，提出了扶持重点主流媒体创新思路，支持党报党刊、通讯社、电台电视台建设统一指挥调度的融媒体中心、全媒体采编平台等"中央厨房"，统筹推进媒体结构调整和融合发展等政策性要求。

在财政支持方面，以上海为例，上海市给予澎湃的扶持三年超过3亿元，澎湃的经营能力获得了不断地提升。目前解放日报、上观新闻、新民晚报每年补贴各5000万元，文汇报每年补贴2000万元，2019年起也将增至5000万元。上海市委宣传部对上海广播电视台"看看新闻"有三年的支持计划，2017年7月至2019年6月，第一年8000万元，后两年各5000万元。阿基米德App亦获得了350万元的国有资产投资。

江苏省财政每年给予新华日报3000万元经费支持，至2018年增为5000万元。

南方日报2014年获财政支持5000万元，近几年每年都是1亿元。

从2015年起，深圳市财政连续六年拨给深圳报业集团1亿元，从2018年

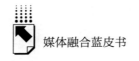

开始，深圳市委宣传部增拨 1 亿元。即未来的三年之内，每年是 2 亿元的资金支持。这些资金专项用于推进媒体融合和主业转型。集团年利润达几千万元。

重报集团、重庆广电集团，每年各获 5000 万元扶持，已连续三年，还将再续三年。

华西都市报封面传媒从财政拿到项目经费 4500 万元。

安徽新媒体集团 2017 年获政府项目 500 万元，前后合起来 1000 多万元。湖南红网希望坚持市场模式，实现自给自足，目前政府财政投入固定在 300 万元/年。

在全国省级、地市级媒体中，尚未获得党委政府财政支持的为极少数。如果不靠党委政府，只靠媒体来转型，各家的信心都不大。

成都传媒集团也想借鉴上海经验，向市委、市政府打报告，每年拨钱。2018 年，集团的 3 个项目计划投入 1 亿元。目前财政支持了一部分，完全不能满足需求。但是，财政不给现金却给了不少资源。以前做文化产业，成都市里授予了成都传媒集团所有公交站 30 年特许经营权。另外拿到很多地块。近几年集团的收入主要靠产业板块支撑，总收入排名全国前三位，每年纳税 3 亿元，年年赢利。集团投资的西部文化产业园区，区位特别好，建了 30 多层，很有前景。从 2018 年开始，成都市委、市政府决定，纳税地方截留部分返还，以增加资本金的方式，连续 5 年，以 2017 年 3000 多万元计，累计将达 2 亿元。

（二）战略引领自我加压迈上新台阶

媒体融合是一个渐进与跃进往复交替的过程，其中，既有量变的累积，也有质变的跃升；既需要探索的勇气，也需要坚持的意志；既要抬头看路，也要低头拉车；既要在战略上进行把握，也要灵活地运用技术战术。其中，管理层的目光和决心不可或缺。

贵州日报报业集团副社长王健明说，媒体转型升级有两个层面：一是传播平台与方式的转型升级，依托互联网技术，拓展渠道，重构关系。全国各个单位差不多。二是传媒单位的转型升级。这就各显神通了。

上海报业集团力推"三二四"战略布局。这一战略在裘新的"潮来潮往"的讲话中再一次得到确认。"三"指的是"解放"、"文汇"、"新民"等三大传统报纸分别搭建包括上观在内的融媒体平台。"二"是澎湃和界面两大现象级新媒体产品。"四"是在新媒体垂直领域发力。整个上海报业集团的重心，都在向新媒体平台战略性大转移。

重庆广电集团从2016年开始提出"三化"思路并坚持了下来：平台网络化、渠道生态化、内容产业化。这一思路的主旨是让单一的内容输出变为多元增值，让事业与产业两翼齐飞。事业走向网络化，进入互联网生态圈。产业走向良性循环，进入关联产业生态圈。

成都传媒集团自响应中央号召，大力促进媒体融合以来，2014年做战略规划，2015年重点发展产业类新媒体，2016年解决经费问题和技术短板，2017年重新回归主流重拾影响力，每年一个台阶，呈现螺旋式上升的态势。其战略规划可大致用"四三二"来归纳。"四"是时政（《成都日报》）、财经（每日经济新闻）、生活服务（《成都商报》）、数字娱乐（博瑞传播）四大板块。"三"是新媒体发展中心、数字采编中心、用户数据中心三大平台，其中新媒体发展中心也是新媒体技术研发中心。"二"是一只基金，加一个园区。集团制订了《媒体影响力提升三年行动计划》，在拳头产品方面，自主投入三年4000万元扶持"锦观"，同时争取市委宣传部对事业类新媒体的支持。红星新闻现阶段以同名微信公众号、微博及主流资讯平台的订阅号呈现，以深度调查加评论为特色，主打全国性影响力，希望走澎湃、触电、上游、封面的路子。

当前传统媒体做的移动端产品，大部分是把所在报纸、电视、电台的内容搬到互联网。这种模式往往聚焦于一个区域，或者只在特定人群里面有一定的影响力。从另一方面看这样的平台很难做大。广东广播电视台触电新闻定位就是海量的资讯，因为互联网这一块人们习惯于下载一两个客户端看新闻，下载多个客户端的很少。触电定位于海量资讯，把广电系统的资源汇聚起来，另外一个逻辑就是通过智能推荐，匹配个人的兴趣爱好，以用户为中心，达到精准推送的效果。它的技术现在比较成熟，目前有3600多万个用户，与商业平台相比差距不小。

深圳报业集团狠抓战略先行，在深入调研的基础上，根据市委要求，制订了新一轮深化改革总体方案。这一方案从2018年开始，进一步深化发展战略，构建全媒体传播格局，不断提升"四力"。

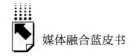

深圳商报编委、读创客户端执行总编辑张平照向课题组介绍说，读创一开始计划全员转型，步伐不快。2018 年上半年，报社"粗暴地"要求全员奔跑上客户端，哪怕扫地的都要找到自己的位置。编辑、采访，全部往新媒体上转。除了编辑记者，编委们对应频道，也要管。效果很明显，发稿量、阅读量、影响力向前大大推进了一步。

（三）着眼绩效考核调动融媒指挥棒

绩效考核向来都是调动全员积极性的指挥棒。只要绩效考核政策偏向新媒体，则为新媒体供稿的积极性就会大涨。

浙报集团在对编辑记者的考评考核方面，将报网端三个端口的人员集合在一起，根据各自的工作绩效对其进行分档，设定 A、B、C、D 四个档，进行薪酬和奖金的分级发放。目前集团在职采编人员 400 多人，对事业编制和企业编制的员工同等对待，职称、晋升、工资等方面都保持一致化，以员工绩效为主要考核标准。

川报集团的融合转型也是做得比较彻底的。其人员考核的 30% 跟新媒体挂钩。所有的新闻策划若不含新媒体的策划则不予批准。这一政策成为有效的指挥棒。华西都市报的新媒体记者考核全部以客户端来考核，不再是报纸考核。迈出这一步，当然是形势倒逼。然而迈出这一步之后，除了发行之外的所有人，都能进行直播，提高了 PGC 的产品品质。

湖南日报报业集团在考核机制上，也向新媒体人员倾斜，日报的记者向新湖南端口供稿在数量上有硬性指标，并以点击量、后台数据作为评估依据，没有完成移动端的指标，则工资会受很大影响。在待遇上，新媒体人员与母报同级人员相比收入甚至高出 20%。

在南方日报，记者如果先端后报发稿，就有奖励，如果先报后端，就没有额外的奖励，相当于转载。"南方＋"客户端主要依靠南方日报的记者队伍，产出很大。有的记者给客户端提供稿件占到收入的 70%～80%，收入大增。

在广州日报，目前新媒体尚没有严格的考核。采编人员的新媒体收入占比为 20%～30%。主要做法是在报纸之后，加一个额外的奖励。旧的"数量＋质量"考核方案已用多年，正在研究年薪制，希望进一步解决、调动记者为新媒体供稿的积极性。

深圳特区报的整个团队目前已经做到先端后报，记者采写的稿件是先在读特客户端上发，然后第二天见报。记者在新媒体上发的稿件，跟他的工作量直接挂钩，每月根据阅读量定奖金，最高可拿 5000 元。只是由于从传统媒体转型过来，有的时候稿子的写法，还不能够完完全全按照新媒体的操作方式来。

深圳广电集团于 2017 年对新媒体考核方式作了初步尝试，瞄准"移动优先"，壹深圳客户端要求每位记者移动原创首发，必须达到多少条。但是新媒体考核占 10%，权重不够。

贵报集团从 2016 年开始移动优先，记者在纸媒发稿只能拿一半。2018 年组建融媒体中心后，力度还要加大。

绩效考核的改革是整个人事制度改革的一部分。有的新媒体集团，有事业编制的冻结人事关系，有企业编制的按招聘的方式入职，以此打破身份界限，在用人机制上进行探索和尝试。通过不拘一格招聘选拔人才，员工能上能下，让能干的人拿钱拿到别人眼红，实现目标导向的正向激励机制。

在湖南红网，一方面，考核上打破常规、走市场分配模式；另一方面，为了留住优质人才，即使集团的利润零增长也在所不惜。

（四）狠抓核心技术，解放内容生产力

长期以来，计算机硬件技术、软件技术都是媒体的软肋。相对于硬件技术来说，算法等软件技术更是短板中的短板。新媒体，特别是客户端，研发是核心竞争力的一部分。其实网上网下都需要技术。相对来讲，也有做得比较出色的媒体，以先进的技术做支撑，来夯实媒体融合的技术平台。

湖南日报的技术团队不仅为自己服务，而且为省内外媒体上线客户端提供技术扶持，比如海南日报。湖南日报在"中央厨房"的第一期建设中投入了 3000 万元，定位为日常厨房，实现信息的自动抓取、集中生产、普遍分发。投资主要用于维持技术人员团队，报网端团队的运行，以及大型活动报道人员的机动支持。

湖南红网包括平台建构和内容发布等的核心技术也做到自主研发。有了自主平台之后，可以规避第三方平台的一些局限性，将媒体的命运从商业媒体平台的怀抱中独立了出来。

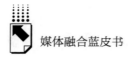

华西都市报封面传媒客户端的核心技术同样由自己的团队研发。其团队由80多名技术人员，50多名内容运营人员构成。技术团队花了很多钱，因为计算机人才要价比采编高2/3以上。在互联网公司做过的，成都的行情是月薪1万元以上。在互联网公司做过的，还不太适应国资的节奏。封面通过猎头公司，以谈判制的方式，将技术的薪酬提高到市场价，与市场行情同一个层次。有了技术实力之后，人工智能辅助写稿，机器自动检测关键词，自动校对，反侵权系统，这些核心技术都是封面自己在做。基于大数据算法、地理位置切换、人工智能等技术来做封巢智媒体。审稿发稿，全部在手机上进行。在省级媒体中，封面的技术可能仅次于浙报。技术不仅为内容的生产与传输提供驱动力，技术本身也能产生新内容、创造新业态。技术对产品的销售亦能提供新的竞争力来源。

广东广播电视台触电客户端自己做分发，主动地推用户感兴趣的内容。如果有3000个用户，在理论上就可以有3000种精准推送。通过云计算平台抓取匹配的内容，同时在抓取中进行人工干预，将重要的内容在主页置顶显示出来，履行作为宣传阵地的功能。触电在自主起步阶段，去全国各地做了一些调研，发现做新媒体必须技术先导，像头条、阿里、百度等，都有好的技术、核心的技术，凤凰新闻的技术团队有两三百人。所以台里第一个招进来的人员就是技术总监。技术总监到位后，由他来组建技术团队。人员构成中，应届毕业生占比较小，大部分是从其他互联网公司挖过来的，包括腾讯、网易、搜狐、YY等。其技术团队看上去很像互联网公司。新媒体部门所有的技术平台，核心产权都靠自己研发。这样可以保证资产掌握在自己手上，而且迭代升级速度快、费用低，更重要的是安全上有保证。开发的小程序，还向西藏等地兄弟台技术输出。

"南方+"主张自己招技术团队。技术的薪酬，按市场标准，结合自身的实际。主生产系统，一定要自己研发，每月迭代一次。由产品官提技术需求，建需求管理规范，论证需求合理性，投入预算，然后不断地测试、修复。2018年8月下旬，其技术更新排期到下一年1月。

2016年，深圳报业集团以百万元年薪引进一名技术总监，负责读特客户端的技术研发，并授权组建技术团队。集团成立了自己的媒体科技公司，叫深圳市创意智慧港科技有限责任公司。目前正筹建集团科技委员会，通过转变职能，大力加强媒体融合技术，为新媒体发展提供强力技术支撑，并逐步形成具有自主知识产权的核心技术产品和对外服务模式。

有的媒体干脆聘请懂技术的机构来合作。比如央视新媒体的技术一直外包。广州日报的开发运维很大程度上依赖第三方。但是这样一来也有一个难题，就是迭代升级比较麻烦，耗时长、费用高。

（五）版权从1到 N，收入结构再优化

媒体在与商业平台多年的博弈中，获得的版权收入越来越高。在新媒体板块，除了广告收入占较大比重外，版权收入、信息服务收入占比不断上升。2017 年，澎湃的版权收入达 3000 万元。封面传媒的内容、版权也在做，一年营收 1000 多万元。触电短视频这块的互联网版权，授权给别人也有一定的收入。广州日报的版权收入一两千万元。新京报有 40 多人做深度报道，版权年收入 4000 多万元，在传统媒体中是相对较高的。在今日头条支付的版权费用中，新华社排在第一。

有一些媒体，包括重庆、贵州地区的主流媒体，对于版权收入未达到预期意见比较大。由于缺乏知识产权的保护，经济上遭受到相当大的损失。也有一些媒体反映，在与今日头条等平台的合作中没有议价能力，比如陕西广电，最好的频道一年仅有十几万元。

不同于出让版权模式，自主控制内容版权且大获成功的是芒果 TV。2014年，湖南广电集团金鹰网改名为“芒果 TV”，形成全终端视频产业链，包括PC、IPTV、OTT 和手机端。当时，所有的在线视频网站一直在烧钱，并未实现赢利，而湖南卫视的节目特别受欢迎，带动了优酷一年约三分之一的新增用户流量，说明湖南卫视的节目对第三方平台具有特别的价值。吕焕斌出任台长后做出一个决定，不卖节目版权了，进行重大技术改造，自己进军在线视频领域。此后，湖南卫视的节目在线观看只能通过芒果 TV，芒果 TV 的用户量在一年内从 30 万人增长到 3000 多万人，现在已有 4600 万人，并还在持续增加。IPTV 端有 7100 万个用户，芒果 TV 客户端的下载量破 5 亿人次，形成了规模效应，带来经济效益。芒果 TV 在海外至少有 700 万~800 万个用户，成为重要的外宣平台之一。

对于芒果 TV 来说，广告收入排在第一位，此外还有会员费、运营商分

成、版权（交换或少量卖出）、终端销售等。只要让每一种赢利模式的投入和成本都有保证，就能突破单一的赢利增长。每一种赢利模式都设有相应的事业部，对成本预算进行严格控制，并确定营收目标，每个事业部都要尽力完成各自的目标，这样一来，通过局部的赢利就能带动整体的快速增收。芒果 TV 的年营收从成立之初的 3 亿元迅速攀升，2016 年 17 亿元，2017 年 35 亿元，2018 年预计能达到 55 亿元，收入排名从行业第 18 名迅速上升到前 4 名，并成为工信部的互联网百强企业之一（2017 年排位第 40 名）。2017 年，爱奇艺、优酷、腾讯三家的在线视频亏损总额在 200 亿元以上，而芒果 TV 赢利 4.89 亿元。用户和内容撑起了芒果 TV 的品牌价值，使它和湖南卫视构成了湖南广电的双引擎、一体两翼。

（六）智库旧貌新颜、开辟行业新通道

媒体智库的发展得到国家的支持和引导，也由于具备有利的人力智力资源条件的蔚然成风。新型媒体智库的配套政策还比较少，各大媒体都在积极探索中。

新华日报报业集团在积极推进智库转型，做到媒体智库化。集团的理论刊物《思想周刊》内容深邃，有速度亦有深度，理论与舆论同时同频发力，获得中宣部的肯定。集团编辑记者所写的内参，平均一个月获得一次省委书记或省长的批示。集团针对智库成立了大数据公司，对外两块牌子，现在已纳入考核序列。

2017 年以来，南方都市报"换一种方式"，从"办中国最好的报纸"转型为"打造中国最具影响力的智库型媒体"，建设南都大数据研究院，以数据新闻、榜单评价、民意调查、智库参考、鉴定测试、评估认证、数据库以及轻应用等产品形态为代表，形成八大系列、近百项榜单，为构筑新闻、移动、数据、产业和智库"五个南都"奠定了重要一极。

重报集团曾经到南方报业取经，2017 年在民政局注册为非营利机构，发展了一些行业大数据公司作为理事单位，计划做旅游大数据智慧平台。当然，最难的是技术支撑。

封面传媒将智库作为未来三大增长点之一："智能＋智慧＋智库"。

贵报集团开发了 20 多个行业专刊，为产业界提供智力支持。其中与茅台

集团的合作每年 1000 万元。贵报集团成立凡闻公司，专攻舆情大数据，业务正在拓展。

很多媒体重视挖掘舆情监测分析方面的潜力。深圳新闻网的舆情队伍是深圳的主力，年收入 1000 万元，正在向情报搜集和智库转移。深圳广电集团针对自身的局限性，一是内容少，二是时效性差，于是利用云平台建设契机，跟百度云和一些第三方平台对接，各个渠道能接入数据，最后将它们综合起来，变成一个舆情分析数据库。当然，舆情业务也会遇到难题。比如地方宣传部门会问：能删得掉吗？

（七）整体解决方案拓宽产业生态圈

正如广告行业已经演变成数字营销传播行业一样，媒体行业的主打广告销售模式，正在切换成整体解决方案模式。

一个经典的例子是，南方日报佛山记者站，只有不到 100 人的团队，2017 年的营收超过 1 亿元。四川日报总编辑陈岚曾亲赴佛山考察取经，而这仅是络绎不绝的考察队伍中的一支。在记者站的营收中，报业收入约占 40%，非报业收入占 50% 以上。记者站主要通过与当地党政部门、智库机构、技术企业进行合作，以新的传播平台和传播方式为铺垫，编织出一张内容、资源和市场之网。它除了报道之外，推出城市智库、深度调研、第三方政策评估等服务项目，还对珠三角工匠精神展示馆等政府投资的城市空间进行运营，是在新闻、智库、服务基础上的全面拓展。

南方报业的胡键在谈到"南方 +"营收经验时说，主要给甲方做整体解决方案。通过集团所有的户外广告、PC 端、手机移动端打包形成一个整体的方案，收入比传统媒体时代的单一广告或软文高得多。

贵报集团在广告开发方面，将纸媒和新媒体平台打包，并逐渐向新媒体阵地大转型，现在的广告销售由技术驱动，提供整体解决方案和活动，成效初见端倪。此外，也做技术服务，提供代运维、App 后台和网络后台技术支持。它的整体解决方案包括"内容 + 技术 + 运营 + 把关"，活动包括线上和线下。

整体解决方案也带来了新的苦恼：本来做内容，现在要跨界，感觉在做商业规划，意味着内容、技术和营销之间的关系密不可分。

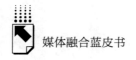

（八）产业运作刻意构筑第三驱动轮

有人说，媒体融合是三轮驱动：技术、内容和资本。资本运作的前提是一定的产业实力和清晰的赢利模式。

1. 垂直开发

市场化改革以来，媒体一向重视产业开发。成都传媒集团将"两微一端"归为事业类新媒体，将做分类的垂直的融合归为产业类新媒体。产业类注意吸引社会资源，由跑线记者牵头运用报纸影响力，整合社会资本。成都商报有很多探索，在医疗、教育领域做混合制公司。其中一些拿到社会资本，让管理层持股，管理层自己要拿真金白银，从集团剥离。比如"四川名医"，做病友圈导医，连接专家网络，推广药品，开展线下活动等。每个医院都想留住病友圈。四川名医的牵头记者，卖车卖房。成都商报占股40%，团队持股20%，社会资本持股40%。另一个项目叫作"成都儿童团"，定位清晰，对资本有吸引力。这些项目一年左右赢利，只是多少问题，引得内部人钦佩、羡慕。事业发展了，人才也留住了。

2. 产业拓展

跳出媒体做产业，才能将产业做大。上海报业集团"媒体做影响，产业做支撑"。在集团现有总营收中，媒体业务约占1/3，文化产业业务约占2/3。文化产业发力，是上报集团做大做强的关键。

一些媒体的主要产业是依托物业做文化产业园。四川日报正在建一栋新楼，不靠贷款，全部自力更生。重报集团的园区收入不菲。此外还做文化创意产业、旅游、电商物流。利用发行渠道，每年生鲜配送有上万单。河南日报报业集团的房地产业务占总营收的约70%。

羊城晚报创意产业园不仅获得租金收入，也制造出了大编辑部，通过物理空间衍化催生化学反应。广州日报的新大楼即将交付使用，投入20亿元，达20万平方米，自用2万平方米，其余出租。广州日报未来要搬到新楼，采、编、发分在一层，可以有效促进融合。

3. 融资与上市

封面传媒一开始的设计是资本驱动，引进了投资者阿里巴巴。后来按政策要求，阿里退出了。媒体投资，赚钱的不多，国有资本积极性不高。2018年，非公资本进入传媒领域的实施意见有望出台，但是估计比较严格。

积极准备上市的不少。封面准备往资本市场走。重庆广电的网络广播电视台 IPTV 业务，在准备上市。

触电客户端推出没多久之后，就有社会资本找到广东广播电视台想要做投资，投资方对传统媒体特别感兴趣，很想投资，但是做新闻的终端都不允许社会资本进入，只能是国有资本。所以在吸引资本上，由于政策的限制，面临融资难问题。广东广播电视台一直在琢磨怎么找出一个商业模式，因为光靠省级财政的补助还是很少的。目前初步的考虑是把内容平台和技术平台拆分，成立一个技术类公司，由技术平台去做融资。

广东广播电视台开发的另一个音频客户端粤听，主打粤语，2017 年 9 月 26 日上线，台里基于启动资金 80 万元，要求不做新闻，以便于融资。现在 100 多万人次点击量，广告不少了，社会资本看好，三四家投资公司上门，市场认可度提升。

（九）人工智能应用升级孵化新爆款

随着 VR（虚拟现实）、AR（增强现实）、大数据、AI（人工智能）技术的快速发展，传统媒体在数字化转型升级发展的过程中，通过技术赋能、数据赋能，使新闻报道内容的传播价值得到提升，形成了新的技术优势。

2017 年 7 月，国务院印发《新一代人工智能发展规划》，提出新一代人工智能发展分三步走的战略目标，到 2030 年使人工智能理论、技术与应用总体上达到世界领先水平，成为世界主要人工智能创新中心。这是我国首个面向 2030 年的人工智能发展规划。2018 年 3 月，全国两会再次提及"加强新一代人工智能研发应用，在医疗、养老、教育、文化、体育等多领域推进'互联网＋'"，人工智能上升到国家战略层面，成为媒体融合发展的新方向。

依托于人工智能技术，2018 年 3 月，人民网联合人民日报全国党媒信息公众平台，进行全国两会内容报道，推出直播、微视频、H5 专题、日播视频节目、图文作品等全媒体产品，贯彻移动优先的理念，告别了过去以报纸为主的单一产品线，同时立足融媒体发展理念，呈现多维度、多层次的新闻报道。

在全国两会报道中，新华社"媒体大脑"通过文本分析、综合计算舆情

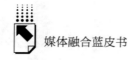

分析等人工智能技术，在 5 亿个网页中梳理两会材料，用时仅 15 秒生产发布了全球首条关于两会内容的机器生产内容视频新闻——《2018 两会 MGC 舆情热点》，备受瞩目。通过基于云计算、物联网、大数据和人工智能等技术的智能系统，"媒体大脑"完成抓取数据—分析数据—内容生产—内容编辑这一流水线式的新闻制作流程，创新了重大主题报道，有效提升了行业的生产效率。

川报集团的封面新闻自主开发的"小封机器人"与用户在 2017 年见面，成为国内报业集团中首家拥有聊天机器人的 App。同时，封面新闻"因人而异"的算法推荐更加成熟和优化，AI 机器人写稿技术不断完善，加速了我国媒体行业的迭代升级。

（十）内容创业蔚为潮流顺水推行舟

近年来，免费而丰富的互联网内容在给人们带来便捷的信息获取的同时也造成信息过剩，主打对优质内容的获取和筛选的"内容付费"应运而生。随着各大音视频网站和应用会员制度的推出，"内容付费"模式渐趋成熟，营销方式多元发展，内容产业形成良性循环，为媒体融合提供了内容的全产业链环境。

就运作模式而言，可分为三种。第一种是豆瓣时间、知乎 Live 这一类依附于平台的专栏，利用流量入口优势和内容积淀，在市场竞争中占得先机；第二种是简书、分答等网络产品，广泛集纳 UGC 内容，在内容生态和技术协同方面创新，瞄准长尾市场满足分众化需求；第三种是诸如微信群等社群，突出强调社交关系，在粉丝群体中建构彼此情感和价值的认同，增进付费用户的黏度和活跃度。

在内容创业蔚为潮流的时代，网民逐步养成了为优质内容付费的习惯。音视频网站和客户端如爱奇艺、得到、喜马拉雅等，业绩获得了迅猛的增长。

喜马拉雅是一家平台型企业，自己不生产内容，而是通过媒体机构入驻和主播自主生产来提供音频内容给用户。它的定位是文化类公司，是依托互联网技术的文化公司，或者说"互联网＋"文化，此外附带属性是高科技公司。喜马拉雅借助算法进行内容的精准分发，通过用户的使用行为数据如完播率、跳出率等，预测用户喜欢的节目类型，在推荐的过程中接收反馈不断优化推荐模型。喜马拉雅的手机用户已经达到 4.7 亿人，整个平台有 500 万个主播，其中包括 20 万个加 V 认证的大咖主播，拥有超过 1 亿条内容，包括 328 个小类，每天上传量达到 30 万~50 万条。喜马拉雅的行业占有率达到 73%，人均每日收听时长为 135 分钟。平台 1 亿条的内容里面有 1% 是付费的。最早的一档付费节目是马东奇葩说团队的《好好说话》，当日的销售量就突破了 500 万份，现在它是整个付费知识库里面最火爆的一档节目。喜马拉雅 2012 年成立至今，增长了 1000 倍，目前估值达到 200 亿元。

喜马拉雅目前重点打造一个"万物声"的概念，随着传统广播、车联网、未来的人工智能的发展，喜马拉雅预测音频领域会发展到万物互联的状态，不同于传统广播电台只能在固定时间、固定地点收听固定的内容，喜马拉雅的"万物声"是指用户可以随时随地调取想听的内容。这个概念的配套战略之一，是硬件内置战略。

在党的十九大召开的当天下午，人民网授权喜马拉雅独家播放十九大报告原声，播出 72 小时后收听量达到 770 多万次。全国两会期间，喜马拉雅和新华社、人民网、光明网合作，把它们的权威内容推送给喜马拉雅的用户，2018 年两会内容的总收听量超过 1800 万人次。

喜马拉雅与西安广播电台合作，帮助传统媒体进行转型。具体方式包括西安广播提供波段，喜马拉雅帮助运营，把互联网音频内容和创新发展模式接入传统广播媒体。

三 我国媒体融合发展的十大新挑战

在课题组的调研中，有的媒体单位直言："媒体融合对我们来讲是个难题。"这些难题有些是新阶段亟待解决的新问题，也有些是一直以来阻碍传统媒体转型步伐的"顽疾"。

（一）爬坡阶段下滑容易攀升难

回望 2012 年，传统媒体拐点出现，报纸传播力遇到挑战。当年市场化走得快的，现在下滑得厉害。在媒体市场化高峰时期摊子铺得愈大的，受冲击愈大。有人说传统媒体本身一直存在的一些问题，在新媒体的环境中放大了、凸显了。相对而言，电台活得最好，在汽车时代再次扩张，只是过去受过伤，现

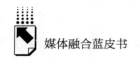

在不太高调。另外还有三大证券报，闷声发大财。

由于只有纸质端无法实现增长，此后媒体融合成为不得不然的现实选择。当下，人们的第一信息入口是手机，主战场是移动端，虽然传统媒体相对于商业平台没有自己的优势，融合没有土壤，没有基础，反而有很多困难，很多困惑。重庆日报副总编辑李鹏说，党报新媒体的共同困惑：不做不行，很难做出特色，很难超出区域影响力。也很难与上观、澎湃看齐。但是，融合这道坎非爬不可。

目前最大的难题，其实是过去的经验、过去的模式太成功了，在融媒体探索中，不敢太放开手脚。大方向明确，但信心不足。全媒转型、全员转型，还转不过来。很多媒体人认为，新媒体有收入，但独立的赢利模式还是找不到。一位省级广电集团新闻中心主任坦言，赢利模式的要求对我而言过高了。融合传播刚刚起步，大成果不是很显著，震撼人心的东西不敢承诺，让不会走的人跑，跑不动。人民日报的端、网做到极致了，尚养不活自己。

转型有阵痛。2017~2018 年，全国有上百家报刊关停，向移动端转移。陕西华商报与 100 多名记者解除了劳动关系。很多优秀记者离职创业，或投向商业平台、公关公司的怀抱。重报集团推出慢新闻 App，留住了一批调查记者。总的来讲，转型还在路上。

全国媒体融合已有几种模式，有些是大家都有的，比如端的建设、云的建设，全国百分之八九十的党报集团都做了这样的探索。但是成效大家也比较清楚，还在爬坡当中。

据说乌克兰一记者代表团访深圳报业集团，问：发行量多少？深圳报业集团副总编辑、深圳晚报总编辑、全面主持深圳商报工作的丁时照答：世界上有三样东西不能问，女人的年龄，男人的收入，报纸的发行量。宾主哄堂大笑。不过，丁时照在与课题组座谈时强调：我不是绝望派，而是"死磕派"，因为信心比黄金重要。

互联网对于电视的冲击同样明显。如果说今日头条是传统媒体的强劲对手，那么爱奇艺也可视为电视行业的最大竞争者。互联网进入广电太快，以至于电视行业自己革自己的命有点难也有点晚。过去华为在广电行业之外，现在登堂入室，深圳广电完整地采用华为的系统。

2018 年，网剧《延禧攻略》的热播是一个标志性的事件，对广电来说，互联网的内容攻入电视大屏，正式掀起了大屏与互联网内容的同台竞技，电视的弱势完全暴露出来，冲击到电视的生态问题。广西电视台总工程师范可川说，包括我们自己，基本不看大屏。模式危机，生态危机，看上去不容易逆转。

在深圳广电集团总工程师傅峰春看来，传统广电危机非常严重，可以用"商业模式崩塌"来形容。傅峰春说，其本质就是非线性传播对线性传播的冲击。全国大多数广播电视还是线性思维，线性的组织架构，线性的机制，考核方式，限定的流程，固定的产品线性营销，这些不打破，广电根本转型甚是困难。互联网视频冲击大屏后，传统电视的出路尚未找到。

其实，广电行业没有到活不下去的地步，但是主动性、迫切性不够。其媒体融合稍慢于平面媒体。

（二）内容化还是平台化各探各的路

互联网之争是入口之争。小屏的"微信＋今日头条"，这是老百姓的入口，很难撼动它们。直播实际上也不是在自有平台。有流量不一定能变现。大屏、报纸的广告市场某种意义上被商业平台所阻隔。

今日头条，用户喜欢，沉浸式体验。有人称为母爱算法。传统媒体，有人称父爱算法。广西日报社委、广西新闻网总编辑黎攀说，能不能创造一个友爱算法？

今日头条不生产新闻，是平台化的代表。它扩张很快，很多大V大咖批评它，归罪到算法上来。算法有问题，但竞争者也都在用算法。那么，传统媒体转型，是平台化呢，还是坚持做内容？只能各自探索。内容产品容易实现，短期内容易变现，也是媒体的看家本领；平台若能建成，持久稳定，可以通过规模经济和网络效应，实现几何级数的增长。

关于第三方平台的价值，存在着争议。比如，一条稿子今天被大平台新浪头条转载。能把这个说成成绩吗？好像也可以，但是你自身的价值如何体现呢？能够给自己带来什么好处？这是一种悖论。

总体来看，所谓"两微一端"，用平台思维做平台的已经有了一些，但比较少，未建自己的平台有很大的限制，缺乏数据，缺乏UGC。另外，平台与产品的关系是地方媒体融合面临的比较大的问题。超级平台已经占据了优势，

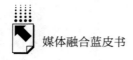

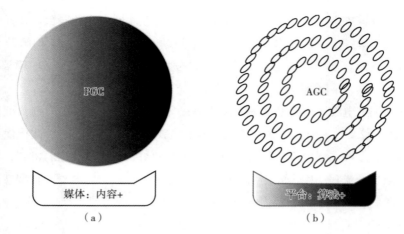

图3　内容型媒体与平台型媒体的比较

新媒体形态被寡头霸占，新闻内容的分发高度依赖于它们，如百度、今日头条、一点资讯等，有人称之为"平台依赖症"。媒体在自己的平台上传播影响力很小，如何后发制人地建设自己的分发平台，把失去的流量拿回来，这不是一个立竿见影的问题。

（三）强拉硬拽内生性机制待培养

虽然那些成功的新媒体项目仿佛总是无心插柳柳成荫，相比于互联网公司的存活率，媒体行业的情况要好得多。但是，传统媒体做新媒体仍然十分慎重。深圳广电集团过去做中国时刻网，每年2000万元，投入了一亿元，找主持人串新闻，排名升至全国网站900名，但是缺乏黏性，变不了现。由于新媒体的经济溢出效应不强，传统媒体做新媒体后的运营问题一直带来困扰，新媒体端的成绩尚难以得到相应的重视。

如果查找问题的话，由于各种主客观原因，我国媒体内部整合不尽到位，尤其是广播电视行业做得普遍不够，在新媒体作品生产方面的内生性机制没有形成。广播、电视、报刊等宣传单位传统单一的生产格局没有发生根本改变，没有形成新的评价体系下的生产力提升效果。现有的新媒体从业人员的基本结构、基本素质还非常薄弱。传统媒体端虽然人才济济，但是领导新媒体的人缺乏新媒体思维，缺乏应对新挑战的经验。谁来指挥调度新媒体？分管领导不一。传统媒体和新媒体的"两张皮"尚未深入地融合到一起，当前的现状还不足以支撑媒体融合的充分发展。

事实上，整体转型需要媒体下很大的决心。广电媒体还有自己的特点，刚性成本支出高，比如广东广播电视台，每天开门的成本高达1000万元，2018年新启用的融媒体中心，花了1亿多元。单单传统的大楼格局、传统的生产方式，转型就需要空间大改造。转型还需要生产流程、部门设置、人员组织、作息时间、制度设计等一系列的大调整。其中，人的转场是硬转场。传统媒体的体制机制，还要进一步探索。

（四）线性分割组织流程要打通

当融合进入纵深，体制机制上的壁垒成为"拦路虎"，束缚着新闻生产力的发展。一部分媒体单位十分重视技术创新、原创内容打造和资金投入，但是未形成能够适应融媒体生产的成熟采编发流程和体系，仍然沿用原有的层级把关线性传播机制，致使媒体内部信息流动滞慢，难以应对高时效的工作要求，整体生产效率偏低。一部分媒体单位在向新型媒体转型过程中未能深入把握融媒体生产规律，在全新领域资源配置不合理，新媒体机构的建立迈不开步子，难以独立发展，自然也无法取得良好的传播效果。

浙报集团建成"媒立方"采编平台迈出了重要一步，但是它们也提出与硬件平台相适应的软件和人员方面的建设和改革必须及时跟上，充分激活硬件和技术所蕴含的生产力，提升集团内容生产带来的影响力。广州日报现在建设的"中央厨房"与广州日报新媒体客户端端口尚不兼容，新介质和传统介质的切换不够自如。

电视行业同样存在如何深化供给侧改革的问题。当IPTV、OTT、盒子等与用户相连接的时候，从用户端来看，面临的是双向的、碎片的、多样态的、互动的、社交的、即时的、海量的内容，而在供给侧，仍然是线性思维，是传统广播电视台的机制、流程、产品、营销，必然面临开机率下降、用户流失的危机。

以深圳广电为例，当年一个都市频道，一年营收6亿元，谁敢打散它？都市频道反映民生问题，影响力很大。它的《第一现场》栏目，曾以100多人的队伍，年收入2.5亿元，制作成本仅500万元。反过来说，多少也错失了在

互联网上崛起的机会，就像作为芯片技术"领头羊"的英特尔，却看轻了移动互联网，而错过了又一波财富机遇一样。

从电视行业说到内容行业，渠道之间已经白热化，带宽不足的有线电视与IPTV之间，构成了竞争。三大运营商采用捆绑销售，送带宽一年还再送一年。盒子也在智能化，引入在线视频平台。IPTV、OTT、盒子的海量内容、营销手段、服务方式，比如按件计费和点播，几乎完胜传统广电。爱奇艺拥有6000万收费用户，已建成良性循环。大屏过去是封闭的生态，现在被互联网全面渗透，慢慢地不再属于广电的势力范围。70%的电视频道靠剧撑着，而电视剧离广电也渐行渐远，因为价格昂贵，快要买不起了。

在线性结构下，传统媒体和新媒体两张皮、内容炒冷饭、采访资源不能提供给新媒体即时发布。因为指挥棒掌握在线性那里。但是，非线性业态对线性业态带来的冲击，倒逼着广电行业重构生态、创新业态，重构商业模式。迈出这一步有巨大的难度，设备、系统、线性架构，全部要打碎了重构。深圳广电的最新改革，将频道实体改中心制，用傅峰春的说法是："看到希望，比较振奋！"

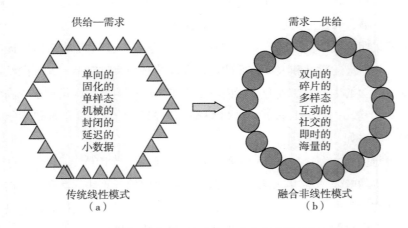

图4 媒体组织流程从线性模式到非线性模式的跃迁

（五）考评力度渐增体系待完善

媒体融合的根本在内容建设，必须有机制保障。从全行业情况来看，对新媒体考核的力度仍不到位。

同时，评价体系亦不完善，亟待建立适应新媒体的评价标准和依据。比如，媒体大多以点击量等指标为主进行考评，但这种标准并不准确，存在不合理之处。由于一些严肃的重要新闻内容本身的吸引力低于娱乐新闻、社会新闻和突发事件等内容，因此相对的点击量便会有所偏向。

在考核考评方面，浙报集团已做出了一些改变，但仍然难以彻底解决考核之中所面临的平衡性和激励性等问题，难以完成报网端三个端口人员在考核标准上的彻底统一。

（六）版权争讼不断侵权不止成为掣肘

在媒体行业，版权问题是既喜且忧。这里包括两方面，一是媒体侵犯他人权利，二是其他平台、机构侵犯媒体的权利，前者给媒体带来法律方面的困扰，后者损失了媒体应得的利益。

重庆广电集团反映，大网转的都是我们的内容。

有人说，新媒体之前已经被传统媒体养坏了，经常盗取传统媒体的版权。比如今日头条，只要经济上合算就侵权。头条号、百家号、腾讯的企鹅号等，是传统媒体用内容养活了它们。但是现在它们也很重视原创，有自己的生产能力，而且它还会反过来告你侵它的权，以侵权为由来向传统媒体要求赔偿。似乎过去最坏的是今日头条，现在头条成了知识产权保护的典范。当然，今日头条有它的过人之处，媒体应该客观地看待别人的长处，特别是技术。

在传统媒体对商业平台愤愤不平的背后，是平台掌握着入口，掌握着流量，掌握着很多谈判筹码。它们给传统媒体的分成远远不够传统媒体自己的运营成本，在版权问题上传统媒体处于相对弱势的地位。

重报集团于2015~2016年建设全媒体新闻内容生产与监管平台，将生产体系与监管体系相融合，天天运行。华龙网开发了版权取证技术，与几十家媒体签了协议，重视自己的版权保护。有人呼吁建立区域版权联盟来保护版权。

丁时照从另一个角度看问题，认为《著作权法》保障了时政报道之外的作品都有著作权。这个变量的加入，草变成了虫草。媒体以法律为后盾，议价能力事实上增加了。

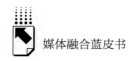

（七）人才流失率高满员率低青黄不接

传统媒体包括新媒体的人才流动太快，优秀人才队伍建设面临困难。

由于员工薪酬有上限，薪酬标准与市场化媒体相比没有竞争力，在薪资方面对于人才吸引力不足，人才流失严重。体制外企业提供高薪，从媒体挖走了本已稀少的人才。上海广电融媒体中心在有新员工引进的前提下，整体人数还减少了 100 人。留住人才非常难，顶尖人才每个月都在流失。广东广电一年来走了几十号人，一挖即走，刚被阿里挖走了几个人，工资翻了三四倍，还有股权分红。很多商业平台的公关人才都来自传统媒体。阿里说，我们从来不去浙报挖人，但他们投奔过来，怎么办？

重报集团新闻采编人员的收入水平，10 年没怎么动过。有的员工投奔到区县，因为区县融媒体中心有事业编制。

媒体在面临着人才流失的情况下，加剧了原有人才队伍支撑不足的问题。广州日报的人才流失相当严重，在留下来的队伍中，新媒体的人才年龄都很低。在业绩亮眼的深圳新闻网，员工有 260 人，平均年龄 29 岁。在电视台的新媒体部门，新进的应届毕业生工资仅两千多元。

财大气粗的浙报集团也苦于人才支撑不足。目前集团的全媒体报道需要负责"报、网、端"三个端口，而三个端口对新闻稿件有不同的要求，能够同时覆盖三个端口差异性内容生产的人才很少，10 个人中有 1 个就很不错了，大部分人是中等水平。有的记者写了 5 段还没有写到导语部分。所以单兵力量弱，一个记者很难完成新媒体和传统媒体的稿件采写。

体制因素对人才资源配置有一定的影响。比如在新媒体团队中不太敢起用体制外的人，因为关系领导问责问题，但是体制内能做好新媒体的人才又很少。

现有人才与技术基因脱节。新媒体采编制作有自己的规律，这一套话语方式，传统媒体不一定有优势，反而是劣势。过去的优秀传统不能照搬。在媒体融合中，人的融合很重要。融媒体人的培养，对记者能力提出挑战。为此，深圳报业集团从 2017 年开始就分批组织去苏州进行短视频技术培训，脱产半个月学习短视频的制作。

丁时照说，传统媒体人训练有素，忠心耿耿，是主流意识形态的"拱卫者"。但是一转身就可能成了你的敌手。整个网络舆情的核心，很多网红都是他们，在彼岸与我们叫板。因此，"融合是术，要善待人"。

（八）技术短板缚手脚高度依赖第三方

今日头条作为聚合平台，大部分内容有媒体传播属性。其生产方式是聚合信息，每天上千万条信息，短视频1000多条，以算法为核心，智能推荐，走在世界前列，汇聚世界顶尖人才，精准推送。抖音也实现了视频化、移动化、社交化。

像今日头条这样的技术公司，提出技术不是最重要的，真正的核心竞争力是内容。因为优质内容是稀缺的，是真正重要的。系统在推荐之前，同样的内容要PK，最优质的内容才推荐。推荐只是底层的技术。

但是，在新媒体时代的传统媒体本身就有基因上的不足。现在若从传统报业里按照技术角度找想要的人，几乎找不到，更不要说能够支撑一个生态链合成。传统媒体的算法推荐，还不够成熟。这也构成了传统媒体的困惑：以文科为基础还是以技术为基础。

重报集团说，技术是瓶颈，非常头疼，没人做，怎么与商业门户竞争。互联网核心技术都掌握在商业互联网公司手中，受制于人。代码全国都不兼容，各家做各家的。

技术与人才问题联系在一起。技术人才很难招，工资低留不住。在贵阳，大数据公司市场价是每月3.5万元，媒体聘不了。也有的媒体，花了高薪聘请，却失败了。

成都传媒集团针对单靠集团，以及每一家子媒体都不太容易解决的技术问题，提出技术团队要与项目相结合。只是成本不行，一定要做项目，技术团队融在项目里面，解决技术能力的输入输出问题。

深圳商报现在的核心技术团队有20多人，但是自主开发这些人远远不够，估计50人也无法满足现实的需求，难道随着技术上在往前走，需要不断重金聘请技术官吗？财力无法承受。所以它也在购买技术服务，它的直播与广州一家公司合作。

在广电行业，整体正由视频技术向互联网技术转型。未来，所有技术都是互联网技术。深圳广电的云平台2005年就开始搭建，但是云的真正能力建设，非常困难。

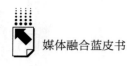

表 2　商业平台的员工结构

单位：%

员工结构	字节跳动（约 3 万人）	得到 App（约 300 人）
技术人员	14	59
内容人员	1	27
运营人员	33	11
审核人员	27	—
行政及其他人员	25	3

与技术相关的困惑还有：现在的媒体融合，都在推进。那么新的传播手段和形式，随着技术的发展，它是无限的，我们怎么样追这个技术？追不上怎么办？深圳特区报的读特客户端计划导入社交功能，打造成一个具有社交功能的平台。我们传统的媒体人有没有必要追着技术跑？

（九）底子薄资金缺，投融资渠道不足

媒体融合需要"烧钱"，需要大量的投入，数据库、软件、人员、设备扩张非常快，不投入怎么占领阵地。报业的人做音视频，等于在做广电的事情，这些新的传播手段没有一样赚到钱。一旦环境变化，沉淀的投入甚至可能成为负担。有人悄声问，"新媒体管饭吗？"

互联网公司主要靠风险投资，看好未来就敢投，它们基本上都是依靠风投快速做到投入和产出，它不在乎一时的赢利状况。今日头条几轮融资下来，融到几十亿美元，投入产品和技术研发。前几年，国家财政拿出几亿元做媒体融合，光明日报分了 3000 万元，人民日报分了 1 亿元，其实杯水车薪。

而传统媒体做新媒体不敢错，也错不得。传统媒体做新媒体缺乏容错机制，不符合市场规律，抗风险能力差。传统媒体发展的黄金时期已经过去了，现在又处于一种下行的压力，根本没有试错的机会，拿几亿元去拼一下，负担太重。传统媒体不可以与民间资本合作，国有资本不敢投，国资要问：投多少？多少年回报？谁来承担决策的风险？

很多媒体单位提到，融资融不到，需要资金投入，需要财政资金长期支持。财政项目投入有帮助，但单靠财政投入也解决不了饥渴。新闻纸现在涨价到 6300 元/吨，以前只有 3800 元/吨。发行纸质报纸是亏损的。在广州日报，

有不少沉淀资产，由于印刷量锐减，三四套设备只开一套，其他机器闲置，一年保存这些机器的空调费就要几千万元，印务中心成了负资产。高峰时期搭建的发行队伍 2000 多人，也存在去产能问题。上市公司粤传媒曾连续两年亏损，2016 年 12 月获 3.5 亿元发行亏损，支持党报媒体发展资金，专项用于《广州日报》的印刷、发行支出，账面才赢利。

也有运作很成功的媒体，比如浙报集团，上市公司浙数文化，第一家媒体经营性资产整体上市，2017 年将新闻传媒类资产剥离，母公司回购，据说赚得盆满钵溢。

（十）东中西部一二三线发展不平衡

媒体融合全国都在探索，比较起来，本质上没有谁先谁后，先进的也领先不了多少。谁想得更明白，谁走得对，谁就能少走弯路。

当然，从地理空间上看，媒体融合发展对于媒体所处的资源环境有一定的基础性要求，而长期以来，各地区之间存在着多方面资源配置上的不平衡，导致各地媒体融合开展过程中步调不一，尤其是省会城市和地级市、县之间，一二线城市与三四线城市之间，平面媒体与广电媒体之间，由于政策、媒体地位、资金链等方面的条件优劣，存在着一定的融合进度差距。

1. 第一方阵

主要位于东部沿海地区。这些地区的经营环境比较好，家底相对丰厚，做新媒体业务游刃有余，属于"头部"。特别是总资产额 100 亿元以上的媒体，是第一方阵的佼佼者。

例如，江苏广电有演艺业务群、经营业务群、国际业务群、新媒体业务群、广播影视业务群、文化金融业务群、培训业务群等。2017 年末总资产 305 亿元，比 2012 年增长了 119%；净资产 218 亿元，比 2012 年增长了 92.49%。2017 年经济总量达到 141.2 亿元，在省级广电中保持前三位。2018 年预计达到 150 亿元。总台还有一些产业投资项目，包括基金，参投和收购的。例如荔枝广场、荔枝文化创意园、影视基地建设等。在西安正在建设一个荔枝文化创意园，2018 年动工，五年以后竣工。在南京南站还有一个大剧院也在建设中。

东部地区也有差异，长三角、珠三角的步伐略快于北方很多省市。

2. 第二方阵

湖南、湖北、江西、河南、四川、重庆等地，其省级媒体整合全省资源的能力比较强。总资产额多在 50 亿元到 100 亿元。

四川的媒体地处西部，"醒得早，起得晚"。有些媒体动手比较晚。深度融合钱比较少，财政保障比较少。传统媒体受冲击比东部沿海地区晚一两年或两三年。这是西部的独特现实。不能与上海、南方相比。

重报集团的融合步伐跟上全国省级党报的态势，自我评价处于中间水平，不落后。

3. 第三方阵

一些地区，经济基础薄弱一些，融合的过程中非常慎重。这些地区媒体的总资产额多在 50 亿元以下。其中有的媒体总资产额在 10 亿元以下。在第三方阵中，现象级产品比较少，新媒体平台没有形成。同时，缺乏财力的支持，转型没有技术、人才的保障。缺乏短视频制作、小程序、美工制图等方面专业的新媒体人才，缺乏客户端的研发和运营专业人员。有的省会城市媒体，全日制本科学历以上仅占 30%。一些媒体还没有具体的新媒体考核政策出来，说很快就出台。

这些地区，往往手机报缺乏政策支持，卫视在苦苦支撑，省级新闻网微信号由于内容监管较严格，受自媒体的冲击较大。一直引以为傲的"内容提供商"的身份，变得很遥远。新媒体"烧钱"，传统媒体难以反哺新媒体，研发、推广、维护等资金有限。因此，媒体融合思路不太明确，为了融合而融合，体制机制上尚不能有效支撑。

在广西电视台，网站、手机客户端等新媒体发展主要依靠 IPTV 维持运营。让新媒体部门提需求，没有兴趣提，没有激励机制。

在陕西广电，流量变现能力不强，新媒体基本没有收入，而广告收入断崖式下跌。陕西广电 2018 年上半年的收入较上一年同期下降 40%～50%。陕西的智库服务交给了民营企业，政府服务虽然占收入的三分之一，但承接政府工作的总量非常小。

这些地区，媒体融合做起来的话困难不小。大庆、齐齐哈尔等地出现了记者讨薪现象。但是不做的话，未来三五年或者更远地说二三十年，运营环境可能面临更大的变化。

四　我国媒体融合发展的十大新趋势

未来，媒体融合将坚定方向，重拾信心，披荆斩棘，迎风成长。从制度、技术、经营、服务等多方面布局，优化顶层设计、改善评估标准、引进优秀人才、精准定位用户、拓宽服务范畴、增强技术体验、丰富多元市场，推动融合理念更加深入人心，开启媒体融合发展的新纪元。

（一）优化顶层设计打造新型主流媒体

媒体融合首先需要政策的支持、资金的支持。

有的媒体建议：在全国支持一批媒体在新媒体平台上保持影响力，应成为国家战略。媒体不是商业机构，是国家战略的一部分。国家给予传统媒体更多的支持，建设强大的党管新媒体平台终端，帮助党媒应对市场化新兴媒体组织的冲击。国家支持、扶持党控新媒体平台，不要让技术掌控内容。

湖南日报呼吁出台文件在政策上加大对省级党报融合发展的支持力度，对中央政策进行政策落实和部署既要有操作性，又要对省级融合发展提出要求，设立融媒发展的专项资金支持。

优惠政策方面，鉴于传统媒体经营江河日下，给政策就给足呗。贵报集团每年交各种税8000多万元，返还了1500多万元。它们的离退休400多人每年需要3500万元，都是自己承担。建议减免增值税，或将税收返还，并免收国有资产收益。

广州日报建议利润的20%即国资收益部分，希望返拨回来。

其他扶持方面，鼓励政府部门把一些项目交给主流媒体来做。鼓励媒体与政府展开多方位合作，做好政务服务。

新型主流媒体，其实就是移动端的党报、党刊、党台、党网。新型主流媒体要唱响主旋律，把主旋律用老百姓接受得了的方式传播出去，"更体现新媒体特色"，不能靠卖萌，创新要有底线。要抓"关键少数＋普通多数"。

未来的纸媒或许将是奢侈品，轻奢侈品。但是，纸媒不能丢，丢了就不权威。白纸黑字，哪怕只有一份都行。

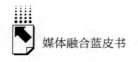

（二）完善"事业单位企业化管理"体制

我国行之有年的"事业单位企业化管理"体制，大体上是机关性质、事业单位、企业化管理。媒体在获得了政府部门提供的新闻资源和其他支持的同时，也认为市场能力受到一定约束，希望政府进一步增加支持力度。

一种意见说，媒体事业不事业，企业不企业，讲政治时是事业，讲经营时是企业。事业讲规矩，企业讲向市场要钱，媒体得自谋生路，这中间有一定的矛盾。在新闻与宣传的关系上，来自主题宣传的经营压力大。包括广西新闻网，各种规矩，又扔你下海，要你做得好，要你做省市县融媒体，难。

再一种意见说，产业类新媒体可以公司化，可以融资。事业类新媒体没法公司化，难以融资。

还有一种意见说，事业产业两分开的要求很好，但是采编经营两分开，采编没有动力。经营和内容"两张皮"问题，这个问题不解决，影响媒体融合新模式。比如深圳广电，媒体运营中心与频道频率分属不同的主管领导，有人认为"两张皮"现象依然突出。

在南方报业，集团记者虽然说是事业编制，但是由于报社是三类事业单位，是实行企业会计制度的事业单位，只要业绩好，收入是可以不封顶的。也有些单位反映说，上面对媒体按企业考核，效益若不行，工资总额不能增长。

如果将媒体与商业平台进行比较，媒体的第一逻辑是政治，商业平台的核心逻辑是市场。党管媒体和资本管媒体，存在结构性差异。商业平台走市场，机制活。超级平台每家聚拢数万人，而地方媒体只有几百名编辑记者来办一张报纸。大多数媒体承担报道任务，让新媒体赢利不大现实。新媒体公司若搞末位淘汰也不可行，被淘汰的员工可能天天上访。

课题组在触电调研时，有人举了一个例子，例如解决一个技术问题，通过公司，可能一个月就能解决，但是在体制内可能半年多还不一定能实施。一脚走市场，要效率。一脚体制内，按程序，追求安全，一大串流程。传统媒体做新媒体都会遇到这个问题。比如说涉及新闻内容的，不能够吸收社会资本，这是一个硬约束。虽然国有企业自身可以给你投，但是由于现在都是终身负责制，怕被追责。

那么，党报党台是不是要回归原先的体制呢？贵报集团的王建明明确回答说：我不同意。完全回归财政后将没有积极性，与市场脱节，将失去能力，反而办不好。走回头路，把自己弄死。希望作为党媒，一方面，财政加大扶持；另一方面，不能捆死，要松绑。在管理模式上，党报采编经营截然"两分开"难以运行，分两个单位更难，不能分成两个单位。采编部分财政不给钱，谁来支撑采编？呼吁"两分开但一体化"，机构人员两分开但一体化运行，避免有偿新闻。

当然，媒体自身的体制机制改革需要进一步深化。要从最难处改起，对存量进行改革，从机制入手，真刀真枪地改。深圳报业集团在深化改革方面已经搞了好几年，新一轮的深化改革正在展开。在融媒体发展方面，正在酝酿制定"30条"。

（三）坚持内容原创振兴媒体品牌

传统媒体的优势有三：第一，内容的原创。第二，发布的权威。第三，体制的保证。经过转型融合后，如果媒体不是优秀的内容提供商，我们不能认为媒体融合成功了。

人们常说，内容为王，经营为王，各种为王，不一而足。王者归来，还是内容。传统媒体唯一有用的优长是内容。传统媒体的真正长处，是通过深耕原创，将观点、思想等深度内容进行深刻阐释，既要告诉用户是什么，又要为用户解读为什么，引导用户接触有深度的观点和文化。不过，坚持内容为王的理念，必须结合现实来谈。

1. 模式危机

法国文艺批评家罗兰·巴特1968年发表过著名的《作者之死》，对作者的中心地位以颠覆性的打击。深圳报业集团的丁时照2017年创作了"死了系列"《总编死了》《广告部主任死了》《发行部主任死了》，因为传统媒体的草，养活了互联网的羊；互联网的羊，养活了移动媒体的狼。那么，模式发生剧变，生态发生剧变，新的四梁八柱在哪里？

2. 内容危机

如果说模式与技术和社会变革有关，那么媒体在内容品质层面是否葆有优势呢？

有人说，几大商业平台把内容、渠道与生产能力结合起来。相比之下，媒

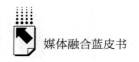

体做的不是内容，而是同质化内容。广西日报的黎攀举例说，一家报纸每年 4 万多篇稿件，这些稿都有影响吗？里面大量的是低端的内容，所以有效供给不足。内容作为核心竞争力，对不同的媒体而言意义是不一样的。对人民日报可以，对地方媒体还是不一定能形成一锤定音的能力。

报界有人说，纸质版内容完全放到客户端，已经没有了任何优势。过去比较成熟的办法，如何适应新媒体传播的内容，做出受市场欢迎的东西？每天耗费大量人力，有多少内容有传播力、转发率？电视行业也有人反思：我们的传统电视，除了新闻是自己做的，其他方面没有内容优势。

有人说，批评一个西湖的厕所都这么难，舆论监督弱化了，新闻不好做。虽然好的新闻，自带流量。那些爆款产品，与新闻往往没多大关系。媒体最大的问题，是内容创新的力量不足。

3. 什么是好内容

融合是媒体生存和发展的新空间。传统媒体的流程还是规范严谨的，由于经营管理人才相对不足，做经营未必超过别人，媒体需要静下心来，回归新闻本位，要扎扎实实做内容，对新闻资源做多维度解读，实现内容的 N 次销售。

在"南方+"，内容以原创为主，大部分是优质稿件来源，另外一部分是以南方号为主，这两部分组合原创内容占到 80% 多。然后全网比较热的新闻也会添加进入。

新媒体话语体系有什么特点？南方报业的胡键说，要将传统媒体基因与新媒体样式相结合：

（1）表现形式多样化。文字要短，上图文音视频。

（2）标题风格悬念式。

（3）传播方式"渠道+运营+互动"。微博微信头条抖音都用。

（4）体裁不拘一格。反腐脱口秀《武松来了》，前两集全网点击量超 6000 万人次。

业界每每发现，过去的经验指导不了新媒体。关于地方主要领导的稿件大量投放到朋友圈，但是转发率不尽如人意。平台本身要融合。表达方式要建立新的语态，需要去研究什么样的内容才能"10 万+"。

4. 做内容是系统工程

重报集团总编辑张永才说，无论如何，做内容都是看家本领。应该坚持做新闻现场的见证者，坚持做内容主业，生产优质原创内容。

做内容是系统工程，因为技术、渠道、资本等其他因素不能成为木桶中的短板。新媒体产品特别是音频、视频，在内容形式上有很大变化，讲究有思想、有创意、应用新技术。内容人员、技术人员、运营人员需要密切联系配合，大大增强团队协作性，没有什么新媒体产品是一个人搞得定的，不过协调的成本也会增加。

浙报集团在内容生产方面，由于数字端和纸质端对内容的要求有差异，因此在内容的形式上，努力做到文字稿、图片、视频多元呈现；在写作语言风格方面，采用新媒体的语言来做微信产品；在内容发布方面，以前要求先发客户端，现在由采编平台统一调度，多元化分发。整体的内容策划、生产以及配套的技术支持都在浙报的"中央厨房"进行组合，内容生产人员、技术人员、运营人员等一起协同生产，密切配合。

媒体独有的优势，与商业平台不一样的东西，是群众路线优势。这一点在省市县融媒体整合中充分体现出来。

（四）取商业公司之长实现全方位融合

当下，传统媒体传播渠道收窄与商业平台信息入口拓宽之间是一对矛盾。入口决定了流量、用户、市场，商业平台掌握数据和市场，导致报纸、大屏日渐窘迫。正如传统广电，躺在卖广告的躺椅上吸金已成往事。

丁时照说，传统媒体的传播力是百万级，互联网是亿级。中间隔了个千万级，这就是鸿沟。融合就是要跳过去，跨越鸿沟。好内容，做到极致，可以做到千万级。2018年5月，深圳广电的壹深圳报道莲花山追嫌犯，超千万人次点击量。但是，对于传统媒体来说，这样的爆款太少了。

传统媒体与互联网的另一个差异之处，是信息发出之后，用户反馈才开始。这完全颠覆了传统的传播流程。

一些原来在传统媒体工作的人，加入技术公司如今日头条，认为没有太大的差别感。但是，今日头条内部开放，有一定的容错度。另外，工作节奏不一样，原先比较轻松，现在工作节奏、视野都有比较大的提升。在学习能力方面，以前需要自驱力，现在是公司带着往前跑。

相对于拥有强大技术力量的互联网公司，它们拥有超高的产品更新迭代效

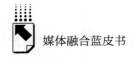

率，传统媒体包括转型媒体的系统运作能力跟不上，但是又不得不应对挑战。比如芒果TV，在第一阶段是思路之争和模式之争，侥幸赢得一局，但是接下来是系统能力之争，是互联网运营思维的精细化和垂直化之争，是各种产品形态的突击能力、推广能力和用户与价值的再开发能力之争，这是以芒果TV为代表的媒体行业未来面临的巨大挑战。

所以，媒体要善于学习互联网公司的玩法。媒体的基因，思维有限制。应该取互联网公司之长。作为一个媒体集团，或者说党报党台，其在当今的价值就是整合科技、连接社会。移动互联网是主阵地、主战场。在互联网时代传统媒体必须延伸自己的影响力，从"移动优先"发展到以"客户端为中心"来整合传统介质，花上一些时间，形成产品特色，拓展新的服务，确立所在区域第一移动新媒体的地位。

做新媒体，有几个关键词：一是用户思维。真正解决用户需要的东西，围绕用户需求，说人话。"中央厨房"、融媒体，只是用户思维的一部分。二是平台思维。通过汇聚，给用户提供更多的东西。三是产品思维。要有独家的东西，例如有特色的评论。四是变现思维。流量变现难度大，从价值入手，从品牌入手。

张永才说，要把新媒体、移动端作为建设重点，发展移动端不用质疑，要重新建立用户连接。

广东广播电视台副台长曾少华说，我不赞成转型，你生产新东西就行了。你生产网上的广东卫视，记者在这个平台上找到一些新的成长空间，现在都以新媒体，以移动端为主开展工作。当然，从大概念上也可以讲转型。传统广电媒体过去生产节目是一块，播出节目是一块，整个就是分离的，但是现在由于做新媒体，如触电，变成了一个24小时滚动的状态，这种变革极大地刺激了传统生产团队的潜能。

（五）构建科学考评体系完善评估制度

构建考评考核体系有多个层面。

1. 媒体融合层面

媒体融合的具体进展如何，成效如何？目前，国内媒体行业缺乏一套适应融合发展新阶段的统一的融合评估体系，导致传统媒体对于自身的融合进程难以获得清晰反馈，继而难以把握自身发展中的优势和不足，也就会在融合进路中"摸不到过河的石头",严重阻碍了转型发展。

贵州日报反映说,媒体办得好不好,评价权不在媒体手里。特别是不能把不是媒体属性的平台与媒体拿来比。自媒体人发声,叫"媒介",不叫"媒体"。今日头条天天做挣钱的事,不像传统媒体有巩固舆论阵地的责任。

上海广电反映说,关于媒体融合转型发展的成效,没有可资判断的标准。以往会在整个广电系统里进行比较,若在电视业排名靠前,则在整个媒体业都会比较靠前,而如今在互联网的背景下,转型成果难以评判,往往只能自己与自己比较。

浙江广电反映说,传统广电播出基础上"导向+市场评价"体系仍是主导的、传统的。收视率传统制约指挥广电,这是指挥棒。单一生产格局尚未打破,评价体系仍是传统那一套。情怀、理想、导向,没有形成市场。由于评价体系的原因,新媒体做得好,又能怎么样呢?新媒体产品由于缺乏思想,真正的融媒体产品一年也出不了几个。

也有人直言:传播效果到底如何,不好说!不同受众习惯于不同的话语方式。有的稿件"谁写谁看""写谁谁看"。正面新闻怎么写?相对而言阅读量太低了。

2. 新媒体采编层面

对于新媒体产品来说,做内容的都在做运营。内容传出去,互动才开始。"南方+"发动记者建群转发。基于深度、广度进行考评:"基本分+流量分+加权分"。

上海广电反映说,针对新媒体端,市场上缺少类似于央视索福瑞的权威数据。何况现有收视率主要是以综艺与电视剧为对象的,原创新闻方面的收视率评价体系缺乏。因此集团在绩效考核方面比较难展开,目前在推动制定一个自己的考核标准,但还没有太多的进展。

3. 传播大数据层面

深圳广电的傅峰春说,不能简单碎片化地为别人做流量!我们希望全渠道的数据能够回来,以便看到一个内容的全渠道传播效果。我们要面对互联网,跟卫视PK,跟各个平台PK,但现在基本上做不到拿回所有的数据。数据要能全回来,就是变现、量化的依据。碎片化的数据,市场价值会被低估。香港TVB做得不错,产业链协同,它们现在可以采集到全渠道同源数据。

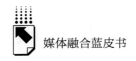

　　媒体最终做的是内容。在此基础上，要做内容大数据。由于传播数据牵扯到太大的商业利润，在技术上不能仅仅依靠小样本，光靠媒体可能搞不定。目前有几个数据公司在做。傅峰春建议在总局层面推动立项。

　　过去，广电是没有大数据的，以前的线性传播数据出去收不回来。深圳广电现有一百多个微信公众号，已尝试在社交媒体上做一个壳，一个聚合器，一键发布，技术深度对接，将数据全部综合回收到自己的服务器，进行分析，这样就可以清晰描绘出用户的画像。所有的用户首先沉淀到集团自己的平台上，变成自己的大数据。

（六）建立存量人才提升引进人才奖励机制

　　媒体融合关键在人才，要把更多的投入用在人才上。

　　1. 身份

　　浙江日报、大众日报在把采编人员纳入机关那条线。在广东，媒体是三类事业单位，自收自支，继续走市场，但往前走，不易；往后走，回不去，需要配套政策跟上。

　　在事业编制方面，上海广电大约从 2000 年开始引进的新员工全部是企业编制，事业编制的总人数在逐年减少。事业编制与企业编制采用统一的绩效考核标准，同工同酬。也有的单位将事业编和企业编的基本工资有所区别，绩效同岗同酬，按劳取酬。

　　有的媒体呼吁进一步改革考核机制和薪酬激励制度，放开更大的工资空间，以缓解过度的人才流失。包括实行员工持股试点，以吸引优秀人才。一方面，需要媒体内部创新，大刀阔斧地改变不符合实际的旧制度；另一方面，也需要主管部门提供配套政策支持，放宽媒体受到的束缚，共同推进媒体融合转型发展。

　　2. 配置

　　在人力资源配置上，未来考虑打破"中央编辑部"的模式，以"产品"为核心，围绕产品配置技术人员，来打造新媒体，促进媒体融合。

　　对于全媒体记者，一个单位可能 10 个人就可以了。大部分员工是中人之材，集中精力做一件事，把它做好最理想。

　　设法引进培养符合未来发展需要的人才，比如掌握新技术、适应新形势的人才。广西新闻网提出，第一，需要创意型人才，有想法，事件、材料、稿件能转化。人民日报的军装照爆款，技术并不难，最缺的是创意。第二，需要专家型人才，深耕某一领域，写出独到的东西。

3. 激励

新媒体对采编能力事实上提出了更高的要求。稿子配视频，完整性不同，能力要求更全面。移动优先，滚动新闻政务新闻播报，时效性有差异。素质能力要求不是下降了反而提高了。难怪人民日报新媒体中心的薪酬水平比人民日报还要高一些。

（七）新媒体行业明确身份定位再出发

在新媒体行业，有两类媒体或具媒体属性的平台需要更为准确的身份定位。

第一类是全国大约 13 家省级新媒体集团，由地方党委宣传部批准组建，但是这些新媒体集团的网站，需要取得互联网新闻信息服务许可，记者需要取得记者证。然而现实中，有相当一些网站媒体，未取得像传统媒体一样的身份地位。比如湖南红网，记者属于网络媒体记者，有从业资格证，但是没有采编资格证，从事采编工作但没有记者证，这是传统新闻网站相当普遍的一个问题。这些媒体在做当地报道的时候，没什么困难，但是超出当地的范围，比如做全国两会报道的时候，网站的记者就没法参加，因为网络上查不到他们的记者证信息，只能以工作人员的身份进入。

有人建议国家确立一批重点新闻客户端、新媒体试点单位；加大扶持地方新闻网站力度，把新媒体摆在与传统媒体同等甚至优先的位置，从政策上倾斜，从财政上扶持；加强人才培养，及时调整或增加从业人员培训；以及进一步加强网络立法。

第二类是全国的视听类 App，身份也比较尴尬。比如喜马拉雅 FM，由于是民营企业，在新闻内容的行业资质方面，以及其他相关领域的牌照问题，对喜马拉雅都有比较大的约束。

（八）营建有利于媒体转型的管理环境

我国自 1994 年接入互联网以来，获得了蓬勃而惊人的发展。相对而言，

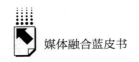

管理有些滞后，有人认为造成了好多乱象。从 2009 年左右，自媒体兴起，法制化建设的速度也跟不上网络发展。

互联网的崛起带来了商业平台对传统媒体的碾压式优势，移动革命造成了叠加影响。由于准入门槛被破除，比如，微信公众号的数量无从限制，在信息高速公路上各种各样的车都开了上来，需要规则和管理。又如，爱奇艺登陆大屏平台，要不要许可呢？过去大屏受到严格的监管，很干净。当 OTT 既成事实的时候，广电还没准备好，造成一定的被动。

自媒体也是一个很大的挑战。UGC 意味着内容自主化生产，自媒体就是去媒体化，甚至让媒体进行法律诉讼都找不到主体。自媒体违法违纪成本低，肆意传播的虚假内容淹没了主流媒体的声音。建议要加强管控自媒体，同时适当放宽对传统媒体舆论的管控。

因此，营建公平的新媒体发展环境，让传统媒体、新媒体、商业平台享有同样的管理尺度，以及对原创版权的维护，成为许多媒体的诉求。

王健明说，新闻要讲时度效。面对突发重大灾害、群体事件，新媒体平台具备核打击能力，但核按钮不在媒体手里。主流媒体失声，空间就留给了自媒体，用户、公信力流失。应该相信主流媒体只会帮忙，不会添乱。

（九）丰富技术体系展开智能化布局

在"互联网＋"时代，移动互联、大数据、人工智能、云计算、VR/AR 等技术在多元平台交互应用，重构和重塑信息流动的方式和媒体的技术布局，加快了媒体融合的进程。BAT 等互联网巨头在平台上增添内容功能强化场景应用体验；微信、微博等社交媒体在终端合作和服务功能上不断拓展空间；今日头条、滴滴等移动技术平台在终端和内容展示上更加开放、包容，这些都反映了媒体行业技术和生态布局的必要性。

随着各种新技术的深入发展及彼此融合，各种融媒体技术将在应用中走向整合化、体系化，融媒体作品往往集纳了聚合、访谈专稿、网络直播、动图动漫、沙画、全景全息 VR、AR、无人机航拍、H5 等各种形式手段，媒体的边界正在逐渐淡化、模糊，传媒行业由技术整合开始向产业整合升级转型。在新闻和政务服务之外，通过立足于社群内容和生活服务，传媒行业不断完善细分后的垂直化市场，拓展了传统媒体行业发展的空间。推进用户、终端、内容、服务、产业交融的生态圈建设正成为新的发展趋向。

当然，技术不是最重要的，技术与人、技术与媒体的关系，或者说革新技术、掌握技术、运用技术更重要，关键是顶层设计。在一些媒体，大数据的分析维度建立问题未得到解决，迭代升级在摸索中。尽管如此，当前媒体的技术门槛较之以往已低了很多。

全国多地在搭建大数据平台。贵州省建设"7 + N"朵云，由省大数据局统管。全省宣传文化云，成为公共服务平台，数据放在云上贵州，各家媒体按需取用形成产品，进行传播，成为对抗资本大鳄的利器。

智慧城市建设可能是下一个突破口，媒体如何介入也应提前规划。

深圳广电设想，将全市每个局的数据库都接上去之后，即可实现智慧城市建设。如果对接完善，媒体的连接属性继续发挥下去，经济效益也就有了新的增长点。比如华为在龙岗区7亿元的智慧城市项目，却打不通信息壁垒。智能平台上跑什么内容？监控视频没有信息量。各种民生数据、数据新闻如果打通，变成本地小百度，可以给城市画像，媒体最有条件，与所有部门都能打交道，又最不具备条件，技术上接不住，且投入巨大。但是，这一项目里有很大的增长空间。

在广播行业，随着未来的车联网等技术不断进步，将给广播带来比较大的空间。

区块链技术也在渗透，大规模进入媒体。2018年，网易上线区块链生态价值共享平台"星球基地"，值得关注。

（十）探索多元经营增强市场竞争力

媒体融合需要产业运营做支撑。经营要解放思想，优化结构，多元发展，寻找更多的经济支撑点。有了充足经济条件后，才有更多精力去深耕和抓好内容，把握好导向。否则，离开政府财政支持将无法运转。

重报集团旗下的都市报集团传统广告只占1/5，其他80%收入是非报收入。

深圳广电的下一步转型，瞄准建立新业态、新商业模式。既争取财政支持，也挖掘广告潜力。由于政府在不同时期批了不少商业用地，集团现拥有十几万平方米的商业地产，三年后将增至30万平方米商业地产，一年可收入三

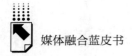

四亿元。此外，资本运作可望成为第四个支柱，选准项目，经过几年锻炼，谋求上市。

在垂直领域，同样要进行产业融合。比如少儿频道，沉淀用户，打通渠道，做各种培训，向产业延伸。过去主要卖广告。未来着重开发用户资源，向上整合。

将游戏纳入业务范围，在很多媒体成为现实。除了浙报集团、成都传媒集团外，深圳广电也以集团公司的名义收购一个游戏公司，开展"游戏＋电视"模式，吸收用户，增强黏度。其体育频道《斗地主》栏目，网络游戏平台赞助100万元，成为用户入口，推动了体育频道变成游戏运营平台。

媒体融合正在成为媒体全行业的发展观。传统媒体和新媒体既不会是"两张皮"，也不会是新媒体吞并传统媒体。传统媒体和新兴媒体的融合发展，是以先进技术为支撑、以内容建设为根本，内容、平台、渠道、经营、管理诸要素的全面的融合。媒体融合的升级，将有力推动主流媒体传播力、引导力、影响力、公信力的提升。

探 索 篇

Exploration Reports

B.2
2017~2018年媒体融合学术研究新视域

摘　要： 本报告对2017年至2018年国内外媒体融合研究中具有代表性的观点进行了梳理和总结：国内的研究主要聚焦于媒体融合本质、智能技术的渗入、产业生态重构以及人才培养等议题的探讨。国外的研究总体上围绕着六个方面——融合媒体的经营与管理、媒体产业变革路径、媒体融合在技术与文化层面引发的深刻影响、媒体专业人士在新闻生产中的角色与价值、与时俱进的新闻培训等。

关键词： 智能技术　产业变革　生态重构　技能培训　社会影响

———————————
* 嵇美云，暨南大学新闻与传播学院副教授、博士；王欣怡、王文珺，暨南大学新闻与传播学院硕士研究生。

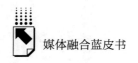

一　国内研究

2017～2018 年，中国的媒体融合实践稳步推进，媒体融合研究的数量与质量等指标皆有提升。整个年度媒体融合研究呈现了新面向与新热点，尤其是智媒时代到来引起的产业变革、传媒生态的重构、新闻传播教育的变化与革新等，令人瞩目，学界对媒体融合的多角度阐释、多维度论述，正在促进融合观念的日益深化。

（一）认识深化：多维度重塑融合的本质

1. 融合现状：机遇与挑战共在

黄楚新将中国媒体融合现状凝练为七大特点：新闻入口与平台成为发展重点；传统媒体"信息＋服务"垂直化战略表现不凡；以智能设备为代表的新技术革新新闻信息采集与发布方同时丰富了新闻生产内容的多样性；法律法规为媒体融合提供坚实保障；互联网公司渗透传统媒体走向多元经营；网络视频直播等新行业的出现提升用户与媒体之间的互动维度；报业新媒体"新三板"纷纷挂牌发展新生资本力量。然而，在国内一些媒体融合逐渐深化的同时，也出现媒体间融合发展程度不均的问题。究其原因，黄楚新认为主要归咎于理念、资本、技术、机制等方面的制约以及媒体人才过度流动、传统媒体思维的桎梏、媒体融合效果评估指标不一、新媒体空间监管力度不够等，对融合的发展方向形成了阻碍。[①]

严三九对中国 24 个城市代表性的平面媒体、广电媒体和新兴媒体单位进行了问卷调查与深度访谈，对内容、渠道、产业、体制等层面的分析，发现传统媒体内容生产模式单一、不适应用户习惯的变化、评判标准泛化、渠道扩展与创新面临着新的困境、媒体思维与产业思维融合不够陷入"大而全"的融合误区。[②]

赵华关注"一云多屏"的产业链条和服务业态，发现媒体行业"排头兵"、省级广电布局特色媒体云出现良好发展态势，但由于还停留在技术层面

---

① 黄楚新：《中国媒体融合发展现状、问题及趋势》，《新闻战线》2017 年第 1 期。
② 严三九：《中国传统媒体与新兴媒体融合发展的现状、问题与创新路径》，《华东师范大学学报》（哲学社会科学版）2018 年第 1 期。

的起步阶段，未能对固有组织架构和业务流程进行改革，出现了"传媒倒融合现象"，即互联网企业掌握了融合的主动权收购兼并传统媒体，传统媒体面临着成为融合平台的内容"供应商"的危机。①

值得指出的是，当前媒体融合的研究存在一些明显不足。基于文献计量学，冉华、窦瑞晴分析了我国媒介融合规制研究的文献后发现，探讨主要着墨于三大核心议题：规制改革的话语主体、媒介融合的具体规制、产业结构调整的规制诉求，存在着偏离媒介融合本质探讨融合规制的问题，例如研究的逻辑起点并不是基于产业边界消失这一预设，仅停留在数字化生存层面，忽视了经济学意义上的产业融合本质；研究维度基本是站在传统媒体角度；忽略了规制制定的背景和实施效果等。②

2. 融合影响：工具理性与价值理性共融

媒体融合对传媒业务和社会空间的影响，讨论集中在新闻伦理反思、新闻生产理念的回归、职业权威等层面，对于"人"在其中扮演的角色和地位予以极大关注。欧阳明和陈琛聚焦"技术理性"对价值理性的取代和对人文主义的冲击，重新界定人的存在及人与社会、媒介和自身的关系。技术进步对传受关系的改写、对传播渠道的拓展和对时空局限的突破，新媒体给当代人带来了种种便利，固然可喜，必须重视新的经济、文化壁垒对自我认同和社会建构所带来的威胁。③

智媒时代的媒体如果无法在人机交互中占据主导地位，将造成一系列影响。刘胜男认为在算法推荐下同质性内容的不断推送会造成信息的"过滤泡沫"和意见的"回音廊"效应。④ 姜红等认为基于算法机制的新闻内容定制及聚合会挑战传统新闻业的"公共性"，容易令用户置身于"信息茧房"，进而造成人与人之间的区隔。⑤ 陈昌凤、石泽建议加强智能算法中人的主体性，让人工智能更好地体现人的主导性和价值观，最终实现技术理性与价

---

① 赵华：《媒体融合大势下的媒体云现状与思考》，《传媒观察》2017年第1期。
② 冉华、窦瑞晴：《我国媒介融合规制研究的现状——基于文献计量学的分析》，《新闻大学》2017年第2期。
③ 欧阳明、陈琛：《边界的消解与壁垒的重建：媒介融合视域下的自我认同危机》，《现代传播》2017年第7期。
④ 刘胜男：《算法时代"好内容"的定义》，《新闻与写作》2017年第6期。
⑤ 姜红、鲁曼：《重塑"媒介"：行动者网络中的新闻"算法"》，《新闻记者》2017年第4期。

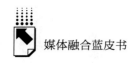

值理性共融。① 彭兰认为在人机互动中，人应超越算法占据主导地位，机器智能的方向应由人决定，智媒时代应该是通过机器更好地连接人与人、更好地汇聚人的智慧，并以机器的智慧拓展人的能力。②

　　蒋虎、宁文茹基于新生态的新闻专业精神重塑探讨媒体的深度融合，结合"北京时间"的实践探索，强调将媒体的导向使命和社会责任放在首位，在坚守新闻专业精神的同时，要秉持"相信数据，但不唯数据""重视流量，但不唯流量"的理念。他们认为以新闻专业精神再造内容产品生产流程，搭建一个基于"媒体＋平台＋流量"的稳定三角的传媒生态，是一条可以赢得市场和舆论场双重优势的内在逻辑与实现路径。③

　　3. 融合意义：互动契机与真相探寻

　　在探讨传统媒体融合转型过程中的缺失的同时，有学者重新审视了媒体融合的意义，为融合实践注入动力和积极性。石义彬、周夏萍在分析我国传统媒体融合典型案例的基础上，提出为融合意义寻找新的附加值。互动情境下，真相由媒体与受众共同界定，重视探寻真相即融合意义附加值的体现。谋求互动求真系统的合纵连横，是未来媒介融合的意义所在。④

　　4. 融合目标：塑造新型主流媒体

　　聚合媒体客户端作为平台型媒体快速崛起的背后，"内容为王"理念依然存在着巨大的误区：宣传思维，传者中心；内容自定义、自生产；告知模式主导，缺乏交流意识、互动意识、服务意识。黎斌认为有必要对"内容为王"的思维进行迭代升级，树立"内容＋"思维，即具备了好的内容，还需要内容运营、内容选择与分发、商业变现等方面的考量，方有成功的可能。统筹技术、用户、资源的建设、连接与开放，才能打造出交流型媒体。⑤

　　①　陈昌凤、石泽：《技术与价值的理性交往：人工智能时代信息传播——算法推荐中工具理性与价值理性的思考》，《新闻战线》2017 年第 9 期。
　　②　彭兰：《智媒化时代：以人为本》，《社会科学报》2017 年 3 月 30 日，第 5 版。
　　③　蒋虎、宁文茹：《媒体深度融合：基于新生态的新闻专业精神重塑——"北京时间"在媒体融合发展中的探索与思考》，《新闻与写作》2018 年第 2 期。
　　④　石义彬、周夏萍：《融合的意义：论传统媒体融合转型的缺失与突破口》，《新闻传播》2018 年第 2 期。
　　⑤　黎斌：《媒体融合新思维：从"内容为王"到"'内容＋'为王"》，《中国广播电视学刊》2017 年第 1 期。

孙玮提出媒介融合不应仅从媒介本身理解，应该着眼于技术与人的融合，着眼于"赛博人"（后人类时代出现的为技术所穿透、数据所浸润的身体）这种终极媒介的出现。"赛博人"是对意识—主体的反叛。终极新媒体超越了社交工具成为人类存在的方式；传媒机构则从社会子系统转变为社会网络的节点。①

邸敬存关注媒介融合的三个重要倾向：兼容不同新闻样式的新闻生产组织即将出现，其中多样式、跨地域的小组合作生产将成为重要工作方式；新闻传播将通过自主建立社区信息服务平台或者嵌入他者的平台融入社区网络；网络技术有望赋予民间新闻传播话语权以抗衡专业新闻传播。② 李艾珂梳理了主流媒体在营造良好舆论氛围、创新媒介话语模式、构建融合传播体系、打造新型传播平台方面的经验与做法，认为新型主流媒体在融合创新、建设互动平台的同时应当坚守传播的本质，立足主流阵地，从党和国家的工作重点出发，把握融合传播的大局方向，唯此方能不忘初心，担负历史使命与时代责任，打造新型主流媒体。③

（二）转型机遇：传统媒体深度融合路径

融合发展是事关传媒行业前途命运的重大课题，具有深刻意义。学界围绕传统媒体转型的路径、表现形式等展开了广泛的思考与阐述，为我国媒体融合的实践提供了必要的理论资源。

严三九从内容生产能力提升、数据驱动、产权结构多元等角度分析了驱动传媒产业融合发展的要素，并从提升产业运营思维、基于内容优势的 IP 化运营、面向细分垂直方向深挖空间、创新资本运营方式、推动传媒体制深化改革等方面对媒体融合发展路径提出了建议。④ 彭兰认为移动化、社交化、智能化是传统媒体转型的三条主要路径。具体而言，移动化是媒体产品迁移的基本方向，可以在渠道迁移中实现系统升级；社交化则是对用户角色的升级与潜力的再挖掘；媒体智能化将驱动内容的改革，身处智能化大语境中的传统媒体，正

① 孙玮：《赛博人：后人类时代的媒介融合》，《新闻记者》2018 年第 6 期。
② 邸敬存：《试论新媒体技术成熟背景下媒介融合的三个趋向》，《传媒》2017 年第 2 期。
③ 李艾珂：《新时期主流媒体的价值坚守与融合创新》，《现代传播》2017 年第 4 期。
④ 严三九：《中国传统媒体与新兴媒体产业融合发展研究》，《新闻大学》2017 年第 2 期。

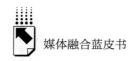

遭遇着重新布局的未来。①

李鹏飞考察了媒体区块链在知识产权、区块链生态圈、智慧社区、社会信用体系等方面的具体应用，认为媒体区块链作为一种"区块链＋媒体"的应用创新，能够构建一个高效的价值传输系统，推动媒体成为社会信用体系建设的基石，拓展产业创新和公共服务的新模式，将为媒体融合开辟全新路径。②郎媛等从新媒体的基本概念与特征入手，提出跨界融合、搭建平台和管理创新三条媒体融合的途径。③蔡木子认为媒介融合的主要形式有内容融合、渠道融合、平台融合、模式融合等，其中媒体融合的核心是平台融合，而最终表现则是媒介产业模式的融合。④

曾培伦从中国传媒改革的大背景出发，重新审视中国式媒体融合的历史进程后，提出用熊彼特的创新理论来重塑中国式媒体融合的实践框架，他认为媒体融合是中国传统媒体"救亡图存"现实需求的结晶，媒体融合需从内容生产链条到产业格局全盘革新，只有对原有的管理体系、生产体系和利益分配体系进行彻底的"破坏"，将网络新媒体的理念完全植入，才能完成真正的"创新"。⑤

（三）转型实践：纸媒、广播、电视媒体的革新

余欧认为纸媒需要加快与新媒体融合，加强和新媒体的互补合作，注重自我建设，深化纸媒自我改革，同时加强人才的引进，加强纸媒数字化建设，从而保障纸媒在全媒体时代的持续发展。⑥葛颖认为纸媒应当在凸显自身核心竞争力的基础上，着力探寻与新媒体之间可以融合拓展的点进而实现彼此的融合，着力通过网络平台实现自身的新发展。⑦

内容为王、双轮驱动、互动传播、社群培养等是近年探究传统广播媒体融合转型之路的高频词。张建敏和张芳芳在对首届中国广播创新发展高端论坛的

① 彭兰：《移动化、社交化、智能化：传统媒体转型的三大路径》，《新闻界》2018年第1期。
② 李鹏飞：《基于区块链技术的媒体融合路径探索》，《新闻战线》2017年第8期。
③ 郎媛、严冰、顾斌：《媒体融合的路径研究》，《中国传媒科技》2018年第5期。
④ 蔡木子：《我国媒介融合的主要表现形式及发展趋势》，《学习与实践》2017年第4期。
⑤ 曾培伦：《熊彼特创新理论视阈下的中国媒介融合路径危机》，《新闻大学》2017年第1期。
⑥ 余欧：《全媒体时代纸媒与新媒体的融合》，《科技传播》2018年第10期。
⑦ 葛颖：《以纸媒核心竞争力融合新媒体促进纸媒发展》，《中国传媒科技》2018年第1期。

综述中提出，广播媒体需重拾自信，坚守传统广播媒体的优势，践行"新木桶理论"，在转型升级时借鉴互联网思维寻找最适合的变革模式；在精耕细作内容的同时，充分运用互动手段积聚用户、培育社群、激活关系资源，适应融合转型的大趋势。① 陈雪丽认为广播媒体应该坚持"五个一"原则，即一个传播素材的全方位利用、一种节目的多样化传播、一项节目策划的跨部门合作、一类传播内容的滚动式链接和一条新闻线索的持续性报道。② 申启武认为广播媒体应该本着"双轮驱动"的发展理念，在"广播为体，新媒为用"和"新媒为体，广播为用"的双重框架下，通过资源整合、内容优化和科学管理，塑造广播媒体的崭新媒介形象。③

胡正荣将广播电视媒体的智能化发展提炼出四条路径：一是以云端化为产品存储平台；二是以垂直化为内容整合方式；三是以场景化为需求对接入口；四是以智能化为行业演进方向。④ 田龙过认为基于结构—功能主义的大众传媒影响力定义及评估体系已不足以解释媒体融合时代电视媒体的影响力，电视媒体只有在节目、渠道资源的整合与开发、社会公共服务、节目/受众/影响链拓展、区域媒体合作及组织结构、组织形态和管理模式等方面进行全方位的建设，才能在媒体激烈竞争时代继续保持和发挥自己独特的影响力。⑤ 曾静平认为"台网联动"已经无法适应当前媒体环境，应该转向"网台联动"。⑥

（四）智媒时代：媒体融合与生态重构

林秋铭和范以锦认为 2017~2018 年是众媒时代到智媒时代的大跨越。2017 年，智能媒体在生产、传播表达、数据存储、用户沉淀等方面，都展开了布局，包括：在智能生产方面 AI 的进一步突破，影响着传播呈现和表达的 VR、AR 技术，云存储与大数据技术的结合以及个性化内容的识别定制等。

---

① 张建敏、张芳芳：《媒介融合时代中国广播的创新发展之路——首届中国广播创新发展高端论坛综述》，《现代传播》2017 年第 1 期。
② 陈雪丽：《媒体融合时代广播媒体发展的"五个一"原则》，《新闻采编》2017 年第 5 期。
③ 申启武：《坚守与突围：广播媒体融合发展的战略选择》，《现代传播》2017 年第 5 期。
④ 胡正荣：《智能化：未来媒体的发展方向》，《现代传播》2017 年第 6 期。
⑤ 田龙过：《媒体融合重新定义电视媒体影响力》，《编辑之友》2018 年第 1 期。
⑥ 曾静平：《试论我国电视媒体融合发展的创新思维》，《中国电视》2018 年第 2 期。

2018 年，人工智能平台"媒体大脑"的落地，极大推进了媒体智能化程度，以技术驱动的智媒时代正在到来。① 彭兰认为一个"极大扩张"的传媒业新版图，将在人工智能等新技术的推动下逐渐形成；而"无边界"大格局中的多方角逐，将重构出新的传媒生态。②

刘庆振认为媒体融合进程发展到一个更高级的阶段——泛在化和智能化，即计算机领域的物联网化。在此基础上，关于重构媒介产业的产品模式和产业生态的探讨涉及四个层面：泛媒介化现象、注意力的整体丰裕与相对稀缺、内容产销者崛起、人工与智能协同化生产的新业态。③

媒体的智能化正在不断消融传统传媒业的边界与壁垒，同时开拓出更广阔的智媒市场。范以锦分析了人工智能在媒体中的应用，认为媒体对接人工智能后会形成智能化思维下的新闻生产模式和泛内容生产赢利模式，在市场层面将给用户体验、营销方式、赢利模式带来新的变革。④ 刘雪梅等认为人工智能对新媒体传播而言，能快速强化自己的媒体竞争力，不仅具有广阔的商业意义，在国际人工智能系统的博弈中，还将具有极强的政治意义。⑤ 史安斌认为 VR/AR 技术将引领传媒业从内容侧、生产侧到营销侧的全产业链再造，给传统新闻业带来了内容、业态和样式上的三重转向，打破传统传媒业的固有边界。⑥媒体的智能化给开发非共性的"利基市场"和分众化的"长尾市场"，提供了路径导引和技术支撑，必将开拓出更加灿烂的智媒市场。

随着智能化技术的介入，传媒边界进一步消融、媒介产业格局也亟待重构。喻国明、赵睿指出媒体融合由"大而全"转向并呈现了些许"专而精"的气质，此外，融合路径逐渐明晰：中央引领内容智能化改造、"新闻＋服务"、数字化平台建设是最为核心的三种路径；就媒体融合的经济模式转变而言，集成经济模式在突破产业界限、扩张产业价值链中发挥着重要作用；而知

① 林秋铭、范以锦：《2017～2018：众媒时代到智媒时代的大跨越》，《中国报业》2018 年第 1 期。
② 彭兰：《未来的"智媒时代"是什么样》，《决策探索》（上半月）2017 年第 3 期。
③ 刘庆振：《媒介融合新业态：智能媒体时代的媒介产业重构》，《编辑之友》2017 年第 2 期。
④ 范以锦：《人工智能在媒体中的应用分析》，《新闻与写作》2018 年第 2 期。
⑤ 刘雪梅、杨晨熙：《人工智能在新媒体传播中的应用趋势》，《当代传播》2017 年第 5 期。
⑥ 史安斌：《VR/AR 开启人类传播浸媒/智媒时代》，《江苏经济报》2017 年 6 月 28 日，第 A01 版。

识付费和场景消费则成为融合进程中新的赢利点①。

李彪观察了新闻生产的三大传播新格局：接力传播、关系传播、情感传播等，分析了自媒体时代内容生产的主体、分发模式、信息消费的变化。他认为媒体融合呈现多元主体参与的社会化大生产现象，所出现的问题则是同质化、定位重叠的逆火效应和赢利模式匮乏等，他提倡用算法思维、智能思维、动态思维和情感思维对融合现状进行解构式想象，想象未来媒体的一切可能。②

媒体智能化水平的不断提高，正在推动新一轮媒体生态系统的重构。彭兰认为用户平台、新闻生产系统、新闻分发平台及信息终端是传媒生态变化的关键维度。③ 喻国明等认为媒体智能化，在宏观上形塑着整个传媒业的业态面貌，在微观上重塑传媒产业的业务链条，是当前及未来传播模式创新的核心逻辑。④ 杨慧和雷建军分析了 VR 作为媒介对传媒实务和传媒业态的影响，⑤ 认为人工智能进入媒介内容生产链条是从根本上改变了内容聚合与投递的方式，深刻地影响着媒介生态格局，促进了新一轮媒体生态系统的重构。

二　国外研究

2017～2018 年国外媒体融合研究的焦点从技术层面转向了更深层次的问题，既有对媒体产业的管理与经营、转型与变革的思考，又有对媒体融合带来的文化繁荣、社区发展等问题的探索，亦有强调"人"在媒体融合进程中的重要价值与作用。在不断变化的媒体格局中，这些研究为全景式、多维度审视媒体融合提供了可能性。

（一）融合现象激增：经营与管理研究的深化

媒体融合实践快速、深刻的变革，引起了国外学者广泛的关注与省思。有

---

① 喻国明、赵睿：《从"下半场"到"集成经济模式"：中国传媒产业的新趋势——2017 我国媒体融合最新发展之年终盘点》，《新闻与写作》2017 年第 12 期。

② 李彪：《未来媒体视域下媒体融合空间转向与产业重构》，《编辑之友》2018 年第 3 期。

③ 彭兰：《未来传媒生态：消失的边界与重构的版图》，《现代传播》2017 年第 1 期。

④ 喻国明、兰美娜、李玮：《智能化：未来传播模式创新的核心逻辑——兼论"人工智能＋媒体"的基本运作范式》，《新闻与写作》2017 年第 3 期。

⑤ 杨慧、雷建军：《作为媒介的 VR 研究综述》，《新闻大学》2017 年第 6 期。

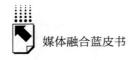

学者倾心于融合媒体的管理和经营，重新审视战略管理理论、结构理论、组织文化及商业模式。

阿联酋人文社会科学学院大众传播系学者巴尼雅森（Sameer O. A. Baniyassen）梳理了 20 世纪 90 年代以来阿联酋各种媒体平台的融合以及中东、北非地区融合媒体的发展历程，认为媒体融合范式涉及技术、文本、社会和产业四个维度。巴尼雅森提出融合媒体的管理有必要将传媒产业特征与战略管理理论相结合，着眼于与绩效结果相关的组织结构要素，而融合媒体经济学必须研究大众传媒产业微观和宏观经济的双重要素。①

媒体融合日益深入，媒体行业正处于从卖方市场转向买方市场，媒体公司面临着调整其现存商业模式的需要，为了探索细分市场，以便媒体公司获得可持续的商业模式，甘迪拉查和霍夫曼（Hardy Gundlach & Julian Hofmann）结合调查与深度访谈，针对消费者是否对平板电脑新闻应用程序具有付费意愿（WTP）、在线广告是否与消费者的付费意愿呈负相关关系展开研究。结果显示，平板新闻应用程序市场存在两个细分市场，在其分析样本中，愿意付费与不愿意付费的占比分别是 60%、40%，且愿意付费者的付费意愿处于中等水平。针对愿意付费的细分市场，他们建议出版商既要提供与印刷媒体相同的内容，还应额外提供突发新闻报道。同时建议出版商不可忽视无付费意愿但是愿意新闻应用中广告存在的这一细分市场，该群体中有部分人员经过一段时间的产品体验，有可能由免费内容的使用者转向付费群体。②

弗里曼（Matthew Freeman）认为研究融合媒体格局的崛起与媒体融资方式变化之间的关系非常重要，同时需要评估媒体融合的连接性、混杂性、网络化社会的种种特征是如何启发跨媒体部门融资的。他认为解决融资问题是解决艺术、文化与传媒产业问题的基础，也是解决影响相关产业与媒体的更广泛的社会、政治和文化问题的基础。如何评估传播内容与资

① Sameer O A Baniyassen. Mena Region Transformed Media Environment and Media Convergence: UAE Case Study. *International Journal of Research in Humanities and Social Studies*, 2017, 4 (6): 1 – 8.

② Hardy Gundlach, Julian Hofmann. Preferences and Willingness to Pay for Tablet News Apps. *Journal of Media Business Studies*, 2017, 14 (4): 257 – 281.

金来源之间的关系？以何种方式可以确定数字创业精神/数字化媒体的兴起革新了融资模式和创造性需求？诸如此类的问题，有待研究者的再努力。①

纳格卫齐亚（Tatiana Nagovitsyna）等以鞑靼斯坦共和国大众传媒为例，着重研究了区域性媒体融合的发展问题。近年来，由于网络媒体的出现和发展，媒体系统发生了重大变化。多媒体技术的积极应用和多媒体角色的转变，持续地革新新闻活动的形式。研究认为，鞑靼斯坦共和国互联网媒体的经验具有普遍性，对公众舆论存在广泛的影响。② 加里弗林（Vasil Zagitovich Garifullin）等基于对鞑靼斯坦三大媒体编辑部的观察，分析了新闻工作、不同产品程式与产品类型、记者工作方法等的融合水平，认为随着技术设备的优化和生活节奏的变化，融合成了现代媒体界经历的重要且必要的过程之一，预测了融合现象对区域和国家媒体系统未来发展的积极影响。能够全面思考，并能以不同程式工作的全能型记者是融合新闻报道的核心。③

另外，对媒体之间建立的融合关系、融合新闻的实践变革、媒体融合环境下的多介质呈现现象等方面感兴趣的学者也不在少数。阿尔乌（A. Algül）采用随机抽样方法对477名受访者进行了调查，调查发现，推特（Twitter）独特的结构在影响着新闻分享。用户重视发布或转发准确的新闻，这使推特成为另一个新闻中心而不再仅仅是社交网络。④

随着各类媒体平台和融合技术的出现，人们可以在不受时间和空间限制的情况下使用媒体，而媒体公司可以为用户提供更加便捷和定制化内容。元钟旭（원종욱）试图从媒介环境使用者的角度看待多媒体现象，因为多媒体内容可以

① Matthew Freeman. Funding and Management in the Media Convergence Era: Introduction. *International Journal on Media Management*, 2017, 19 (2): 103 – 107.

② Tatiana Nagovitsyna, Ramis Gazizov. Multimedia and Convergence as Factors of the Development of Regional Internet Media (On the Example of the Mass Media of the Republic of Tatarstan). *National Academy of Managerial Staff of Culture And Arts Herald*, 2017 (2), 182 – 184.

③ Garifullin Vasil Zagitovich, Khasanova Kadria Sharifzyanovna. Specifics of Media Convergence in Tatarstan: Turkish Online Journal of Design Art and Communication. DOI: 10.7456/1070ASE/091, APR 2017: 840 – 845.

④ And Algül. Research into News Sharing on Twitter and its Convergence with the Means of Mass Media. Communication and Technology Congress (CTC 2017). DOI: 10.7456/ctc_ 2017_ 01, 1 – 19.

解释用户在产品使用中感受到体验与价值。这项研究指出，对客户体验设计元素的应用，应根据不同媒体内容类型之特点而有所差异。① 林姆沙（von Rimscha）等人将媒介产品成功因素研究和媒体融合研究两个领域相结合，他们坦承研究者对于媒体产品制作过程的融合一直关注不够。他们对奥地利、德国和瑞士的一些专业人士（从事媒体产品的开发、生产或销售）进行了半结构化的深度访谈，访谈结果显示真正的融合生产过程似乎并不存在，更不用说会增加媒体市场成功机会的融合过程了。在所调查的大多数媒体组织中，融合似乎仍然是管理层绘制出的蓝图而已，并没有落实到从事实际生产和分发的人员日常实践的操作之中。②

（二）媒体产业变革：传媒政策调整与传播效能优化

新的数字技术改变了广播行业，广播和电信部门之间的融合已经成为一种普遍的商业实践。在此背景下，崔焕浩（H. Choi）以韩国 SK 电信收购 CJ HelloVision 失败这一个案，探讨了广播传媒产业融合的三个基本特征（经济、社会文化及产业结构问题）；进一步地揭示了融合对公众、产业和社会所产生的潜在后果，并为未来的政策方向提供了重要的启示，建议调整政策以适应广播与传媒产业相融合的时代。③ 哈克利（Chris Hackley）等认为在媒体融合的时代，品牌传播正在拥抱混合形式的广告样态，他们提出了类文本（paratext）概念，这一概念表达了当代品牌传播的迭代性、模糊性、参与性和互文性特征。通过类文本分析，形成了围绕品牌传播的类文本群，在媒介融合语境下呈现消费者文本解读的"动态"特征。④

---

① 원종욱. Customer Experience （CX） Design Study Based on Content Types of Multiple Media. *Journal of Communication Design*, 2018（63），173 – 184.

② M Bjørn von Rimscha, Verhoeven Marcel, Isabelle Krebs etc. Patterns of Successful Media Production. *Convergence: The International Journal of Research into New Media Technologies*, 2018, 24（3）: 251 – 268.

③ Hwanho Choi. Broadcasting and Telecommunications Industries in the Convergence Age: Toward a Sustainable Public-Centric Public Interest. *Sustainbility*, Feb 2018, 10（2），DOI: 10. 3390/su10020544.

④ Chris Hackley, Rungpaka Amy Hackley. Advertising at the Threshold: Paratextual Promotion in the Era of Media Convergence. *Research Article*, July 15, 2018. https://doi.org/10. 1177/1470593118787581.

（三）融合媒体的多元影响：网络治理、版权权益与研究再拓展

穆勒（Karsten Müller）等人通过对脸书（Facebook）的数据调查，研究了社交媒体与仇恨犯罪之间的联系，发现社交媒体有可能成为网络仇恨言论与现实暴力犯罪之间的传播机制。在算法推荐和阈值过滤下接收到的信息存在倾向性，因此很容易对人的犯罪行为产生推动作用。他们认为社交媒体应加强对此类信息的管理，完善信息管理机制，从而承担起对公众的责任。[①]

雅尼斯基—拉韦德（Shlomit Yanisky-Ravid）探索了人工智能系统下的版权和问责制，他们认为人工智能技术失控是一个被社会持续关注的热点问题，现代社会有必要以社会和法律工具控制人工智能系统的功能和结果。首先，在讨论独立制作创意作品的人工智能技术所造成的版权权利和侵权责任时，反对在 AI 系统本身或利益相关者（主要是开发此类系统的程序员）上强加这些权利和责任；其次，他们提出采用新的人工智能系统产生的问责制模型，将自主人工智能系统视为创造性员工或用户的独立承包商，明确应该享有权利和负有法律责任的主体。[②]

斯坎内尔（Paddy Scannell）认为危机感总是与新媒体新奇感伴随始终，在不同时刻，承载着技术与内容的媒体都将成为全球危机背景下的研究对象。当前的媒体研究受困于与早期传统理论相结合的"现实主义"需求，面对媒体技术不断发展的现状，必须打破"现实主义"才能在媒体融合研究上求得新突破。[③]

（四）融合媒体的社会涵化：参与式文化与集体社区氛围

菲律宾马尼拉亚当森大学的阿塞奥（Genina Mariel M. Arceo）观察了社交

---

① Karsten Müller, Carlo Schwarz. Fanning the Flames of Hate：Social Media and Hate Crime. May 21，2018. Available at SSRN：https：//ssrn. com/abstract = 3082972 or http：//dx. doi. org/ 10. 2139/ssrn. 3082972.

② Shlomit Yanisky-Ravid. Generating Rembrandt：Artificial Intelligence，Copyright，and Accountability in the 3A Era—The Human-Like Authors are Already Here—A New Model. *Michgan State Law Review*，659（2017），Available at：https：//digitalcommons. law. msu. edu/lr/vol2017/ iss4/1.

③ Paddy Scannell. The Academic Study of Media Has Always Been the Study of New Media. Westminster Papers in Communication and Culture. 2017，12（1），pp. 5 – 6. DOI：http：// doi. org/10. 16997/wpcc. 237.

媒体渗透进菲律宾主流媒体的过程，其研究结论是，媒体融合并不仅仅停留在大多数人所认为的技术层面的变革，更应该注意到融合所形成的一种参与式文化和集体社区的氛围。①

韦恩（Jonathan Wynn）以美国大学城的纵火案为例，认为社交媒体开启了信息收集和传播领域，用户生成的内容可以成为传统媒体、社交互动和社区发展的重要力量，媒体融合能打破媒体与技术将基于地点的集体变得孤立和个性化的情况，使"基于地点的"社区不会完全被"基于兴趣的社区"而取代。这项研究的一个关键结论是，社交媒体既有益又有害。②

（五）业态嬗变与伦理坚守：媒体专业人士的作用与价值

数字化转型中，媒体工作要应对的任务更多元化、不同媒体专业之间合作更密切、商业思维日益繁复、与受众的互动更频繁。马尔姆林和韦里（Nando Malmelin & Mikko Villi）从媒体公司和机构专业工作者角度，讨论了媒体业的变化与媒体专业人士在融合时代的价值。研究认为媒体专业人员的角色正在从内容制作者扩展到设计并推广不同类型的内容产品、服务和平台，但这并不一定意味着传统新闻报道技能的重要性正在逐渐减弱，根本原因在于随着信息日益多元且更加分散，新闻的品质和可信度将变得越来越重要，还将成为更具差异性的竞争因素。媒体公司迫切需要记者提升知识和技能，以满足媒体数字化和商业化的要求。另外，商业化和创新将在未来的媒体工作中发挥越来越重要的作用；在项目管理和互动方面，媒体公司还需要具备多渠道分发和使用数字平台及技术方面的融合性人才。③

新闻职业教育的变革和新闻工作者的培训是传媒产业数字化转型的一部分。巴拉巴斯（Barabash）等人探讨了基于计算机的新技术对大众传媒生产过程的影响、编辑委员会和出版过程的重组、融合和多媒体化等问题；他们直

---

① Genina Mariel M Arceo. Traditional and New Media Convergence on Philippine Noontime Show, Eat Bulaga. SHS Web Conferences, 2017, 33. DOI: 10. 1051/73300019/shsconf/201.

② Jonathan Wynn. An Arson Spree in College Town: Community Enhancement Through Media Convergence. *Media*, *Culture & Society*, 2017, 39 (3): 357 – 373.

③ Nando malmelin, Mikko Villi. Media Work in Change: Understanding the Role of Media Professionals in Times of Digital Transformation and Convergence. *Sociology Compass*, 2017, 11: e12494. https: //doi. org/10. 1111/soc4. 12494.

陈，关键在于工作者专业角色的转移，而不是简单地增加人员。走向融合的传统大众传媒，按照多媒体原则重新设定工作。多媒体编辑室令新闻分发的形式更加多样，创建出了新的集成式媒体流派（new synthetic media genres）。①

（六）融合时代的新闻培训：新型教育方式与网络技能培育

在多媒体融合和社交媒体冲击的驱动下，媒体组织正沉浸在技术、专业和商业重组的重大进程中。无论其规模和范围如何，它们越来越意识到需要加强其多平台分发战略，更密切地响应其受众的需要和兴趣。因此，为这些组织工作的专业人员必须应对并学会在要求高度合作和多任务处理的融合媒体环境中茁壮成长。对于在线新闻业来说，要求似乎更高。鉴于此，西班牙巴斯克大学的乌莱塔和费尔兰德斯（Ainara Larrondo Ureta & Simón Peña Fernández）通过混合数据方法研究了将融合和社交媒体纳入新闻学大学课程所涉及的挑战，旨在提供在线新闻教学跨国研究的基础。该研究重点关注在线新闻报道以及与报道相关的特定课程的规划、实践和结果，对教育工作者为课堂设定的目标和使用的工具进行了批判性讨论，还讨论了在线新闻课程的适当性，让学习者能够应对媒体融合和社交媒体内容制作带来的新挑战。研究建议将现今主要在线媒体平台整合到教学活动中，以此增强未来记者的团队合作能力、对工作的批判态度、责任感以及有充分的能力敏锐地掌握受众兴趣。②

通过对国外媒体融合发展研究的梳理，我们不难发现，随着各国融合工作的逐步推进，2017～2018年学界对媒体融合发展的探索更为深入多元。我们发现，欧美、亚太、环地中海国家对于媒体融合的经营与管理着墨更浓。国别不同，区域有别，媒体融合的本质问题是相通且相似的。对于其他国家相关思想的借鉴，相信能够启发我国媒体的融合发展乃至壮大传媒事业的想象力。

---

① Barabash VV, Gegelova NS, Grabelnikov AA, Osipovskaya EA. Information Technologies Impact on the Mass Media Activity and Training of Journalists. International Conference on Education Environment for the Information Age（EEIA 2017），28（115 – 122），2017. DOI：10. 15405/epsbs. 2017. 08. 15.

② Ainara larrondo Ureta, Simón peña fernández. Keeping Pace with Journalism Training in the Age of Social Media and Convergence：How Worthwhile Is It to Teach Online Skills? *Journalism*, 2018, 19 (6)：877 – 891.

B.3
县级融媒体中心建设现状与发展对策

王 军*

摘 要： 县级融媒体中心作为一种重要的政策创新，在近年来获得了极大的推动和广泛的实践，并将对媒体行业技术应用和市场格局产生重大的影响。本报告阐释了这一创新的外部动因、行业表现，分析了存在的困难和具体对策。本报告认为，未来的融媒体中心建设还将取得更为积极的进展。

关键词： 县级融媒体中心 融媒体平台 "互联网＋" 数字技术人才 资本运作

随着媒体融合进程的逐渐深入，县级融媒体中心建设正成为一些地方媒体数字化转型探索的新动向，并逐渐成为行业广泛关注的话题。特别是习近平总书记在2018年8月21日至22日的全国宣传思想工作会议中指出"要扎实抓好县级融媒体中心建设，更好引导群众、服务群众"，更是加快推动了县级融媒体中心建设的步伐。长期以来，县级媒体都是作为基层政府的重要信息传播载体、基层群众获取信息的重要渠道而存在；但随着互联网技术和社交媒体的崛起，县级媒体在数字化转型过程中无论是内容资源，还是技术、资本资源，相比中央级、省级媒体均存在较大差距，使其在转型过程中举步维艰、面临巨大困境。而当前县级融媒体中心建设则为县级媒体数字化转型升级提供一条新的思路，该中心通过聚合县委、县政府旗下所拥有的报纸、期刊、广播、电视、网站、微博、微信、客户端等公共媒体资源，采用"一次采集、多种生成、

* 王军，重庆大学新闻学院讲师、博士。

多渠道传播"的方式，不断提升县级媒体的传播力和影响力，并已取得阶段性成果。① 基于此，本报告着重分析县级融媒体中心建设的动因、发展现状与面临问题，进而提出相应的发展建议，以更好地服务于县级媒体数字化转型升级。

一 县级融媒体中心建设的动因

就中国县级融媒体中心建设而言，其动因主要有市场机制和政治推动两方面的因素，其中后者起到更关键的作用。具体表现为以下几点。

1. 互联网技术对县级媒体新闻宣传和经营状况的巨大冲击，是其媒体融合的直接诱因

随着互联网特别是移动互联网技术的快速发展，包括县级媒体在内的传统媒体所面临的产业生态、舆论生态和社会生态均发生了巨大的变化，具体体现在以下三个方面：第一，舆论引导力的大幅下滑。相比微博、微信公众号等自媒体，传统媒体所生产的内容产品，无论是在时效性还是在传播方式方面，其竞争优势正逐渐下滑，这直接造成了传统媒体的话语权掌控愈来愈弱。具体到县级媒体更是如此，由于资金、人才等资源的匮乏，使其内容质量粗糙、传播方式单一，进而使公信力出现大幅下滑，对覆盖区域受众的影响力也变得愈来愈弱。② 第二，传统的"二次销售"赢利模式正难以为继。随着互联网媒体的兴起，传统媒体的渠道优势正逐渐丧失，造成了广告收入呈现加速"崩盘"的局面，根据《中国传媒产业发展报告（2018）》的数据，2017年报纸期刊广告和发行收入继续"双降"，比上期下降了14.8%，其中报纸广告收入下降幅度超过30%；广播电视广告收入首次出现负增长状况，比上期下降了1.84%。③ 第三，受众规模的逐渐流失。当前越来越多的人开始放弃传统媒体，而通过新媒体来获取信息，其中在青年一代表现得尤为明显，根据CSM媒介研究2016年的受众媒介消费数据，当前每天接触报纸、广播、电视的受

---

① 杨明品：《建设县级融媒体中心：新一轮事关全局的基层媒体改革》，《有线电视技术》2018年第7期。
② 陈东：《县级广电媒体如何在本地舆论中把握话语权》，《视听》2015年第5期。
③ 谢苗：《2018年中国传媒产业发展报告》，https://www.sohu.com/a/237156451_654813，2018年6月22日。

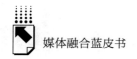

众比例分别为 10.4%、12.1% 和 73.8%；而对应到 15～24 岁的年轻受众群体，该项指标分别为 4.1%、4.3% 和 50.8%。① 基于以上不利因素，包括县级媒体在内的传统媒体只有通过融合发展实现转型升级，才能切实提升自身的传播力与影响力，做好基层宣传的"最后一公里"。

2. 国家宏观政策的引导，加速推进了县级融媒体中心建设的进程

县级融媒体中心建设的进程，离不开自上而下的行政力量的推动。自 2014 年 8 月习近平总书记提出传统媒体与新兴媒体融合发展的战略布局以来，中共中央和各级政府高度重视媒体融合工作，积极部署落实。国家新闻出版广电总局联合财政部推出《关于推动传统出版和新兴出版融合发展的指导意见》，并开展了一系列的"数字出版转型示范单位评估"和"全国报刊媒体融合创新案例"等工作；中央网信办将"媒体融合专项工程"纳入"十三五"时期网络文化改革发展规划纲要，并积极推动重点新闻网站的多媒体、多层级、多语种的融合发展；工信部则持续在提升媒体融合网络支撑能力、应用服务能力和安全保障能力的同时，加大对传统媒体拓展新媒体业务的支持力度。同时，财政部门也通过设立相关专项资金等，支持媒体融合发展重大项目建设，为国内县级融媒体中心建设营造了良好的环境条件。正是基于这一背景，全国县级媒体单位均主动思变，积极行动，加速推动了县级融媒体中心的建设，并已取得阶段性成果。

二　县级融媒体中心建设的现状

2018 年以来，全国县级媒体中心建设正加速推进。截至 2018 年 8 月 14 日，包括延庆区融媒体中心、朝阳区融媒体中心、顺义区融媒体中心等北京市 16 个区级融媒体中心都已挂牌成立；而在地方融媒体建设进程中，湖南日报社浏阳融媒体中心、西安市蓝田县融媒体中心也分别于 2018 年 7 月 6 日、8 月 12 日挂牌成立。②

---

① 王平：《媒介消费报告：受众最常接触电视和互联网，年轻人就爱网上看节目》，http://www.sohu.com/a/206789891_ 674734，2017 年 11 月 26 日。
② 王俊：《全国各地大力推进的县级媒体中心亮相全国宣传思想工作会议》，https://www.thepaper.cn/newsDetail_ forward_ 2372949，2018 年 8 月 23 日。

1. 在建设方式上，以自有渠道建设和借助省级媒体融媒体平台为主

为优化县级媒体结构、努力打通基层宣传工作的"最后一公里"，全国各地区纷纷开始建设县级融媒体中心。就目前而言，打造县级融媒体中心的方式主要存在两种：一种是自有渠道建设；另一种则是借助省级媒体融媒体平台。

在自有渠道建设方面，例如延庆区融媒体中心是在人民日报媒体技术公司提供的技术支持下而打造的集报纸、电视、广播和新媒体于一身的全媒体发展平台，实现策、采、编、发全部在线上完成；① 西安市蓝田县融媒体中心则以县广播电视台为主体，整合了县广播电视台、新闻中心、网信办等媒体资源，构建起包括广播、电视、网站、新媒体等一体的融媒体中心；② 江西遂川县融媒体中心则通过整合县内报纸、广播、电视、网站、微博、微信公众号等媒体资源，建立起内容丰富、载体多样的现代媒体传播体系。③ 这些融媒体中心通过打破原有县级媒体各自为政的传统模式，实现媒体内容生产方式的变革，进而有效提高了传统媒体的内容资源利用率，增强了用户的阅读体验。

在借助省级媒体融媒体平台方面，由于当前部分县级媒体在建设融媒体中心时缺乏足够的资本和技术支持，且存在较大的安全隐患，部分省级媒体开始试图协助县级媒体搭建融媒体中心。例如江西日报社推出"赣鄱云"融媒体智慧平台，该平台通过"云"端向联网运行的市县级融媒体中心提供包括移动采编系统、信息加工系统、信息分发系统、集控管理系统等在内的"中央厨房"，并提供相关的人员培训、物理空间建设指导等服务，为县级融媒体中心建设节省了大量成本；④ 湖南日报社浏阳融媒体中心则是由湖南日报社和浏阳市委宣传部共同打造，该中心通过以湖南日报社"中央厨房"为依托，深

---

① 《首家"广电 + 报业"模式的融媒体中心 99 天建成》，人民网，http：//bj. people. com. cn/ n2/2018/0616/c14540 – 31713005. html，2018 年 6 月 16 日。

② 《西安首家县级融媒体中心挂牌运行！新视角、新方式传播蓝田最强音》，西安蓝田公安，https：//baijiahao. baidu. com/s？id = 1608754519181262325&wfr = spider&for = pc，2018 年 8 月 14 日。

③ 张愉：《吉安市首个县级融媒体中心在遂川成立》，https：//jx. ifeng. com/a/20161118/ 5159015_ 0. shtml，2016 年 11 月 18 日。

④ 王晖：《创新传播手段　打造舆论新平台——江西日报社以"赣鄱云"推进县级融媒体中心建设的探索与实践》，《新闻战线》2018 年第 5 期。

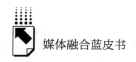

度融合浏阳市纸质媒体、广播电视媒体和新媒体等资源，不断提高其传播力与影响力。① 这些县级融媒体中心通过省级媒体融媒体平台，较好地解决了县级融媒体中心建设缺乏足够经费、技术平台、安全保障等问题。

2. 在赢利模式上，构建"新闻＋服务"融媒体平台

"互联网＋"思维，强调传统媒体应当以开放、自由、创新的心态，全面吸纳互联网基因。正如学者喻国明所言，互联网作为一种"高维媒介"，激活了以个人为基本单位的社会传播格局；在这种情况下，"平台型媒体"通过构建起由个人、商业或非商业利益组织以及专业新闻机构等共同组成的信息节点及节点集群，为用户提供更好的服务，而可能成为未来媒体发展的重要模式。② 随着县级融媒体中心建设的逐渐深入，构建"新闻＋服务"融媒体平台正逐渐成为县级融媒体中心的赢利新模式，并初步取得一定效果。

例如，宁波市奉化广播电视中心于 2015 年 9 月推出掌上奉化新闻客户端，该客户端一方面承载了当地报纸、电台、电视台的功能，以融媒体新闻的方式及时传播本地新闻，截至 2018 年 1 月，该客户端已推送本地即时报新闻 2 万多条、开设专题 89 个、直播 50 多场，总点击量达到 3600 多万次；另一方面增加城市生活服务功能，如美食、酒店住宿、加油站、旅游、网络购物、路况实时查询等，极大地方便了当地居民的生活便捷性，增加了客户端的用户黏合度。③ 朝阳区融媒体中心于 2018 年 6 月 21 日挂牌成立，该中心主要强化"新闻＋政务＋服务＋互动"的功能，除增加本地新闻供应数量外，还加强了"北京朝阳"App、"北京朝阳""朝闻道"微信公众号等新媒体的服务性和互动性功能；④ 湖南日报社浏阳融媒体中心于 2018 年 7 月 6 日上线，该中心集本地即时新闻播报、热点事件分析、舆情监测处置、党政信息管理、政务办事服务、生活信息查询等功能于一体，实现"浏阳日报""掌上浏阳"等手机客户

① 《与浏阳市联合打造 湖南日报社首个县级融媒体中心成立》，华声在线，http：//
baijiahao. baidu. com/s？ id＝1605247554858219169&wfr＝spider&for＝pc，2018 年 7 月 6 日。
② 喻国明、焦建、张鑫：《"平台型媒体"的缘起、理论与操作关键》，《中国人民大学学报》
2015 年第 6 期。
③ 《县级广电如何打造"新闻＋服务"的融媒体平台？》，看传媒，https：//www. sohu. com/a/
215178853_ 770746，2018 年 1 月 7 日。
④ 《朝阳融媒体中心成立 强化"新闻＋政务＋服务＋互动"功能》，中国新闻网，http：//
www. bj. chinanews. com/news/2018/0621/65626. html，2018 年 6 月 21 日。

端下载量近 50 万次，总点击量近 2 亿次，以"浏阳发布"为代表的政务新媒体实现"县乡村"全覆盖，总数达 223 个；① 西安市蓝田县融媒体中心则借助山东电视台轻快云融媒体工作平台技术，于 2018 年 8 月 12 日推出"智慧蓝田手机台App"，该 App 融合了看电视、听广播、读新闻、县内党政网站链接、问政投诉、生活圈展示、第三方网站链接、直通镇街等多功能于一体。②

3. 在经营管理模式上，逐渐建立起适应融媒体发展的运作机制

相比互联网公司，传统媒体无论是在内容生产流程还是在治理结构方面，抑或是在管理方式方面，均未能较好地发挥组织的创新潜力。为更好地适应县级融媒体中心的运作，各大县级媒体也开始尝试了一些管理机制的改革，其主要动作有：第一，在内容生产流程方面，县级融媒体中心纷纷建立起类似"中央厨房"式的全媒体发布平台，通过创新体制机制，转变发展理念和思维，改变了过去传统媒体与新媒体单打独干的状况，实现了"记者一次采集信息、厨房多种生成产品、渠道多元传播给用户"的全媒体形态内容产品生产。第二，在治理结构方面，越来越多的县级融媒体中心开始实施内部机构改革，精简撤并和新增了一些部门，采用扁平化管理、商业化运作模式，实现统一协调、高效地运转。例如江西遂川县融媒体中心为适应融媒体运作机制，内设行政部、新闻部、总编室、制作部、广告部 5 个股级职能部（室），进而更好地指挥融媒体内容生产，提高内容资源的生产效率。③

三 县级融媒体中心建设的困难与问题

当前中国县级媒体中心建设正处于大力推进阶段，并已取得一定成绩，但其依旧面临着一系列问题，具体表现为以下几点。

---

① 《与浏阳市联合打造 湖南日报社首个县级融媒体中心成立》，华声在线，http：// baijiahao. baidu. com/s？id = 1605247554858219169&wfr = spider&for = pc，2018 年 7 月 6 日。

② 《西安首家县级融媒体中心挂牌运行！新视角、新方式传播蓝田最强音》，西安蓝田公安，https：//baijiahao. baidu. com/s？id = 1608754519181262325&wfr = spider&for = pc，2018 年 8 月 14 日。

③ 张愉：《吉安市首个县级融媒体中心在遂川成立》，https：//jx. ifeng. com/a/20161118/ 5159015_ 0. shtml，2016 年 11 月 18 日。

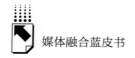

1. 现金流紧张、资金严重短缺

媒体融合需要大量的资金来维持运作，当前县级媒体在资金方面面临的主要问题有：第一，传统业务的大幅下降，缺乏稳定的现金流业务。当前，县级媒体的经营收入依然主要来自传统的发行收入和广告收入，由于近年来发行收入和广告收入的大幅下降、数字化业务尚未带来有效的现金流、多元化业务虽有发展但囿于规模较小因素，使县级媒体的自身赢利能力呈现大幅度的下滑，无法支撑起庞大的县级融媒体中心建设支出成本，面临巨大的资金问题。第二，融资渠道的相对有限，使县级媒体较难获得外部融资。由于县级媒体的资本规模整体较小，使其在与银行、保险等金融系统借贷过程中遭遇重重困难；并且相比中央级、省级媒体，县级媒体可获得政府财政支持的力度也相对有限；同时，县级媒体也较难通过上市融资、风险投资等方式募集大量的资金。正是以上因素，造成了目前国内绝大部分县级媒体陷入了"资本荒"的境地，使县级融媒体中心建设依旧停留在全媒体渠道建设而尚未达到真正的媒体融合阶段。

2. 思想观念落后，转型创新力度有限

相比中央级、省级媒体的数字化转型，当前县级媒体的媒体融合创新力度仍显不够，其在思想观念方面依旧面临着两大问题：第一，作为县级媒体的管理层，其所坚持的"内容为王"思维，正成为影响县级媒体融合进程的重要力量。目前我国县级媒体的人力资源整体呈现文化素质偏低、记者编辑为主的结构，使其在媒体融合过程中始终坚持"内容为王"的思维，其所理解的媒体融合更多的是"传统媒体＋互联网"而非"互联网＋新媒体"，即希望通过借助建设网站、微博、微信等渠道来扩大传统媒体内容的传播力和影响力，而没有学会采用"互联网＋"的思维来打通传统媒体和新媒体之间的壁垒，对传统媒体的内容、技术、平台、商业模式、管理模式等进行深层次的变革。第二，当前县级媒体的媒体融合动作多为政策形势所逼，而非基于市场行为所做出的主动抉择，使其在媒体融合过程中虽然转型升级方向明确，但缺乏具体的操作路径，导致部分县级媒体在转型过程中畏首畏尾、害怕风险和失败，而一味地指望政府财政扶持，而非通过自身改革来实现组织的顺利转型升级。

3. 人才团队素质整体有限，难以吸引优秀数字技术人才

当前县级媒体在人才建设方面主要面临以下两方面的困境：第一，人才团

队素质整体有限，由于县级媒体所在区域经济条件相对落后，以及互联网媒体的崛起及其所提供的优厚福利待遇机会等因素，使其无法招募优秀的人才；并且自身的优秀人才也呈现加速流失的态势，流向省级媒体、互联网媒体和中央级媒体。第二，随着县级媒体数字化转型进程的逐渐深入，县级媒体需要大量优秀的数字技术人才和管理经营人才为其提供支撑，但由于待遇的相对有限和所在区域的相对落后，使大量优秀的技术人才并不愿意到县市区域工作，进而大大影响了县级媒体的诸多数字化运作。

四 县级融媒体中心建设的对策建议

整体上，目前我国县级融媒体中心建设实践仍处于艰难的探索阶段，尚未形成一套能够引领全行业转型升级的商业模式。但随着最近几年国家政策的大力支持、全国各地县级融媒体中心的积极探索，并初步取得了一定的成效，这为全行业的融合发展提供了更多的信心、借鉴和参考。未来县级融媒体中心建设应做到以下几点。

第一，在思想观念层面，坚持"互联网+新媒体"思维而非"传统媒体+互联网"思维。媒体融合的目的在于将县级媒体的优质内容，利用新媒体、新技术的手段最大范围地传播给用户，最大限度的影响用户，打通媒体与用户之间的"最后一公里"，进而不断提高县级媒体的传播力和影响力，为经济社会发展营造和谐、稳定的舆论环境；而非将新媒体仅仅当作一种新渠道、新媒介，将传统媒体的内容直接"照搬"到新媒体，忽略了新媒体的传播优势和传播特点，进而影响其传播效果。

第二，在转型策略方面，积极学习互联网，与互联网科技企业协同创新，优势互补，资源共享，共同营造良好的舆论传播新空间。媒体融合不是新兴媒体取代传统媒体，也不是传统媒体简单地搬到新媒体，而是尊重新闻传播规律和新兴媒体发展规律，强化互联网思维，以内容为根本，以技术为支撑，发挥传统媒体内容生产的严谨、专业、权威性，以及新媒体传播快、传播广的各自优势，实现优势互补，一体发展。以优质的内容提升用户体验，增加用户黏性，营造良好的舆论传播新空间。

第三，在人才培养方面，高度重视人才队伍建设。媒体融合发展最终是要

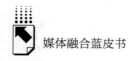

靠人来实现。近年来，面对新媒体的冲击，传统媒体发展遇到瓶颈，原有人才流失严重，而新媒体技术、运营和管理人才，资本运作人才，开拓创新型人才，复合型人才储备不足，现有人才结构适应不了新时期媒体发展要求。要加快新型人才队伍的建设，通过外引内培的方式优化人才结构，建立适应新时期传媒环境发展的人才激励机制。

第四，在政策利用方面，充分利用好国家的支持政策。媒体融合发展要深入贯彻《关于推动传统媒体和新兴媒体融合发展的指导意见》，认真落实习近平总书记重要讲话精神，抓好政策延续和措施落实，全面引入以市场为主导的竞争机制，建立公平竞争、优胜劣汰的市场准入退出机制。合理利用资源，避免重复建设，采取优胜劣汰的原则，形成做强精品、做优品牌的长效机制，依托主流媒体的强大影响力，坚持正确舆论导向，传播正能量，为打通基层宣传工作的"最后一公里"、全面建成小康社会营造良好的舆论环境。

第五，在资本利用方面，不断激活外部资本力量。首先，县级融媒体中心应用好用足国家文化经济政策，发挥文化产业发展专项资金对县级融媒体中心建设的扶持作用，加快推进融合发展。其次，县级融媒体中心主管部门应积极响应国家提出的向社会购买公共文化服务的号召，将县级融媒体中心纳入政府购买的范围，使其在资金收入上多了途径。最后，通过重组、并购、参股、上市、优化配置等多种方式进行有效运营，获得资本市场的认可，提高收入能力。

县级融媒体中心是基层舆论阵地的主流媒体，是现代传播体系的重要组成部分。县级融媒体中心应深知职责和使命所在，敞开胸怀，顺应时代发展要求，坚持走融合发展创新之路，更好地服务中心，服务人民。

B.4
加快传媒智库建设推进
深融合快转型的思考

朱文哲*

摘　要： 为响应国家治理体系和治理能力现代化的呼唤和需求，传媒智库需乘着国家推动中国特色新型智库建设的历史机遇，创新信息生产方式和机制，成为国家现代化建设中重要的服务咨询力量。传媒智库在立足主流媒体资源优势的前提下，需提高自身的专业化、前瞻化建设，强化智库的咨政力、传播力，为公共决策提供传媒视角的思考和方案，加强智库职能建设是传统媒体融合转型的必由之路。唯有如此，传媒智库方能在引领正确的舆论导向、服务国家和社会重大战略等方面发挥驱动效应。

关键词： 传媒智库　公共决策　媒体融合　驱动效应　咨政力

中国已步入实现两个百年奋斗目标和中华民族伟大复兴的历史关键期，伟大的历史实践呼唤与之相匹配的国家治理体系和治理能力，理政兴邦、强国安民，智库在现代政治中的地位越发举足轻重。在历史的洪涛巨流中，传统媒体不再是置身事外的观察员和评论员，国家发展领域拓宽、社会分工日渐复杂、国际交往愈加频繁，社会实践亟须传统媒体加强传媒智库建设，在建言献策，推进决策科学化、民主化、常态化等方面发挥其所承担的职能。

---

* 朱文哲，暨南大学新闻与传播学院博士后。

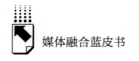

一 落实中央决策，为我国智库建设布新局谋新篇

以习近平同志为核心的党中央高度重视中国特色新型智库建设，智库在党和政府决策过程中的作用日益凸显，在国家治理体系转型和治理能力提升中具有重要地位，在一定意义上，智库是国家智力水平和文化软实力的集中体现。围绕中国特色新型智库建设，立足建立健全决策咨询制度，党中央和国务院做出了一系列部署。

党的十八大报告提出要坚持科学决策、民主决策、依法决策，健全决策机制和程序，发挥思想库作用。十八届三中全会通过的《中共中央关于全面深化改革若干重大问题的决定》要求加强中国特色新型智库建设，建立健全决策咨询制度。十八届五中全会强调，要实施哲学社会科学创新工程，建设中国特色新型智库。诸多部署和举措表明，推进中国特色新型智库建设已成为国家改革创新的重要方略。

2014年10月，中央深改组审议了《关于加强中国特色新型智库建设的意见》，2015年11月，又审议通过了《国家高端智库建设试点工作方案》，为形成中国特色新型智库体系，推动建设一批国家亟须、特色鲜明、制度创新、引领发展的高端智库提供了遵循。

2016年5月，习近平总书记在哲学社会科学工作座谈会上强调，高端智库要"重点围绕国家重大战略需求开展前瞻性、针对性、储备性政策研究"，"智库建设要把重点放在提高研究质量、推动内容创新上。要加强决策部门同智库的信息共享和互动交流，把党政部门政策研究同智库对策研究紧密结合起来，引导和推动智库建设健康发展、更好发挥作用"。

2017年10月，习近平总书记在党的十九大报告中再次提出，"深化马克思主义理论研究和建设，加快构建中国特色哲学社会科学，加强中国特色新型智库建设"，为新时代中国特色新型智库建设吹响了奋进的号角。

在全面建成小康社会决胜阶段、中国特色社会主义进入新时代的关键时期，党的十九大号召全党要更加自觉地增强道路自信、理论自信、制度自信、文化自信，为我国哲学社会科学界以及新闻战线参与智库建设提供了精神指引和广阔舞台。中国特色社会主义有了更加自觉而坚定的文化建构，这意味着中华民族具有了开拓奋进的精神动力，意味着文明古国走向现代世界的舞台中央，在强国之林一展身手。为此，举国上下在坚持发展首位的前提下，要关注发展中产生的不平衡、不充分问题，着眼国家富强和民生福祉，提升内涵发展，注重质量和效益，更好地满足公众美好生活的需要。国家发展和社会建设迫切需要各类智库包括传媒智库，提供具有创造性的和高质量的知识生产和思想贡献。

与此同时，全球化进程中的不稳定不确定因素增加，国家之间的对抗、文明之间的冲突、发展不平衡的加剧以及恐怖主义、环境保护、健康卫生、网络安全等议题广受关注，人类社会面临的共同威胁和挑战，需要我国发挥负责任大国作用，参与到全球治理和构建人类命运共同体的实践中去，增强在国际传播和全球性文化机构的话语权，把我国的价值理念和文化观念有效传播出去，在风云激荡的全球传播格局中贡献中国情怀、中国立场和中国智慧，时代赋予中国特色新型智库的任务艰巨而重大。

党中央为建设中国特色新型智库提出了根本方向和总体要求，传统媒体积极响应，深入贯彻落实中央决策，以习近平新时代中国特色社会主义思想为引领，强化主流媒体建言献策的职能，对建设传媒智库进行更为自觉、更为主动、更为细致的规划，有理由相信传媒智库将成为实现中华民族伟大复兴，建成富强民主文明和谐美丽的社会主义现代化强国路上的一支重要的服务决策新生力量。

二 立足自身优势，襄助传媒智库建设专业化前瞻化

在中国历史上，承担智囊的职能在士人中有着悠久的传统。从儒家到兵家、墨家、纵横家，从乡绅到谋士、门客、军师，有相当一部分个体或群体直接参与到社会治理、政治活动和军事斗争中，发挥重要的服务决策的作用。当然，作为一种专业化知识化的组织，西方国家现代智库的发展历程为我国提供了有益的借鉴。现代社会中，社会分工不断精细化，不同领域间的关系日渐复杂，社会问题纵横交织、瞬息万变，传统管理方式不能有效应对新形势、新问题的态势，为了有效应对可能的风险，美国等西方国家的智库自20世纪50年代以来数量迅猛增长。布鲁金斯学会、兰德公司等国际知名智库，虽然在资金来源、组织规模、运行机制、研究专长等方面存在差异，但是无不以公共政策

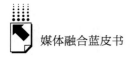

为研究对象，以影响政府决策为目标，提供高水平的咨询和服务产品，影响力遍及全球。

中国特色新型智库建设既要不忘本来，又要吸收外来，更要面向未来。要推动中华优秀传统智库文化的创造性转化、创新性发展，不生搬硬套外国智库建设模式，要更好构筑具有中国精神、中国价值、中国力量的新型智库。随着形势发展，我国的智库建设存在着越来越突出的跟不上、难适应的问题。在我国进入全面深化改革的攻坚期，尤其在世界形势深刻变化的背景下，各种因素相互作用、整合碰撞、形成共振，表现在公共政策制定上，不同阶层、不同行业、不同地域间利益调解的复杂性远超以往任何时期，无疑增加了社会治理的难度，亟须智库提供专业、可行和客观的决策评估和咨询服务。

据《中国智库名录（2016）》调研统计，我国现有运行规范、符合智库要求的机构1192家。① 相较于巨大的政策及社会需求而言，我国的智库建设仍有极大的提升空间。以政府管理和社会治理创新为例，如何以推行电子政务、建设智慧城市为主线，形成数据共享大平台，构建信息资源共享体系；如何建立健全大数据辅助科学决策和社会治理的长效机制，推进政府管理和社会治理模式创新；如何以"制度创新＋技术创新"推动"放管服"改革向纵深发展；如何运用信息技术提升国家治理体系和治理能力现代化等，无不需要专业的分析咨询和创新解决方案。全国范围内，虽已建成了不同类型、不同层面的智库（见表1），但是汇集哲学社会科学界的力量、新闻战线的力量及社会的力量做好智库建设工作，还有很长的路要走。仅就此而言，传媒智库的应运而生就具有重要的意义。

传媒智库的建设宜立足传统媒体自身优势，借助对社会总体状况和基层工作的深刻理解，对社会资源的链接与整合能力，围绕信息传播技术与媒体大数据的政务服务和市场应用进行专业化建设。其指导思想应该始终坚持党的领导、坚持中国特色社会主义、坚持新发展理念、坚持改革开放；其最高目标应定位于以专业知识回应社会重大理论现实问题，以智慧生产理念机制秩序，以理性引领国家和社会发展；其基本思路是生产专业性、战略性、前瞻性、可行性的思想和知识产品。

---

① 谢曙光、蔡继辉主编《中国智库名录（2016）》（前言），社会科学文献出版社，2016。

表1　中国智库分类体系

中国智库名录（2016）	中国智库索引
政府部门智库	党政部门智库
政党系统智库	社科院智库
科研院所智库	党校行政学院智库
高校智库	高校智库
社会智库	军队智库
合作智库	科研院所智库
高端智库	企业智库
平台智库	社会智库
智库研究与评价机构	传媒智库

　　未来社会将是以信息资源为基本发展资源的社会形态，以信息采集加工传递为天职的媒体具有与生俱来的优势，传媒智库应抓住人类生活深刻变革、中国社会高速发展、国家治理亟待转型的大好机遇，在自身优势与社会需求中找准坐标定位，厘清发展思路，完善发展战略，制定发展举措，谋划推动智库快速发展。

三　打通内外资源，构筑最具咨政力传播力传媒智库

　　传媒智库作为提升国家治理能力和支持行业决策体系建设的有机组成部分，将在传媒业和国家社会重大问题的公共决策方面发挥重要作用。2018年3月，国家新闻出版广电总局印发《关于加快新闻出版行业智库建设的指导意见》，鼓励传统媒体积极推进行业特色型智库建设，传媒智库在社会系统中的信息集成和转换功能已为行业主管部门所肯定，其咨政力也成为传统媒体转型发展中需要着重建设的内容。

　　传统媒体在智库建设方面进行了有益的探索，人民网新媒体智库、瞭望智库、中国经济趋势研究院等在传媒智库的资源整合和运作机制方面积累了富有成效的经验。2017年，南方报业传媒集团从打造智慧型媒体到建设南方传媒智库矩阵，国内十八家新闻出版企业发起成立新闻出版产业新型智库联盟，以新闻资讯领先、传播手段先进、服务能力突出、产业形态丰富为特征，拥有强

大舆论引导力和市场竞争力的智慧型传媒智库逐步进入公众视野，定位清晰、目标明确、产出高效的传媒智库正在起步。截至当前，中国智库索引（Chinese Think Tank Index）"传媒智库"下已收录十三家传媒机构主办的智库（见表 2）。[①]

表 2　中国智库索引收录传媒智库

智库名称	所属媒体
第一财经研究院	上海第一财经传媒有限公司
封面智库	四川日报报业集团
凤凰国际智库	凤凰传媒集团
光明日报文化产业研究中心	光明日报社
光明智库	光明日报社
广州日报数据和数字化研究院	广州日报报业集团
瞭望智库	新华社
南方舆情数据研究院	南方日报报业集团
南风窗传媒智库	南风窗杂志社
人民网新媒体智库	人民日报社
盛京汇智库	沈阳日报报业集团
新华通讯社	新华社
中国经济趋势研究院	经济日报社

注：表格中智库按音序排列，检索日期为 2018 年 10 月 26 日。

通览传媒智库的运行现状，地方媒体的智库建设较为侧重与地区行业或部门对接，进行针对性、细分化的智库建设，如分别组建党建智库、法治智库、乡村振兴智库、防务智库等，不同智库分工协作，形成体系化的智库矩阵，通过媒体掌握的行业大数据和专家资源，形成有竞争力的解决方案，在大数据报告、产品服务、舆情应对等方面提供智力服务。中央媒体的智库建设则强调与国家社会紧要问题密切关联，通过其拥有的专家库、政策资源、渠道优势，以及遍布全球的新闻采编人员，在全球视野中审视国内的问题，有助于推动媒体从业人员和智库专家之间的优势互补，实现媒体内部资源和外部资源的珠联璧合。传统媒体汇聚了社会经济文化生活等领域的大量数据，通过探索数据内容

---

① 参见中国智库索引，https：//ctti. nju. edu. cn/CTTI/index. do。

产品，传媒智库能够进行数据定制服务、高端解决方案、公共决策支持等知识产品生产，同时，智库专家团队中多元观点的交流碰撞有助于形成共识，进而强化主流媒体的话语权，提升传媒智库的传播力、咨政力。

建设传媒智库，要以中央的有关精神为指针，遵循智库的基本要求，搭建符合传媒智库自身特点和发展需要的管理机制、组织架构与运行模式。可以预期的是，传媒智库的建设将越来越专业化，不符合智库运作规律、具其名而无其实、难以形成品牌产品的智库将在激烈竞争中难以立足，唯有有效整合内外部资源、突出专业特征的智库方能脱颖而出。传媒智库并非应景而生的"形象工程"，而是为了整合政界、学界和社会的政治资源、智力资源和财力资源而实施的战略举措。源于此，传媒智库的建设要定位准确，需要结合媒体机构自身的状况而定，切忌"一窝蜂"，反对"大而全"，适宜进行现实针对性强、特色鲜明、操作性强的研究。同时，传统的调研手段与大数据分析相结合、深入社会基层与虚拟仿真实验相结合、质性推导与定量模型相结合、本地经验与全国模式相结合、政策需求与学术思考相结合，在全方位统筹中推出兼具思想性和实践性的解决方案，提升传媒智库干预现实的本领。

传媒智库的根在传统媒体所积淀而拥有的传播力、引导力、影响力和公信力，传媒智库的健康发展与传统媒体的工作职责相得益彰。随着我国改革开放事业的不断深化，政策决策咨询、产业战略研究、有效方案供给等政府知识服务购买需求将持续上升，这无疑会助推传媒智库的跨越式发展。传媒智库可以更好地发挥传媒行业之优势，激活其内在的深厚积累，生产出富有洞见的智慧产品，通过研究报告、排行榜、内参等多种形式为党政机关和决策部门提供真实、及时、系统、深入的智库成果和政策建议，把传媒的思想力转化为智库服务的现实行动力。

四　发挥驱动效应，闯出传统媒体深融合快转型之路

传统媒体创新发展、融合发展已经成为时代赋予传媒机构的历史任务。居于文化产业核心地带的传媒业，离不开与快速发展的行业现实相匹配的智力供给体系的全面发展壮大；作为与信息产业紧密关联的服务业门类，传媒业责无旁贷地要拥抱每一次信息技术革命和社会需求革新。互联网的勃兴冲击了传统

媒体的版图，吸引了受众的注意力和广告份额，但同时信息消费的多样化需求，也为传统媒体开辟新的疆土，提供深层次、高质量、多元化的信息服务提供了契机。当前，传媒智库建设尚不充分（见图1），着眼中央有关精神和政府购买服务，传统媒体应跟随新时代的前进节奏，积极有所作为，依托机构内部的专家资源和丰富的行业积淀，为政府和行业主管部门提供系列智力支持，尤其通过基于高新技术和数据应用的自我升级，在媒体融合发展转型升级、引领正确的舆论导向、服务国家和社会重大战略等方面发挥驱动效应。

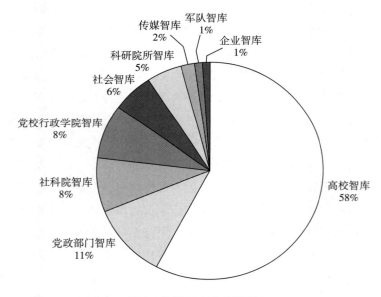

图1　各类智库占比情况

资料来源：中国智库索引。

　　传媒智库建设意味着传统媒体在国家发展和社会建设中的作用愈加重要。之前传统媒体的作用更像是"传声筒"——把党和政府的声音和关怀传递给社会，"上情下达"的功能更为突出；传媒智库建设，有助于推动媒体成为"对讲机"——成为官方和民间沟通交流的中介，"下情上达"的功能日益凸显。采民风、汇民意的职能有助于传媒机构发挥更大的作用。

　　传媒智库建设意味着传统媒体内部生产方式的重大变革。宏观层面，从信息采集加工、人工封闭生产、面向大众转变为知识思想加工、技术数据驱动、面向特定用户;微观层面,媒体机构人员从新闻工作者转变为数据咨询服务者。生产方式的变革不仅表明传媒机构智慧化的转型过程,也推动媒体工作人员能力结构和专业技能的根本性变化。传媒智库能够更好地发挥资源整合优势,释放系统内积淀丰厚的知识生产力。

传媒智库建设意味着传统媒体产业驱动逻辑和赢利模式的变化。传统媒体的产业逻辑更强调抓取受众的注意力,依靠发行和广告获取利润。传媒智库为传统媒体提供了新的利润增长空间,如产品营销上从产业链下游的广告开发到上游的产品设计和整体方案,组织架构上从新闻传播为主到信息传播与智库服务并重。传媒智库建设表明了传统媒体从信息传播者演进为思想研发者,从信息的中介演进为知识的源头,这种变化体现了传媒机构对社会资源的垂直整合。

由是观之,传媒智库建设不是现有业务的自然延展,而是传媒机构的战略升级。在传统媒体融合转型升级的过程中,传媒智库以传媒集团为依托、以服务政府决策为核心、以提升知识生产力为基础,集中政界、学界、业界和社会的优势资源,实现协同创新,力图对社会发展中的重大而紧迫的问题做出令政府和公众信服的情况和对策分析,把知识思想产品转化为可操作的行动方案,进而推动传媒集团在组织架构和管理体制上打破条条框框,唯才是举、唯能是举,助推传统媒体在深融合快转型中扬长避短,开辟一片新的蓝海。

智库是传统媒体创新发展的引擎,也是融合转型的抓手。乘着中央大力建设智库的东风,传统媒体立足本系统的资源优势以"互联网+"、大数据等信息化技术为基础打造核心竞争力,通过推出知识性、针对性、实践性的咨询产品,提供有深度、有高度、有温度的思想服务,在决胜全面建成小康社会、加快建设社会主义现代化新征程中体现主流媒体的新角色、新价值、新品格。

随着移动互联网的广泛应用和媒体融合的深入发展,传媒业的智力服务体系也面临全面更新。传媒智库如何更好地提升其思想力和行动力,有效参与社会治理,提高公共服务能力,将是传媒智库发展面临的紧要问题。这一时代浪潮,呼唤传统媒体高瞻远瞩,勇立潮头之巅、引领社会发展。可以预见的是,基于新闻信息采集和数据深度挖掘之上的传媒智库,通过对信息产品的精耕细作,提供独到的专业观察,其研究成果和服务方式必将产生深远的影响,中国特色新型传媒智库势必获得长足发展。

B.5
短视频驱动下的媒体融合：问题与挑战

姬德强 *

摘　要： 本报告首先提出了中国特色媒体融合从技术和产业议程逐步
转化为政治议程的历史逻辑。接下来，梳理了中国短视频产
业的发展现状及其多元驱动力，包括需求导向的供需关系，
互联网金融资本的强势布局，商业模式的分化与重组，用户
表达的需求与差异，以及规制的驱动力。基于上述分析，本
报告尝试性提出：短视频的兴起弥补了传统媒体与新兴媒体
融合发展所留下的源自互联网用户的视频化传播与社交需求，
而已经开始的产业资本化和重拳监管将这一可能再次边缘化。
如果短视频产业的政策框架和市场环境离它产生和发展的传
播动机渐行渐远，更甚之，让短视频蜕变为流量加持的工具，
我们就不得不去反思当下的媒体融合是否为充分的，是否提
供了更多样的信息消费品，是否赋能了最大多数的互联网
用户。

关键词： 短视频　媒体融合　流量　资本　监管

一　中国特色的媒体融合

在互联网尤其是移动互联网快速发展的背景下，以"媒介融合"为关键
词的中国传媒业转型已经进入一个新的阶段。以 2014 年 8 月 14 日中央全面深

＊　姬德强，博士，教育部人文社科重点研究基地中国传媒大学国家传播创新研究中心副研究员。

化改革领导小组第四次会议审议通过的《关于推动传统媒体和新兴媒体融合发展的指导意见》为里程碑，支庭荣将这一旨在促进传统媒体和新兴媒体进行"化学反应"的融合称为"深度融合",[①] 标志着简单的媒体上网或"传统媒体＋互联网"阶段的结束。当然，与互联网或互联网思维的重要性被最高领导层认可相伴随的，是中国的媒体融合已经走过了技术和产业的联合驱动阶段，进入更具引领性、动员性和规制性的政治议程。换句话说，媒体融合已经不仅是市场驱动的技术能力创新和产业结构重组，不仅是新闻宣传和信息管理系统被动应对的体制机制改革，而且更加涉及新闻舆论阵地的捍卫和文化领导权的维护。于是，媒体融合渐渐进入国家的宏观治理进程——这也和中央深改组做出这一战略决定所释放的信号是一致的——无序变有序，模糊变清晰，是否融合，怎样融合，融合的目的和方法等问题，也渐渐填充了"媒体融合"这一具有中国特色的媒体转型发展概念的内涵。

在这一宏观背景下，短视频产业于 2017 年异军突起，其由下而上所释放出的巨大的内容生产能力和社交流量的制造乃至变现能力，使刚刚有些平静的媒体融合进程再起波澜。如果说传统媒体和新兴媒体的融合发展所修补的是网上网下的理念和能力裂缝，从而做到"你中有我，我中有你"，形成新的专业主义媒体生态，以应对视频化、移动化乃至智能化的信息消费需求。那么，短视频的异军突起，所弥补的恰恰是由上而下的、专业主义的媒体融合所无法涵盖的广大互联网用户之间的横向的信息分享乃至社交需求。在这个意义上，互联网尤其是快速发展的移动互联网对于用户端的赋能，再一次给试图调整自身以适应新的信息和舆论生态的专业媒体系统提出了挑战。

本报告即以此为出发点，在梳理短视频产业在中国兴起和发展的轨迹的基础上，着重分析短视频对媒体融合进程的潜在影响，并尝试着讨论下一步中国媒体融合的方向和可能性。

二 视频化与中国短视频产业的崛起

在分析作为媒介融合之核心的互联网"用户"的新变化时，胡正荣将

---

① 支庭荣：《传统媒体与新兴媒体如何"相向而行"》，《新闻战线》2017 年第 5 期（上）。

"视频化"排在首位,① 认为多屏时代视频将是最重要的内容形式。根据美国思科公司的预测,到 2021 年,视频内容将垄断互联网数据流,比例从 2016 年的 67% 上升到 80%;与此同时,互联网视频用户数量将增长至 19 亿人。除了风险投资的强力支持和移动互联网基础设施的成熟,在流量经济的商业模式主导下,视频内容将进一步被互联网思维主导的融合后的传媒产业所青睐。以互联网为平台的视频内容生产、流通和消费已经成为并将持续保持主流。根据德国调查机构 Statista 公布的统计数据:自 2009 年以来,中国网络视频市场的价值从 20 亿元增长到 2017 年的 860 亿元,在即将结束的 2018 年和可预测的 2019 年,这一增长态势十分稳定,市场增长率保持在 30% 左右。

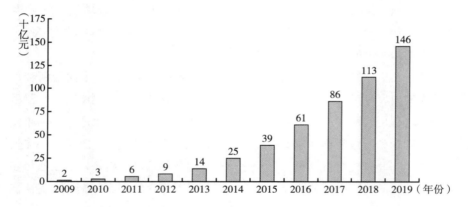

图 1　中国网络视频市场的价值增长

资料来源:Statista. Revenue of China's online video market from 2009 to 2019 (in billion yuan),https://www.statista.com/statistics/278574/revenue – of – chinese – online – video – industry/.

中国互联网络信息中心(CNNIC)发布的《第 42 次中国互联网络发展状况统计报告》也证实了这一强势的增长态势:"截至 2018 年 6 月,网络视频用户规模达 6.09 亿人,较 2017 年末增加 3014 万人,占网民总体的 76%,手机网络视频用户规模达到 5.78 亿人,较 2017 年末增加 2929 万人,占手机网民的 73.4%。"②

---

① 胡正荣:《传统媒体与新兴媒体融合的关键与路径》,《新闻与写作》2015 年第 5 期。
② 中国互联网络信息中心(CNNIC):《第 42 次中国互联网络发展状况统计报告》,http://www.cnnic.cn/hlwfzyj/hlwxzbg/hlwtjbg/201808/P020180820630889299840.pdf。

在整个网络视频市场中，腾讯视频、爱奇艺和优酷三足鼎立，占据着 PGC 和 PUGC 的市场主导地位。① 而在 UGC 领域，2016 年以来的直播和 2017 年以来的短视频成为增长最快的产业，给传统网络视频市场带来了巨大挑战，也引起了金融资本的强烈兴趣和监管者的密切注意。根据上述报告，"截至 2018 年 6 月，综合各个热门短视频应用的用户规模达 5.94 亿人，占整体网民规模的 74.1%；合并短视频应用的网络视频用户使用率高达 88.7%，用户规模达 7.11 亿人。"② 另据艾媒咨询发布的《2017～2018 年中国短视频产业趋势与用户行为研究报告》，截至 2017 年底，中国短视频用户规模增至 2.42 亿人，2018 年将达 3.53 亿人。③ 虽然统计数量不一，但快速增长的短视频用户无疑给流量经济的增长突破带来了福音。更值得注意的是，短视频的快速普及和增长更多得益于用户群体的"下沉"，并表现出明显的地域、文化和阶层差异，比如广东人最爱短视频。④

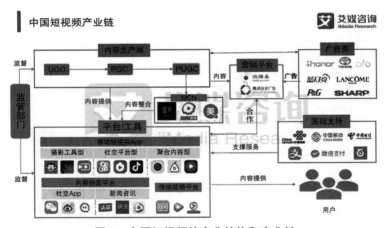

图 2　中国短视频的产业结构和产业链

资料来源：艾媒咨询：《2017～2018 年中国短视频产业趋势与用户行为研究报告》，http://iimedia.cn/60925.html。

---

① 中国互联网络信息中心（CNNIC）：《第 42 次中国互联网发展状况统计报告》，http://www.cnnic.cn/hlwfzyj/hlwxzbg/hlwtjbg/201808/P020180820630889299840.pdf。

② 中国互联网络信息中心（CNNIC）：《第 42 次中国互联网发展状况统计报告》，http://www.cnnic.cn/hlwfzyj/hlwxzbg/hlwtjbg/201808/P020180820630889299840.pdf。

③ 《2017～2018 年中国短视频产业趋势与用户行为研究报告》，艾媒咨询，http://iimedia.cn/60925.html。

④ 《2017～2018 年中国短视频产业趋势与用户行为研究报告》，艾媒咨询，http://iimedia.cn/60925.html。

美国 CNBC 的报道分析,① 虽然直播是 2016 年以来中国社交媒体上的"大事件",但这一现象正在接近谢幕,短视频——从 15 秒到 5 分钟——正在成为新的"王者"。以抖音为例,其月活跃用户数量已经达到 3 亿人,2018 年 6 月的日活跃用户达到 1.5 亿人,超过中国人口的 1/10。与此同时,抖音加快了走向全球市场的进程。相比较而言,Instagram 的月活跃用户为 10 亿人。这个 Facebook 旗下的公司也宣布,在 2018 年第二季度,其 Instagram Stories 功能的日活跃用户达到 4 亿人。同样在第二季度,Snapchat 的日活跃用户也达到 1.88 亿人。虽然抖音的活跃用户数量还与上述公司有较大差距,但其在全球应用市场的增长速度却已经一骑绝尘。2018 年上半年抖音的国际版"TikTok"在 Apple 应用商店的下载数量达到 1.04 亿次,超过了 Facebook、YouTube 和 Instagram,成为 IOS 下载量最多的应用。

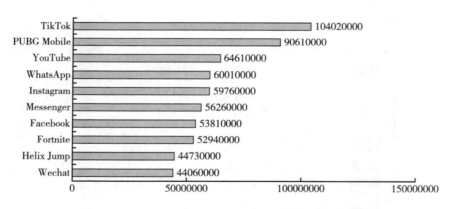

图 3　抖音国际版 TikTok 在苹果应用下载商店排名第一

资料来源:CNBC 网站。

抖音的主要竞争对手是快手,后者在以三四线城市为代表的较不发达地区有着巨大的用户基础。快手目前的月活跃用户数为 2.34 亿人,日均活跃用户数为 1.3 亿人。与此同时,快手的国际化拓展也十分迅速。截至 2018 年 3 月中旬,在中国之外的八个国家和地区,包括俄罗斯、越南、印度尼西亚、土耳

---

① Qian Chen. The biggest trend in Chinese social media is dying, and another has already taken its place, https://www.cnbc.com/2018/09/19/short-video-apps-like-douyin-tiktok-are-dominating-chinese-screens.html.

其和中国台湾，快手击败了其他对手，成为下载量排名第一的应用。

在短视频产业强大的爆发力背景下，互联网巨头们也开始纷纷布局，并深刻影响了新生的短视频市场格局。艾媒咨询的《2017～2018 年中国短视频产业趋势与用户行为研究报告》显示，百度、阿里巴巴和腾讯纷纷入局。其中，腾讯"复活"微视，领投快手；阿里文娱布局土豆转型短视频，淘宝短视频蓬勃发展；百度投资人人视频和上线好看视频等。新兴互联网企业今日头条孵化的火山小视频、抖音和西瓜视频用户规模增长迅速。[①] 随着资本力量的强势介入，短视频内容生产的头部优势日渐突出，来自底层的 UGC 贡献份额开始下降，尤其是在变现方面。

总体而言，起步乃至爆发于 2017 年的中国短视频市场呈现如下五个方面的快速发展特征：第一，用户规模和市场价值的急速增长，使传统网络视频产业乃至整个互联网产业都不得不积极应对；第二，互联网金融资本的强势推动，使来自新兴互联网公司技术创新和社会下层巨大传播需求的短视频平台权力重心正在向"头部"倾斜；第三，短视频产业的市场结构日益明晰，综合平台和独立平台的布局日渐完善，其中，社交媒体平台对短视频的发展提供了重要的流量支撑；第四，短视频引发的社会道德恐慌与政府的实时（乃至重拳）监管将影响该产业的内容和价值走势；第五，以抖音和快手为代表的短视频独立平台企业成功地拓展了国际市场，成为中国互联网产业"走出去"的一支崭新力量，其与国际互联网巨头的竞合将在不同国家和区域市场展开，对全球网络视频市场的影响初步显现。

三 短视频驱动与媒体融合的转型

可以说，短视频的快速发展是中国媒体融合宏大进程的一部分，反映了技术、市场和规制之间的新的互动关系。通过分析短视频崛起的过程，我们也许能够进一步理解中国媒体融合的复杂性和阶段性，并探讨短视频如何影响了中国媒体融合的转型方向。

---

① 《2017～2018 年中国短视频产业趋势与用户行为研究报告》，艾媒咨询，https：//kuaibao.qq.com/s/20180323A1GVOR00？refer = spider。

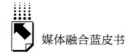

1. 短视频产业发展的驱动力

在 2017 年的一篇文章中，我们曾提出了分析中国短视频产业的利益相关者框架（见图 4），主要包括监管者、平台运营商、广告商、内容生产商以及广大的网络用户（或称生产消费者）等五个方面。① 每一个利益相关者群体都对短视频的兴起、快速发展和调整产生影响。但这一平面的分析框架无法用来做历时性的趋势或动态分析，因此我们将进一步聚焦于其中的供需和传播关系，从如下五个方面加以梳理。

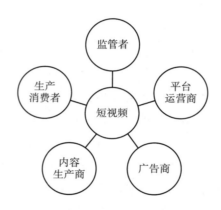

图 4　短视频的利益相关者示意

第一，碎片化消费需求驱动的供给侧改革。在有关短视频快速发展的技术和产业分析中，最常被用到的解释是碎片化的消费需求驱动。更详细而言，就是移动互联网的轻量化使用（包括基础设施、移动设备和资费），日常工作生活中的压力和碎片化时间，以及网上社交的内容需求，共同推动了短视频几乎一夜之间中兴的市场神话。借助嵇美云和支庭荣提出的媒体融合分析框架，"需求侧的媒体融合业已初步实现"。② 那么，为了达到供需平衡，接下来就是供给侧的媒体融合了。就短视频产业而言，作为移动互联时代的需求侧革命，它所导致的理应是供给侧的进一步融合，以适应乃至进一步挖掘这种碎片化的

---

① 姬德强、杜学志：《短视频规制：国际实践与中国对策》，《中国出版》2017 年第 16 期。
② 嵇美云、支庭荣：《互联网环境下媒体融合的瓶颈及策略选择》，《现代传播》2016 年第 11 期。

市场需求，从而获得更大的价值增长空间。因此，我们看到包括新的独立互联网平台，以及传统媒体平台，都在发力这一新的移动消费市场。

第二，资本驱动的市场权力上行。我们需要明确看到互联网产业整体的资本密集型特征，尤其是风险投资在这一进程快速推进中的结构性作用。与之前的自然发展状态不同，随着以 BAT 为代表的互联网金融资本的进入，短视频平台的资本化色彩日渐鲜明，资本与劳动（或称数字劳动）的关系也逐渐替代了平台与用户的关系，UGC 的用户基础和传播生态逐渐被打破，内容的优质化（也就是更具有货币化可能的内容，大多来自市场化的专业内容机构，比如传统的视频平台或传统媒体）和平台运营的精细化成为新的商业模式。换句话说，在短视频产业的资本结构上，融合或者集中的趋势开始展现。当然，这也是媒体融合这一大的转型过程的内在理路。也正是在这个背景下，PGC 和 UGC 逐渐被短视频创业者们推崇的 PUGC 以及后来的 MCN（Multi-Channel Network）所替代，以更好地解决流量和变现问题，从而平衡 PGC 和 UGC 冲突给整个短视频产业生态带来的负面作用。因此，我们发现，在市场和资本的语境中，短视频共享了媒体融合的集中化或中心化这一基本特征，而集中化的市场权力也更有可能随时调整自身结构，优化资源配置，以更好地掌控该产业的发展方向。

第三，商业模式的分化与重组。我们还需要进一步分析短视频产业的商业模式。简单而言，流量经济仍然是短视频产业的主要特征，但是如何获取流量，对平台而言，对内容生产商而言，对广大用户而言，其做法往往是差异很大的。平台一开始以扩大用户基数从而带动流量和广告为目标，尽可能把空间做平，做得更加包容，让任何可以获得生产消费的内容产品得到流通；后来，随着风险资本的进入，拥有更大购买力的平台开始集中投资优质内容，从而更有把握地收割注意力，消除运营中的不确定和分裂性因素，借此抬高广告水平，并尝试开发付费产品（虽然尚未有很成功的案例）。对内容生产商而言，短视频曾经是法外之地，属于疯狂捕猎网民注意力的野路子，但随着注意力市场的危机，尤其是金融资本的介入和随之而来的平台补贴，专业内容生产机构入驻短视频平台成为新的内容供给方，在提供相比 UGC 而言更加优质的内容的同时，也加速了短视频平台的中心化权力结构。在这个中心化的趋势下，广大短视频用户的"下沉"趋势更加明显，UGC 的内容在 MCN 的主导下正在往

PUGC 方向转型，而在平台投资者和运营者眼中，其产销者角色也逐渐开始蜕化为消费者。长久而言，这一以资本为驱动、平台为核心、用户为对象的商业模式减少了短视频内容的多样性，也必将撼动因草根性而多样性的传播生态，影响短视频产业的健康和可持续发展。

第四，表达的需求与区域的差异性。正如我们在文首所提到的，以快手为代表的短视频平台在其发起之初，带有强烈的底层色彩，弥补的是建制化媒体主导的媒体融合所无法包含的广大互联网用户的视觉化表达需求——如果我们简单回顾一下中国网民的人口学构成，大部分为不超过 30 岁，大学教育背景以下，收入在 5000 元以下，以学生、自由职业者和一般企业工人为代表的群体[1]——也填补了社交网络中以自我展现为代表的视觉化表达缺陷，因此与微信"朋友圈"等社交媒体"天然绑定"，对于流量的提升有着极大的加持作用。换句话说，短视频的历史学意义在于大多数网民的表达和社交需求，这一点虽然被当下头部 CP 或头部内容的主导格局所压制，但并未消失，只是逐渐被 MCN 的生产机制所同化，或者直接被推送算法边缘化。与此同时，我们也需要察觉到短视频平台在全国乃至国际市场上的区域差异性或者社区性，比如快手在北方更受欢迎，抖音更容易获得南方用户的青睐。虽然这一简单的区域划分无法描绘短视频发展的区域和文化多样性，但至少提醒我们在进行短视频研究时不能限于技术和市场分析，而需要到更复杂的社会和文化层面找寻短视频传播，或者更精确地说，短视频表达和接受所蕴藏的社会意义。

第五，规制的驱动力。规制不仅是规范更是驱动——"规制不是为了限制，而是为了其有序地发展"。[2] "内涵段子"应用被永久关停、新闻内容被禁止染指、传统主流媒体持续不断的道德批判等，使短视频行业在 2018 年遭遇监管风暴。可以说，来自政府的规制发力更多针对 UGC 中的破界部分，比如是否违反了网信办发布的《互联网新闻信息服务管理规定》，参与新闻信息的报道和评论，是否有违国家新闻出版广电总局发布的《关于进一步规范网络视听节目传播秩序的通知》等。与 2014 年的媒体融合政策相一致，政府规制的目标除了一般性的治理低俗文化之外，更重要的是希望来自网络原生的内容符

---

① 中国互联网络信息中心（CNNIC）：《第 42 次中国互联网发展状况统计报告》。
② 姬德强、杜学志：《短视频规制：国际实践与中国对策》，《中国出版》2017 年第 16 期。

合新闻宣传和文化管理的秩序要求，同时保证短视频的横向网络化散布及其舆论乃至社会影响在一定范围内可控。于是，我们发现，规制的效果除了消除了短视频原生的底层表达多样性之外，也促使了所谓优质和有序内容的生长，为如今围绕头部 CP 而运作的短视频平台及其商业模式提供了政策支持和合法性背书。

简而言之，作为一个快速崛起的产业，短视频从一个单一的表达和社交现象，逐渐与资本和规制相裹挟，从而在从无序到有序的快速转型过程中，成为多种力量共同驱动的互联网信息产业。当然，我们现在下任何有关短视频未来发展方向的判断都为时尚早，哪种驱动力的影响将决定短视频产业的未来走势也仍然是一个未知数：这不仅取决于互联网金融资本的整体布局和短期策略，取决于政府的规制是否命中了短视频良性和可持续发展的命门，也取决于蓬勃兴起的底层表达和底层叙事能否找到更加合适的传播渠道和分享平台。

2. "短视频 +"时代的到来与媒体融合的深度多元化

从技术的角度而言，如果说媒体融合的关键是围绕用户打造开放和共享的新媒体生态和新传播环境，[①] 那么，短视频产业的急剧发展就为这一目标添了一把火。我们将之称为媒体融合的"短视频 +"。通过与内容提供商和平台运营商的对接，短视频挑战了传统内容生产者的专业垄断地位和资本密集优势，威胁了传统运营平台主导视频流量的霸权，在切割一般流量的同时逼迫内容生产者强势介入短视频平台的内容生产，将短视频的内容产业链打开，把变现的比较优势拉回自己熟悉的专业领域，往优质和上游，也就是更具有主导性的头部提升，从而也导致了短视频商业模式的上游化调整，价值分配更加中心化而不平衡。然而，这一市场化趋势并未完全改变短视频的"下沉"属性，庞大的底层用户群体仍然愿意用注意力购买廉价乃至粗糙的 UGC 产品。于是，我们虽然看到 PUGC 和 MCN 的整合趋势，也同样看到短视频平台或应用的分化趋势。另外，短视频因其底层用户的数量和日常生活创造力优势，广泛影响了中国的网络视频内容结构和视频流量版图，给已经渐趋明朗的作为政治议程的媒体融合进程带来了诸多不确定性，更因一些账户的极端表达和平台公司的肆意驱动，导致了高压监管的快速到来。在这个意义上，短视频已经不仅是一个技术和产品创新，而且是一个涉及公共舆论生态乃至新闻宣传管理

---

① 胡正荣：《传统媒体与新兴媒体融合的关键与路径》，《新闻与写作》2015 年第 5 期。

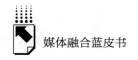

的新传播工具。

因此，我们也许可以将"短视频＋"给中国媒体融合进程的可能影响做出如下三个方面的分析性判断。

首先，短视频作为一种新的视频载体和视频产品，由于巨大的用户群体、流量优势和变现潜力，吸引了各类内容生产商和平台服务商的加入，以远超其他视频平台和视频产品的需求侧融合驱使着供给侧的强势变革。换句话说，围绕短视频产业自身的快速发展，各类新兴媒体和互联网平台都展现出了积极地参与和布局行动。这再一次凸显了媒体融合并不是简单的或单向的变成一体，而是要在相互取长补短的过程中，在新的技术平台上和市场环境中，进行多样化的业态创新，进一步拓展和丰富融合媒体的产业群和市场空间。

其次，"短视频"的导流特征，主要体现在其对社交平台的流量带动和"短视频＋直播"的融合优势。我们曾分析过花椒直播这一案例①：2017年9月12日，花椒直播公布了新版本6.0，添加了MV短视频和"开趴"功能，从而进军短视频社交。一方面，花椒拥有强大的明星与"网红"资源，可以调动粉丝效应，促进短视频分发的同时，也将更多的注意力导流回花椒平台；另一方面，短视频的异步性可以解决直播对主播时间的长期占有，并保持及时更新，从而增加用户黏度。除了花椒直播，其他类型的社交平台也纷纷加入短视频大军，如陌陌、映客等。除此之外，电商平台也积极利用短视频平台吸引网购流量，并借助社交媒体的精准投放，创新网络营销模式。换句话说，对社交媒体、对直播、对电商等平台而言，短视频强大的注意力吸引能力都将为其带来丰富的流量资源，供不同主体和平台进行开发。

最后，虽然不太明显，但短视频对媒体融合的方向性这一根本问题提出了令人反思的价值论挑战。前面我们曾提到，虽然作为顶层设计的媒体融合符合了宏观的技术、产业和市场趋势，也满足了由上而下的新闻舆论管理的意识形态和行政需求，但没有为网络化和社交媒体时代的信息和关系消费提供丰富的视频化产品。和直播类似，短视频因此乘着移动互联技术和社交网络的勃兴而异军突起，并迅速找到群众基础。在这个意义上，短视频的出现实际上回应了

---

① 姬德强、杜学志：《短视频平台：交往的新常态与规制的新可能》，《电视研究》2017年第12期。

建制化媒体融合发展之外，广大互联网用户对于廉价、易得、好玩的视频产品的消费诉求，对个人自我展现的身份认同需求，以及对建设和维护虚拟关系的社交需要。因此，我们的媒体融合就需要反思，融合的方向是不是唯一的，融合的目的是不是唯一的，融合的服务对象是谁等一系列尚未被严肃回答的问题。正如加拿大卡尔顿大学传播学者达尔文·温塞科（Dwayne Winseck）曾经提到的，融合从来不是一个新现象，需要从政治经济权力去分析所谓的融合是否加剧了互联网所有权的集中化，以及是否导致了互联网上的阶层分化。[①]

四　结语

本报告简要回顾了短视频产业的发展历史，描画了这一产业的现状和特征。更重要的是，围绕短视频的驱动力，我们尝试着从历史和结构两个维度进行解释，认为包括资本、平台、政府和广大互联网用户在内的利益相关者，都会在不久的将来影响这一新兴产业的发展方向。回到与媒体融合的关系，我们提出了理解短视频的一个重要维度，那就是在流量变现的主导思维和利益结构下，短视频的传播潜力是否已经被忽视，短视频是否可以成为满足广大网民消费和社交的公共产品，并由一个融合的媒体环境来提供？当然，现在不是给出答案的最佳时候。年轻的短视频产业将在资本和市场的浪潮中得到进一步锤炼，将在法律和道德的规制中持续找寻流量与内容之间的平衡，将在网民的注视下成为可以检验的高质量信息产品和社交工具。

[①]　Dwayne Winseck. Netscapes of power: convergence, consolidation and power in the Canadian mediascape. *Media, Culture & Society* 2002, 24 (6): 795.

B.6
智能推荐技术的创新与
新闻传播业态的变革

袁祥　李鑫　王莹　孟海波*

摘　要： 近年来，以算法为核心的智能推荐技术成为新闻信息传播行业重要的内容采集和分发手段。它在极大地提高新闻信息生产效率的同时，也给整个行业带来了新的挑战。怎样有效规避智能推荐技术带来的一些问题，加强舆论引导，更大程度地提高社会效益，成为这一技术今后的突破点之一。本报告在总结行业得失的基础上，就此提出了若干建议。

关键词： 智能推荐技术　主流媒体算法　"算法+"　价值观模型　舆论导向

我们正处在一个信息技术大发展的时代，人工智能、大数据、云计算等各种创新型的新技术已经深入社会生产和生活的各个领域，发挥着越来越重要的作用。而在信息推荐领域，以"算法推荐"——通过算法预测用户感兴趣的内容并将其推送给用户的信息智能推荐技术正被越来越广泛地运用。在国内，以今日头条、天天快报为代表的新兴新闻信息类客户端几乎都采用了这种"算法推荐"，在国外，谷歌、苹果等知名互联网企业也在自己信息产品中引入了"算法推荐"以优化信息流。与此同时，以人民网为代表的主流媒体也

---

* 袁祥，北京字节跳动科技有限公司公共政策研究院执行院长、北京师范大学新闻传播学院兼职教授、高级记者；李鑫、王莹，字节跳动公共政策研究院研究员；孟海波，字节跳动公共事务部总监、高级运营策略分析师。

提出研究开发"党媒算法""主流媒体算法",实现舆论导向优良与信息分发高效的双赢。"算法推荐"提升了信息传递的效率,但同时也带来了新的问题,如何善用先进的信息技术,消除信息鸿沟、促进信息交流,特别是在信息聚合和智能分发中强化导向意识,已经成为各个互联网平台必须认真思考、努力实践的课题。

一 智能推荐成为新闻信息传播的主流方式

随着信息技术和互联网的发展,人们逐渐从信息匮乏状态转向信息过载状态,尤其是进入移动互联网时代之后,信息量呈现爆炸式增长。信息冗余同时成为内容生产者和内容消费者共同面临的挑战:对于内容生产者来说,如何让自己创作的内容在海量信息中脱颖而出,受到用户的广泛关注?对于内容消费者来说,如何能在大量无用信息中快速找到自己需要的内容?智能推荐作为解决这一信息供需矛盾的系统工具应运而生。广义上的推荐系统可以理解为是主动向用户推荐物品(Item)的系统,推荐的内容既可以是实际物品如书籍、餐厅、电子产品等,也可以是虚拟而带有体验感的物品,如新闻信息和影视视频等。而随着社会和技术的不断进步,人们对推荐系统提出了更高的要求,推荐系统需要满足不同用户个性化的需求,进行千人千面的推荐。这也就是我们现阶段语境下的推荐系统——个性化智能推荐系统。

推荐系统仅有短短20多年的历史,但发展迅速。一般认为1994年的明尼苏达大学GroupLens研究组推出的GroupLens系统是世界上将智能推荐系统作为一个独立研究的起点[①],它首次提出了基于协同过滤(Collaborative Filtering)来完成推荐任务的思想,并为推荐问题建立了一个形式化的模型,引领了今后二十多年智能推荐的发展方向。随后,无数的科学家在此模型基础上不断开发,延伸出多种多样的推荐模型,如基于内容的推荐模型、基于用户

[①] P Resnick, N Iacovou, et al.. GroupLens: An Open Architecture for Collaborative Filtering of Netnews. Proceedings of ACM Conference on Computer Supported Cooperative Work, CSCW 1994, pp. 175 – 186.

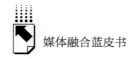

的推荐模型、基于规则的推荐模型、基于效用的推荐模型等，并逐步应用到我们的日常生活中，全方位地对日常生活产生影响。推荐系统在当今生活中的应用场景丰富多样，基本覆盖了生活中的大部分空间，如电子商务、视频网站、网络电台、个性化阅读、基于地理位置的服务、个性化邮件和个性化广告等。其中个性化阅读服务和视频网站是推荐系统在新闻信息传播领域的具体应用，从内容分发层面影响整个新闻传播业态的变革和发展。

推荐系统在新闻信息传播领域主要解决"预测"和"推荐"这两大问题，其中"预测"是根据用户的使用历史数据，判断你对某一项内容的喜好程度；"推荐"则是在预测环节的结果基础上进一步向用户推荐他未涉及过的领域内容。虽然现阶段对新闻信息推荐系统的研究多集中在"预测"环节，推荐系统不断地收集用户的使用信息，通过阅读时长、收藏、点赞等用户使用行为，不停地为用户更新他的信息内容列表，争取在第一时间为用户找到他感兴趣的资讯内容，并不断地进行细化，形成千人千面的信息流。但用户对信息内容的"推荐"需求也应逐步得到满足，成为今后的研究重点方向。

2012年今日头条首先尝试将推荐系统大规模引入新闻信息传播领域，利用算法进行新闻信息的分发，在技术和商业上获得了成功。自此，国内外多个传统新闻App，浏览器（QQ，UC，Opera），搜索应用，社交平台纷纷上线信息智能推荐功能。在国内，2014年以后，搜狐、腾讯新闻等信息分发平台进行推荐系统算法化的尝试，并有一批如一点资讯、天天快报等新产品参与到新闻信息分发的竞争中；在国外，2013年Facebook宣布用算法改变信息流的排序方式，Twitter在2016年宣布不再严格按时间排序。2016年猎豹全球智库发布《全球新闻App发展与趋势》系列报告中国篇中提到在世界新闻App市场格局中，中国市场最具特色，用户基数巨大且互联网软硬件水平处于世界领先地位，世界各大开发商都视中国市场为一片沃土。其中，中国新闻App市场渗透率上涨迅速，新闻App分类的市场渗透率从年初的占比16%，上涨到19.42%，上涨了3.42个百分点。中国新闻分类App在全部App分类中的总排名从年初的第8名左右上升到第5名，这个排名甚至超越了购物和社交的分类。这两个数据都说明在中国使用新闻App的群体数量是逐步上升的。综合以上两个数据可以得出结论：中国新闻App渗透率的上涨得益于个性化推荐类新闻 App 的快速崛起。①

而猎豹全球智库 2018 年 7 月 11 日发布《2018 上半年中国 App 榜单》，其中新闻类 App 中排名前十的均是利用推荐系统进行新闻信息分发，由此可见在移动互联网时代，推荐系统对新闻信息进行智能分发的模式已经成为新闻信息传播业态的主流方式。

二　智能推荐对新闻信息传播业态的影响和挑战

1. 智能推荐给新闻信息传播业态带来的深刻变革

（1）重塑新闻生产环节，"算法与数据支撑了整个新闻生产的生态系统"

智能推荐技术的应用渗透到新闻信息传播行业，对这一行业产生了深远的影响，首先该技术使新闻生产环节正在进行一次重塑。从新闻信息生产者的角度，将每一个用户在浏览新闻时的评论、停留的时长、分享和点赞以及屏蔽的具体行为作为基础，利用数据驱动来满足用户阅读需求，将新闻信息精准推送至特定用户的数据引擎已经成为新闻信息生产的重要驱动。这在一定程度上改变了新闻生产者决定内容的格局，用户思维和数据思维构成了内容生产环节的轴心，从而改变了传统新闻信息从主题策划到事实采集到内容编辑再到依托合适的载体传播的模式，转而成为一种"内容生产—收集数据反馈—再生产—再数据反馈"的闭环模式。甚至有专家称，"算法与数据支撑了整个新闻生产的生态系统"。②

（2）改变新闻信息传播方式，把过去的"人找信息"变成现在的"信息找人"

智能推荐模式对信息传播方式最明显的影响在于把过去的"人找信息"变成了"信息找人"。基于用户阅读的倾向性和个性偏好，通过算法为其推送感兴趣的内容，满足个体阅读需求，这种分发机制改变了信息流动的一般模式，让用户的个性化需求得到精准匹配，让内容主动"找到"对它感

---

① 《全球新闻 App 发展与趋势》系列报告中国篇，猎豹，https://www.sohu.com/a/71862891_204728，2016 年 4 月 27 日。

② 王佳航：《数据与算法驱动下的欧美新闻生产变革》，《新闻与写作》2016 年第 12 期。

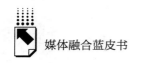

兴趣的人，同时也节省了用户信息过滤的时间。人工智能技术应用于新闻信息行业提高了信息分发的效率，提升了新闻报道和信息推送的速度，形成新闻信息生产的智能化数据驱动模式。时下几乎所有的新闻信息类 App 都宣称实现了智能分发，根据用户的兴趣标签、社交行为等数据源，用算法对用户进行画像，从而实现高效信息推送。而网民也迅速接受了这种不用主动寻找、不做过多操作，便可在指尖滑动中源源不断接收个性化订制信息的阅读模式。

（3）提高受众身份认同，使"以传播者为中心"逐渐转化为"以用户为中心"

基于算法推荐的新闻分发使"以传播者为中心"逐渐转化为了"以用户为中心"。这也使用户的身份与行为潜移默化地发生着改变。在内容平台中，用户从以前的被动接受新闻资讯推送转变为主动搜索个人感兴趣的信息。内容与用户二者之间进行双向匹配，同时也提高了信息分发效率。进而，当用户获得个人感兴趣的资讯后，则会将该内容继续转发，从而又开启了下一轮的信息传播。这一过程也促进了用户社交需求和价值认同的相互对接。①

智能分发平台受到用户青睐的原因一定程度上可以说是把传播内容的主动权交给了用户，一方面满足用户的个性化信息需求；另一方面满足其传播心理与体验，将交互性贯穿于使用环节中。对大数据时代用户个性化、碎片化、专业化等特点的精准把握，使受众自主性、满足感提升。

2. 智能推荐给新闻信息传播业态带来的问题与挑战

（1）算法黑箱与信息茧房，弱化了新闻信息传播中的全局性与客观性

在新闻信息生产与传播的整个环节中，对于受众个体而言，只能看到算法输出的结果，而对于其中推荐、过滤、强调、弱化等具体算法逻辑，从设计到运行逻辑都无从知晓。对广大受众而言，对信息内容的处理加工就成为技术黑箱。一定程度上，推荐分发的权利由新闻从业者转移到算法技术平台上。

另外，算法推荐依赖于对用户阅读信息的分析，用阅读大数据推测用户的

---

① 喻国明、侯伟鹏、程雪梅：《个性化新闻推送对新闻业务链的重塑》，《新闻记者》2017 年第 3 期。

爱好。但久而久之，在推荐算法的策略下，往往会对用户造成视野窄化、兴趣窄化的倾向，发生"信息茧房"的现象。在信息茧房中，用户很容易只关注自己感兴趣的内容，而这样一来不仅容易造成知识和思想的固化，脱离多元视角，进而还会造成公共信息环境的相对缺失，公众意识会逐渐降低。个性化推荐会弱化新闻信息传播中的全局性与客观性，这也会造成受众对严肃公共事件的离散化问题。

（2）内容的品质和深度难以识别，优质内容生产和深度阅读被束缚与挤压

在智能推荐的场景下，内容生产得到极大丰富但同时也带来了泥沙俱下的困扰，相对传统的媒体生态来说，移动互联网上深度报道和多重事实的新闻内容生产空间受到严峻的挑战。一方面，推荐算法仅能感知阅读量、文章数等量化数据，而内容的品质和深度难以识别，内容的品质和深度要靠新闻从业者依据多年的社会阅历、人类独有的认知能力进行判断，因此在多重事实的价值判断面前，技术手段只能起到辅助性作用。另一方面，人们长期在智能分发平台获取短、新、快的内容资讯，在移动互联网时代碎片化阅读习惯的冲击下，复杂冗长的信息呈现方式显然不符合移动互联网用户碎片化的阅读习惯，使智能推荐场景下的深度阅读被束缚与挤压。从内容生产和传播的角度，资讯平台追求信息时效性，致使深度内容生产周期缩短，生产者也逐渐以流量为导向进行内容创作，也影响了优质内容的产出。

（3）用户隐私与信息安全隐患明显，不可预测性、不可逆性可能触发未知风险

智能推荐技术赖以存在和进化的基础是对每一个用户的观察分析，大数据的产生和应用必然伴随信息安全的问题。提高效率是否必须以牺牲隐私为代价？信息调用的边界在哪里？这不仅是一个技术问题，更需要法律学界、社会学界甚至伦理学界等多学科的共同参与研究解决。以智能推荐技术为基础的信息平台在信息获取社交化、时间碎片化、内容个性化的情境下，着力建立更灵活便捷的信息消费场景，给人们带来更友好的用户体验。但与此同时，个人数据也更易于被收集与分享，这对网络空间的监管不断带来新的挑战。移动互联网的普及应用使人机关系发生趋势性改变，在这种趋势下新闻传播环节中的不可预测性与不可逆性很有可能触发未知的风险。

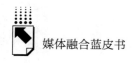

三 完善优化智能推荐，促进新闻信息传播业态正向良好发展

智能推荐为我国新闻信息传播带来了巨大变革，全方位地影响了内容生产者和内容消费者，改变了新闻信息行业的生态。但我们也要清楚地认识到智能推荐还是一项新生的科学技术，其自身发展并不完善，存在着上述一些问题。智能推荐关系全国数以亿计用户信息获取与分享的大事，如何完善和优化智能推荐，促进新闻信息传播业态的正向良好发展，已成为现阶段亟须解决的问题。针对这一问题，建议从以下几个方面入手，处理好流量导向和价值引领之间的关系，进一步提升社会正能量的传播效率，助力互联网发展成为"最大增量"。

1. 不断迭代和优化，推动智能推荐技术创新

新的技术运用产生了新的问题，这些问题的解决亟须技术的优化和创新来解决。智能推荐产生的内容生产和内容审核方面的问题，可以通过增加人工力量、人工干预，创立良好的人机共建模式加以解决，而解决新闻信息推荐分发中的信息茧房、算法黑箱等问题，从根本说，还要靠智能推荐技术的不断迭代、优化和创新。要打破用户信息茧房，就要智能推荐在做好"预测"的基础上，尝试从"推荐"角度进行提升，即进一步向用户推荐他未涉及过的内容，开拓用户的内容需求类型。比如，今日头条在信息"预测"层面对用户的兴趣加大分类打散力度，并对信息内容实行了实体词打散机制，双管齐下解决某类别或某主题稿件过于集中的问题。在信息"推荐"层面，提升协同特征在推荐中的权重，通过用户行为分析不同用户间相似性，扩展推荐模型的关联探索能力，从而帮助用户不断拓展阅读视野、突破信息茧房。

2. 创建价值观模型，赋予算法主流价值观

新闻资讯行业作为思想产品的重要输出口，它承担着引导和教化用户的作用。不加约束和引导的人性，本身就会对低俗、八卦、丑闻等内容产生阅读的好奇和冲动。如听任智能推荐系统无限制根据用户反馈数据推送低俗信息，可能对用户的世界观、人生观、价值观产生负面影响。这就要求智能推荐的算法本身要有价值观，而算法的背后是人，算法的价值观也就是人的价值观。政府

部门、新闻行业和学界长期关注算法价值观问题，各大新闻信息推荐平台也认识到价值观在智能推荐算法中的重要作用，纷纷为推荐算法注入价值观模型。比如，今日头条平台通过价值观模型提升内容推荐质量，对照社会主义核心价值观 12 个关键词，人工标注超过 100 万篇符合核心价值观的正能量文章和视频，训练机器学习。所有文章均要通过核心价值观模型筛选，符合价值观要求的文章加权推荐，不符合价值观要求的不予推荐。同时，建立正能量模型数据库，提供更多优质内容供给；建立低俗模型数据库，通过"人工标注 + 机器学习"强力打压低俗内容；建立谣言数据库，通过站内外数据建立模型，打老谣、辟新谣，通过回溯、弹窗等方式进行精准辟谣。此外，通过"人工标注 + 算法推荐"，完善首屏要闻推荐模式，让正能量的内容有传播力、到达率；加大正面内容弹窗比例，让正能量强效抵达；全力打压涉嫌违规低俗自媒体账号。通过这一系列努力给算法赋予主流价值观，构建主流价值引领下的智能信息分发和短视频传播生态。有了价值观指导的算法标志着算法进入了 2.0 时代，这是算法一次重大的优化和创新发展。

3. 满足传播分众化需求，推动平台差异化发展

分众化传播突破了早年大众化传播的壁垒，使每个人都可以获得自己感兴趣的内容。用户个性化的阅读行为背后是多个独特的文化圈层。清华大学新闻与传播学院教授彭兰指出，就像在现实社会一样，网络中的圈子，也会抑制圈子之外的信息或声音传播，强化信息的同质性。[①] 人们对多样性信息、多圈层文化的需求要求新闻信息智能推荐不能以统一的形式存在，而要针对不同需求的人群进行差异化的推荐。同时，我国新闻信息智能分发市场已相对饱和，但市场分化正逐步形成，在传播有价值信息的前提下，以差异化市场定位策略主攻细分市场也是各大推荐平台需要考虑的问题。比如，以人民日报客户端为代表的新媒体平台，抓住对严肃内容较为偏爱的人群需求，在供给侧投入优秀的采编团队，生产高质量的内容，以重大时政信息和正能量内容为传播主体，保证其媒体的权威性和影响力。而市场化的推荐平台，则在传播权威媒体声音之外，还要从内容的多样性、趣味性、实用性等方面发挥自身优势，满足对轻松内容偏好人群的供给。各大推荐平台突出自身优势，结

---

① 彭兰：《人人皆媒时代的困境与突围可能》，《新闻与写作》2017 年第 11 期。

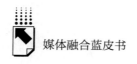

合目标人群的需求，找到适合自己的发展方向，形成互补的信息生态，推动平台差异化有序发展。

4. 加强规范治理，推动算法立法

在规范和治理算法以严格保护用户隐私与信息安全方面，欧洲加强相应立法的经验可资借鉴。新闻集团首席执行官罗伯特·汤姆森曾呼吁各国政府设立"算法审查委员会"，以对科技公司严加约束。而法国总统马克龙则明确表示：人工智能未来会彻底改变能源、国防、运输、金融乃至医疗等主要行业，且人们很容易会对人工智能产生不信任而导致拒绝这些领域的创新。因此未来法国所有的人工智能算法都将开放审查，以最大限度减少它们可能对民主造成的威胁。2018 年 5 月，欧盟开始试行《一般数据保护法案》（GDPR），针对个人数据保护进行了严格的限定。为了治理好智能推荐引发的用户隐私与信息安全隐患，我国也需要制定类似"一般数据保护"的相关法律法规。对于欧盟试行《一般数据保护法案》，我国专家多认为这一法案值得参考，但立法时应立足我国数据产业发展和个人隐私保护的实际情况和要求。北京师范大学法学院教授刘德良表示，"法律是帮助而不是限制产业发展，希望 GDPR 对我们而言，是一面镜子而不是一把尺子"，"对于数据保护与产业创新之间的矛盾，要把厘清个人数据与个人信息、个人隐私的边界，以及个人数据的所有权、使用权、收益权的分配关系作为数据保护立法的前提"。[1] 中国人民银行金融研究所互联网金融研究中心研究员王达、伍旭川撰文指出，"我国应当借鉴 GDPR 立法经验，明确赋予数据主体知情权、数据获取权、修改权以及携带权等基本权利，并根据我国互联网产业发展以及个人隐私保护的需要制定执行细则"。"对于数据使用主体应当明确其保护个人隐私和数据安全的法律责任。借鉴欧盟的经验，分别引入数据泄露通知制度；确立隐私保护的缺省原则；数据使用主体在数据保管方委托第三方进行数据处理或分享数据过程中履行监督义务并承担相应法律责任。"[2] 我国还应逐渐建立大数据等级保护制度，根据数据价值、数据特征等属性分类管理，健全大数据保护的考核评估机制，将数据采

---

① 王林：《"欧盟数据宪章"带给中国的启示》，《中国青年报》2018 年 6 月 5 日，第 11 版。
② 王达、伍旭川：《欧盟〈一般数据保护条例〉的主要内容及对我国的启示》，《金融与经济》2018 年第 4 期。

集到数据开放全生命周期中各个环节纳入监管范围，明确我国《网络安全法》框架下个人信息、重要数据的具体范围界限和管理要求。[①] 我们认为，我国针对算法进行的立法应当在限制和发展中达到平衡，做到既能够规范算法和大数据的滥用，传播正确的价值观和保障用户数据隐私安全，又能够为智能推荐技术以及由这一技术驱动的新闻信息行业的持续发展留下足够的空间。

---

① 鲁泽霖：《欧盟 GDPR 实施对我国的影响》，《信息通信技术与政策》2018 年第 8 期。

区 域 篇

Regional Reports

B.7
北京市属媒体融合发展现状、
问题及建议

韩晓宁　郭玮琪*

摘　要：　北京市属媒体在 2017～2018 年度进一步推进媒体融合进程，
　　　　　在制度设计、生产理念、赢利模式等方面进行了有益的探索。
　　　　　文章基于对北京日报晚报、新京报、北京青年报、北京广播
　　　　　电视台、北京新媒体集团等北京市属媒体进行的实地考察和
　　　　　座谈，概述了北京市属媒体在 2017～2018 年度媒体融合发展
　　　　　的探索实践，归纳了媒体融合的实践特征和现存困境，并在
　　　　　此基础上提出推进媒体融合转型的相关建议。

关键词：　北京市属媒体　媒体融合　发展困境　对策建议

---

* 韩晓宁，中国人民大学新闻学院党委副书记、副教授、博士；郭玮琪，中国人民大学新闻学
院硕士研究生。

目前，全球已进入移动互联网发展时代。皮尤研究中心 2018 年发布的《美国新闻业现状》① 研究报告显示，美国传统报业集团的纸质报纸发行量和广告收入自 2000 年起逐年下滑，数字订阅成为更多受众的选择；路透新闻研究所发布的《数字新闻报告》② 通过考察包括欧洲、美国在内的 37 个国家和地区，发现纸质报纸、广播在各个年龄段的受访者中都是使用率最低的获取新闻的方式。

自 2012 年起，中国传媒业也步入了产业发展的"寒冬"。2014 年，互联网和移动端市场份额首次超越传统媒体市场份额。当年，报纸发行收入和广告收入同比分别下降了 25%、15%，电视广告收入增长也放缓，传统传媒业开始受到新媒体的冲击。在受众向移动互联网端口转移的背景下，媒体融合必然成为传统传媒组织实现转型升级的路径。

"8·19"讲话、"2·19"讲话等一系列讲话多次强调了媒体融合的重要意义，各主流传统媒体和地方媒体近年来也在纷纷推进媒体融合进程，并取得了一定的成果。北京市属媒体在 2017～2018 年度也进一步推进媒体融合发展，在制度设计、生产理念、赢利模式等方面进行了有益的探索。

一 北京市属媒体融合发展的探索实践

（一）北京日报晚报：新媒体传播矩阵的持续建设

北京日报已形成了客户端、微信公众号、微信小程序、平台号、官方微博共同发布的新媒体传播矩阵，在 2017～2018 年度继续推进新媒体传播矩阵的建设。日报目前拥有两个自主研发新闻 App，分别为"长安街知事"客户端和"北京日报"客户端，每天发布报社各部门来稿 100～200 条，为日报力推的主要传播平台；除客户端外，日报也在头条号、百家号、一点资讯等 10 个新媒体端口发布内容，各平台总用户数达到 460 万人左右；在微信公众号方面，

① Pew Research Center. State of the News Media. http：//www. journalism. org/fact - sheet/newspapers/.

② Reuters Institute. Digital news Report. http：//www. digitalnewsreport. org.

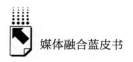

"长安街知事"公众号粉丝已达到 1600 万人左右。

北京晚报方面目前主要在官方 App、微博、微信公众号、头条号、百家号等端口发布内容。北京晚报在 2017 年壮大了新媒体部门，主要致力于视觉传播内容的生产，主推"北晚新视觉"网和"北晚新视觉"微信公众号，以视觉方式直播新都市。晚报曾在 2015 年推出的"电子号外"产品形式目前仍有保留，在电子媒体时代依然坚守报纸的版面语言，但在 2017 年度推出频率有所降低。

融资平台建设方面，2017 年 10 月，北京日报社联合中信建投证券股份有限公司发起的网络信息安全母基金"中安基金"在北京设立，基金管理公司由双方共同组建，并完成全部基金管理人登记手续，"中安基金"正式进入运营管理阶段，目前该基金已完成 360 企业安全集团和京东金融项目投资。2017 年 11 月 21 日，北京市委宣传部确定北京日报社全资子公司京报长安资产投资管理有限公司为"北京市宣传文化系统重要投融资平台"，并提出希望京报长安规范经营，有效发挥平台功能，在推动媒体融合发展、完善产业布局等方面发挥重要支撑作用。

（二）新京报："互联网化"办报，挖掘传统优势领域

在 2017~2018 年度，新京报全面确立起"报、网、端、微"的传播架构。在传统纸媒领域，新京报实行"互联网化"的办报方式，打破了传统夜班编辑内容的生产习惯，实行全天候内容生产、"7×24 小时"办报，白班、夜班编辑统筹管理报纸版面和新京网发布的内容。新京报客户端精选新京报时政报道、北京新闻、国际新闻、财经、娱乐报道等，24 小时滚动发布内容，主打"去碎片化的沉静阅读"。新京报还针对平板电脑和手机的不同屏幕特质推出了不同排版方式的客户端，整体用户体验较好。在官方微博和微信方面，截至2018 年 9 月，新京报官方微博粉丝数已达到 2600 万人，排在人民日报、环球时报之后，位列全国媒体平台微博粉丝数第三位。新京报在微信公众号方面主推"重案组 37 号"和"剥洋葱"两个产品，"重案组 37 号"延续了新京报的传统特长，将优质深度报道带到新媒体领域；而"剥洋葱"则专注于人物特稿，希望"记录真实可感的生命"。新京报在新媒体领域主推的内容产品反"碎片化阅读"之道，在业界占有了一席之地，影响力和传播效果均较好。

在新闻内容表达形式方面，新京报突破了传统纸媒的"文字阵地"，在小程序、H5产品、视频方面有了积极的探索，尤其是视频内容生产在2017~2018年度进步显著。新京报和腾讯合作的"我们视频"，目前在全国时政资讯视频领域中能够排在前三位，每日视频生产量达到80条左右。此外，新京报还与360、小米等公司合作，在"动新闻"方面进行探索，希望依托报纸本身，实现表达形式的立体化。

（三）北京青年报：整合资源，打造独立App和微信公众号矩阵

2017~2018年度，北京青年报主要致力于独立App建设，其旗下法制晚报推出"看法"App，2017年7月上线，主打法治特色；北青传媒股份有限公司推出"北青头条"App。目前两个App用户总数虽不到一千万人，但通过2017年的积极探索，北青集团计划在2018年下半年推出北京青年报的主力App平台，整合全集团的力量和资源，打通旗下各报纸的内容生产和经营，合力打造综合新闻客户端。

北京青年报自2014年开始打造的以"政知"系列为龙头的北青公众号矩阵，在2017~2018年度也获得了可喜的发展。目前，北京青年报在微信平台主要推出三项产品：一是"政知"系列，即"政知见""政知圈""政知道"系列微信公众号，每天每个公众号推出一篇原创内容。2017年度，"政知道"在今日头条平台收获了12.8亿次的阅读量，在企鹅号收获3.8亿次阅读量，在搜狐号上收获6亿次阅读量，"政知"系列总阅读量也已超过20亿次，实现了较好的传播效果和影响力。二是"团结湖参考"，主打时政分析和时事评论，在言论市场中具有一定的地位和影响力；但目前"团结湖参考"的发展路径仍然较为单一，未来希望能够依托公众号探索流量变现的模式。三是北青报与市教委共同运作的"教育圆桌"公众号，粉丝数达到30万人左右，在北京地区教育领域影响力较大。目前，"教育圆桌"在三项公众号产品中经济效益最好，年收益近500万元。

（四）北京广播电视台：成立融媒体中心，打通内部生产平台，探索新型业务模式

基于国家层面对于媒体融合的号召和自身发展需求，北京广播电视台融媒

体中心于 2018 年 8 月 27 日挂牌成立。北京广播电视台最初在电台、电视台分别建立了融媒体平台,在融媒体中心挂牌成立后,首要任务是将原有的两个平台打通,实现数据共享、业务互通、策划选题共同进行,未来也将通过融媒体平台的应用创造出新的业务形式。目前北京广播电视台内部已基本实现联合策划、联合采访,但业务模式的创新尚未开始,未来将继续加强电台、电视台双方的技术交流和内容沟通。

北京电台方面推出的代表性融媒体产品主要包括"听听 FM"App、可视化频道"青年广播"、"非遗时光"系列融媒体产品等。其中,"听听 FM"App 是电台方面媒体融合的主平台。"听听 FM"App 于 2013 年上线,最初定位为提供"海量内容"的平台型 App,但经过几年的探索,发现在"海量内容"风口期已过的阶段,继续走"海量内容"路径无法与全国市场上已经处于领先地位的其他知名音频产品等抗衡。因此电台方面在 2018 年决定推进"听听 FM"的转型,希望将其打造成与用户建立强互动关系的音频 App。北京电台的可视化频道"青年广播"则将电台的产品形式从音频拓展至音视频,在"一直播""斗鱼"等平台投放,内容方面也在游戏、舞蹈等能够吸引年轻受众的领域进行拓展。除自有端口外,电台也借助主流移动互联网平台,如微信、微博、今日头条等平台进行内容分发,以扩大内容影响力、提升电台知名度。

北京电视台方面,2017 ~ 2018 年度全台运营官方微信公众号 81 个,官方微博账号 50 个,2018 年第二季度官方微信微博累计点击量已达到 1.5 亿次,其中影响力较高的账号主要包括"北京新闻""BTV 新闻"等。在融媒体中心成立之后,电视台与电台的官方微博微信将打通,形成北京广播电视台的"官微矩阵"。在融媒体报道方面,北京电视台在融媒体中心挂牌成立之前已经实际进行了融媒体报道的大量探索,例如对于 2018 年上合组织青岛峰会的报道、对于高考的报道、对于中非合作论坛的融媒体报道等。北京电视台未来也将继续加强融媒体报道的力度,以期推出实现全网传播的"现象级产品"。

(五)北京新媒体集团:"新闻 + 政务 + 服务",深耕本地,实现辨识度

北京新媒体集团于 2016 年 4 月成立,是北京市重点支持的新媒体新闻资

讯企业。集团主推的新媒体产品为"北京时间"App，于2016年成立上线，主要发展目标为"生产原创内容、壮大主流声音"。"北京时间"目前致力于探索短视频生产，代表性短视频产品"时间视频"年均点击量达到100亿次，平均每周都能推出过亿次点击量的产品，在2017~2018年度进一步获得了知名度和影响力的提升。

北京广播电视台融媒体中心成立之后，北京新媒体集团也将与其整合。在此基础上，"北京时间"计划于2018年下半年进一步推进定位的明晰化和发展路径的调整，希望通过"新闻+政务+服务"的模式，借助北京广播电视台的优势媒资，深耕本地，依靠服务提升北京本地用户的黏性，提高"北京时间"的辨识度。具体而言，"北京时间"将继续坚持以新闻生产为核心，创新性地完成宣传任务；同时强化媒体属性，做强评论队伍和深度调查队伍，引导网络舆论；此外还要利用北京广播电视台的优势媒资，将优质电台、电视台内容及时向新媒体端转化；最后通过政务和服务加强与本地的联系，形成品牌效应。

除去上述几家北京市属媒体之外，北京市区县媒体的媒体融合也在2017~2018年度有了显著进步。最典型的是北京市海淀区新闻中心，整合海淀电视台、海淀报、海淀网以及微信公众号等资源，建设完成海淀区融媒体中心。该中心依托全媒体指挥调度平台，重构区属媒体策采编发流程，形成区级融媒体矩阵，重视传播手段建设和创新，制度建设和硬件建设都达到全国领先水平。

二 北京市属媒体融合发展特征

（一）明晰顶层设计，全力推进媒体融合进程

北京市属媒体在2017~2018年度相继明确融合发展战略规划，在顶层设计方面保障媒体融合的持续推进。例如，北京日报社提出"135战略"，坚持"1个优先"即"移动优先"，将移动端口的内容生产和传播置于核心地位；推行"3个机制"，即全媒体协调机制、联席采编会议机制、值班总编辑统筹机制，在制度层面推进内容生产流程的转变；运行"5个系统"，即协调系统、选题线索系统、采访管理系统、编辑分发系统、监控反馈系统，在生产平台层面加强内部联系，以推进传统版面内容生产和新媒体内容生产的合作。

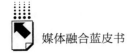

广电领域媒体融合最重要的顶层设计就是北京广播电视台融媒体中心的成立。在此基础上，北京新媒体集团也明确了自身发展路径，提出"原创为本、资源为翼、做强两端、引领主流"的发展规划。"原创为本"，即借助"北京网络广播电视台"的牌照和采访权，进行原创内容生产，将原创内容发展为"北京时间"区别于其他新媒体平台的核心特色；"资源为翼"，即通过与国家大剧院、中国歌剧舞剧院、法院等机构合作，探索垂直领域内容生产；"做强两端"，即将移动端、IPTV 客厅端的发展置于核心地位，挖掘新的业务模式和赢利模式；"引领主流"，即希望达到壮大主流声音的传播效果，做互联网领域的"主流媒体"。

（二）转化生产思路，将"移动优先"落到实处

北京市属媒体的媒体融合进程并非单纯由政策驱动，而是基于媒体发展进入移动互联网时代的基本判断，将生产的重心从传统报纸、广播电视领域转向新媒体领域、移动端口。例如，北京广播电视台基于受众消费习惯转变的判断，逐步完成了从传统广播电台到北京广播网，再到"官网 + 官微 + 官博 + 微信小程序 + 听听 FM"新媒体传播矩阵的主力传播平台变化。基于新媒体矩阵的新的传播体系能够提供传统传播平台无法观测和收集的用户数据，有助于传媒组织掌握受众消费习惯、评估内容传播效果。"用户到哪，内容就要到哪"是北京广播电视台着重强调的生产思路；落实"移动优先"不仅是完成政策任务的需要，更是传统媒体持续发展、实现价值提升的需要。

北京青年报更是将"移动优先"、整体转型提升至战略高度，经营和生产围绕新媒体进行。在 2017 ~ 2018 年度，北京青年报推进了集团制度设计的改革，在部门设置方面，传统媒体部分只保留一个编辑部；在新闻生产流程方面，记者和编辑按照新媒体的生产规律进行内容生产，同时给传统媒体供稿。与部门设置转变、生产流程转变相配合的是物理空间的改造，未来北京青年报的编辑部门、经营部门、行政部门将分别位于不同的楼层，各部门内部设置为开放的物理办公空间，以进一步推进媒体融合的深度。

（三）坚守优质内容，发挥传统媒体专业优势

传统媒体在媒体融合的进程中探寻了多种赢利模式、发展路径，包括发展

非报收入、打造平台获得流量变现等模式，但北京市属媒体基于自身优势特长和媒体属性的判断，大多将通过坚持优质内容生产以期获得内容变现作为重要的赢利渠道之一，即使在目前内容变现率不高的情况下也仍然坚守传统媒体在内容生产方面的专业性和严谨性。

例如，新京报在新媒体端主打的两项产品"重案组 37 号"和"剥洋葱"分别为深度报道和人物特稿产品，将传统优势领域延续到新媒体平台，反"碎片化阅读"之道而行之，结果在信息质量参差不齐的新媒体平台创出了品牌、提高了自身辨识度，获得了较好的传播效果和影响力。新京报在进行新媒体端内容生产时，依然强调沿用传统报纸写作的标准，用词准确、不以偏概全、不做"标题党"，坚守传统媒体在内容生产方面的严谨特质。

北京青年报在 2017 年度探索建设独立 App 的过程中也发现，传统媒体开发所谓的"海量内容"类 App 是无法与商业聚合资讯类 App 竞争的；面对竞争，传统媒体需要发挥在内容生产方面的专业优势、生产优质的"头部内容"。新媒体平台原创优质内容的缺乏，为传统媒体实现媒体融合转型提供了市场空间，也为传统媒体在媒体融合时代实现影响力的延续和扩张提供了发展路径。

（四）强调意识形态属性，引导互联网舆论

北京市属媒体在媒体融合的进程中都强调了媒体意识形态属性问题，多家媒体都认为传统媒体实现媒体融合转型、向新媒体端口扩张的重要目标之一是要在新媒体时代树立话语权，发挥互联网舆论影响力。例如北京新媒体集团明确提出旗下"北京时间"的发展职责是"生产原创内容，壮大主流声音"；其主推的视频产品"暖视频"与党政机关、公安部门等合作，挖掘那些能够提供正能量、打动人心的"温暖"社会新闻。

新京报在推进媒体融合进程中也提出，传统媒体的融合转型关系话语权问题、价值观问题。移动互联网平台商业性媒体的发展使传统媒体处于被动地位，商业性聚合资讯平台已形成了各自的话语体系、表达方式和价值观，而传统媒体为扩大自身内容影响力又不得不寻求在此类平台的内容发布，但内容需满足其话语体系和价值观才能够得到推送、接触更广泛的受众。现实状况是，目前主流传统媒体还基本处于线下经营的状态，在线上与主流传播渠道竞争是

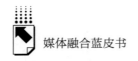

未来必然面临的问题。在此过程中，如何将传统媒体引导舆论的能力延伸至互联网平台是媒体融合过程中需要首要解决的问题。

三　北京市属媒体融合发展的问题分析

（一）从传统专业领域向全媒体记者转型的困难

媒体融合在宏观层面对媒体的制度设计、发展路径提出要求，在微观层面则对个体新闻从业者提出了职业技能转型的要求。首先在从业者的知识结构方面，媒体融合要求新闻从业者走出传统专业领域，寻找个人业务特长与新媒体领域的结合点；其次在从业者的生产思维方面，媒体融合要求从业者转变传统媒体内容生产的思路，结合用户的需求、喜好和媒体特色进行内容生产。

在北京市属媒体的融合转型实践中，"全员转型"的困难被多次提及。例如，北京日报社在推出"中央厨房"生产平台之后，对记者和编辑提出了"一稿多做"的要求，即从多角度挖掘素材的新闻价值，并选择适合不同媒介平台的生产方式进行内容制作。这就要求记者在采访、收集资料的过程中即形成基于报纸和新媒体平台的不同选题设想，而编辑则要熟悉各平台的属性和特质，在内容选题、体裁甚至是标题制作、图文形式等方面，结合传播平台和自身媒体的特色进行整体把关。但目前存在的实际问题是一些年龄较大的记者和编辑在知识结构和生产思维方面相对不容易胜任"一稿多做"的要求，而这一群体在人数上又在媒体从业人员中占据了较大的比重。因此，传统记者的转型问题成为影响北京市属媒体融合发展进程的因素之一。

（二）薪酬制度对媒体融合的负面影响

北京市属媒体在体制上主要是事业单位和从事业单位剥离的国有企业两大类。一方面，国家对于事业单位实行的工资总额预算管理制度对于传统媒体的融合转型确实带来了一定程度的制约。自 2008 年以来，除宏观调控增薪外，多家北京市属媒体的人均薪资水平在实行工资总额预算管理制度后一直无明显提升；受访媒体均提及近年有不少内容生产领域的骨干人员跳槽前往新兴互联网企业。

媒体融合进程中必然涉及新媒体领域的技术人员、运营人员的引进，而在工资总额预算管理制度的整体限制下，体制内人员的薪酬体系难以为新媒体领域骨干人才提供满意的薪酬。另一方面，企业性质的媒体虽然能够进行市场化运营，但与资金基础雄厚的互联网媒体相比依然差距较大，传统媒体企业愿意支付或实际能够支付的薪酬标准越来越难以在当前日益高企的互联网行业薪酬水平面前具有竞争力。

（三）互联网新闻采编权、传播权的缺失为原创内容生产设下门槛

互联网新闻信息采编权、传播权的缺失是制约新媒体领域原创内容生产的主要门槛。而传统媒体的核心优势在于专业内容生产，在媒体融合转型的过程中也期望通过原创内容延续传统媒体在互联网场域的影响力，最终实现内容变现。但目前的问题是部分传统媒体在媒体融合的进程中并未能同时拥有互联网新闻信息采编权和传播权，这导致很多媒体无法彻底实现全媒体运营，实际制约了不同媒体端口对于优质内容的有效挖掘和传播能力。

新京报在受访中曾提出，目前"牌照问题"是制约其在互联网领域进一步提升内容影响力的主要因素；北京新媒体集团也提出了采访权缺失对内容生产的限制，从原事业单位的剥离使集团无法使用原有记者证，而申请互联网新闻信息服务许可证也成为新媒体集团实现进一步发展的重要因素。

（四）版权保护政策的执行成本和难度高，折损内容变现能力

商业互联网资讯平台由于不具备互联网新闻信息采编发布服务资质，无法进行原创内容生产，一般采用传统媒体生产的内容进行全网分发。对于传统媒体来说，在知名聚合型资讯平台进行内容分发也是提升其内容影响力的主要方式之一。但现存问题是，由于版权保护政策的执行成本和执行难度均较高，商业互联网资讯平台在使用传统媒体生产的内容时，较少支付相应的版权费用，而商业互联网资讯平台人工智能自动抓取信息的生产模式更是为其侵权行为提供了借口。近几年，处于领先地位的几家知名聚合型咨询平台基本都会为传统媒体支付版权费用，但传统媒体在价格谈判中没有优势，版权售价都比较低。

受访的北京市属媒体均提及了内容版权保护的重要性。目前互联网版权保护状况与此前相比有所进步，但侵权现象仍较为普遍，且维权成本高昂，对于

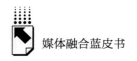
致力于内容生产、亟须在新媒体领域开拓赢利模式的传统媒体来说是一种打击。

四 推进媒体融合转型的相关建议

（一）政府层面：加强对于传统媒体融合转型的资金支持和政策支持

传统媒体在媒体融合转型过程中的首要困境是资金不足的问题。在商业互联网媒体和各类聚合型传媒平台持续"接收"传统媒体受众的情况下，传统媒体的赢利能力处于下降趋势，而媒体融合转型又需要大量的技术和人员投入，归根结底还是资金的投入。传统主流媒体的转型资金不足是普遍现象，因此政府层面的资金扶持对于传统媒体的融合转型具有重要意义。

同时，为将传统主流媒体在线下的影响力延伸至线上、进一步引导互联网舆论，政府层面还应出台推进扶持传统主流媒体融合转型的配套政策，例如在互联网内容采编权、内容传播权的授予方面向传统主流媒体倾斜，增强传统主流媒体在互联网平台的发声能力。

（二）媒体机构层面：继续推进人员技能转型、生产思路转型，开拓新的赢利模式

传统媒体融合转型的第一步是完成从业人员职业技能的转型和生产思路的转型，但目前北京市属媒体仍然面临着相当比重的从业人员无法适应新媒体内容生产模式的问题。在传统的内容生产流程和工作思路无法适应新媒体平台传播规律的情况下，传统媒体为了开拓新媒体市场、赢得更广泛的受众，需要通过完善职业培训体系、配套考核机制和激励机制等方式推进从业者的职业技能转型和生产思路转型。

此外，开拓新的赢利模式，是传统媒体融合转型实现长久发展的必要条件。传统主流媒体即使能够获得政府层面的资金支持和政策扶持，也必须要积极探索新的赢利模式，提升自身"造血"能力，否则长远发展必然受到限制，政府主导的关停并转也将频繁出现。

B.8

从津云的创新看天津媒体
融合如何开新局

陈鹏 赵蓓*

摘　要：　2017 年是天津市媒体融合发展的关键一年，为了适应新时代
媒体发展规律，中共天津市委做出了重要战略部署，深入推
进媒体融合的重点工程，建立"津云"中央厨房——整合了
天津日报、天津广播电视台、今晚报、北方网和支部生活社
等天津市主流媒体的优质资源，依托北方网新媒体集团的技
术优势和网络媒体运营经验，重构业务流程，从而实现了广
播、电视、报纸和互联网的全媒体融合，是全国首家实现全
媒体融合的省级"中央厨房"。在"津云"中央厨房的具体
实践过程中，涌现了一批优质的融媒体内容，拓展了新兴媒
介的影响力。天津市媒体融合敢于大刀阔斧地改革，集中力
量做好"津云"品牌，天津市媒体融合已经进入实质性阶
段，未来还有很长的路要走，只有坚持以先进技术为支撑，
以内容建设为根本，以传播理念优化为依托，以传播能力提
升为抓手，这样才能走好媒体融合这盘"大棋"。

关键词：　媒体融合　津云　中央厨房　业务流程　大数据

2017 年是天津市媒体融合发展的关键一年。1 月初，时任中共中央宣传部
部长刘奇葆提出了"'中央厨房'是标配、是龙头工程，一定要建好用好"的

---

* 陈鹏，南开大学传播学系主任、副教授、博士；赵蓓，北京师范大学新闻传播学院博士研究生。

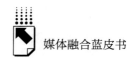

指示。① 为此，中共天津市委做出了重要战略部署，深入推进媒体融合的重点工程，整合了天津日报、天津广播电视台、今晚报、北方网和支部生活社等天津市主流媒体的优质资源，依托北方网新媒体集团的技术优势和网络媒体运营经验，建立了"津云"中央厨房。这是全国首家实现全媒体融合的省级"中央厨房"。2017 年 3 月，"津云"中央厨房一期工程建成，正式投入使用。

互联网和数字技术的发展，带来了媒体领域的重大变革，以互联网为载体的新媒体蓬勃发展，对传统媒体产生了冲击，媒体格局重新调整。面对新形势，习近平总书记强调要"着力打造一批形态多样、手段先进、具有竞争力的新型主流媒体。建设几家拥有强大实力和传播力、公信力、影响力的新型媒体集团，形成立体多样，融合发展的现代传播体系"。② 天津"津云"中央厨房的建立，响应了中央的号召，是传统媒体适应新的媒体格局的重要举措。

本报告将结合相关资料数据，采用实地调研和深度访谈的方式，深入分析天津市媒体融合发展现状，探讨目前存在的一些问题，并结合实际情况提出建议。

一　天津市媒体融合进入实质阶段——
津云新媒体融合实践

2018 年 6 月，在由人民网、天津市委宣传部和天津市网信办联合主办的"第三届全国党报网站高峰论坛"上，天津津云新媒体集团总编辑齐怀文在主论坛做主旨演讲，全面系统地介绍了"什么是津云新媒体、津云的融合实践和融合机制"。③ 天津市在媒体融合发展的新阶段，积极主动利用新技术、新思维去拥抱新媒体，围绕"津云"中央厨房，追求传统媒体和新媒体优势互补，在内容生产和传播覆盖上形成合力。

---

① 刘奇葆：《推进媒体深度融合　打造新型主流媒体》，《人民日报》2017 年 1 月 11 日，第 6 版。
② 《习近平主持召开中央全面深化改革领导小组第四次会议强调　共同为改革想招一起为改革发力　群策群力把各项改革工作抓到位》，《人民日报》2014 年 8 月 19 日，第 1 版。
③ 齐怀文：《你就是我　我就是你——津云新媒体融合实践》，http://media.people.com.cn/n1/2018/0620/c40606 - 30067818.html，2018 年 6 月 20 日。

根据市委部署和市委宣传部要求，津云新媒体旨在整合全市新媒体资源，打造国内一流并在全球有影响力的新型主流媒体集团。"津云"中央厨房技术建设的主办方是天津市网信办，承建方是北方网新媒体集团（2018 年 3 月正式改名为津云新媒体集团）。津云新媒体集团是一家股份制公司，最大的股东是天津广播电视台，津云新媒体集团的股东几乎涵盖了天津市大部分媒体。

津云新媒体集团在融合过程中，撤并新闻 117、前沿、问津三个客户端资源，组建津云客户端，与微信、微博、头条号、抖音号等新媒体账号一体运营，依托"津云"中央厨房，实现全市"一朵云"，形成了涵盖《天津日报》《今晚报》、北方网、天津网、今晚网、天津网络广播电视台（IPTV）等为一体的多元传播矩阵。"津云"客户端定位于"新闻＋政务＋服务"，力争全力将"津云"客户端打造成为一款与百姓生活紧密结合的智能化新媒体平台。截至 2018 年 7 月，津云 App 累计用户下载量已达 150 万次。

（一）"津云"中央厨房建设

随着媒体融合上升为国家战略，"中央厨房"云平台已在众多省级媒体中积极开展。2017 年 3 月 31 日，"津云"中央厨房平台一期工程正式启动运行，天津各大主流媒体入驻"津云"客户端，主流媒体记者入驻"津云"记者客户端。同时，"津云"平台还与中新社、《钱江晚报》、《人民日报》、《华西都市报》、《北京青年报》等 50 多家媒体展开合作。7 月 31 日，"津云"中央厨房第二阶段——"云上系列"项目正式投入使用，首批入驻 77 家单位，包括 10 个区、10 个市属委办局和全市 57 所高校。8 月 18 日，开设"云上海外"，签约 6 家海外华文媒体。

在应用系统建设方面，"津云"中央厨房充分运用大数据、云计算、人工智能等先进技术，开发了两大技术平台：一是"津云"中央厨房业务管理平台，全媒体编辑记者利用该平台实现策划、采集、编审、分发全业务流程生产和管理；二是"津云"中央厨房决策指挥平台，辅助新闻决策，开展舆论引导。"津云"自主研发的技术体系可支持 10 亿条以上文本、图片素材及百万小时以上高清音视频资料的存储和检索。此外，各媒体之间进行数据接口打通，实现数据资源共享、互联、互通。"津云"中央厨房的建设并非一时之功，它需要各方配合，以技术引领实践，持续长期的投入。作为一期工程，

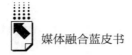

"津云"中央厨房为天津市媒体融合发展打下了基础，今后还需要加快建设二期工程，继续完善和推进媒体深度融合。

（二）"津云"中央厨房职能划分和业务流程再造

如果将"津云"平台比作一家餐厅，那么"中央厨房"就是它的后厨，从选材、配料、制作到最后呈现，各司其职，分工明确，形成一个完整的业务链。中央厨房对旧的业务流程的再造，是决定"中央厨房"成败的关键所在。"津云"中央厨房业务管理平台具有80余个功能模块，充分满足了新闻生产的策划、采集、编审和分发等全业务流程管理，提供了一站式服务，真正实现了"一次采集、多种生成、多端传播"。

图1 "津云"中央厨房区域职能划分

如图1所示，"津云"中央厨房包括核心指挥区、采编联动区、技术支持区、用户互动区、直播报道区、自由办公区。各区域职能不同，相互配合，实现联动。核心指挥中心负责宣传任务统筹、重大选题策划、采访力量指挥，是整个体系的指挥中心；采编联动平台下设全媒体采访中心、编辑中心和技术中心，来自各媒体、各部门的记者编辑组成统一工作团队，根据总编调度中心的指挥，进行融媒体新闻产品的生产，实现多渠道传播；技术支持中心根据采访中心和编辑中心的需求，及时为记者、编辑提供技术支持，满足多媒体采集和个性化呈现；用户互动平台负责反馈用户意见，与用户及时互动，坚持以用户为导向去生产内容；自由办公区则为媒体人提供了相对自由的办公空间，办公环境更加舒适。

根据天津市委宣传部制定的《"津云"中央厨房策采编发工作方案》归纳总结出"津云"中央厨房总体业务流程可分为"策、采、编、发、测、评"六步。在整个"中央厨房"的运转过程中,大数据既是起点也是终点。①

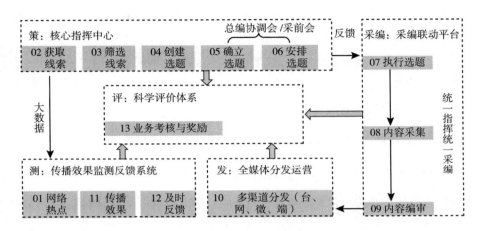

图 2 　"津云"中央厨房业务流程

如图 2 所示,业务流程的起点为"策",即策划,由核心指挥中心负责选题的创建、确立和安排,在确立选题前由总编协调每天下午召开采前会,确定第二日及一段时期内的重点报道选题和报道方案。这一阶段是整个业务流程非常关键的一环,决定了新闻的整体基调,是总体业务流程的核心环节。确立选题之后进入"采编"阶段,由采编联动平台完成,决定了内容最后呈现的形态和质量。"津云"中央厨房的采编工作由《天津日报》、天津广播电视台、《今晚报》、北方网等媒体的记者共同采集完成,统称为"津云记者",记者根据总编调度中心的指挥进行采访,在采访过程中通过"津云记者"客户端即时与其他记者进行联系,开展联合报道。采集好的稿件第一时间回传到"津云"记者端,再由后方制作团队进行加工,编辑审核之后在各媒体之间共享,最终在各个渠道进行个性分"发"。完成个性分发需要依赖大数据,从收集数据到挖掘数据再到数据可视化,需要对全网数据进行收集和监测,为核心指挥中心提供数据支持和选题依据。在新闻发出之后,实时监测传播效果,及时反

---

① 　张磊:《中央厨房助力传统媒体向融媒体转型》,《视听界·广播电视技术》2017 年第 6 期。

馈,为下一轮内容生产做准备。这两部分均属于监"测"阶段,前者是"策"前行为,后者是"发"后行为,力求实现"大数据既是起点也是终点"这一目标。以上"策、采、编、发、测"五步属于业务流程中的传播过程,而最后一步"评"则与传播者本身的利益息息相关,是整个业务流程顺利进行的保障,它依据传播效果,从业务流程角度对各环节进行统计考核,给予科学评价,并据此对各方人员进行适当奖励,是媒体融合改革发展朝向"互联网+"进程的驱动力一环,涉及新闻工作者的切身利益和价值关怀,也是业务流程能否有力实施和取得成效的重要基础。[1]

(三)"津云"中央厨房的实践探索

一直以来,天津市传统媒体与新媒体的融合实践呈现较分散、较保守、小而散、小而全的状态。各媒体往往各自为政,围绕自身的特性打造各媒体内部的新媒体终端,比如:天津网络广播电视台的视频客户端"万视达",满足用户用手机看电视的需求;天津广播电台的"劲听"客户端;还有北方网的"前沿"客户端、天津日报的"新闻117"客户端、《今晚报》的"问津"客户端满足用户观看图文新闻的需求。总体来看,在天津媒体融合的具体实践中,传统媒体端的新闻生产仍被置于首要位置,虽然几乎各个媒体都成立了自己的新媒体中心,推出了自己的新媒体平台,但相关的新媒体内容多是照搬传统媒体的内容,真正的媒体融合效果并不明显。

1. "津云"报道团队首次亮相

2017年,在天津市第十一次党代会宣传报道中,天津日报社、天津广播电视台、今晚报社、北方网等媒体组建"津云"报道团队,统一呼号为"津云"记者。新媒体端以"津云"客户端为中心,全媒体互动、多样化呈现。在这次联合报道中,短视频"津云微视"连线党代表、H5新闻《"津云"的朋友圈》、动新闻《党的十八大以来天津这五年》、"津云"VR等多元化的新闻产品集体亮相,与传统媒体相互配合,形成了内容权威、视听体验丰富、互

---

① 廖卫民:《浙江省媒体融合发展打造"浙江模式"》,载《中国媒体融合发展报告(2017~2018)》,社会科学文献出版社,2017,第188页。

动便捷的立体式全方位报道，打出了一记漂亮的"组合拳"①。

2. 以新技术为支撑，创新新闻产品形态

在重大时政新闻报道中，传统媒体难以吸引年轻用户的注意力。要改变这种状态，必须要创新新闻产品形态，激发用户的表达欲，增加互动性。比如在党的十九大报道中，"津云"客户端策划了专题《快来说说总书记对你影响最深的一句话》，使普通群众参与到党的十九大的氛围当中。除此之外，还特别设计了 H5 通关小游戏《学习十九大精神，我是真学霸，不服来战》，采用竞技挑战的个性化参与方式吸引年轻用户。在天津市第十一次党代会前夕，"津云"客户端推出动新闻《三个着力，赞》，用天津市民熟悉的快板形式，再现了习近平总书记在 2013 年 5 月视察天津时提出的"三个着力"重要要求，使政策更具新鲜感和接近性。

其他新闻的报道，产品形态也在不断创新。2017 年 3 月，由天津广播电视台新闻频道和天津日报报业集团《每日新报》合作制作的深度新闻调查类节目《津云调查》开播，由双方共同商定选题、共同制作、协同播发、共享版权，是天津首档媒体融合产品。2017 年 5 月，全国首档虚拟现实（VR）新闻节目《VR 津云》开播，《深入"幕后"看天津地铁建设》《360 度带您看看城市新颜值》等节目，借助虚拟现实技术给用户带来全景式、沉浸式的视觉体验。2017 年 8 月，天津全运会期间播出的《全景全运》，通过无人机、高清摄像机、高速摄像机、GoPro 等先进视频拍摄技术，为用户呈现了一次全运会视觉盛宴。2018 年 3 月天津女排在 2017～2018 女排超级联赛中勇夺冠军，客户端及时推出了 H5 新闻《女排英雄》，并在客户端成立女排专区，用视频和图片的形式回顾了天津女排的"征战联赛之路"。总之，在中央厨房的推动下，相继出现了许多更专业、更好玩的创新新闻产品形态。

（四）"津云"中央厨房的现实困境

自 2017 年建成至今，"津云"中央厨房已运行将近一年多的时间，伴随着津云新媒体集团的成立，"津云"中央厨房的优势地位日益凸显，但在媒体融合发展过程中也暴露出了一些问题。

---

① 梁波：《"津云"中央厨房运营探索与实践》，《中国广播电视学刊》2018 年第 2 期。

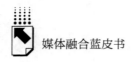

1. 日常化生产机制难以形成

各媒体的协同制作在重大选题报道中优势凸显，但日常化生产机制的形成仍有较大难度。传统媒体思维惯性仍在，各部门人员并未严格按照规定的业务流程来运作，报选题时带有很强的主观性，缺少宏观的媒体和平台思维。各媒体记者、编辑在理念和人员编制归属上都深深地打着传统媒体的印记。目前，"津云"平台还处于融合初期，内部沟通并不能像传统单一媒体内部那样密切，在日常新闻制作中，相对割裂，虽然发稿一律统称为"津云"记者，但上文所说的业务流程最后一环，平台统一的考核机制尚未成熟，促成"跨界"合作的生产方式相对模糊，且日常运行机制缺少制度化约束。这些都成为束缚"津云"中央厨房日常运行的瓶颈。

2. 内容同质化现象依然存在，精品化内容短缺

翻看"津云"客户端，天津市几乎所有媒体的内容你都可以找到，但真正具有强吸引力的内容并不多见。除了在重大选题报道中各媒体联合生产的融媒体内容获得了广大用户认可，客户端日常更新的内容几乎与传统媒体无异，内容同质化现象还比较严重。如何使精品化内容制作成为常态，如何在"大而全"的基础上突出"津云特色"和专业视角，是目前平台需要考虑的重要问题。

3. 总平台与子媒体之间利益冲突

由于"津云"平台刚刚成立，各方面融合不到位。"津云"平台的运行对于很多媒体人来说意味着在原本工作之外又增加了融媒体平台的工作任务，加重了工作量。受制于各媒体各部门的绩效考核，各媒体之间既有协作更有竞争。好的稿件如果拿到总平台，子媒体平台的创收任务和影响力会受影响，如果是总平台转发又会造成内容同质化和"中央厨房"的"徒有虚名"。[①] 于是在具体工作实践中，媒体人更多考虑的还是与自己切身利益相关的子媒体。

4. 优秀传统媒体人出走，新型全媒体人才缺乏

互联网的发展对传统媒体造成了巨大冲击，与北京等其他地区市场化的新媒体集团相比，津云新媒体集团的市场化、产业化建设还不够完善，在激烈的市场竞争中，赢利效果还有待提高，受制于天津媒体大环境的影响，津云新媒

---

① 梁波：《"津云"中央厨房运营探索与实践》，《中国广播电视学刊》2018 年第 2 期。

体集团对人才的吸引力不足。在组建"津云"客户端之后，原各大媒体的新媒体部门人员缩减，部分人员出走已成为不争的事实。此外，新媒体的发展需要懂技术、懂运营、懂管理的复合型人才，新型人才的匮乏成为制约津云新媒体集团发展的一大阻力。

5. 子媒体各自为政，运营成本增大

建造"中央厨房"的目的是实现集团内部不同媒体之间的有效整合、科学调度、协同制作，从而提高运营效率，降低运营成本。然而日常实践中，子媒体多是各自为政，发展自己的全媒体新闻生产。"中央厨房"的建成离不开新技术、新设备的支撑，这些新技术和新设备维护成本巨大，若缺少"中央厨房"的统一协调管理，在新闻生产过程中容易造成资源浪费，加重运营成本。

（五）"津云"中央厨房未来发展路径

前文所述的一些问题，很大一部分原因来自"津云"平台制度建设不够完善，融合不够彻底，"厨房"已经建成，然而"厨子"还分属于不同的餐厅，这就很容易造成各自为政、资源重复浪费的情况，要解决这些问题需要做到以下几点。

1. 树立互联网思维，打造新型主流媒体

囿于传统媒体思维，媒体人在生产融合新闻的过程中，依然按照传统媒体生产新闻的流程去做事，直接导致了"中央厨房"生产新闻品质的下降。互联网思维的核心是用户思维、受众思维，即要求主流媒体摆脱传播者思维，一切从用户和受众出发，形成内容的产品化、精品化。而在满足受众需求的过程中，运用新技术去创新生产则是互联网时代的必备手段。打造新型主流媒体指的是传统媒体和新兴媒体优势互补，相互融合，最终实现"互联网＋媒体"。"津云"平台在成立短短一年半的时间里，已经在天津各界引起了强烈反响，"津云"平台的下一步则是在普通用户心里树立一个具有权威性、公信力、社会性和互动性为一体的新型主流媒体形象，形成城市新名片，形成受众进入互联网媒体的入口。

2. 从"相加"到"相融"，适当做"减法"

媒体融合不是简单地做"加法"，适当地做"减法"，能起到更好的效果。

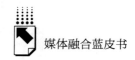

协调总平台和子平台之间的关系，弱化"津云"客户端与各主流媒体客户端之间交叉重复的功能，重点突出"津云特色"。比如，像视频客户端的直播、回看功能，可直接链接"万视达"客户端的数据端口，从而减少技术运营成本和资源重复建设。在内容上"津云"客户端开设了头条、推荐、热点、天津、政情、微视、财经、炫闻、津云号等12个板块，汇聚了中央媒体、天津市媒体，以及其他地区各大媒体生产的新闻内容，虽然信息体量很大，但在海量的信息中客户端自己的特色并不明显。在"融媒"这一板块，只是简单地将《人民日报》《天津日报》、天津电视台和天津广播电台的内容展示出来，并没有真正地体现出各媒体"相融"的特性。

3. 健全"津云"平台运行机制，保障日常化运营

"产业融合的实质是产业间分工的内部化。"[1] 媒体融合意味着更精细、更专业的内部分工和更科学、更简化的组织结构。"津云"平台的有效运行需要一个健全的制度，建立起常态化运行制度和以内容为核心的多级薪酬制度。常态化运行制度指的是要严格遵守《"津云"中央厨房策采编发工作方案》，保证平台的顺利运作。多级薪酬制度指的在具体实践中，按照新闻产品的题材（如快讯、专题、深度报道）、性质（如通稿、独家、编辑稿）、形态（如图文稿、音视频稿、动新闻、VR、无人机、游戏），综合考量新闻产品内容的价值和影响力，参考好评度、点击率、转发率、评论数等数据评价新闻产品。设立不同分数段的等级，考核并给予记者、编辑和部门相应的业绩奖励。[2] 这一措施要严格贯彻落实到整个平台的运行中。成立津云新媒体集团的目的是降低运营成本，提高工作效率，要达到这一目的不能只喊喊口号，而是要付出实际行动，目前天津广播电台、津云新媒体集团、天津日报社的办公地点已全部搬入津云大厦，为各部门之间更加密切配合提供了形式上的可能。

4. 成立融媒体工作室，重组新闻产品生产机制

融媒体工作室的目标是探索跨部门、跨媒体、跨地域、跨专业的合作模式，提升新闻内容的可读性和丰富性，让"中央厨房"从重大事件报道全面

---

① 陈韵强、赵亚光：《中央厨房：媒体融合视域下城市广电的新闻生产体制建设》，《中国广播电视学刊》2015年第10期。

② 梁波：《"津云"中央厨房运营探索与实践》，《中国广播电视学刊》2018年第2期。

迈入常态化运行，减少内容上的同质化现象，让传统媒体人逐步摆脱"技术焦虑"和"技术恐惧"。融媒体工作室的成立为不同媒体人员的"跨界"合作、消除媒体间的归属界限提供相对稳定的机制保障。

"津云"中央厨房作为融媒体工作室的孵化器，为传统媒体编辑记者的内容创新提供了技术支撑、推广支持、资金保障等方面的资源。各工作室作为一个小的采编组，独立策划、采集新闻，他们专注于不同的专业领域，满足分众时代用户的多元内容需求，所有工作室接受"中央厨房"的统一调配、指挥。2018 年初，津云新媒体集团面向天津日报、今晚报、天津广播电视台征集融媒体工作室。几个月来，超过 20 家工作室在"津云"中央厨房重构的"策、采、编、发"内容生产流程催化下，推出文字、音视频、摄影等各类作品千余件，综合访问量超过千万次，取得了良好的传播效果。

5. 学习先进技术，培养新型全媒体人才

媒体融合离不开先进技术的支撑，进入新时代，大数据、人工智能、云计算等新技术层出不穷。历史已经证明，技术的发展往往带来媒介的变革，互联网技术把网络接入了千家万户，整个世界变为"地球村"。如今智能移动终端开始占据人们的生活，充分利用新技术能够创新移动新闻产品，更大限度满足用户需求，改善用户体验，这是技术变革下媒介的发展方向。

习近平总书记指出"要不断提高技术研发水平，以新技术引领媒体融合发展，驱动媒体转型升级"。[1] "津云"平台的建设和运行需要先进技术的保障，要密切关注人工智能、5G 网络、全息投影、物联网、可穿戴设备等前沿技术新动态，增强相关技术研发和应用能力，积极谋划和布局未来人工智能市场，抢占移动智能技术发展应用的先机。同时，要把人才培养摆在突出位置，着力推动现有媒体人员转型，转变观念，在实战中培养新技术能力，要一手抓融合，一手抓管理，不断开创党的新闻事业发展新局面。

二 天津市媒体融合发展的其他成就和问题

2017～2018 年天津市媒体融合进入实质性阶段，除"津云"中央厨房这

---

① 新华社：《推动主流媒体在融合发展之路上走稳走快走好》，《人民日报》2014 年 8 月 21 日，第 4 版。

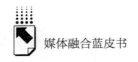

一重点工程之外，天津市各大主流媒体内部也在资本运营、团队管理和技术层面积极转型，围绕"津云"中央厨房，全力推进媒体融合。

（一）天津广播电视台

天津广播电视台在内容上发挥直播优势，运用高清摄像机、无人机等先进设备实时追踪热点新闻，在重大新闻报道中与其他媒体通力合作，推出《津云调查》《大樵评哨》等融媒体节目；推出动画片、纪录片等一批人民群众喜闻乐见的优秀作品，发挥了主阵地、主力军作用；在运营上开设新媒体账号，布局微信、微博、今日头条、抖音、快手等新媒体平台，不仅各个频道设立自己的新媒体账号，一些栏目也都开设了自己的新媒体账号，争取流量最大化。比如天津卫视热播栏目《爱情保卫战》和《非你莫属》两档节目不仅在天津卫视收视常年位居首位，更在各大视频网站上流量排名靠前。

在技术方面，建设天津广播电视台节目私有云生产管理综合云平台，有效推动天津广播电视台传统媒体和新兴媒体融合发展，打造现代传媒，实现全媒体节目生产发布能力，建立传统媒体与新兴媒体互动化生产流程，实现生产经营模式的转型，生产管理流程的再造。[①]

（二）天津网络广播电视台（IPTV）

为了适应互联网的发展和媒体融合的需要，天津广播电视台集团有限公司于 2011 年成立天津网络广播电视台（IPTV），天津联通接入 IPTV 业务，可实现直播、7 天回看、点播等功能，至今，已有 220 万用户，每天在线用户 107万人，在线率为 48.64%。2018 年 7 月移动和电信与天津网络广播电视台展开合作，接入 IPTV 业务，至此，天津市三大通信网络实现了 IPTV 业务全覆盖。在移动端上，天津网络广播电视台自主研发了"万视达"视频客户端，并承担了吉林省沃视达视频客户端项目，截至目前"万视达"客户端下载量累计达 40 万次。利用"万视达"客户端绑定 IPTV 可以实现手机与电视双屏互动，主要包括手机遥控、智能语音、一键推屏等功能。

---

① 李婉红：《天津广播电视台综合云平台的设计构思与建设》，《天津科技》2018 年第 6 期。

（三）"津云北辰"中央厨房上线运行

2018年3月"津云北辰"中央厨房正式上线，成为全市首家与"津云"中央大厨房无缝对接、数据共享的融媒体平台。"津云北辰"对推动天津市媒体融合发展具有重要的意义，也是媒体融合进程中的又一创新举措。北辰区在全市首批成立区、镇街两级网信办，率先合并信息化建设职能，统筹全区智慧北辰建设，建成了智慧北辰指挥中心，为网络强区战略奠定了坚实基础。[①] 北辰区在媒体融合、舆论引导、网络空间治理等方面开展了积极的工作部署，为全区发展提供了坚强的舆论支持、安全保障和信息化支撑。

以上三个典型案例说明了天津市各媒体在推进媒体融合发展中所做出的努力，但同时也反映出一些问题。"津云"中央厨房的建立是整个天津市媒体融合的大事件，之后的媒体融合必然要围绕"津云"来进行，那么，其他融媒体平台还有没有必要继续做下去，如何分配资本和人力资源最终达到效果和利益最大化是各大媒体亟待解决的问题。媒体融合转型中，"中央厨房"产生了一定效果，新闻时效显著增强、新闻统筹协调水平大大提高、新闻生产流程得以重构、新闻传播层次更加丰富、主流媒体传播阵地得到拓展。[②] 但同时也出现了新闻生产成本提高、新闻内容同质化等问题，特别是一些地区不顾自身实际盲目建设小"中央厨房"，造成资源浪费，对于坚守舆论阵地、占领信息传播制高点的媒体职责而言并无多大助益。"津云北辰"中央厨房的建立在一定程度上为"津云"中央大厨房提供了数据支持，但是否需要全面推广还需要实践来检验。

三 关于天津市媒体融合的思考

媒体融合是信息时代媒体发展的一种趋势，是在互联网和数字技术发展基础上，谋求传统媒体与依托互联网成长的新媒体之间资源互通、内容兼容、利

---

① 《"津云北辰"上线　北辰开启媒体融合新时代》，http：//www.tjbc.gov.cn/xwzx/system/2018/03/26/012022012.shtml，2018年3月26日。

② 陈国权：《中国媒体"中央厨房"发展报告》，《新闻记者》2018年第1期。

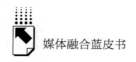

益共融。在我国，传统媒体拥有很高的权威性和专业度，作为国家的"喉舌"，长期以来发挥着巨大的宣传效应和舆论引导作用。但不可否认的是传统媒体自身存在着单向传播、互动性弱、时效性不足、传播成本高、线性传播灵活度不够等缺点。随着新兴媒体快速发展，传播格局和舆论生态发生了深刻变化，传统媒体面临着巨大冲击。随之而来的是一些报纸、杂志停刊，电台、电视台裁员，专业人才出走，传统媒体公信力下降，媒体转型和融合已是刻不容缓。

纵观天津媒体融合历史，可以发现天津市媒体融合起步较晚，虽然各大主流媒体都开设了自己的微博、微信等新媒体账号，但直至 2015 年三大主流媒体才推出自己的三个新媒体品牌，并建立了覆盖广泛、载体多样的新媒体平台。这些新媒体平台是天津市媒体融合初期的产物，虽然取得了一定效果，但总体来看效果并未达到预期。近两年，《天津日报》、天津广播电视台、《今晚报》等主流媒体的影响力逐渐被新兴媒体削弱，经营管理面临一些困难。"津云"中央厨房的建立，以及津云新媒体集团的成立为天津市媒体融合发展提供了有利条件。作为全国首个跨媒体的省级"中央厨房"，天津市委敢于大刀阔斧地革新，集中力量做好"津云"品牌，天津市媒体融合已经进入实质性阶段。在融合的过程中，由于经验、技术、运营规律掌控等方面还存在一些不足，衍生出了融合的具体问题，这些问题有的是共性问题，有些则是天津媒体特有的问题。共性问题主要包括"中央厨房常态化运行难""内容同质化严重""人才短缺"等，特有的问题则是在具体执行过程中，媒体人对待融合的态度和做法，竞争机制、激励机制等方面的问题，这些问题唯有深入体制机制改革才能根本解决。

天津市如何做好"津云"品牌是目前要重点思考的问题。截至目前，全国有 55 家地市级以上各类媒体建立了"中央厨房"，但只有人民日报"中央厨房"具有真正的启示意义，它的成功从"顶层设计""技术体系""生态系统"层面为天津提供了借鉴。在"顶层设计"层面，天津津云新媒体要面向受众，以内容建设为根本，不仅服务于"津云"客户端，更要为整个天津市媒体行业搭建一个支撑优质内容生产的公共平台，聚拢各方资源，形成媒体发展合力。在新闻生产过程中，全流程打通，打造完整的媒体融合体系，为产品化和精品化提供优化平台。成立融媒体工作室，鼓励采编人员充分释放全媒体内容生产能力。在"技术体系"层面，要坚持以先进技术为支撑，不断推动平台数据化、移动化和智能化，这是媒体未来的发展方向。让新闻线索、选题策划、传播效果、运营效果都有科学的数据支撑。在"生态系统"层面，推进内部媒体融合发展的同时，建立一个"大开放、大协作"的全新内容生态。未来的新兴媒体集团，一定不是一个单打独斗的状态，而是全媒体融合的生态。此外，在体制机制层面，要做好集团的产业化、市场化改革，发挥市场的资源配置决定作用，调动各种资源提高媒介运转效率，创造媒介品牌，再塑强大的影响力和权威性。

B.9
区域融媒的实践路径与行动策略
——吉林省媒体融合概览

刘学义*

摘　要： 媒体融合是全方位的媒体革命，境况欠佳的地方媒体如何数字化转型，如何既抓住网络传播风口，又摸准政策脉搏，寻找适合自身的 ToG、ToC 端业务，值得认真总结经验。吉林媒体融合的初始环境严峻，吉林媒体人能够正视自身在全国媒体市场的坐标和方位，抓住融合转型的"黄金期"，不懈探索融合路径。目前"传统媒体＋互联网"的多形态传播格局渐具雏形，吉林媒体进入跨媒介平台传播的新时代。受限于区域发展及本地媒介市场发展程度，吉林新媒体之路隐忧颇多，前路难料。针对媒体发展现状，区域融媒要想走出困局，工作千头万绪，目前并未找到一揽子解决方案，当前应该确立"四个优先"的思路，在媒体定位、产品思维、突破重点、体制机制等方面积极探索，从而实现媒体融合的实质性突破。

关键词： 《吉林日报》　区域融媒　实践路径　行动策略　用户需求优先

随着各类网络媒体平台及媒体 App 成为公众获取资讯的主渠道，传统媒

---

* 刘学义，吉林大学文学院新闻系教授。本报告写作得到吉林日报社、吉林电视台、吉林人民广播电台、长春日报社大力协助，特致谢忱。

体的"自身平台传播能力"与"经营能力"双双陷入困境。① 如何顺利突围寻找到事业转型的新蓝海,成为传媒行业当务之急。媒体融合被很多传统媒体视为实现数字化生存与发展的解法方案,媒体融合不单纯是内容上网,而是一场全方位的媒体革命,包括技术融合、内容融合到产业融合等多重维度,其实质是要解决内容与读者如何对接的问题,"生产内容是否对需?生产方式是否落伍?产品属性怎么定位?"② 是在符合新闻传播规律和互联网规律的前提下,内容和渠道对用户的掌控与再博弈。

对于欠发达地区媒体来说,要在新媒体大潮中获得一席生存之地,完成规定任务并实现自我发展,面临更多困难和挑战。事实证明,国有媒体的数字化之路十分不易。如何既抓住网络传播的风口,又摸准政府部门的脉搏,寻找挖掘到适合自身的 ToG、ToC 端业务,值得认真总结经验。本报告以吉林省媒体融合实践路径与可行策略为题,试做探讨。

一 吉林媒体融合的初始环境

近年来,在互联网平台媒体及省外强势媒体的挤压下,吉林省媒体的生存与发展面临比较严峻的竞争局面,媒体关注度和影响力被严重分流。具体来看,吉林媒体融合转型的外部环境具有下述特点。

1. 媒体融合的政策利好

在中央政策推动下各地媒体融合工作开展得如火如荼。由于地区差异,各地媒体转型发展呈现不均衡不充分状态。既有澎湃这样的成功样板,也存在定位不明、缺少资金、技术瓶颈、人才流失、体制不顺等方面问题,一些地方媒体融合停留在简单"相加"阶段,还有的陷入"空转"。

自 2014 年 8 月 18 日习近平总书记提出推进传统媒体和新兴媒体融合之后已经四年有余,在此背景下吉林媒体贯彻落实中央和省市精神,积极开展媒体融合转型实践与探索,媒体融合良好态势初步形成,内容生产传播模式发生巨

---

① 范以锦、刘芳儒:《传媒生态、媒体业态、媒介形态:中国传媒业改革四十年》,《新闻记者》2018 年第 10 期。

② 中国报业协会调研组:《点线面:媒体融合转型的产品思维》,http://www.yidianzixun.com/article/0K0rm7Y7,2018 年 9 月 10 日。

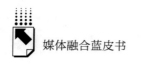

大变化，云平台、融媒体中心、移动客户端等重点项目相继建设，融媒体内容创作生产精品迭出，局面为之一开，主流媒体的传播力、引导力、影响力进一步增强。

2. 后发的媒体竞争方位

当前，技术、媒体以及通信融合成为大趋势，单纯媒体行业路径变窄。如果说发达地区传统媒体借助地利、资本、技术优势还可以突围成功，大量传统媒体特别是欠发达地区传统媒体则面临沉重的发展问题。面对日益严峻的新闻传播格局，吉林媒体做了很多的努力，仍需寻找适应数字时代的媒体发展方式。

互联网最重要内核是信息技术。今天媒体之变很大程度上源自互联网带来的传播技术革命。在技术流占据传播主导局面的情况下，传统媒体特别是党的新闻媒体必须从生产理念、产品形态、产品价值、分发渠道等方面全面转型，唯有如此，才能不断创造出有思想、有价值、有品质、有温度的全媒体产品。地方媒体的媒体融合实践更需要因地制宜，因媒施策，实实在在促进媒体转型融合发展。

从业务体量和发展阶段上看，目前国内媒体市场大致可分为几个方阵：一是以北京、上海、广东、江苏、浙江等为代表的一线方阵，媒体资产规模大，混业经营，是国内主要网络媒体平台集聚之地。二是以山东、四川、重庆、湖北、河南等为代表的较发达地区媒体市场为二线方阵，资产规模中等，传媒产业版图涵盖多元领域，收入状况良好，其孵化的网络媒体平台具有区域辐射性。三是以欠发达地区媒体市场构成的第三方阵，资产和营收规模较小，媒体内容生产方式传统，没有形成具有知名度和影响力的网络传播品牌，在全国统一传播市场的网络环境中品牌存在感较弱，产生全网影响的作品数量较少。吉林媒体基本处于二三线之间，底子薄、负担重，媒体融合转型形势艰巨，继续发展面临许多困难与挑战。主要有四方面不利因素：一是用户流失，社交网络、区域外网络媒体分流明显，地区垄断优势被打破。二是现有媒体业务竞争力不足，产品缺少爆款，产业发展新业态增长点尚未形成。三是收入形式较为单一，过于依赖广告、订阅和政府补贴，当流失用户增多，媒体收入自然下滑。四是多数传统媒体开展新媒体业务的基础薄弱，硬件、软件、人才不足，融合业务开展受到限制。

3. 媒体处境存在个体差异

纸媒受到的冲击最大，各大报纸生存环境都不容乐观，纸媒日到达率和日均阅读时长均呈萎缩趋势，但依托移动终端的电子报显现出活力，不少用户从纸媒迁移到网端，可惜电子报的收入贡献率不高，对母体经济状况的改善意义不大。电视公信力和可信度仍居首位，在经过一段时间的用户下滑后逐渐放缓，形成稳定收视群体，近年来在视频大发展促动下，电视媒体与视频网站、"两微一端"的"台网联动"，让电视品牌焕发新活力，诸多电视媒体开始转型尝试跨媒体整合营销，打造全新的融合形式。广播由于收听方式独特，受互联网媒体冲击较小，受众日均接触时长下滑趋稳，其中垂直频率经营状况良好，广告刊例收入最多的频率依然是交通类、音乐类、综合类和新闻类，借助交通工具和网络音频聚合平台，移动收听平稳增长，是传统媒体中接触率稳步增长的媒体之一。

同一类型媒体中不同媒体品牌处境也不一致，例如同为纸媒，省报吉林日报集团比市报长春日报集团处境好得多，资产、负债、经费来源差别很大，体现在融媒体中心等项目的投入力度上也不处于同一量级。吉林省内地区差异更为明显，省会长春和其他市州，地区城市与县市媒体，所处境况也是天壤之别。

4. 传统媒体仍有独特优势

吉林日报社副总编伊秀丽曾经谈道，吉林日报办新媒体——彩练新闻客户端的底气、优势、资源何在？一是品牌公信。《吉林日报》有"吉林第一报"73 年的历史积淀，早已形成了巨大的品牌公信力和影响力。二是党政资源。作为吉林省委机关报，《吉林日报》有着专属的重要报道资源，特别是时政报道资源。[①]

不仅省委机关报如此，作为以党媒为主要组成的传统媒体来说，政治优势、国资背景、资质资源都是市场媒体和互联网平台不具备的特殊优势，善用这一优势，与国企、政府部门甚至社会资本深度融合和合作，应该成为党媒事业转型的重要选项。

---

① 关键：《吉林日报社副总编伊秀丽：融合要做到"高效抵达＋创新表达"》，《深圳商报》2018 年 9 月 10 日，第 A12 版。

目前中央和地方大力推进的县级融媒体中心建设就是例证，在中央大力号召、省委宣传部大力推动下，从政策优惠到资源配置，县域媒体融合成为省级党报或者电视台的重要着力项目，党媒与政府深度融合在这一工作中得到鲜明体现。省级媒体利用这一机会获取政府财政和政策支持，也能在省级行政区划范围内拓展影响；县级媒体则可以利用这一机遇，一改多年来发展迟滞甚至陷入困境的局面，借助省级媒体技术支持和中央、省、市资金，努力开拓网络新闻传播或者电子政务工作新局面。

二　吉林媒体融合的实践路径

尽管传统媒体作为一种媒介形式处于衰退期，但是多年来形成的品牌优势、报道资源、生产机制、流程规范、人才队伍等，都是宝贵财富，配置得当一样能在网络传播时代生产价值，所以传统媒体人应该多一点自信，少一点自卑。

近年来，吉林媒体人能够正视自身在全国媒体市场的坐标和方位，主动选择进化，不懈探索融合之路，充分认识到转型发展不是"转场"，不是放弃传统媒体，而是开创以报纸、电视、广播为代表的主流媒体与互联网新媒体共存发展的格局。

媒体融合发展，不是单纯媒介形态转换，而是媒体战略的转型、产业生态的重新构建，涵盖四个层面的调整：组织、生产、运营和个体转型。组织转型，指确立适应媒体融合的体制、机制，按照融合媒体要求设立组织机构。生产转型，指传统媒体重新定位内容生产，生产出适合目标用户需求，能进行全网分发的融媒产品。运营转型，即引入互联网公司运营经验，经营管理与市场对接。个体转型，即员工互联网化，按互联网传播要求筛选和培育员工，改善员工知识和能力结构。

吉林省媒体融合仍处于起步阶段，但经过几年来媒体融合实践的检验，初步形成一支能满足新媒体作业流程的干部队伍，积累了丰富的实践经验。吉林日报社副总编伊秀丽谈道，媒体融合如滚石上山，不进则退，缓进也是退。① 今天的《吉林日报》、吉林电视台、吉林广播电台已经远远不是几年前传统的样子了，已经形成报纸、电视、广播加"网、微、端、户外大屏"的多位一体传播格局。

从推行"融媒"战略以来，吉林媒体一直在思考如何在行业快速变动的大环境中实现生存与发展，简单地拼投入、拼收入、拼流量，不符合吉林省情，还是要在打造区域权威主流媒体上苦下功夫，打通区域这个市场，将立足点放在区域受众这个点上，第一就是要关注本区域内的消费者。让吉林地区数字媒体可以做到精准投放，明晰本地区用户的画像，从简单的告知进化到受众运营的状态，带动吉林媒体品牌在当地政府部门、社会、公众心目中的独有地位，让本地资讯消费者产生归属感，能和本地消费者同呼吸共命运，产生共鸣，其实这也是区域媒体的优势。

1. 因地制宜，融合形态多样

自布局 PC 和移动端产品以来，吉林本地媒体融合逐步提速，打造了形式多样的融媒产品。从某种意义上说，这是吉林媒体行业标志性的发展阶段，意味着吉林传统媒体进入了跨域传播，或者是跨媒介平台传播的时代。

目前吉林主流媒体融合模式包括：一是以"多样内容＋多样渠道"建立与用户广泛关系的融合模式，这是多数媒体采取的行动策略，多符号内容，全网传播；二是以优势内容、建立特定用户群的融合模式，党媒基于内容、渠道、受众群构成的优势，正在深耕政经用户，强化宣传效力，拓展营收资源；三是以区域内容，延伸服务化内容，建立区域广泛用户群的融合模式，正在积极推进的县域融媒体工作，正是看到本地化资讯、内容、服务的贴近优势，既打通新闻宣传的"最后一公里"，也推进本地政务、生活服务互联网化程度；四是以打开消费市场为决策立意，建立垂直用户群的利基融合模式，与多数网络媒体将电商作为营收渠道一样，吉林媒体也在努力谋划打通媒体与消费的闭环，朝"特定资讯＋精准电商"方向做出探索，以拓展融合媒体的营收规模，改善自身经营处境。

推进媒体深度融合，需要整合资源、变革重组，这是传统媒体顶层设计

---

① 关键：《吉林日报社副总编伊秀丽：融合要做到"高效抵达＋创新表达"》，《深圳商报》2018 年 9 月 10 日，第 A12 版。

中的重要环节，吉林媒体基于融媒发展的刚需，从组织架构、流程再造、机制创新、平台打造、呈现特色等诸多方面进行了战略规划。实践表明，要真正实现媒体深层次融合，"仅体现在项目、产品的层面是不够的，必须打破现有发展模式和利益格局，真正实现产品背后流程、架构、管理等各个生产环节的融合"。① 实现各种媒体要素的优化整合，以从根本上"变革新闻生产方式和信息传播模式"。②

以吉林日报为例，为推动媒体融合工作，报社强化顶层设计，在组织行为方式上抓创新。按照"把方向、管大局、作决策、保落实"的要求，成立推动传统媒体与新兴媒体融合发展领导小组，作为报社社务委员会常设决策议事机构。领导小组下设办公室（简称"融合办"），选派精干人员充实到"融合办"。设立融合型运营的一线业务机构，最初设立新媒体部、彩练新闻客户端编辑部，2018年组建全媒体运营中心。集中统一运营吉林日报官方"两微一端"账号、手机报、官网等平台，带动全报社新闻产品的新媒体化，并与传统媒体的广告、专刊业务高度协同。③

在具体融媒工作落地方面，吉林日报社有计划布局了一批有潜力、有前景的融合型重点工作项目，如：积极推进智慧城市融媒体平台建设项目，重点打造户内新型电子阅报屏和户外新媒体智能报刊亭；与吉林工程技术师范学院共同组建股份制二级学院，已经有两个年级160多名大学生在校学习，2018年秋季又迎来一批大学新生；集团文化创意产业有限公司正式运行"快搜东北亚"网站建设等一系列重点项目；集团产业项目办积极推动项目包装和落地，陆续进军教育培训和文旅等领域，实现媒体跨界融合。另外，吉和网所在的长春羿尧网络股份有限公司于2017年11月27日成功登陆全国中小企业股份转让系统暨"新三板"；东西南北杂志、吉林农村报分别利用互联网电商等手段嫁接国际食品和吉林特色农产品资源，开设了既有直营实体门店又有连锁和线上销售的"欧食汇""吉品汇"，形成了从健康知识宣传到绿色食品供给的内

---

① 裘新：《在融合发展中巩固拓展主流舆论阵地》，《新闻记者》2017年第11期。
② 吴保安、彭锦：《广电媒体融合发展成效一览》，http://v. lmtw. com/mzs/content/detail/id/161024，2018年9月11日。
③ 中国报业协会调研组：《全媒体发展事业跨行业发展产业的吉报路径》，http://www.yidianzixun. com/article/0K1WQurB，2018年9月11日。

容经营融合新业态。

作为媒体融合的基础保障，建立与融媒工作相适应的人才管理机制十分必要。吉林日报以激励考核为原则，将融合绩效与人才待遇关联，将融合发展作为对系列报刊考核管理的重要内容，2018 年 8 月全面启动以"彩练新闻"为核心平台的吉林日报新媒体栏目构建和考核方式，激发了从业人员的工作动能。

吉林广电近年来也积极推进广播电视与新媒体新技术新业态融合发展，推进广电网与电信网、互联网三网融合。面对用户流失，收入下滑，各级广电媒体及有线网络公司也努力寻求新突破，不断向智慧化、融合化发展，一方面夯实内功做强内容生产；另一方面积极探索融合业务、智慧业务，创新经营思路，拓展业务范畴，打造广电与网络融合的融合新形态。

2. 融媒体硬件基础和技术平台建设有序推进

基础设施平台是推进媒体融合的物质保障。媒体融合、融合服务，基础在平台，没有平台的融合，谈不上融合，也谈不上融合服务。媒体融合是传统媒体转型发展的一次总体战略，一方面需要严谨、科学的宏观规划；另一方面需要选择与其相适应的技术路径予以践行。服务器成本、昂贵的带宽与软件等 IT 支出，一次投入高，更新迭代快，是融媒体一站式解决方案的投入重点。

近年来，吉林媒体在预算有限甚至十分简陋的条件下，因地制宜，多方筹措资源，探索建设了形式多样、规模不一的融媒体中心。条件较好的吉林日报集团、吉林广电集团引进"中央厨房"平台，重塑"策、采、编、发、存、评"工作流程，形成"一体策划、一次采集、多种产品、多媒传播"的现代传播格局，在多次重大报道中发挥了很好的作用。当前各大传统媒体内部推进的媒体融合的一个重要特点，就是将原本处于传统媒体边缘，"作为延伸产品的新媒体，变为与传统媒体生产并行的模式。"[1] 在融媒体中心模式里，这一变动主要通过媒体内部中央素材库的打造来加以实现。

吉林日报全媒体数字采编发"中央厨房"项目被列为"省直媒体融合发

---

① 吕楠：《融合型媒体组织的探索——以上海广播电视台融媒体中心为例》，《新闻记者》
2017 年第 6 期。

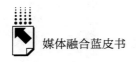

展重点项目"。依据可组织调度的经费实际明确分期建设步骤。项目总投入两千余万元,共三期,分 3 年建设,分期组织资金投入。目前,"中央厨房"一期工程第一批招标采购已于 2017 年底完成,第二批招标采购于 2018 年 8 月开标。项目建设期间,社务会已经审议通过采编组织重构方案,编委会已经审议通过吉报融合采编流程大纲。吉报"中央厨房"一期主体工程将随着新社址入驻同步交付使用。

根据中央和省里推动媒体融合发展战略要求,吉林电视台也把媒体融合发展当成"一把手"工程来抓,在"启航 2017"年度工作部署大会上,把"一体两翼、融合发展"确定为吉林电视台发展战略。经过近两年的摸索,吉林电视台媒体融合发展各项布局进展顺利。2018 年 1 月,吉林网络广播电视台从物理空间和技术平台两个维度,搭建的吉林电视台"融媒体指挥中心"上线启用。"融媒体指挥中心"项目由新媒体多端发布平台、新闻指挥调度平台、融媒体记者管理系统、吉视协同新闻移动采编发系统、智能舆情分析系统、大数据可视化系统等组成,按照"中央厨房"的生产方式进行全省广电新闻资源汇聚和全媒体融合生产,从线索汇聚、选题、报题到采、编、审、发的各个环节进行统筹调度,实现新闻一次采集、云共享生产、多屏发布的流程重塑;通过吉视协同移动化生产,实现对记者资源的调度和新闻快速生产及直播发布;通过终端用户和智能舆情系统,为再度融合生产提供大数据分析。2018 年第二季度,吉林电视台下发《关于建立 2018 年"六大攻坚战"协调推进工作机制通知》。媒体融合优质传播攻坚战为"六大攻坚战"中之一。全台还制定《新媒体直播规范》《全台新媒体统筹运营规范》等文件,对平台影响力提升、粉丝增长、融合发布数量增长、线上线下活动开展等详细内容都制定了考核目标,且每月要上报任务推进情况和下月工作计划。

2018 年 4 月,吉林省县级融媒体中心建设启动,吉林网络广播电视台被省委宣传部确定为全省县级融媒体中心承建方。全省县级融媒体中心建设目前已经完成前郭、集安、农安 3 个县试点工作。全新设计和开发的"吉林融媒"总端产品和各县集群产品随各地融媒体中心一并投入使用。"吉林融媒"项目按照"省部主导、省媒主建、分级维护、统筹运营、利益共享"的原则,依托传统广电优势,以吉林电视台融合生产平台、融媒体指挥中心、多终端发布渠道为保障和支撑，计划建设一个涵盖 PC 网站、手机客户端以及"两微"等多终端、多屏发布的全省融媒体集群。目前吉林省委宣传部又确定第二批试点 23 个县，吉林网络广播电视台已经着手开始实施建设。

县级融媒体中心建设的积极意义还是明显的，它解决 2003 年区县报裁减以后，"中国大众媒体的发展严重脱离县区、社区空间，更多集中于大众化覆盖层面进行同质化竞争"① 的局面。这项工作如果能够因地制宜顺利开展，将有助于把县级融媒体中心建成主流舆论阵地、综合服务平台和社区信息枢纽。目前来看，吉林县级融媒体中心建设前期设计的场景目标已经初露端倪，集安县融媒体中心通过"吉林融媒"总端产品尝试推介了集安特色消夏旅游。前郭县融媒体中心则整合县域各类公共服务资源，利用电视、网络等多种载体，打造了向广大受众提供多样化信息服务的今日前郭全媒体平台。

由于现实与历史的原因，有些吉林本地媒体处境困难，用户流失，经济负债，人心不稳。在此情况下媒体既要维持运转，又要向数字化转型，面临的挑战很大，长春日报社就是一例。报社新班子成员面对困境，决心"向死求生"，一方面向上级组织特别是党委如实汇报；另一方面将资产负债情况和困难问题向全体职工公开，使广大职工真实地认识社情，增强危机感和责任感。为解决经济问题，报社多途并举，把有限资源导向"人才兴社""强报立社""改革活社""创新强社"四大方略，强化人才培养和人才配置的优先性，着力调动人的积极性、主动性；将优质资源向采编倾斜，强本固基；重塑经营战线，拓展"对公"经营范围；鼓励员工创新、创收、创业。在相对困难的条件下，勉力推出多个融媒产品，产生了较好的社会反响。

3. 具有地域特色的信息产品生产

传媒行业真正的问题，其实是有没有持续创造优质作品的能力。微信公众号的繁荣，或许能给予我们某种启示：哪里的内容引起关注，资本就会在哪里现身。很多传统媒体还在为内容能否变现纠结，很多自媒体公众号已经用事实说明：有吸引力的内容终究不会被资本埋没。芒果 TV 则是机构媒体自办网络平台的成功典范，芒果 TV 一直以来坚持用原创、创新求价值。虽植根于传统

---

① 朱春阳：《县级融媒体中心建设：经验坐标、发展机遇与路径创新》，《新闻界》2018 年第 9 期。

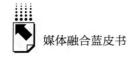

媒体，但坚持添"活水"、开"新源"，最终创造了自己独特的品牌和价值，具备了堪与爱奇艺、优酷、腾讯视频等互联网视频平台一较短长的能力。

所以，媒体融合的核心问题永远是内容生产，媒体、媒体人无论何时都不能丢掉自己的生命线，皮之不存毛将焉附？CMC资本、华人文化集团公司董事长、CEO黎瑞刚提出要回归专业主义和行业规律。他认为，内容创作关键在于找到以专业规范做支撑的可供操作的模式，关注原始创新、关注底层技术创新和变革，保持基本的质量稳定。① 原创的优质内容资源将是未来市场竞争的最大焦点，精品内容才能支撑机构媒体的发展，这应该是所有内容行业的一个共同趋势。

吉林媒体意识到，当前竞争环境中区域媒体必须走内容差异化竞争策略。吉林日报彩练新闻客户端最近一次改版，就坚持把生产优质内容、深耕本土作为基本理念，重新规划频道和栏目，全新推出八大原创频道70个自由订阅栏目。在内部自由申报栏目筛选后，一大批贴近群众、贴近生活的栏目涌现出来，"小夫漫游系列""90后老妈系列""求证系列"等原创作品受到用户欢迎。除了传统新闻表达方式，突出放大视频功能，特别是短视频，例如邀请吉林省著名民俗学家曹保明开设"曹保明讲故事"栏目，为用户提供视、听、读全场景内容体验，让主流表达呈现公众更易接受的形式。另外，吉林日报通过与地方合作，广泛开展通信员队伍建设，覆盖本地各行各业信息变动。目前吉林省每个乡镇都拥有至少一名通信员，吉林日报还通过与工会、共青团、妇联等多家单位联合主办新媒体原创作品大赛和开办通信员学习班等举措，为党媒打造一大批忠诚老实肯干的基层信息采集员和党的声音传播者。

吉林网络广播电视台提出内容生产的供给侧改革，突出服务分众化，有针对性地生产有地域特色的信息产品，作为原创内容建设的重要指引。吉林广播网逐步完成由过去等待本台稿件进行简单转发报道向主动出击进行新老媒体联动报道的转变，原创内容建设取得明显成效。种种举措为吉林受众群体提供了更加个性化、多样化、交互性的信息服务，进一步创新了电台的新闻传播方式。

---

① 黎瑞刚：《文娱行业普遍存在公司估值虚高的问题》，https://baijiahao.baidu.com/s? id = 1611372993688912931&wfr = spider&for = pc，2018年9月12日。

吉林人民广播电台 2017 年 8 月 18 日启动运营移动客户端"沐耳 FM"和"声音工厂"。沐耳 FM 以优质的音频内容为移动声音产品战略的核心，重点围绕"声音"的核心资源，充分发挥电台优质音频内容和专业制作优势，开发生产针对移动互联网受众的声音产品，将内容转化为商品，通过融合广播最具互联网碎片化传播特质的"内容＋声音"模式，实现了广播在融合发展中的传播价值和商业价值。从上线至今，沐耳 FM 的原创节目例如《睡前小故事》《意聆》《沐耳先锋音乐榜》《情感砖家》《山丘电台》等 30 余个系列产品，以每周 40 小时的更新不断打造独家精品。沐耳 FM 在上线之初还与上海阅文集团、意林远大前程（北京）文化传播有限公司、吉林省青少年报刊总社、吉林大学等作为吉林人民广播电台战略合作伙伴，并以独家版权内容为基底，形成沐耳 FM 创意独特、形式有特色、内容独家的品牌形象。

4. 绩效改革试水，激发技术与采编人才工作动力

媒体融合是大势所趋，但是新媒体人才短缺是各传统媒体短板。"外部引进"和"内部培养"是多数媒体解决融媒人才缺口的常见做法。如何吸引适应新媒体需要的信息技术人才加入进来，并激发团队的创新活力，需要改革传统的用人标准、绩效考核制度。

为适应融媒工作开展的需要，吉林主要媒体相继成立了拥有复合型、多元化新媒体编辑人才队伍的新媒体事业部，新媒体人员逐渐从无到有。以吉林人民广播电台为例，一方面整合台内原有新媒体力量，同时也积极公开招聘新媒体人才，以合理、有效、有吸引力的评价和奖惩机制，广纳优秀的年轻人才。同时，制定融合生产配套奖惩考核机制，按照记者在新媒体平台优先发布的数量和质量给予绩效奖励，完不成融合生产考核任务的记者、所在部门及其领导班子，在年终考核中一票否决，确保融合生产机制强力推行、高效运行。长春日报的人才建设攻坚战，也以现有员工队伍为基础，突出年龄、学历、业绩因素，选拔出"领军人才""骨干人才""优秀后备人才"三个层次的人才梯队。以这些人才骨干为核心，实行一帮一、一带多，团队作战和小组作战，因需施训、因事组合，形成创先争优的工作氛围。

因为传统媒体的收入、激励、保障配套机制不健全，难以吸引到更多年轻新媒体人才和高端技术人才。为解决信息网络技术新进人才不足的问题，各个媒体把加强存量人才队伍培训和提升作为新媒体员工培养的重要途径，打破新

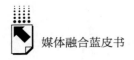

媒体人才的"兵马"困局。

如何用有限的资源激发采编人员的工作热情，吉林媒体也想出了很多办法。几家主流媒体的共同做法是制度上重视，突出"采编为宝"，实施采编专业职务序列改革和稿酬考核制度，推动资源向采编人员集中，分配向优秀人才倾斜。这样的改革抓住了关键，成效显著。采编人员有了获得感、成就感，媒体融合改革向纵深推进就有了人才保障。

5. 直面信息新技术

网络传播环境下，互联网技术平台"技术优则内容"，凭借技术应用迅速累积庞大用户数量，并向内容领域突进，逐渐在内容分发和制作领域反客为主占据主导地位；传统媒体一方面主动融入互联网流量平台，搭上内容分发快车；另一方面放下"内容为王"执念，接受技术对媒体的决定意义，努力跟上技术变动步伐。双方可以说殊途同归，目的都是为了实现用户与内容连接，不同的是平台为用户匹配内容，媒体则是为内容寻找用户。在互联网平台使用占据公众大部分空闲时间情形下，单个媒体流量突围如果不依赖平台导流，仅凭自建网站或者自有 App 显然行不通。目前，TMT〔Technology（科技）、Media（媒体）、Telecom（通信）〕的媒体融合模式正在加速推进，产业边界趋于淡化，行业与产业融合成为大势所趋，新的跨界联合生态正在形成。信息技术正在成为这一时代的关键词，各行各业概莫能外，媒体机构在这一时代主潮面前该何去何从？

吉林传统媒体立足自身实际，努力拥抱互联网时代，深度整合最新的信息传播技术，充分运用 4G 传输、流媒体传输、移动直播、无人机采集、全景拍摄等技术，实现内容从可读到可视、从静态到动态、从一维到多维的多媒体化展示形式，积极探索新技术新媒体下的传播新形态，不断丰富新媒体传播样态，深化与用户的互动。吉林日报除了加快推进吉报"中央厨房"建设外，还积极推进吉林省党报媒体融合云平台——"吉朵云"建设。将之作为吉报媒体融合、转型发展的重大项目。"吉朵云"是吉报推进媒体融合、建设"中央厨房"、打造新型主流媒体的基础性工程，是以数据化、平台化、集约化为主要特征而建设的智慧云平台。按照项目设计，运行后的"吉朵云"不仅是媒体融合"新闻云"，还是方便公众的"服务云"，也是党委政府和群众沟通的"枢纽云"。

吉林日报彩练新闻客户端最新改版的突出一点，即突出技术驱动，包括为
适应现在用户越来越喜欢看视频、看直播的现实，突出放大视频和直播功能，
突出人工智能技术媒体应用，引入虚拟现实、大数据等前沿科技，突出互动体
验功能。吉林日报还成立了主攻大数据、人工智能和虚拟现实技术的三家科技
公司。实践证明，突出技术驱动引领作用，使党媒这支擅长"纸上谈兵"的
新闻采编队伍，也能够在移动传播中大显身手。利用新技术扩大新闻内容的生
产和传播渠道，增加新闻影响的广度、深度、精度和速度。吉林日报提出要
"高效抵达＋创新表达"，这是吉林日报利用技术引擎，弘扬主流价值观的一
次有益实践。截至目前，吉报集团除集中优势打造"彩练新闻"客户端外，
各采编部门、系列报刊共开通微信公众号53个、微博公号16个，还有各类网
站13家。集团双微粉丝常态保持在800万人以上规模，其中吉林日报官方微
博86万粉丝、官方微信及微信矩阵30万粉丝，微博粉丝方面，城市晚报在
420万人左右，东亚经贸新闻和吉和网在210万人左右。

2016年，吉林人民广播电台整合全台采编力量，正式组建全媒体资讯中
心。通过"全媒体汇聚、共平台生产、多渠道分发"的新型采编方式，努力
提高新闻资源利用水平打造全台新闻产品的"中央厨房"。全媒体资讯中心紧
随适合新闻领域的移动技术前沿，充分发挥4G传输、流媒体传输、移动直
播、虚拟现实、H5、即时推送等先进技术的应用，丰富表现形式，增强信息
呈现的质量和冲击力。以实战操作推动现有人员整体融合转型，重点引导现有
人员向全媒记者、全媒编辑、全媒管理转型，推动优秀记者、优秀编辑、优秀
制作人到"吉林大喇叭"等新媒体平台上去施展拳脚，开办十多档原创栏目，
培育品牌公号，成为传播正能量的"网红"。

长春日报在经营比较困难的情况下，努力筹措投入资金，将全媒体平台改
造升级为"中央厨房"，将长春新闻网、"长春政事儿""掌上长春""看长
春"等新媒体机构整合到一个大的全媒体平台，借以整合采编资源，搭建起
报网端联通的内部机制。2017年7月，长春日报社"中央厨房"投入使用，
成为吉林省首个投入使用的"中央厨房"，省、市领导多次来参观调研并予以
肯定。

6. 互联网传播渠道拓展渐有所成

传播力决定影响力。"对媒体来说，没有渠道就没有到达，没有到达就产

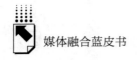

生不了影响力。"基于这一认识,吉林各媒体均将"移动优先"战略作为媒体融合发展的重中之重。

主要包括以下举措,一是部分媒体的移动客户端已经形成品牌。吉林日报的"彩练新闻",吉林人民广播电台的"吉林大喇叭",吉林电视台的"吉林融媒"等,运用新技术创新报道手段,立足本地化垂直服务,形成系列移动端媒体集群,融合报道模式日臻完善,逐渐成为地区重要新闻资讯平台。这些移动端产品把所属媒体已有的规模优势、专业优势、人才优势、版权优势向移动端迁移,逐渐打造成为有一定影响的移动端媒体品牌。

二是移动直播成为新常态,进一步提升了传播力、影响力。视频节目从"点播时代"走向"直播时代"。电台的音频直播也频繁聚焦春运、全国两会、党的十九大等。移动直播以热点新闻、热门事件为主要内容,在"准""新""微""快"上下功夫,手机屏先期发声,电视屏深度跟进,打造与主流媒体品格和气质相一致的移动新闻精品。在吉林,重大新闻事件的直播让很多本地公众记住了这些本土的网络媒体品牌,移动直播更让很多本地媒体重归主流媒体的地位,成为当地党委政府推动工作的重要平台和抓手。

三是精心运营社交平台,有力引导网络舆论。吉林各个媒体顺应分众化、差异化传播趋势,微博微信抖音矩阵立体传播,传播覆盖能力进一步提升。而且,通过微信公众号、微博账号、抖音账号、喜马拉雅账号等实现媒体与粉丝的互动,构筑虚拟网络社区。

三　隐忧不少,前路坎坷

目前,媒体数字化转型是个世界性难题,不发达地区媒体转型面临更多困难。

第一,转型成功案例难觅,融合前景不明。

相比日新月异的网络传播形式,地方传统媒体的融合速度无疑太慢,传统媒体孵化的新媒体数量虽多,但体量小,而且你争我夺,凝聚不成知名品牌。目前这种依托第三方网络平台进行内容分发的策略,是不是传统媒体数字转型的未来在全世界都有疑问。像《纽约时报》这样的世界大报,默多克这样的传媒大亨,也一直在与脸书、谷歌等平台博弈,能带来双赢的合作模式,并且在平台之外紧张试错其他内容分发路径，以改善目前经营困境，目前看还没有理想的替代方案。吉林本地媒体构成依然以传统媒体为主以新媒体为辅，"网站＋两微一端"是多数媒体开拓网络传播市场的主要形式，新媒体产品囿于用户规模，在当地的传播力、影响力难以与传统媒体相比，缺乏超越区域界线的知名新媒体品牌。或许与此相关，有些媒体人依然存在对新媒体的认知误区，"报纸（电视台、电台）主业"和"网络副业"的偏见还有不小市场，对媒体网络转型的路径究竟为何，依然没有明晰的解答。上海报业集团党委书记、社长裘新认为，媒体融合应该是深度融合、整体转型，不是另起炉灶、另搞一套，是"一支队伍打天下"，依托传统媒体中生产优质内容的主体力量，赋予其新要求，新元素。[①] 当然，能否做到这一点，对于很多地方媒体还是个很大的考验。怎样将长期以来的新闻宣传工作平滑转移到互联网上来，需要更多人的贡献勇气和智慧。

第二，传统媒体的网络传播力比较有限。

目前中国互联网（PC＋移动）流量集中在几大互联网平台手中，新浪微博、微信、今日头条、抖音、快手占据用户绝大部分空余时间。平台以外新闻网站或者资讯 App，也主要被商业门户占据，腾讯新闻、今日头条、网易新闻、搜狐新闻、凤凰新闻等长期占据排行榜前列，新闻机构排名总体落后，人民日报、央视新闻、新华社、澎湃情况也只是略好一点。而且，传统媒体的网络传播渠道多为依附第三方互联网平台的官方账号，例如"两微一抖"，自建网站影响力较差，自有 App 无论下载量还是日活跃用户数都是少得可怜，商业价值不高。

各大媒体的第三方平台账号发展也不均衡，头部账号依然集中于几个大的媒体品牌。处于长尾的中小媒体用户黏性不强，竞争激烈，生存压力巨大。这在卫视、纸媒都表现明显，各类 Top 榜单长期被各大媒体轮流占据。随着互联网进入下半场，互联网人口红利期结束，不仅中小媒体，即使头部平台的活跃数字用户规模增速也逐渐稳定放缓，获客成本不断攀升，中小媒体要想从中分得一杯羹，难度很大。

---

① 张骏、王海燕：《中宣部把媒体深度融合现场推进会开在上海，透露出什么信号》，https：//www.jfdaily.com/news/detail？id＝106401，2018 年 9 月 20 日。

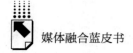

　　对于互联网媒体来说，活跃数字用户规模是衡量数字用户资产最重要的指标。梅特卡夫定律中提出，用户数是影响互联网企业价值的最重要因素。而数字用户规模能够有效衡量企业的用户基础与资源。基于媒体数字用户资产，结合营收状况，能够估计媒体当前价值，预判媒体未来发展。吉林本地媒体目前普遍面临自建新媒体平台发展缓慢，用户规模不大的难题。用户基数少，通过技术分析为用户画像的意义较低，信息精准送达困难，这也导致目前的信息发布还停留在我发你看的大众传播阶段。作为地方媒体自办的新闻客户端推广成本高、获客越来越难，如果没有超常规的强力推广，仅靠自身缓慢发展很难实现突破。

　　对于多数地方媒体来说，单纯去拼数字用户规模不切实际，培养"有效本地用户"才具有实际意义。地方媒体的市场在本地，在本地用户中培育"粉丝"，养成他们的媒介使用依赖，才是地方媒体发展的坚实土壤，从某种意义上来说，地方媒体也是在朝"垂直"方向发展，只不过不是深耕具体领域，而是专业服务本地用户市场，成为规模不等的"社区"媒体，将媒体的命运与区域用户需求捆绑在一起。

　　在吉林媒体融合调研中，有业者也提到，地方媒体自办新媒体除了立足本地化之外，还应该抱团取暖，形成合力，以相对强势平台为基础，整合资源，全省打造一家到两家新型媒体集团，这是生存的迫切需要，县级融媒体中心和全省融媒体集群建设就是一个例子。另外，考虑到传统媒体的视听资质资源，也可以善加利用，比如可以考虑与资本合作助力当地媒体融合发展。目前全国具备传播网络视听节目资质的网站仅500多家，资质成为稀缺资源。许多新兴商业新媒体平台，虽然资本充裕但饱受互联网传播资质不全困扰。地方媒体融合发展，能否通过发挥省市台视频、音频业务专业优势，与资本合作实现自身在融合发展中的传播价值和商业价值，也是地方广电媒体比较关心的。

　　第三，社会资本缺位与"赢利困局"形成矛盾。

　　从中国互联网发展历史来看，但凡成功的互联网公司，其成功背后都离不开两个基因：技术和资本。互联网公司基本均为技术密集型与资本密集型企业，如果没有社会资本的孵化，仅靠财政投入或者自有资金来发展网络媒体是难以想象的。

　　近年来吉林各大媒体融合取得重大进展，但普遍面临经费投入匮乏的难题。这一难题不解决，媒体融合的战略目标便难以实现。而且，传统媒体的自办新媒体普遍没有好的商业模式，产生真正的经营利润增长点，融合经营尚在探索之中，呈现"赢利模式"困局。即使有一定粉丝存量的新媒体形式，囿于规模限制，在用户画像、行为分析、经营变现方面，也多数未有实质性进展。传统媒体的新媒体转型，主要靠内部挖潜、自我循环，其媒体融合费用基本依赖母体投入。作为地方媒体，普遍家底不厚，有些媒体甚至遭遇经营困难窘境，面对新媒体的高额投入，普遍感觉力不从心。以吉林人民广播电台为例，每年在媒体融合方面投入在 500 万～1500 万元之间，大概占每年总收入的 10% 左右，这对一个小台来说，是一笔不小的投入。

在运行经费捉襟见肘的情况下，地方政府多数以各种项目形式给予了必要的财政补贴，像县级融媒体中心建设这样的项目便获得政府的政策支持，"这种投入模式在传统媒体转型起步最烧钱、最艰难的阶段，对党报党刊以及其他公益性、非市场化的项目，是不可或缺的支持"。① 但是新媒体运营所费不赀，单靠财政部分支持不能解决缺口问题。鉴于当前吉林媒体自收自支的财务性质，有人提出党媒由财政供养的建议，希望在党媒性质、体制编制、经费来源方面做出改变，以保证事业开展的需要。也有观点提出，在确保国资控股和意识形态安全的前提下，积极引入行业资本，或许也是一种现实的选择。

第四，人员结构"先天不足"。

传统媒体数字化转型，与互联网深度融合，人的因素是第一位的，但是新媒体人才短缺是各传统媒体面临的主要问题。当前的互联网媒体平台，几乎都是靠互联网技术驱动的。百度、阿里、腾讯、头条都是技术人员的工程师文化，"技术＋"是平台做新闻的流行模式。

传统媒体人才优势集中在内容采编，原有技术人才知识结构也以传统媒体技术支撑为主，对于新媒体需要的全媒体生产、呈现，以及传播平台的设计、维护、升级、运维、管理人员明显缺乏。而引进优秀技术人才，由于新闻单位的体制、财力等原因，很难支付和某些互联网企业对等的薪酬待遇，容易造成人才、技术等核心资源难引、难留。而新媒体人才不足，必然不能胜任"互联网＋媒体"的技术需求。现在，多数传统媒体的新媒体产品，底层和应用

---

① 裴新：《在融合发展中巩固拓展主流舆论阵地》，《新闻记者》2017 年第 11 期。

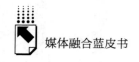

技术都不是自己的，采购外包是其主要特征。而用别人的产品和服务，难以成为行业趋势的引领者。

随着县级融媒体中心建设的逐步推进，新的节目内容和服务分发流程、新的组织结构，也要求县级广电融媒体中心建设破除人事机制障碍，解决阻挡发展的人才流问题，为切实做强做优广电基层宣传思想工作提供有力队伍支撑。

为了解决人才队伍问题，吉林媒体多方努力，采取了多种措施，以吉报集团为例，一是通过搭建新媒体新平台，开掘新业务新领域的方式，用事业留人。二是集团采取多管齐下、多轮驱动的方式，加快发展、壮大实力，让员工尤其是优秀人才在集体中，生活有尊严、心中有愿景、发展有目标，提振了大家的信心。三是克服财力困难，持续聘录和引进年轻人才、特殊人才。这几年通过省直事业单位统一招考、社聘等方式选拔了一批"90后"人才进入报社工作，对新媒体等领域的成手，集团也积极引入。四是创新培养渠道，拓展后备人才队伍。吉报集团与吉林工程技术师范学院共同组建股份制二级学院吉报数字传媒与创意学院，招收全日制本科生，实行"2.5+1.5"教学模式，即两年半在校学习，一年半在吉报集团实习，强化新闻实践和应用，为报社未来的融合发展储备了优秀的后备力量。

四 结语：对区域新媒体发展路径的思考

面对吉林媒体融合工作来之不易的成绩，必须有冷静的思考，认识到媒体基础依然薄弱，传统媒体下滑态势仍未明显扭转，新老媒体在影响力、传播力、话语权等方面仍然不足的现实。特别是，媒体融合如何在不脱离区域经济社会发展的前提下，走出一条符合自身实际的区域新媒体发展之路。

针对吉林媒体发展现状，要想走出困局，需要做的工作千头万绪，目前并没有一揽子的解决方案，我们认为，应该确立"四个优先"的思路，在媒体定位、产品思维、突破重点、体制机制等方面积极探索，从而实现媒体融合的实质性突破。

1. 区域市场优先

加大地方新闻和深度报道作为突破口，将"区域市场小而优"作为发展策略，是区域媒体生存发展的重要路径。具体来说，就是本地媒体高密度覆盖本地市场，争取"一家独大"。地方媒体在内容上不再追求"大而全"，用户群和客户群也不再追求"大而全"，而是精准定位，力图走出一条"细分市场小而优"的路径。国内有些地方媒体，例如萧山日报、宝安日报、南充日报等，提出的"分众化、配餐式"办报的思路值得借鉴。所谓"分众化、配餐式"办报，即强化分众意识，积极主动服务地方党委政府、企业，以购买公共文化服务的模式，与它们开展战略合作，为它们量身定制产品、服务及活动。部门和地方由过去单一垂青传统媒体转变为垂青新老媒体的融合平台，宣传效果事半功倍，一举多得。对于媒体而言，既深化了本土化经营的理念，也为地方媒体拓展了营收渠道。

2. 用户需求优先

习近平总书记指出："现在，媒体格局、舆论生态、受众对象、传播技术都在发生深刻变化，特别是互联网正在媒体领域催发一场前所未有的变革。读者在哪里，受众在哪里，宣传报道的触角就要伸向哪里，宣传思想工作的着力点和落脚点就要放在哪里。"[①] 长期以来，许多传统媒体新闻宣传采取的是单向的、自说自话的话语方式，对受众信息需求缺乏足够认知。而移动互联网媒体平台刚好相反，它不仅知道每一条信息的点击数量，而且知道每一个用户的画像，他们的人口统计学特征、兴趣喜好、地理分布、态度倾向等，今日头条代表的算法推荐就是例证，因此，传统媒体所办的新媒体需要强化对用户的认知能力，它必须从市场的角度认真研究用户需求，然后决定自己的内容生产和内容推送，从而产生用户黏性。任何不考虑用户感受的产品，注定会被抛弃。所以说，媒体融合，不仅是技术融合，也是功能、角色、性质转型，由宣传逻辑向市场逻辑蜕变的过程。现阶段媒体内容创新需要改变惯性思维和路径依赖，将创新策划经营的重点放在精准深刻把握媒体本质属性，包括政治属性、社会属性、产业属性，实现社会效益、经济效益的有机统一上面。以党媒为例，确定读者群体为省市县三级公务员和企事业高管人员，主要面向政商群体，定位为中高端读者，主攻时政、人事、财经等新闻，以满足读者精细化需求，与目标用户需求痛点精准黏合。

---

① 《习近平在视察解放军报社时强调　坚持军报姓党坚持强军为本坚持创新为要　为实现中国梦强军梦提供思想舆论支持》，《人民日报》2015 年 12 月 27 日，第 1 版。

媒体融合蓝皮书

3. 作品优先

现在无论中外网络传播的主动权都掌握在平台手中，从国外的 Facebook、Twitter、Google 到国内的微博、微信、头条、抖音、喜马拉雅都是如此，传统媒体只能借助平台的渠道优势和流量优势进行内容分发。用户多从社交网络获得单篇内容的信息消费方式，也让媒体官网、客户端的登录频率大幅降低。苦于平台的传播话语霸权，传统媒体不甘于沦为内容供应商（CP），以版权、合作等进行很多抗争，但对于局面改变不大。而且客观来说，近年来各大网络平台均孕育于超级 App 的现实，也让媒体打造平台的梦想蒙上阴影，显然网络平台的技术水平、资金实力、信息技术工程师数量、对互联网的前瞻和理解，都是媒体机构难以匹敌的。当然，虽然无法撼动头部平台的垄断地位，一些媒体凭借内容特色优势，也建立了规模不一的自有平台，例如央视新闻移动网、芒果 TV 等。但我们知道，平台永远是为数不多的几个。事实上绝大部分的媒体只能做 CP 方。对于地方媒体来说，如何平衡"平台"和 CP 的关系，需要根据自身实际做出战略设计。对于实力有限的地方媒体来说，善用各大平台的传播机遇，做一个好的 CP 方，做出很多有价值的 IP，也是一个不错的现实路径选择。

4. 市场优先

目前国内党报等国有媒体的治理体系各不相同，有些地方实行完全的财政拨款，有些地方实行差额拨款，有些地方实行定额补助，有些地方实行自筹自支。传统媒体经营困局与事业性质，让党报等国有媒体回归财政保障体系的呼声日益高涨。客观来说，党媒承担相当的宣传任务，理应有相应的政策和财政支持，事实上也是如此，在党媒运转的经费来源当中，源自政府部门的项目补贴占据很大部分。在媒体普遍走向市场化和专业化的背景下，讨论这一问题具有现实意义。支持者认为，这关乎党媒的事业发展，也关系党媒工作者积极性的调动。反对者认为，这是一个非常不切实际的幻想，是一条死路，因为已然失去传播力的媒体不值得"供养"，所以党媒在推进媒体融合时工具箱里必须包括"市场化"这个必备工具，要靠改革克服眼前的困难，之前 20 年媒体"事业单位企业化管理"运行机制的活力也是有目共睹。未来党媒出路何在？是"党报姓党、党报党办"，还是分类管理，市场的归市场，事业的归事业？需要等待党和政府的明确和规划。

156

B.10
媒体融合的江苏实践[*]

高山冰^{**}

摘　要： 推动传统媒体和新兴媒体融合发展，是党中央着眼巩固宣传思想文化阵地、壮大主流思想舆论做出的重大战略部署。江苏作为全国经济发展领先的省份，科技创新、网络普及率、用户媒介素养等均超全国平均水平，江苏媒体结合自身特点，抢抓媒体融合战略机遇，加快改革创新、融合转型，在做好正面宣传、传播正能量方面发挥与其影响力相匹配的地位和作用，在提升融媒体报道的质量与效果上率先实践、形成特色，网上舆论引导力和产业竞争力显著提升。不过，江苏在推动媒体融合中仍存在区域转型发展不平衡、从业者整体水平尚不能完全满足新时代媒体的发展需要、新媒体运营归属不明等问题。

关键词： 媒体融合　荔枝云平台　成效与模式　问题与对策

一　引言

推动传统媒体和新兴媒体融合发展，是党中央着眼巩固宣传思想文化阵地、壮大主流思想舆论做出的重大战略部署。2016 年 2 月，习近平总书记主持召开党的新闻舆论工作座谈会，对推动媒体融合发展做出一系列指示要求。

＊ 江苏省社会科学基金项目“江苏媒体深度融合发展问题与对策研究”（项目编号：17TQB001）阶段性成果。

＊＊ 高山冰，南京师范大学新闻与传播学院副教授、网络与新媒体系主任，博士。

这一系列重要论述为进一步推进媒体深度融合增添了动力、指明了方向、提供了遵循。在系列论述的指引下，国内各大媒体集团纷纷展开了媒体融合的思考和实践，江苏作为全国经济发展领先的省份，科技创新、网络普及率、用户媒介素养等均超全国平均水平，江苏媒体对融合道路的探索更为迫切。江苏广播电视总台"荔枝云平台"、新华日报"中央信息厨房"、南京日报"'报网博信'的立体化平台"及苏州广播电视总台"无线苏州"等媒体融合实践取得了不错的效果。

2017年2月，江苏省委宣传部部署全省媒体深度融合工作，推动媒体从非常态向常态融合转变。省委常委、宣传部部长王燕文在全省媒体深度融合工作推进会上指出，江苏是传媒业较为发达的省份，也是互联网大省，在媒体融合发展方面，有条件有责任走得更快、做得更好。近年来，江苏省着力推动各级媒体单位深化改革、深度融合、深入转型，在提升融媒体报道的质量与效果上率先实践、形成特色，推动媒体融合工作往深里做、往实里做。同时，我们需要注意到，"目前融合的显示度、受众的感受度都远远没有做到一个'深'字；与国内先进单位相比，我们自身还有不少短板、软肋甚至缺位的问题"。媒体融合已经到向纵深推进的关键阶段，江苏媒体需要加快推进传统媒体与新兴媒体从初步探索走向深度融合，从局部突破走向全面深化，进而掌握意识形态阵地的主导权。

二　江苏媒体融合现状和成效

面对新时代新要求，江苏媒体坚持把学习贯彻习近平总书记系列重要讲话精神摆在首要位置，根据省委宣传部关于加强媒体融合推进的具体要求，结合自身特点，抢抓媒体融合战略机遇，加快改革创新、融合转型，在做好正面宣传、传播正能量方面发挥与其影响力相匹配的地位和作用，在提升融媒体报道的质量与效果上率先实践、形成特色，网上舆论引导力和产业竞争力显著提升，体现了新型主流媒体的崭新价值与形象。

1. 全媒体传播矩阵基本建成

面对互联网等新兴媒体的剧烈冲击，江苏媒体对各自业务进行了进一步整合提升，构建全媒体宣传格局，突出各媒体优势，放大传播效果，全面提升整体竞争力，积极发展新兴媒体，构建"融媒体"生产样态，提升了传播效果和舆论影响力。江苏省广播电视总台以荔枝云平台为支撑，累计投入近4亿元，完成了从平台端到制作端到采集端到播出端的软硬件改造。依托荔枝网、荔枝新闻客户端、我苏网、我苏客户端等，以新技术、新应用为引领，打破部门壁垒，组建融媒体新闻中心，建立调度指挥中心，全力打造"云·组团·多终端"新型传播体系。新华报业传媒集团已形成纸媒、网站、手机报、微博微信、户外大屏、移动新闻客户端等六大传播平台，"交汇点"聚合集团旗下所有纸媒和中国江苏网的新闻资源，建立了"新闻发布平台＋用户'新闻众筹'＋生活平台＋互动平台"模式，实现了传统媒体和新兴媒体两种文化基因的融通交汇。江苏人民广播电台依托"大蓝鲸"App实现了多媒体互动。南京报业传媒集团构建起由《南京日报》、龙虎网、紫金山新闻客户端三位一体、互为协同、覆盖三代传播形态的媒体矩阵，形成了纸媒、网站、移动客户端、微博微信多平台的立体传播格局。苏州电视台在融合汇聚苏州台内外各广播、电视频道、微信、微博、App、3G/4G、网络订阅等信源的基础上，建设全媒体指挥调度系统，实现全媒体传播的统一部署、统一调度。常州广播电视台投资1.1亿元，打造首个城市台全媒体指挥平台，建成"中央厨房"型全媒体新闻指挥平台，涵盖线索汇聚、采访调度、信息分析、内容编辑、信息发布、GPS地图定位等业务环节。

2. 舆论引导新阵地建设得以加强

省市各媒体面对互联网等新兴媒体的强烈冲击，将融合意识贯穿新闻报道的始终，突出优势定位，创新方式方法，注重精品打磨，积极构建新传播话语体系下的生产样态和传播形态，有效提升了传播力、引导力、影响力、公信力。江苏卫视在中宣部马工程办支持下创办"马克思主义理论研究和建设工程"首席专家访谈栏目《时代问答》，通过网上网下的互动，多平台的传播，将"理论阐释""专家视角"与"百姓关切"很好地融合，在时空两个维度上将对话引向深入，进一步推动马克思主义中国化最新成果的宣传普及。"交汇点"新闻客户端聚焦江苏，融通虚拟现实，线上线下交互，延展传统媒体的边界，扩宽行业视野，深耕挖掘江苏独特内涵，书写江苏印象，弘扬江苏文化，打造江苏名片。2017年9月，首届苏港融合发展峰会在香港隆重召开之际，"交汇点"新闻客户端推出富有人文气息的H5作品"两地书"，作品配以

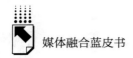

昆曲、评弹等辨识度较高的江苏"声印象",选取苏港两地有代表性的文化元素,构思精巧,主题鲜明。江苏广电注重挖掘主题报道与成就报道的富有新意的内容。在与央视共同策划制作的《还看今朝·江苏篇》中,以世界领先的海工平台、世界最强起重机、世界最大公铁两用桥等三大世界级工程,展现了江苏硬实力中鲜为人知的一面。采用多种呈现技术,丰富了观众的视觉感受。

3. 讲好"江苏故事"融媒联动机制效果凸显

江苏媒体通过主动融合新兴媒体,把交互融合贯穿策划、采制、编辑和多渠道传播的全过程,着力丰富报道内容,创新表现形式,尤其是发挥社交媒体的传播效应,策划设计融合媒体产品,力求传播内容、传播形式的双创新,构筑区域舆论引领新高地,不断提升新闻宣传和舆论引导的水平和效果。江苏广电策划推出的《遇见最美的江苏》大型全媒体系列节目,以空中视角,采用VR 技术,展现江苏各地历史人文景观、自然地理风貌以及经济社会发展。在党的十九大报道中,江苏广电依托荔枝云平台,充分发挥融合传播的资源整合优势,形成多渠道共享、多平台呈现、多角度表达的融合报道态势。荔枝新闻在其平台进行在线图文直播或视频网络直播,增强用户参与度;荔枝云平台、江苏发展大会"VR 看江苏"等项目带来的全新体验。南京报业集团紧扣建党95 周年、长征胜利 80 周年等重大主题,借助全媒体报道平台和"中央厨房"新闻生产流程,采取"报、网、博、信、端"融合传播方式,进行全面、及时、准确、鲜活的报道,释放了强大正能量。《现代快报》充分发挥人工智能优势,机器人"快宝"多次在江苏发展大会、全国两会、世界物联网博览会等重要会议、重要活动中出镜采访。"扬子扬眼"设置 AR 特色功能,用户扫描手边的扬子晚报,就可以跳出相应的新闻、广告等内容,真正实现线上和线下相结合。

4. 着力增强县级融媒体的平台竞争力

2017 年 8 月,江苏省将昆山市、溧阳市、邳州市、如皋市 4 家广播电视台作为推进县级媒体深度融合试点单位,推动试点单位在深化改革、深度融合、深入调整,为推进县级媒体深度融合积累经验、树立典型。其中,昆山市以"全媒体、全业务、全流程、全覆盖"为目标,融通电视、电台、微信、App、网站、户外媒体等各类媒体平台,2017 年营业收入超 5000 万元;溧阳市成立融媒体部,推出官方综合微信公众号"融溧阳",初步形成电视、广播、网络等"多位一体"媒体发布格局;如皋市创新"传统媒体+传统媒体""传统媒体+新媒体""新媒体+新媒体"三种融合模式,荣获 2017 年传媒中国年度融合创新十大品牌影响力区(县)媒体;邳州市精心打造"邳州银杏甲天下"App,集新闻资讯、手机电视、银杏直播、智慧城市等于一体,荣获 2017 年度中国县域最强广电 App 冠军。

5. 以深度策划打造融合传播下的品牌产品

在南京大屠杀惨案发生 80 周年暨第四个国家公祭日之际,江苏广电总台旗下荔枝新闻、"我苏"客户端及纪录片创作中心联合推出大型口述微纪录片项目融媒体 H5《血色 1937——最后 100 位南京大屠杀幸存者影像》,对幸存者进行了抢救性的专访,呈现了最后 100 位幸存者对南京大屠杀的记忆,具有很高的史料价值。产品获得中央网信办的高度赞扬,由网评局重点挂标进行全网推送,总点击量达 5639 万次。"交汇点"新闻客户端打造出"昆虫记"特色新媒体品牌栏目,定位于新古典主义文艺生活阵地、专业性戏曲原创内容平台,植根于江苏特色传统文化,线上线下交互,成为江苏重要的戏曲文化传播阵地,为传统艺术的传播弘扬做出了积极贡献。《扬子晚报》教卫部与新媒体部联手,以移动直播为核心产品,突破报纸载体与地域限制,以移动直播为核心产品,将资讯传播与用户体验创新融合,赋予了"高考"新的传播魅力。

三 江苏媒体深度融合中存在的主要问题

媒体融合是一项大战略,关系意识形态阵地的主导权,媒体融合发展是大势所趋、是时代使命。虽然江苏在推动媒体融合中取得了一定的成效,但仍存在一些问题和不足。

1. 整体融合水平与江苏经济地位不匹配,区域转型发展不平衡

在人民网研究院编制的《2016 中国媒体融合传播指数报告》中,江苏整体处于融合传播的第二方阵,只有江苏电视台进入分榜单前十。在《2017 全国党报融合传播指数报告》中,江苏党报融合传播力未能进入前十行列。从地域分布来看,南京、苏州等地区各种媒体类型的融合传播力都遥遥领先于其他地区,省级媒体的巨大优势占据媒体融合传播的领先地位,苏南地区融合程度显著高于苏北地区。经济发展较为落后地区的媒体和地市级传统媒体的融合

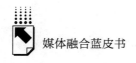

发展工作进展较为缓慢。

2. 编辑的思维方式踩不到顶层设计的点，从业者整体水平尚不能完全满足新时代媒体的发展需要

对于互联网思维，很多传统媒体人的理解较为肤浅，对一些提法只是简单地认识，并没有融入自己的实践中，所以在行动上往往背道而驰。另外，从集团层面构思设想的方案，具体落实的时候往往存在错位，花重金打造的高科技平台凸显不出其价值所在。执行者在进行融合举措时更多表现出的是一种姿态性的融合，骑着新马，跳着旧舞。一些 App 中发布的内容直接来自传统媒体，虽然立足本地，且有很强的权威性，但是可看性不足。缺乏用户思维，体现不出贴近性、亲切感。同时，从业者职业归属感不强、职业荣誉感匮乏，政治素养亟待提升。

3. 多终端多途径多媒介平台下，有效的信息分发机制依旧缺乏

虽然一些媒体在融合过程中，前期传播声量较大（记者及媒体拉动用户），有专业和深度新闻内容。但依旧存在内容不够出彩，依然以单向新闻为主，缺少互动，缺少爆炸性、可传播性内容，缺乏代表性、病毒传播案例。

4. 新媒体运营归属不明

我国媒体具有事业化体制、企业化运作的双重特点，其运营机制往往造成业务内容的重复，分散的业务路径容易造成巨大的资源浪费。尽管江苏媒体已经开始了融合新闻的转型实践，但是目前融合新闻生产仍然是按照旧有体制和旧的业务模式来运作。虽然倡导媒介融合，但是由于媒体形式不同，选题、内容制作与筛选的要求也不同，内部的合作上存在重重阻碍。

四 推动江苏媒体深度融合发展的对策与建议

江苏媒体融合处在相加阶段，亟待提速发展。当前，传统媒体通过改革内容生产模式、搭建新媒体平台、调整组织部门等方式，推动媒体融合并取得了一定的效果。媒体融合已经到向纵深推进的关键阶段，江苏媒体需要贯彻落实党的十九大报告的战略部署，按照"高度重视传播手段建设和创新，提高新闻舆论传播力、引导力、影响力、公信力"的要求，顺应以"互联网化"为核心的媒体变革新趋势和媒体融合新要求，进一步明晰媒体融合发展的思路和

路径，通过传播机制、内容生产、人才培养的变革，加快推进传统媒体与新兴媒体从初步探索走向深度融合，从局部突破走向全面深化，扎实迈向"融为一体、合而为一"的媒体深度融合新阶段，提升基于互联网的舆论引导力，进而掌握意识形态阵地的主导权。

1. 媒体融合发展中的规范建立

随着媒体融合的深入，建立统一的标准规范也成为融合发展过程中亟须解决的问题。标准化建设与协同性发展问题的解决需要融合的战略诉求有统一的顶层设计，在战略目标清晰的基础上，积极促进有共同追求的企业进行资本的运营。政府层面要出台政策法规予以不断规范，媒体层面也要进一步加强自律，推动融媒体向规范化、品牌化、精品化发展。

2. 发挥"人"在媒体深度融合中的主观能动性

媒体融合从根本上需要全员思想观念转变，从主管部门、集团领导到编辑记者等各个环节都要改变观念。要加强培养专业人才，加大人力资源投入。目前新媒体团队的领导者都是从优秀的传统媒体转型而来，但不一定所有人都适合新媒体运作，应不拘一格吸收优秀的新媒体人才，培养适合融合新闻的全媒体记者、编辑等，建立激励机制及退出机制，选好人、善用人。在媒介环境大变革的背景下，媒体机构的掌门人需要有专业敏锐的洞察力、行之有效的执行力、面对机遇的决断力，实现各方资源的优势互补、多平台的协同创新，最终形成全方位的共识。同时，应该认识到，谈转型，谈融合，首要目标是为了巩固舆论阵地，这是媒体融合的魂所在。

3. 善用互联网思维、大数据思维

要求传统媒体既要认识到本身媒介的特征和特长，也要懂得在转型发展中如何用好互联网思维。在当前媒体环境下，决策层需关注大数据、社交媒体、移动平台及云计算等对媒体深度融合的影响。媒体必须尽快加入大数据运用的行列，通过数据的获取、组织和分析，将底层的数据全部梳理和打通，展开基于大数据的用户分析、产品开发、市场拓展，建立数据中心，致力于智慧化运转。同时，运用数据技术展开舆情分析，最大限度地挖掘大数据的内在价值，进而建立一个高效综合的信息和服务平台。

4. 充分了解新媒体的传播特征

媒体融合仅仅"相加"是不够的，必须"相融"，这就要求我们善于去研

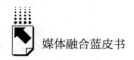

究新兴媒体的平台特性、用户的使用特征、信息的传播特征等。媒体融合是一个庞大的系统,技术力量是提升融媒体报道的创新力与传播力的基础和动力。新技术发展速度很快,新产品新现象层出不穷,传统媒体,特别是省市级媒体,单单依靠一己之力很难解决核心问题,难以形成独特竞争力。可以通过技术合作的形式,节省人力物力,补齐技术短板,使媒体专心内容生产与经营,实现"共赢"。

5. 推动新闻"自动事实核查"机制的建立

新媒体时代新闻数量呈几何级的增长,在追求速度的同时,我们必须严把政治方向,牢固树立"四个意识",防范和杜绝虚假新闻报道。面对不同媒体平台下的信息内容,依靠自然语言处理和机器学习相结合的方式进行信息准确性的核查,进而提升媒体运营效率,降低风险。

B.11
上海媒体融合总体状况与最新进展

解学芳　李　琳*

摘　要： 科技的更迭与技术创新推动了媒体产业的结构性变革。传统媒体在互联网时代饱受受众流失、经营下滑的困境，崛起的互联网新媒体则面临内容碎片化、模式同质化与运营监管难的瓶颈，融合与转型成为传统媒体与新媒体的革新之道。上海地区的媒体融合不断出现新的亮点，以上海东方传媒集团与上海报业集团为代表的媒体融合实践，助推着上海媒体融合的步伐，也提供了具有普遍性的媒体融合转型的趋势与指向。

关键词： 媒体融合　上海　SMG　上海报业集团　智媒体

　　伴随互联网技术的发展与更迭，媒体产业模式的革新与转型，行业生态的调整与整合，以受众为核心的媒体融合理念越加清晰，传统媒体与新媒体的融合已经成为媒体产业发展的必经之路。在现实意义上，媒体融合发展的浪潮将在很大程度上勾勒未来媒介的发展趋向与应用形态，加快媒体产业变革社会发展的进程，全方位塑造媒体新时代与媒体新人类。在媒体融合下，各媒体边界逐渐模糊，从媒介间的互动性融合到媒体间的组织性融合再到产业间的深度融合依次渐进，传统媒体和新媒体一体化的新型全媒体产业诞生。

　　2016 年 6 月 7 日，SMG 融媒体中心正式成立；2017 年 3 月 17 日，SMG 成

---

　　* 解学芳，同济大学人文学院艺术与文化产业系副教授，博士生导师；李琳，同济大学人文学院艺术与文化产业系博士研究生。

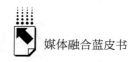
立全国首个传媒科创中心，以技术驱动媒体融合与发展；① 2018 年 2 月 28 日
上海报业集团宣布界面新闻与蓝鲸、财联社正式完成合并，② 中国财经新闻和
信息服务领域独角兽诞生；2018 年 9 月 10 日，Bilibili 站与人民日报全国党媒
信息公共平台正式签署战略合作框架协议，成立媒体融合公益基金③……诸多
实践表明上海媒体融合的进展与趋势，也映射出媒体融合实践的创新性。由
此，本文通过梳理上海传统媒体、新兴媒体的融合实践来把脉上海媒体融合的
现状与最新进展。

一 上海市传统媒体的互联网变革与融合探索

2017 年 12 月，上海颁布的《关于加快本市文化创意产业创新发展的若干
意见》中提出"进行媒体产业关键技术的研发、产业融合的探索和商业模式
的创新，积极培育网络文化龙头企业，建设 2 家至 3 家具有强大实力和传播
力、公信力、影响力的新型主流媒体集团"，④ 为传统媒体的互联网变革之路
提供了制度保障。

（一）传统媒体变革：以互联网为核心的全方位探索

对于传统媒体而言，定向定时向公众发布信息的模式已受到以互联网为
代表的现代科技革命的严峻挑战，传统媒体有限的介质与受限的方式将其带
入受众大量流失与经营下滑的困境。换言之，传统媒体提供的渠道、内容与
服务已经无法满足互联网时代受众需求多元化、个性化与复合化的诉求，且
明显滞后于受众偏好、消费行为与思维方式的急速变革。传统媒体的自救与
创新、传统媒体与新媒体的深度融合迫在眉睫。随着媒体融合逐渐进入产业

---

① 《技术成就梦想——SMG 成立国内首个传媒科创中心》，《广播与电视技术》2017 年第 4 期，
第 122 ~ 123 页。

② 赵晓明：《界面完成与蓝鲸财联社合并　要当"中国彭博"》，观察者网，https：//
www.guancha.cn/TMT/2018_ 02_ 28_ 448413. shtml，2018 年 2 月 28 日。

③ 《B 站"牵手"人民日报，官媒与商业视频网站"联营"前奏?》，http：//www.yidianzixun.com/
m/article/0K25qe5y，2018 年 9 月 12 日。

④ 《关于加快本市文化创意产业创新发展的若干意见》，《解放日报》2017 年 12 月 15 日，第 5
版。

融合阶段，传统媒体与新兴媒体简单相加的模式早已被全方位的深度融合所取代，以互联网为核心的扬长避短与相互补足的全方位探索已经成为媒体融合的重要战略选择。

传统媒体的变革首先应以互联网思维起始，改变原有的固化思维模式，认知互联网的开放性、共享性、互动性等特征，以受众的体验及参与性为出发点，开启用户定制模式，强化生产者与接受者的平等交流与互动传播的发展理念。其次，认知互联网技术是媒体生产的助推器，互联网作为一种重新构建世界的结构性力量，① 是媒体融合的内在驱力与外在动力，是推进不同媒体业态融合、打造全新互联网融媒体的核心抓手。再次，互联网作为一种崭新的组织平台与制度结构，重塑了传统媒体的运行模式与采编流程，在各个环节重新规划和扩展了媒体的发展路径，构筑了新型媒体的生态循环。最后，在互联网场域中，媒体成为社会大众发声与舆论共鸣的场所，社会大众得以在全新开放的权力场域中进行赋权与自我赋权，赋权的社会意义为媒体融合带来了思想张力与价值维度，对于传统媒体而言，只有经历"再赋权"，才能进入互联网场域。

（二）上海传统媒体产业概况：广播电视媒体与纸媒的互联网重塑

上海传统媒体产业的媒体融合进程加快，呈现资源整合，强强联合的现状。其中，上海东方传媒集团（SMG）与上海报业集团在媒体融合转型中起步较早，布局全面，以"深度融合""整体转型"为纲，经由互联网的全方位重塑，已经取得良好成效。

1. 上海传统广播电视媒体的互联网重塑

上海东方传媒集团有限公司（SMG）经过多年的资源整合与组织架构变革，已经成为以传媒产业为核心，集综艺娱乐节目制作、影视剧制作与发行、报刊发行、赛事运营、新媒体业务于一体的多媒体集团。在战略布局上，以上市公司——东方明珠为龙头，提出"娱乐＋"战略，以 IP 为核心进行多元化娱乐业务的打造，借助东方明珠的渠道优势，丰富线上线下的服务体验，

---

① 喻国明：《互联网是一种"高维"媒介——兼论"平台型媒体"是未来媒介发展的主流模式》，《新闻与写作》2015 年第 2 期。

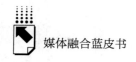

通过统一用户体系建设，基于用户流量进行多维商业价值的变现。① 在资源整合上，SMG 集团基本囊括了上海绝大多数广播电台与电视台，业务板块涵盖影视剧、动漫、综艺娱乐、财经资讯、电视购物、新媒体等诸多领域，并积极进行互联网跨媒体拓展的尝试。其中，互联网制作中心、SMG 智造、融媒体中心的建设已经成为 SMG 集团进行互联网重塑的主要抓手与阶段性成果。

互联网节目中心：台网联动、融合发展。基于网络文化的流行与网络生产的特点，SMG 充分运用了传统媒体电视节目制作经验，进行跨媒体触网尝试，实践网络媒体节目生产与运营的各种模式，于 2015 年成立了国有媒体中首个也是唯一一个以互联网内容为主要产品的制作机构"互联网节目中心"，制作了大批广受好评的网络节目——2016 年播出的首档网综产品《国民美少女》在优酷上线，在内容及流程设置上采用网友票选的直播选秀模式，在技术上采用 VR 直播，累计播放量突破 4.3 亿次，节目大受好评；此后推出的《小哥喂喂喂》采用"直播＋点播"的形式，《WOW 新家》则利用电视品牌节目《梦想改造家》的 IP 实现互联网领域的深度开发，而 2017 年推出的充满互联网特色的上海城市形象片《魔都·魔都》则邀请"网红"彩虹室内合唱团参与，成为全程采用互联网模式成功打造上海城市形象宣传的典范。互联网节目中心以娱乐内容制作为主，主打"全民娱乐"和"垂直领域"，同时将 SMG 大量传统电视媒体的优质 IP 网络化，真正做到电视台与网络平台联动、融合共建IP 衍生价值链。②

SMG 智造：内容创新与产品管理的核心系统。"SMG 智造"并非实际的节目制作单位，而是提升 SMG 内容品牌价值与产品管理模式的核心系统，主要包括一个 SMG 内容战略规划体系，两个系统（IP 内容管理系统与跨屏数据管理系统），三个产品（IP 信息集群产品、受众研究产品与跨屏数据可视化产品）。③ SMG 智造通过大数据与智能化等现代技术及时收集受众需求，随时应对市场动态，打造可供多终端查询的统一数据平台，并通过数据与平台直观且

---

① 王晓易：《"娱乐＋"战略落地：东方明珠泛娱乐生态圈这样构建》，《第一财经日报》，http://www.yicai.com/news/5277953.html，2017 年 5 月 3 日。

② 王建军：《"互联网＋"时代的媒体融合》，上海交通大学出版社，2018，第 92～93 页。

③ 王建军：《"互联网＋"时代的媒体融合》，上海交通大学出版社，2018，第 102～104 页。

实时了解媒体融合产业各项细微变化，运用内容产品测试空间和全流程测评系统科学评估节目模式与预测受众喜好，从行业瞬息万变中窥见媒体市场所面临的机遇和未来媒体融合发展的趋势。

融媒体中心：构建融媒体平台和产品。SMG 融媒体中心于 2016 年 6 月 7 日正式成立，通过对融媒体平台和产品的构建，主打"1+3 模式"，即一是传统电视频道的东方卫视，二是 SMG 所属东方明珠新媒体公司的 IPTV、手机电视和 BesTV 互联网电视平台，三是手机移动端。在移动端，内容以新闻、看点、直播等多种方式呈现，① 传统媒体与新媒体的人力资源、内容资源、技术资源得以在融媒体中心实现整合、融合。

2. 上海传统纸媒的互联网重塑

传统纸媒遭遇"关停潮"：传统纸媒体与互联网的融合刻不容缓。在上海报业集团合并组建初期，旗下共有正常出版的报刊 32 家，是全国报业集团拥有报刊量最多的。2015 年以来，上海报业集团重点对长期亏损和资不抵债的低效、无效资产进行了清理，以《新闻晚报》《东方早报》等为代表的近三分之一的传统报刊遭遇休刊。因此，集团实际运营的报刊数量从 32 家下降到 21 家。② 与此同时，上海文广集团主管主办的《天天新报》停刊、上海世纪出版股份有限公司的《上海商报》《伊周 Femina》停刊，上海文艺出版总社主办的《上海壹周》停刊……上海传统纸媒的美好时代的消失宣告了一个时代的终结，也意味着传统媒体与互联网联姻、向新媒体转型的迫切性。

国有资本的媒体融合与转型：整合重组与互联网革命。2013 年经由解放日报报业集团与文汇新民联合报业集团整合重组，上海报业集团一跃成为上海传统纸媒的集大成者。近年，上海报业集团积极推进现代新型主流媒体集团建设，以媒体融合为抓手，开展以"3+2+4"为布局的媒体融合进程——"3"即以三大报为代表推进"上观新闻""文汇""新民"三大融媒体平台建设；"2"是打造澎湃和界面新媒体；"4"是聚焦国际传播媒体、信息产品、财经

---

① 陶秋石：《SMG 是如何打造自己的融媒体品牌的》，http：//www.sohu.com/a/165915298_
653748，2017 年 8 月 19 日。

② 《上海报业集团关停并转 91 家企业，1/3 报刊休刊，分流 2404 人》，http：//www.sohu.com/
a/224684373_351788，2018 年 3 月 1 日。

服务与综合信息服务四大细分领域，打造特色新媒体产品，力争成为上海传媒与上海文化品牌的领导者。① 在资源整合上，上海报业集团对旗下的报纸、期刊、出版社、网站进行深入调整与改革，剥离劣质资产和同质化产业，优化媒体融合布局；在组织架构上，上海报业集团积极推动内部制度创新，以绩效激励与考核制度激发团队活力，释放创新活力。其中，澎湃作为上海报业集团全力打造的现象级媒体融合平台，在资金募集及金融合作上走在了全国媒体融合的前面。2016 年 12 月 28 日，六家国有独资或全资企业战略入股澎湃新闻，增资总额达 6.1 亿元，增资完成后，上海报业集团仍保持绝对控股地位和对澎湃新闻内容导向、采编人事任免等的管理。② 可见，通过国有资本的力量助推媒体融合，向互联网媒体全面转型，成为媒体融合的重要趋势。

从纸媒到数媒：全媒体转型开启。纸媒的代表《东方早报》于 2003 年创立，主旨是服务上海和长三角的经济发展，提供决策参考、信息咨询和生活指南。但随着纸媒的衰落、用户不断流失，《东方早报》传达咨询、提供参考的功能逐步被同类型的新媒体澎湃新闻所取代，至 2017 年 1 月 1 日起《东方早报》正式休刊，上海报业集团将《东方早报》原有的新闻报道、舆论引导功能，全部转移至澎湃新闻网；与此同时，《东方早报》通过数字化方式也实现了整体转型，脱胎换骨，重返市场。此外，上海报业集团还与人民网合作发布面向"90 后"的以场景阅读为特色的泛阅读类资讯 App"唔哩"，以及 2017年底上海报业集团重组的界面·财联社，作为持有 A 级新闻牌照的主流财经新闻集团和财经通讯社成为融媒体的现象级产品。③

二　上海市新媒体的创新牵引与融媒体新进展

媒介形态的创新离不开技术的支撑与牵引，当前传统媒体与新媒体的融合

---

① 《上海报业集团关停并转 91 家企业，1/3 报刊休刊，分流 2404 人》，http：//www. sohu. com/a/224684373_ 351788，2018 年 3 月 1 日。

② 周子静：《东方早报整体转型，澎湃新闻引进 6.1 亿国有战略投资》，http：//www. thepaper. cn/ newsDetail_ forward_ 1588957，2016 年 12 月 28 日。

③ 铁林：《界面与蓝鲸·财联社合并，提到的那张 A 级新闻牌照意味着什么？》，http：// www. sohu. com/a/224612407_ 141927，2018 年 3 月 1 日。

趋势与格局已经形成，以 SMG 与上海报业集团为代表打造的融媒体产业与全媒体矩阵正在逐步展开。

（一）新媒体融合："三微一端"与深度内容的交融

新媒体由于不受介质与时空限制的传播与互动模式在科技创新日新月异的契机下加速发展，用户流量稳健上升，新媒体呈现百花齐放、百家争鸣的发展图景。但新媒体浪潮同样带来了信息时效性极速削弱、内容产业越发碎片化、粗浅内容难以维系深层阅读需求、模式同质化、同类型产品可替代性高、用户忠诚度难以养成、运营与管理困难等问题。与传统媒体资源共享、优势互补，获取传统媒体内容制作与运营管理经验已经成为当下新媒体的共同诉求。在新媒体打造的"三微一端"（微信、微博、微视频和客户端）平台上，传统媒体与新媒体的深度融合正蓄势待发。

在新媒体矩阵中，微信与微博等社交平台的内容到达度与接受度最高，受众间互动性最佳，其强势内容可以帮助微信与微博类渠道产生与激发流量，支撑渠道实现价值的传递与增值，凸显内容产业与 IP 的价值。[1] 在应用 App 与客户端中，采用传统媒体深耕内容产业的采编流程，以深度内容满足受众在新媒体平台的阅读需求，能够极大地培养用户忠诚度，以内容优势赢得发展优势。[2] 而微视频作为当前新崛起的内容渠道，目前还停留在以娱乐为主的浅内容时期，与优质内容产业深度融合是其升级的关键所在。此外，新媒体融合过程中，应注重主流媒体与新媒体的主流价值导向性，注意媒体的赋权与社会大众的自我赋权的实现，以主动融合的方式拥抱传统媒体优质内容与运营经验。当前，媒体渠道继续纵向展开，新媒体与融媒体的实践已经逐渐深入社群、社区等全新场域中，全媒体创新与融合格局形成。

（二）视听新媒体：SMG 融媒体中心的"1+3"布局

SMG 融媒体中心拥有"看看新闻""第一财经"等 60 余个互联网网站，

---

① 王建军：《"互联网+"时代的媒体融合》，上海交通大学出版社，2018，第 6 页。
② 刘奇葆：《加快推动传统媒体和新兴媒体融合发展》，http：//www.farmer.com.cn/newzt/rh/wz/201409/t20140923_984945_1.htm，2014 年 4 月 23 日。

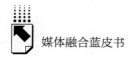

开设了 300 多个微博账号以及 250 余个微信公众号，形成了以 BesTV 作为渠道平台，看看新闻 Knews、阿基米德、第一财经为垂直产品的"1 + 3"布局。SMG 通过全媒体集群的发展，成功构建起"互联网 + 广播电视"视听互动的立体化传播体系，为广大受众带来了全新的视听体验与价值创造。

其中，BesTV 作为 SMG 统一品牌的多渠道视频集成与分发平台，拥有 IPTV、互联网电视、有线数字付费电视、手机移动电视等多种传播渠道，并拥有统一的内容生产、制作、传输、分发、运营平台，BesTV 围绕家庭泛娱乐需求，通过一云多屏技术全力发展增值业务和移动互联网业务，成为我国最大的多渠道新媒体全业务平台；看看新闻 Knews 是以"原创 + 视频聚合"为特性的视频新闻客户端，拥有面向海内外 24 小时持续直播的互联网视频新闻流"Knews24"，真正实现了在手机端、PC 端、户外大屏、IPTV 用户端、OTT 用户端以及传统电视大屏的全屏覆盖；阿基米德作为传统广播媒体与互联网融合的产物，相继导入了中央人民广播电台、中国国际广播电台等数千个节目，建立起个性化节目社区为受众提供定制专属服务；① 在第一财经体系中，2016 年 SMG 推出英文互联网媒体"YICAI GLOBAL"（一财全球），为全世界媒体提供来自中国第一手的准确、丰富的财经资讯，并成为彭博、道琼斯的重要内容合作伙伴，并与 Twitter 开展战略级合作。②

（三）全媒体矩阵，国有与民营资本塑造的新格局

国有企业的代表上海报业集团拥有网站、客户端、微博、微信公众号、手机报、搜索引擎中间页、移动端内置聚合分发平台等近 10 种新媒体形态，端口 267 个，新媒体用户超过 3.2 亿人；媒体移动客户端 12 个，微信公众号 193 个，微博账号 43 个，PC 端网站 17 个，③ 是"上观""澎湃""界面"等新媒体品牌的缔造者。其中，澎湃新闻已经成为中文互联网原创

---

① 诸葛漪：《老牌传统媒体深刻变化　上海广播正华丽"转身"》，《解放日报》2016 年 10 月 26 日，第 1 版。

② 刘佳：《第一财经正式发布英文资讯产品"一财全球"》，第一财经，http：//www.yicai.com/news/5021088.html，2016 年 5 月 31 日。

③ 裘新：《新媒体已占集团半壁江山，界面正成为国内最快传播最广的财经新媒体》，http：//baijiahao.baidu.com/s？id = 1593801173534596535&wfr = spider&for = pc，2018 年 3 月 2 日。

新闻最重要的全媒体内容供应商之一。一方面，在国际传播媒体领域，推出澎湃新闻的全新英文产品——"第六声"（Sixth Tone）与《上海日报》（Shanghai Daily）全新融媒体产品 SHINE，用文字、图片、视频结合的多元化形式打造世界认识中国的第一窗口。① 另一方面，澎湃作为 UGC 新闻模式的探索者，采用标签式的资讯划分方式增加分类内容趋势、为受众提供定制化服务，其选择性跟进新闻、最新动态都满足了受众深度阅读的需求。此外，澎湃定位于时政报道，在思想深度与观点争鸣上兼容并包，并树立自身文风，将"通俗"和"个性"作为风格创新的两个目标，从众多新闻媒体中脱颖而出；在互动性上，澎湃在每一条内容后都设置了两个按钮，"评论"和"问答"，更有各个领域的大家开设的个人言论栏目，提供场域供受众的理性探讨和辩论。②

民营企业的新媒体代表喜马拉雅 FM 独树一帜。喜马拉雅 FM 作为音频分享平台成立于 2012 年 8 月，其移动客户端"喜马拉雅 App" 2013 年 3 月上线，用户规模实现 4.7 亿人，日活跃用户人均使用时长达 128 分钟，在移动音频行业的市场占有率为 73%，成为全国规模最大的在线移动音频分享平台；③ 喜马拉雅 FM 还创新性地将出版社、作家、主播、粉丝等通过平台高度融合在一起，成为上海媒体融合的民营龙头示范企业。另外，蜻蜓 FM 是上海广播媒体融合的典型代表。蜻蜓 FM 是由上海麦克风文化传媒于 2011 年 9 月成立的基于互联网的有声内容服务平台，它不仅与 3000 多家电台广播合作提供中国内地、港澳台地区与海外地区的广播服务，还汇聚版权内容、主播等优质音频 IP，现用户规模已经超过 3 亿人，日活跃用户达 1200 万人，每天累计收听时长超 2800 万小时，成为知名的声音聚合类的 PGC 平台。④ 可见，新媒体时代

① 张骏：《上海日报全新融媒体产品 SHINE 上线，在英语世界讲述真实生动的中国故事》，http：//www.sohu.com/a/197694376_ 119707，2017 年 10 月 12 日。
② 尚月丰：《澎湃新闻拿了 6.1 亿国有投资，新媒体成了国有资本宠儿？》，http：//baike.baidu.com/tashuo/browse/content? id=5f49614e08617264eef48ee3&lemmaId=&fromLemmaModule=pcBottom，2017 年 8 月 27 日。
③ 张杰：《喜马拉雅究竟上不上市？投资人透露规划却遭官方否认》，《华夏时报》，http：//www.chinatimes.net.cn/article/77264.html，2018 年 5 月 27 日。
④ 杨鑫健：《蜻蜓 FM：付费音频内容贡献一半收入，计划在两到三年内上市》，http：//baijiahao.baidu.com/s? id=16023411268771116206&wfr=spider&for=pc，2018 年 6 月 4 日。

的广播电台的转型重心是聚焦移动互联网技术，实现"微信、微博、App、网络直播"四体合一的融媒体传播平台的打造。①

三　上海媒体融合的路径与未来趋向

（一）上海媒体融合的优化路径

在顶层设计与政策保障上，继续深入推进媒体融合的体制创新、强化制度扶持。一方面，体制创新是媒体融合的重要推力，针对融媒体与新媒体特性，应加快深化媒体企业治理变革，进一步细化配套管理措施，如专业职务序列，职业经理人制度等，构建更为科学合理的决策机制和组织机构；② 适时采用股权激励、薪酬考核机制厚植核心人才，培养优秀制作团队，激发内部创新活力。另一方面，利用上海作为金融中心的优势，促进媒体融合资本的多元化建设。资本是推动媒体融合发展的重要途径，随着国有资本进入新媒体领域，媒体融合的资本多元化建设逐步开启，国有资本投资、运营新媒体将在未来发挥举足轻重的作用。③ 此外，积极完善文化金融服务，设立媒体融合基金，保障新媒体品牌快速发展。"八二五新媒体产业基金""瑞力创新媒体基金"以及2017年11月成立的"众源母基金"……接连不断的文化金融服务与基金服务表现出对媒体融合由"点"到"线"到"面"的扶持力度不断加大。

在科技赋权与技术赋能上，注重媒体融合间的赋权方式与赋能路径。科技的演化推动了互联网场域的不断开放，流动性的、无主体性的权力架构使传统媒体间的二元对立关系被解构，赋权与自我赋权成为新媒体的重要社会特征。伴随媒体融合趋势的推进，科技赋权与技术赋能成为媒体融合开放场域中的重要抓手。一方面，紧跟技术发展前沿，运用大数据、云计算、机器学习、算法推荐促进媒体融合的进程。媒体融合的技术驱动属性使在媒体产业创新与企业

---

① 窦浩：《新媒体时代广播电台的融合发展路径》，《传媒》2017年第5期。

② 郭全中：《媒体融合转型中的资本运作——从SMG的"百视通"吸收合并"东方明珠"的案例谈起》，《新闻与写作》2015年第4期。

③ 罗新宇：《国有资本投资、运营公司是重大创新》，http：//www.360doc.com/content/17/0721/17/18915734_ 673118595.shtml，2017年7月21日。

发展中，科技创新与应用实践成为媒体融合的生命线，足够的技术储备可以保障企业在各项技术线与产品线上实现协同发展与多向度融合。另一方面，发挥传统媒体监管经验，优化媒体融合生态环境。在新媒体空间中形成科学高效的新闻审稿制度，既要确保时效性与互动性，又要保障新闻品质和坚持正确的舆论导向，有效确保媒体融合后在互联网空间延伸媒体应有的责任意识，[①] 让融媒体变成自主可控、传播力强的新型传播平台。

借助资本市场，打造上海特色新媒体矩阵。上海尽管拥有 SMG 与上海报业集团等龙头媒体集团在媒体融合过程中发挥积极引领的作用，但还是主要集中在国有媒体传统优势领域，民营新媒体优质资源零散，加快形成"龙头引领、外围补充"的多元发展格局至关重要。[②] 当前上海媒体在新闻传播、电视媒体、网络文学、网络视听、二次元文化领域涌现了一批在全国范围内有影响力的优秀企业与项目，应借助资本的力量和政策红利加快助推新媒体优势企业的发展，促进上海媒体产业间文化、创意、科技、资本诸要素的融合，以 IP 内容作为核心贯彻媒体生态产业链，打造出具有上海特色的新媒体集群。

（二）上海媒体融合的未来趋向

从"我是我，你是你"的初级融合阶段、"我中有你，你中有我"的中级融合阶段向"你就是我，我就是你"的深度融合阶段转型。"媒体融合"是传统媒体与新媒体在各个层面的全面融合与变革，是不断演进、动态、复杂的系统工程。上海媒体融合发展已经处于"我中有你，你中有我"的阶段，各种媒介资源、文化要素、内容资本、技术应用、人才资本实现共享融通，形成了整体化的组织结构、传播体系和管理体制。[③] 但这并非媒体融合的目标，媒体融合应继续向"你就是我，我就是你"的完全融合阶段迈进，新旧媒体的区分不再存在，媒体间内容、渠道、平台、技术、产品、组织架构、制度流程、经营管理等资源完美共享于网络空间中，全媒体将代以崭新的内涵重新定义社会发展和生活方式的巨变。

---

① 何小兰：《上海媒体融合转型的现状、难点和对策》，《中国出版》2018 年第 13 期。
② 曾原：《上海专业财经媒体融合发展的策略研究》，《新闻记者》2015 年第 5 期。
③ 刘奇葆：《加快推动传统媒体和新兴媒体融合发展》，http://www.farmer.com.cn/newzt/rh/wz/201409/t20140923_984945_1.htm，2014 年 4 月 23 日。

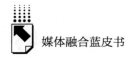

媒体融合蓝皮书

从"融媒体"向"智媒体"转型的 AI 时代开启。高新科技的快速发展指明了未来媒体融合发展的路径——物的智能化和人的数字化，最终社会的运行将建立在大数据和智能化的基础上。① "互联网＋"时代无处不在的"连接"与积淀的"大数据"为人工智能时代的开启准备了基础要素。在全球垂直领域的信息报道中，人工智能写稿已高频率呈现。"智媒体"时代已悄然来临——国外的美联社 Wordsmith 平台、《洛杉矶时报》Quakebot 生成系统、《华盛顿邮报》的 Truth teller、《纽约时报》的 Blossom、路透社的 Open Calais、《卫报》的 Open001，国内的 Dreamwriter（腾讯）、度秘 Duer（百度）、Xiaomingbot（今日头条）与媒体大脑（新华社）……大数据挖掘、语音与图像识别、机器学习/深度学习、智能算法等在新媒体传播中的普遍适用性助推着智媒体崛起成大势所趋。智媒体将为媒体生产、分发、传播等各个环节带来崭新的变化，赋予传统媒体、新兴媒体实现精准传播更多可能性。②

四　结语

总体而言，上海媒体融合转型的战略布局清晰，发展定位准确，阶段性成果突出，但难点与问题同时并存。首先，上海媒体缺乏在影响力、体量上能够真正与商业性新闻客户端相抗衡的平台级品牌。其次，虽然部分媒体产品较为优秀，但由于缺乏成熟的商业模式，也未能将内容传播与社交服务完美融合，要从同质化产品中脱颖而出较难，缺乏较大号召力与影响力。再次，媒体融合在实践过程中存在各种各样的现实困境，包括媒体企业内部组织疏离、业务链条缺失，传统媒体与新媒体渠道端口配置失衡，难以形成稳定有效的新型融合组织结构等瓶颈问题。③ 最后，由于媒体具有宣传与舆论引导的特殊属性，对于大型主流媒体而言，如何在界限内达到开放、自定义、以受众为中心的传媒景观，又能让可控成为融合转型中的保障，护卫媒体的持续发展，是值得深思

---

① 陈刚：《数字逻辑与媒体融合》，《新闻大学》2016 年第 2 期。
② 曾祥敏、姜宇佳：《内容创新　技术赋能　平台化建设——2017 年媒体融合发展综述》，《电视研究》2018 年第 3 期。
③ 吕楠：《融合型媒体组织的探索——以上海广播电视台融媒体中心为例》，《新闻记者》2017 年第 6 期。

的问题。上海作为最早的对外开放窗口，对内展示上海风情，对外展示中国精神。上海媒体融合不应拘泥于本地性，而是走出上海、走出中国，成为全球新媒体传播格局的一部分。当前，上海媒体融合依托自身在外宣领域内容生产、渠道建设以及人才储备等方面的优势，通过 ICS 英文频道、第一财经、澎湃新闻及诸多其他媒体产品的英文内容与海外媒体开展合作，已经积极参与到国际媒体传播网络中。① 在现代科技日新月异带来的大变革时代，上海应加快现代新型媒介传播体系与全媒体产业的构建，立足国际传播网络发出中国声音、提供中国视角，提高中国媒体的国际话语权。这不仅是上海媒体融合的发展目标，更应该成为当前中国媒体发展义不容辞的责任与义务。

---

① 裘新：《在融合发展中巩固拓展主流舆论阵地》，《新闻记者》2017 年第 11 期。

B.12
知著见微：浙江媒体融合涌现新模式*

邵 鹏 朱钰嘉**

摘 要： 浙江是全国的经济强省、文化大省，其传媒产业实力在全国也是名列前茅。近年来浙江省的媒体融合发展对传媒产业带来了诸多的创新突破，也形成了很多有全国代表性的融合新模式，媒体的传播力和影响力得到全面提升。2017 年浙江大学传媒与国际文化学院牵头的浙江省媒介融合评估组，对浙江全省 11 个设区市媒体深度融合发展情况进行了全面评估。本报告结合浙江省媒介融合评估报告，从宏观、微观两个维度对浙江省 2017~2018 年媒体融合发展现状进行综合阐述。

关键词： 浙江传媒产业 媒介融合 传播矩阵 中央厨房 基层融合实践

经过多年的摸索与实践，媒体融合已经从形式上的"合"转入全方位的"融"。浙江省的媒体融合，从宏观层面上已经形成了上下一致、全力推动的大趋势，而在微观层面上，则出现了很多像浙江日报报业集团、温州日报报业集团这样全国性的融合典范。

---

* 国家社会科学基金项目"人类命运共同体理念与全球传播秩序重建研究"（项目编号：18BXW062）、中国博士后基金第 58 批面上资助课题"媒介融合背景下中国传统媒体角色研究"（项目编号：2015M581058）阶段性成果。

** 邵鹏，浙江工业大学人文学院广播电视学系副教授、浙江省舆情研究中心特约研究员、博士；朱钰嘉，浙江工业大学人文学院新闻传播学硕士研究生。

一 宏观层面：媒体融合全面推进效果显著

推动传统媒体与新兴媒体融合发展是习近平总书记在 2014 年就提出的重要战略部署，也是传媒领域中一场刻不容缓的创新变革。在这个过程中，浙江省媒体融合工作通过政府政策扶持、重点项目推动、媒体导向管理使融合传播效果显著提升，并形成县域融合的浙江特色。

（一）融合实践中的政企结合：扶持、推动与管理

当前，浙江省各级党委政府普遍已经出台了具体的政策措施，加大对媒体融合的扶持力度。调研中发现，浙江日报报业集团（以下简称"浙报集团"）和浙江广电集团积极利用各种资源来满足用户的多层次需求。其中，浙报集团自主研发支撑"中央厨房"的技术平台"媒立方"，在真正意义上建立起融合纸媒、网站、App、两微等多种媒体形态的内容生产和传播平台。浙江广电集团投资 2 亿多元建设的"中国蓝云"项目，是国内首次基于混合云（私有云、场外专属云和公有云）全互通设计，适配新型广电全媒体融合业务的生产平台。

浙江省各地市也先后出台关于推动传统媒体和新兴媒体融合发展的实施意见，就深化媒体融合发展认识、打造现代传播体系、创新内容生产、优化体制机制、强化工作保障等方面制定了时间表、路线图和任务书。其中，多地成立媒体融合工作领导小组或联席会议制度，定期召开会议协调部署工作。例如，衢州市委市政府成立了以市委书记任组长的推进媒体深度融合工作领导小组，市委常委、宣传部部长任组长的推进媒体深度融合工作小组，建立了联席会议制度。温州市于 2016 年和 2017 年将媒体融合工作纳入文化体制改革专项小组的首要任务，落实牵头单位为市委宣传部，市财政局、市文广新局、温州日报报业集团、温州广电传媒集团参与。金华市则建立了由金华市委宣传部牵头总抓，网信办、文广新局、发改委、经信委、财政局、科技局、通信运营商等部门和主要新闻单位参加的市媒体深度融合联席会议制度和相关工作规则，进一步明确职责、凝聚合力、完善保障。在日常工作中，各地各单位结合自身职能，在立项审批、财政预算、智慧城市等方面给予大力支持，形成了政府扶持

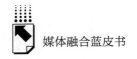

媒体融合发展的良好工作氛围和工作合力。

浙江省媒体融合发展以重点项目为抓手，有序推进媒体深度融合发展的思路非常明确。浙报集团从调整组织架构入手，重新梳理和优化重组编采发流程，以"大编辑中心＋垂直采编部门"模式，锤炼出一支具备全媒体采编播技能的队伍。浙江广电集团则以新蓝网为平台核心，以自主知识产权内容为依托，发挥集团各层级、各频道积极性，在进一步巩固广播、电视渠道的基础上，落实"移动优先"战略。

浙江省内其他地市，如湖州广播电视传媒集团于 2012 年在省内率先提出媒体融合以"中央厨房"项目运作的概念，经过几年发展，湖广集团的"中央厨房"项目已经实现了线索派发、信息采集、信息共享、深度加工和信息发布等五个主要功能。温州日报报业集团 2013 年就开始探索媒体融合，推动理念再造、渠道再造和流程再造。目前集团建设全新的中央厨房，打造党报立体传播、都市生活传播、社区服务传播和对外传播四大方阵，"两微一端"共计 20 多个融合平台，聚集用户 1200 多万人。杭报集团按照"十三五"规划确定的工作思路，紧紧围绕"一个中心、两大平台、四大支撑"的发展战略，抢抓"互联网＋"新技术的风口机遇，打造智能传媒平台，加快发展移动客户端。杭州文广集团则相继推出了多个业内领先的融媒体新产品，如开吧 App 在全国 40 多个城市提供汽车维权服务、搭建"电台节目＋现场连线＋视频直播＋新媒体互动"四位一体的视听新模式、通过"杭州之家"App 打造政务查询预约服务的公共信息平台。金华市对新闻客户端进行扩容升级，实现"客户端＋敏感事件""客户端＋民生服务"，将市级媒体融入"智慧城市"建设。

除此之外，浙江省在推进媒体深度融合的过程中，坚持一手抓发展、一手抓管理。杭报集团近年来陆续出台了一系列有关导向管理的实施办法，按照党管媒体的原则，严格宣传纪律，统一网上网下导向要求，落实主管主办和属地管理责任，各部门、各单位在出台的相关文件中也都明确了单位、部门与个人的管理责任，完善了把关流程。嘉兴市按照传统媒体和新媒体"一个标准、一把尺子、一条底线"的要求，实施全流程导向管理、全覆盖制度建设、全方位安全保障，确保媒体融合发展沿着正确轨道推进。绍兴市分别出台《绍兴市新闻单位主办网络媒体导向管理办法》《绍兴市微博账号微信公众号管理办法》等，明确了相关部门的日常导向监管责任，实行严格的监督检查、情况通报、纠偏纠错等制度。金华市重视新媒体从业人员的马克思主义新闻观教育和形势政治教育，深入开展网络媒体"走转改"和"三项学习教育"等活动，把牢导向关卡，把党管媒体的原则贯彻到新媒体领域。

（二）媒体融合的社会效益与经济效益显著提升

媒体融合发展的根本目标就是要巩固宣传思想文化阵地、壮大主流思想舆论，提升主流媒体的传播力、公信力和影响力。本次调研收集的数据显示：浙江媒体深度融合的推进，显著提升了浙江主流媒体的传播效果。

浙报集团已初步构建起了以互联网传播为主要渠道、以报纸传播为重要依托的新型传播格局。截至目前，集团互联网注册用户共有 6.6 亿人，活跃用户5000 多万人，其中移动用户 3000 多万人。

浙江广电集团基于广播电视渠道的生产特质，从 2015 年开始，在大型新闻行动和主题报道中探索融媒体新闻中心报道机制，形成"新媒体首发、全媒体跟进、融媒体传播"的宣传新格局。2016 年 G20 峰会的报道，除常规报道外，还特别推出了兼具视觉与可玩性的动漫、微视频、H5 产品，实现"线上＋线下"全面互动，实现 G20 峰会宣传报道更接地气、更亲民。

除了省级媒体外，各地市媒体融合发展的效益也在显著提升。例如，杭报集团通过媒体融合发展，已经成为用户量大、传播和引导能力强的智媒体，成为基于移动互联网的现代文化传媒集团。2017 年上半年，杭报集团被中国报协评为"2017 年度中国媒体深度融合 30 强"。在全国报业断崖式下挫和行业颠覆式冲击的大环境下，2016 年杭报集团总营收逆势上涨，实现 U 字形反转，达到两位数速度增长。集团非报业收入达到 56% 以上，产业结构进一步优化。宁波日报报业集团推出的"甬派"移动新闻客户端，截至 2017 年 5 月，注册用户已达到 150 万人，日活跃度保持在 22%～25%，不仅是宁波地区最大的新媒体，也成为长三角颇具影响力的移动新闻客户端。温州新闻客户端目前下载量达 40 万次，单条稿件最高点击量 78 万多次，人民网 2016 年发布的全国新闻网站 App 排行榜上，温州新闻位列全国第 23 名。《温州都市报》建设"一报一网一视频、两微两端两公司"，受众从 30 万人跃升到 690 万人。湖州发布 2016 年获得浙江省政务新媒体最佳亲民奖和全国"最具潜力政务头条号"，2017 年被中国互联网协会等单位评为 2016～2017 年全国政务新媒体

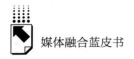

（发布）"最具影响力品牌"50强。嘉兴在线新闻网站日浏览量稳定在125万次以上，连年被评为全国地市新闻网站十大最具品牌影响力网站，最近几年连续荣获浙江新闻奖一、二、三等奖。

（三）县级媒体融合形成浙江特色

县级媒体融合是浙江省新闻事业发展的基础部分，承担着将党和政府声音传递到千家万户的重要职责，在传播主流价值观、引导社会舆论和推动地方经济社会发展中具有不可替代的重要作用。县级媒体所在区域较小、新闻资源有限，报纸和广电媒体各自为政，导致功能重复、内容同质、力量分散等问题，亟待推进资源整合和融合发展。经过探索，浙江已经涌现出全国领先的县域媒体整合发展个案，为浙江乃至全国其他县级媒体融合发展提供了有益的参考。

浙江县级媒体整合发展较为典型的是湖州市下辖的三县媒体，通过体制机制调整，三县均组建了融合媒体集团。2011年4月，长兴传媒集团组建，成为全国第一家县域全媒体传媒集团。2014年1月，安吉新闻集团成立。2016年3月，德清新闻中心完成融合。三县媒体集团各自拥有报纸、广播、电视、网站、"两微一端"、楼宇电视、城乡大屏、部分户外广告等县域最全的媒体资源。

其中，长兴传媒集团系全国第一家整合广电和报业资源的县域全媒体传媒集团，于2012年初成立全媒体新闻集成平台，2014年提出推进"媒体融合"，2016年全媒体新闻集成平台优化升级为融媒体平台，2017年4月组建融媒中心，改"一平台一中心一室"为"十部室"，筹建融媒体中心指挥平台，旨在探索适应新形势下的新闻信息生产传播规律，升级再造采编播全平台生产流程，强化"一次采集、多种生成、多元传播"模式，推动信息内容、技术应用、平台终端、人才队伍共享融通，促进管理扁平化、功能集成化、产品全媒化。融媒体中心还努力转化网络、慧源公司的优势资源，提高大数据分析、舆情研判等能力，助力打造具有传播力、公信力、影响力的智慧型融媒体集团，以大智慧、大格局引领长兴传媒各项宣传工作。长兴传媒集团的媒体融合经验，曾被国家新闻出版广电总局列为2016年推广的17个典型案例之一。

同样，安吉新闻集团已经实现了全方位融合媒体平台和多元化重塑编播流程，并且有针对性地开展内容改造。安吉新闻集团通过云平台的建设，一方面，实现了全县域内的数据资源共享，从而使网络舆情可管可控，成为党和政府控制网络舆情传播的有力助手，也极大地方便了市民的生活和出行。另一方面，通过整合广电系统、互联网系统和呼叫系统应用资源，在全县范围内建设了大量免费 WiFi 网络，为安吉县的美丽乡村建设提供了信息支撑。安吉新闻集团还围绕"文创产业做精做优，打响品牌""网络产业依托服务，提质增效""信息产业开拓创新，破难奋进"等方面，扎实推进县域媒体融合工作。此外，安吉新闻集团还通过"跨区域复制模式""跨区域输出技术""跨区域搭建平台"等方式，一方面探索媒体融合的赢利模式；另一方面帮助其他县市推进媒体融合工作。

除湖州县域媒体之外，浙江其他县区也结合地方实际，探索县域媒体整合发展的路子。例如，2010 年 6 月，原镇海人民广播电台、镇海电视台、镇海新闻网络中心三家单位整合成镇海区新闻中心，下设镇海广播电台、镇海电视台、《今日镇海》、镇海新闻网四家媒体，为省内首家实行"四媒合一"建制的县区级新闻媒体。新成立的镇海区新闻中心"四媒合一"，统一管理"两微一端"，打破了报纸与广播电视、传统媒体与新兴媒体的壁垒。舟山市所属四区（县）已有三个（定海、普陀、嵊泗）完成了媒体机构整合。融合发展较为彻底的定海区新闻中心历经三次改革，构建了采编流程融合、组织架构融合和人员融合的体系，统一报题、统一策划、统一采访、统一编辑。永嘉全面推进县广播电视台和县新闻中心两家县属媒体机构的人财物全要素融合，形成统一领导和指挥的传媒集团，实行董事长（台长）和总编辑（正科级）负责制，实行党委领导与法人治理相结合的领导体制，并参照"中央厨房"的方式对两家单位的人员和运作体系进行重构，初步形成"一体策划、一次采集、多种生成、多元传播、全天滚动"的工作格局。具体措施方面，如义乌市两家媒体积极与省级媒体开展深度合作，同时借助多家新媒体平台实现本地资讯产品的一键分发。义乌城市网也与乐清城市网达成跨区域股份制合作，开启新媒体自我"造血"之门。

二　微观层面：传媒集团融合创新亮点频现

浙江省媒体融合着力构建拥有强大实力和传播力、公信力、影响力的新型媒体集团，已经形成了一批具有全国代表性的新型传媒企业集团。

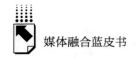
（一）浙江日报报业集团：资本支撑技术，技术推动融合

浙江日报报业集团（以下简称"浙报集团"）"跨界并购"的融合发展模式一直被业界和学界广泛关注，并被认为是中国媒体融合领域中具有独特性和代表性的"浙报模式"。2017 年浙报集团从全国 200 多家申报单位中脱颖而出，成为全国出版融合发展重点实验室的建设依托单位之一，成为入选单位中仅有的两家报业集团之一。

浙报集团的融合发展历程，主要在 2011 年集团借壳上市之后，果断斥资32 亿元收购边锋与浩方的游戏平台，开启"新闻＋娱乐＋社区化"内容架构。此后，浙报集团以"建设互联网枢纽型传媒集团"为战略目标，积极推进"报＋网＋端"深度融合，以资本运作、跨界并购、聚合用户为战略重点，逐渐形成了"三圈环流、三端融合、三点发力"的新型传播格局。①

近年来浙报集团的媒体融合发展更强调技术对于融合的支持和推动作用，并且强调技术研发的自主可控。浙报集团从 2014 年开始规划设计；2015 年开始项目建设，在多年的持续投入下，集团创新研发建成融媒体智能化传播服务平台"媒立方"，成为"数据驱动新闻，智能重构媒体"的理念实践样本。②

浙报集团以"媒立方"为技术支撑的"中央厨房"，作为一个开放的动态数据平台，不仅具有统一指挥、一体化生产、播发、运营的功能，更能够依靠数据在线联结一切，打造"内容＋一切端口"的模式，实现新闻采编数据的共建共享。目前，"媒立方"平台还在研发音视频中心，利用云端大容量的存储空间，构建浙报集团自有视频资源库。同时，利用云端专业的跨平台视频编解码技术、大规模视频内容分发网络和高质量转码计算服务，构建浙报集团自有在线直播平台。③

此外，浙报集团还在浙江省委宣传部的指导下开发"浙江媒体云"，将来

---

① 鲍洪俊：《实施三三战略 强化内容生产 推进媒体融合——浙江日报报业集团推进媒体融合发展的创新尝试》，《中国记者》2016 年第 6 期。

② 徐园、李伟忠：《数据驱动新闻 智能重构媒体——浙报集团"媒立方"技术平台建设的实践与思考》，《新闻与写作》2018 年第 1 期。

③ 徐园、李伟忠：《数据驱动新闻 智能重构媒体——浙报集团"媒立方"技术平台建设的实践与思考》，《新闻与写作》2018 年第 1 期。

其他中小媒体也可以在这个媒体行业云下进行各自"中央厨房"的建设开发，实现内容、渠道、平台、经营、管理全面融合。

（二）浙江广播电视集团：打造云网融合新格局

近年来，浙江广播电视集团（以下简称"浙江广电集团"）围绕"六位一体"新兴媒体集团建设，强化科技创新引领，推动平台转型升级，现代融合传播技术体系建设取得良好进展。[①] 在融合发展的过程中，浙江广电集团把"媒体融合"列为集团四大战略重点，制定实施《新媒体融合发展实施方案》，进一步明晰战略部署。广电集团确定"一云、两网、三集群、四平台、五化"的总体目标任务，即云媒资库；新蓝网、中国蓝TV；新兴媒体集群、电视媒体集群和广播媒体集群；新型信源平台、市县云媒体联动平台、跨媒体宣传协作平台、IPTV及OTT传播平台；内容集成数据化、平台发布多元化、渠道传输快捷化、终端服务优质化和组织结构全媒化。集团还实施"合力打造新蓝网"的战略举措，投资6.5亿元用于建设新蓝传媒。

浙江广电集团于2009年12月底组建成立新蓝网，作为集团直属互联网企业和集团推进融合发展及全媒体战略的先发平台。新蓝网与芒果TV、央视网一道，跻身全国网络广播电视台前三名，用户访问量位居全国各网络电视台前列。目前网站正致力打造"中国蓝TV""中国蓝新闻""蓝天云听"三大客户端，组成"中国蓝家族"新媒体矩阵，实现浙江广电新闻内容的跨屏落地、多端传播，为广大网民和用户提供优质的新闻、综艺等信息内容。

与此同时，浙江广电集团投入重要力量和资源，在浙江国际影视中心建设"中国蓝云"项目。该项目是国内首次基于混合云（私有云、场外专属云和公有云）全互通设计，适配新型广电全媒体融合业务的生产平台。通过采用基于多租户的混合媒体云架构，是融合"采、编、发、管、存、用"等媒体服务特质的媒体云。集团还启动"大数据中心"项目建设，充分挖掘广电媒体与受众之间互动沟通的数据资源，探索建立衡量"互联网＋"背景下广播电视影响力的数据指标和收视指数，为精准推送个性化产品和服务提供参考依据。

---

① 杨勇：《浙江广电集团在融媒体新技术领域的实践和思考》，《现代电视技术》2018年第7期。

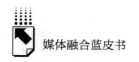

（三）杭州日报报业集团：紧抓"四力"立足本土稳步推进

杭州日报报业集团（以下简称"杭报集团"）旗下的十九楼网络股份有限公司一直被视为全国传媒媒体融合发展中的成功典型。新时期杭报集团的媒体融合发展，提出传播力是基础、引导力是核心、影响力是关键、公信力是根本的"四力"媒体建设总目标。

杭报集团现拥有 7 报 2 刊及网站、手机报、官微、移动客户端、网络视频、户外广告、广播电视、云视频平台等多种传播终端的全媒体矩阵，覆盖1.17 亿用户。集团下属媒体拥有各类网站 11 个、微信公众号 106 个、官方微博 15 个、App 客户端 10 个、手机报 6 个、数字报 6 份，以城事通 App、19楼、杭州网、快房网、快拍快拍为代表的新媒体快速发展，在国内的影响力不断扩大。都市快报官方微信、微博、今日头条号、企鹅号等产品均位于中国新媒体头部阵营，本地直接用户超 1500 万人。

目前，杭报集团按照"十三五"规划确定的工作思路，紧紧围绕"一个中心、两大平台、四大支撑"（以现代传播能力建设为中心，智能传媒平台和华媒控股上市公司平台，以人才、资本、产业、技术为支撑）加上"党建保证"的发展战略，坚持"杭报集团与城市共成长"的发展理念，抢抓"互联网＋"新技术的风口机遇，打造智能传媒平台，加快发展移动客户端。在融合发展的过程中强调要发挥本土主流优势、权威资讯优势、专业文创优势和特色活动优势的"四大优势"；积极构建平台、渠道、生态、机制"四大体系"；并以智媒体"中央厨房"工程、外宣"中央厨房"工程、舆论引导工程和品牌建设工程这"四大工程"作为融合工作的主要着力点。值得指出的是，外宣"中央厨房"工程独具特色，主要依托杭州市新闻办"hangzhoufeel"外宣"中央厨房"项目，该项目获得了浙江省宣传思想文化工作创新奖。舆论引导工程旨在探索舆情引导的"杭州模式"。品牌工程建设则强调打造记者编辑、评论员、主持人、项目活动、传播平台的五大"金字招牌。"①

---

① 董悦：《杭州日报报业集团实现以"蜕"为进的蝶变》，《中国新闻出版广电报》2018 年 7 月 10 日，第 6 版。

（四）温州日报报业集团：多元化经营助推融合持续健康发展

在媒体融合的探索中温州日报报业集团（以下简称"温报集团"）起步较早，在 2013 年温报集团就以温州都市报为试点，率先展开媒介融合转型，并提出理念再造、渠道再造和流程再造的"三大再造"融合发展模式，并因此入选全国高校"媒介融合教学十大经典案例"。

目前温报集团按照"移动优先、网络随行、纸媒精读、中控集成"的传播模式，打造党报立体传播、都市生活传播、社区服务传播和对外传播四大方阵，"两微一端"共计 20 多个融合平台，聚集用户 1200 多万人。温报集团旗下网站、客户端、微博、微信公众号、手机报近 10 种新媒体形态，181 个端口，新媒体稳定用户超过 1700 万人。温报集团所属 5 个移动客户端，下载总量超过 122 万人；微信公众号 163 个，粉丝总数 883 万人；微博账号 7 个，粉丝总数 698 万人。① 其中，温州新闻客户端目前下载量达 40 万次，单条稿件最高点击量 78 多万次，人民网 2016 年发布的全国新闻网站 App 排行榜上，温州新闻位列全国第 23 名。《温州都市报》建设"一报一网一视频、两微两端两公司"，受众从 30 万人跃升到 690 万人。同时，温州都市报的"中央厨房"在空间和功能上得到全面提升，"从原有面积不到 200 平方米扩容到三层空间共 3700 多平方米，从原来单一的中央控制室提升为三大空间——融创、视创与智创空间"。② 其中，第一层空间为融创空间，主体为中央控制室，以监测、指挥、集成和发布为主要功能。第二层空间为视创空间，主体为可视化空间，以新闻采写、音视频制作、数据技术服务为主要功能。第三层空间为智创空间，主体为思想众创空间，以思想众创、资源共享、实现媒体资源与社会资源的互动对接为主要功能。

在经营方面温报集团也有其独到之处。温报集团本土电商品牌"温都猫"，自 2014 年 5 月上线以来已集聚 8 万多名注册会员，实现营业额 1.2 亿元，入选"中国媒体融合年度最佳产品榜"。③ 2017 年"温都猫"成功登陆

---

① 方立明：《特色化融合提升传播力的温报探索》，《新闻战线》2018 年第 13 期。

② 吴瑞珍：《地市级媒体中央厨房的现实探索——温州都市报以三大空间为载体实施融合转型升级》，《新闻战线》2018 年第 15 期。

③ 方立明：《做"融媒达人"，增党报集团实力——温州日报报业集团打造特色地市报融合之路的认识与实践》，《中国记者》2017 年第 4 期。

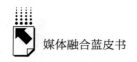

"新三板"，成为全国报业媒体电商第一股，作为温报集团"资本化"战略的成功尝试，为实现"传媒运营资本，资本激活传媒"打下了扎实的基础。同时，温报集团还抓住近年来"互联网＋"政务的发展机会，积极帮助政府部门企业事业单位拓展网络政务服务，并一举获得了近50家机关事业单位的"两微一端"托管服务，与这些单位建立了长期的战略合作关系。该举措，一方面为报业集团集聚了更多的用户资源；另一方面也获得了大量一线的新闻信息，反哺媒体主业自身新闻信息的来源。①

三 结语

从浙江省媒体融合发展现状来看，媒体融合战略部署的政策传达、认识统一和融合实践层面，已基本形成省市县各级媒体的积极落实、全面推进的形势。各地市政策传达力度较强，在各级媒体企业中都得到极大的重视，并且推动了思想认识层面的统一和具体行动的落实。但技术、人才和资金依然是阻碍传统媒体融合发展的三大难题。具体而言，技术难题主要凸显在"中央厨房"和移动客户端的建设上。自主研发还是技术外包，对于本身规模不大的县市级媒体面临两难的抉择。自主研发需要自建技术团队，可能导致企业不堪重负，而采购技术可能让发展受制于人。在人才问题上，主要表现在人才结构的不合理，大多数传统媒体缺乏经验丰富的新媒体人才、技术研发人才和经营管理人才，而近年来传统媒体营收持续下滑又引发其在人才引进和培养上更大的困难。在资金方面，由于传统广告投放预势不减，媒体集团的经营创收和利润率不断缩减，日常新闻业务运转的压力加大，各媒体集团在新媒体转型方面仍然存在不小的资金压力。因此，融合进程还需要持续加强各级政府扶持力度、调整内部体制机制、探索传媒特色发展道路、尝试多层次资源整合、强化人才队伍建设、完善自身内容服务，方能实现媒体融合的持续健康发展。

---

① 吴瑞珍：《下深功夫　寻新模式——温州都市报积极探索可持续发展的经营体系》，《传媒评论》2018年第7期。

B.13
老干新枝：四川媒体打造西部高地

陈雪奇　王懿慈*

摘　要： 2018 年四川省媒体融合稳步推行。在布局上，充分发挥政治优势和属地优势，构建起以川报报业集团、成都传媒集团、四川广电传媒集群和四川新闻网集团为龙头的四大矩阵。在新闻生产上，结合媒体自身优势，创新生产流程、加强内容建设、服务舆论引导。在媒体经营上，丰富产品业态，拓展合作界限，探索多元赢利模式。就融合现状而言，依然存在观念、动力、角色、人才等困局，可从加强顶层规划、打造特色标杆产品、打造西部媒体融合人才高地等方面破局。

关键词： 媒体融合　川报报业集团　成都传媒集团　四川广电传媒集群　四川新闻网传媒集团

"媒体融合"近年来成为学界与业界的热词，从狭义上讲，"媒体融合"指不同的媒介形态融合在一起，形成一种新的媒介形态；而广义的"媒体融合"则包含一切媒介及其相关要素的结合、汇聚和融合，如媒介形态、传播手段、所有权、组织结构等要素的融合。① 2014 年，中央全面深化改革领导小组第四次会议审议通过的《关于推动传统媒体和新兴媒体融合发展的指导意见》推动媒体融合成为国家发展战略。由此，无论是来自互联网技术发展的生存需求的倒逼，还是来自宏观层面的政策调整的要求，全国媒体都积极

＊　陈雪奇，四川大学文学与新闻学院教授；王懿慈，暨南大学新闻与传播学院硕士研究生。
①　李良荣、周宽玮：《媒体融合：老套路和新探索》，《新闻记者》2014 年第 8 期。

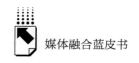

涌入了大刀阔斧的媒体融合之路。一方面，不得不融，成为中国媒体融合的现状；① 另一方面，国内目前为止还未找到一个非常成熟的融合模式或方向，② 而学界大部分文献对于国内媒体真正的融合实践案例则涉及较少，③ 主要聚焦于中央人民广播电视台、《人民日报》等央媒或北京、上海等媒体资本发达地区。

四川作为西部重要省份，近年来在省委省政府的推动下，努力探寻媒体融合之路，依托属地内老牌媒体集群，在布局架构、新闻生产、经营方略等方面做出了不少改革，成效明显。川报集团媒体融合实践收获了"中国报业融合发展奖""中国报业融合发展创新奖 10 强"、中国报纸"两微一端"融合传播百强榜第二名等荣誉。④ 2017 年 10 月，封面新闻荣获"2017 中国应用新闻传播十大创新案例"。⑤ 基于此，本报告尝试对四川省 2017～2018 年媒体融合实践进行综述，以提供关于省级媒体融合方略的一点思考。

一　战略布局：以老牌媒体集群为核心，充分发挥政治优势和属地市场优势

媒体融合不是简单为传统媒体植入互联网基因，亦不是全面抛弃传统媒体而过分"用力"拥抱互联网。多年来，各省的传媒集团所积累起来的专业实力、行业经验与地方资源依然是媒体融合实践中的重要资本。有学者指出，媒体融合首先应整合功能相近的媒体资源，以市场化能力和专业化能力较强的传统媒体为主体，大力整合分散在不同类型、不同行业的功能相近的媒体资源，以尽快形成具备较大规模、实力较强的新型媒体集团。⑥ 四川省媒体融合走的

---

① 刘珊、黄升民：《解读中国式媒体融合》，《现代传播》2015 年第 7 期。
② 胡正荣：《传统媒体与新兴媒体融合的关键》，《新闻与写作》2015 年第 5 期。
③ 陈昌凤：《"媒体融合"的学术研究态势与业界变迁方向——21 世纪以来媒体融合研究的文献分析》，《新闻与写作》2015 年第 3 期。
④ 《川报集团：媒体融合涌立潮头》，人民网，http://media.people.com.cn/n1/2016/1021/c40606-28797782.html，2016 年 10 月 21 日。
⑤ 《2017 中国应用新闻传播领域十大创新案例出炉》，新华网，http://www.xinhuanet.com/2017-10/29/c_1121872103.htm，2017 年 10 月 29 日。
⑥ 郭全中：《媒体融合：现状、问题及策略》，《新闻记者》2015 年第 3 期。

就是这条路子，以属地内老牌媒体集群为核心，充分发挥政治优势和属地市场优势，构建起以川报报业集团、成都传媒集团、四川广电传媒集群和四川新闻网集团为龙头的四大矩阵。

（一）川报报业集团

川报报业集团以川报全媒体集群、华西传媒集群、专业媒体集群和文化产业集群为四大支撑。其中，川报全媒体集群依托省级权威性党报《四川日报》，形成党报《四川日报》、党端"川报观察"、党网《四川在线》三大产品体系。其中《四川日报》在 2017 年"中国报刊经营价值排行榜"中蝉联"省级日报十强"，连续三届入选国家新闻出版广电总局"中国 100 强报刊"；"川报观察"客户端用户量超过 500 万人，日均点击率超 200 万次，已成为西部第一党政客户端；[1]《四川在线》在 2018 年中国网络媒体论坛发布的《中国新闻网站传播力榜》上跻身全国 20 强；[2] 华西传媒集群以在西部深耕多年的老牌市场媒体《华西都市报》和新近开发的主打年轻化和智能化的新闻客户端"封面新闻"为"双品牌"，逐步发展为一个集纸媒、网媒、移动媒体、视听媒体、电商服务平台、社区户外媒体于一体的集群。目前"封面新闻"已迭代至 4.0 版，积极引入机器人写作、人机交互、智能语音转换等先进科技，打破传统资讯壁垒，为用户提供"视、听、读、聊"的沉浸体验，成为国内报业集团新闻客户端中创新能力的佼佼者；其用户规模也在持续扩大，截至 2018 年 4 月 30 日，用户下载量已达到 1018 万次，其中 30 岁以下的用户数量高达 70%。[3]

（二）成都传媒集团

成都传媒集团布局主要以新闻媒体方阵、多元产业集群两大板块构成。其

---

[1] 《中国报刊经营价值排行榜揭晓　四川日报蝉联"省级日报十强"》，四川在线，https：//sichuan. scol. com. cn/dwzw/201708/55971575. html，2017 年 8 月 15 日。

[2] 《中国新闻网站传播力榜发布　四川日报移动端综合传播力跻身全国 20 强》，川报观察，https：//cbgc. scol. com. cn/news/92964？from = iosapp，2018 年 9 月 6 日。

[3] 《一类新闻资质红利会越来越突出》，华西都市报，http：//news. huaxi100. com/index. php？m = content&c = index&a = show&catid = 18&id = 990350，2018 年 5 月 5 日。

中，新闻媒体方阵主要包括《成都日报》《成都商报》等6张报纸，《先锋党刊》《Hello Chengdu》等5本期刊，1家综合图书出版单位（成都时代出版社），1家城市新闻门户网站（成都全搜索新闻网），4家渠道媒体公司（地铁传媒、公交传媒、博瑞广告、博瑞眼界）；在多元产业集群方面，广泛涉足了广告、影视、发行、教育、酒店等领域，形成了开放共赢的"朋友圈"，有效推进集团产业结构的转型，反哺传媒主业。2014年，成都传媒集团启动了新媒体融合发展"4311"战略，即集中打造4家新媒体矩阵（时政新闻、财经资讯、生活服务、数字娱乐）、3个中心（新媒体发展中心、数字采编中心、用户数据中心）、1个园区、1只基金。① 截至2017年6月，成都传媒集团不仅成功构建了以四大矩阵为核心的新媒体集群，还拥有了14个网站、14个客户端、40个微博、60个微信公众号、视频直播等产品形态。《成都商报》在"2017～2018中国传媒经营价值百强榜"上获得全国都市类报刊第二名，并连续11年进入全国都市报前三强，取得西部地区第一的好成绩。其"两微一端"矩阵总用户量已突破2000万人，入选"全国报业新媒体三十强"；由其运营的深度新闻产品"红星新闻"，凭借一系列独家原创报道获得业界好评，荣获中国报业协会授予的"报业微信订阅号全国十强"、腾讯传媒赏2017"年度内容创业""年度国际报道奖"。②

（三）四川广电传媒集群

近年来，四川广电在融媒体建设中研发出一批新产品，如四川广播电视台的"四川观察""熊猫视频""香巴拉资讯"等构建的全媒体矩阵。其中，四川观察入选"2017四川广播电视媒体融合创新十佳案例"；③ 四川广电网络公司也构建了包含"好看"视频播放App、"好看"微信公众号、交互电视"好看"专区的多端跨屏架构；成都广播电视台的云计算、大数据平台建设趋于

---

① 资料来源于成都传媒集团官方网站，http：//cmgchengdu.com/info-6-7-1.html，2018年10月12日。
② 《从纸媒到融媒 用户作证 我们依然是朋友……》，成都商报电子报，http：//e.chengdu.cn/html/2018-09/06/content_633039.htm，2018年9月6日。
③ 《第一名！观观入选"2017四川广电媒体融合创新十佳案例"》，四川观察，http：//www.sctv.com/news/yc/201709/t20170925_3605067.shtml，2017年9月25日。

成熟，截至 2017 年 8 月，成都 IPTV 的用户数超过 300 万人。此外，成都广电推出了"看度"App、专业移动采编工具"度客"、全国唯一卫星网络直播服务平台"星直播"等融媒体产品。其中，"看度"手机客户端荣获"2017 成都十佳媒体账号""金长城传媒奖·2017 中国年度优秀视听 App"以及 2018 年央视新闻"优秀合作账号"等奖项。依托于大数据云服务和"看度云"平台，橙视传媒面向 50 多家政企机构推出了"清廉蓉城"网站集群、"蓉城先锋"智慧党建体系等政务服务平台，成为具有竞争力的智能媒体运营服务商。

2018 年，习近平总书记在全国宣传思想工作会议上指出，要扎实抓好县级融媒体中心建设，更好地引导群众、服务群众。为了响应新时期的媒体融合新要求，成都广电旗下的"橙视传媒"依据自身平台、资源、人才、技术等优势，成立了"成都市市县媒体融合服务中心"，推动市县媒体融合。目前已构建起包含一个核心管理服务平台、两张业务保障网络、三大融媒体生产工具和四大宣传载体的"1234"体系，为县级媒体融合提供了"成都方案"。

以"战术统合—结构整合—深度融合"的层级论来评估四川省广电媒体融合的当下实践即可发现，相关融合进程已经触达结构层面：一方面，基本形成"两微一端"前台矩阵，初步建立形态各异、载体多样的现代传播体系；另一方面，局部完成"中央厨房"后台终端，有限实现各媒体之间信息资源的共享、开发与整合。其中，受差异化融合起点的影响，省内各级广电媒体的结构整合，呈现不同的总体布局及竞争态势。其中，川台已形成完整产品矩阵，但"中央厨房"存在后发劣势；市台构建多维传播体系，高阶产品形成一定区域优势；而各地市州台依据各台自身条件，在打造"两微一端"及"中央厨房"上表现有限。

（四）四川新闻网传媒集团

四川新闻网传媒集团，是依托中宣部推荐上市的全国重点新闻网站四川新闻网组建的国有股份制媒体，拥有全国一类互联网新闻资质。该集群以省内老牌门户网站四川新闻网为核心，延伸扩展"四川发布·全媒体发布""麻辣社区""慢要四川"、四川手机报、中国西部网等几大产品体系。其中，"四川发布·全媒体发布"是以政务微博和政务微信聚合展示省、市（区、县）新闻发布会、新闻发言人和全省各级各部门的网上政府信息公开和服务平台；"麻辣社区"是以四川本地话题讨论为核心，集时评、资讯、休闲于一体的网络论坛；"慢耍四川"专栏则集中了四川美食、旅游、生活资讯等；《四川手机报》目前拥有 1368 万客户量；《中国西部网》则经国务院新闻办批准，组建了西部第一家以新闻资讯、原创、分享及整合为主的视频和文化产业资源平台。[①] 人民网舆情监测室发布的《2018 年上半年人民日报·政务指数微博影响力报告》中，"@四川发布"获得全国十大外宣微博第六名，[②] 并在"2018'效·能'政务 V 影响力峰会"上获得省级政务微博第二名以及"最佳正能量微博"称号。

二　新闻生产：创新生产流程，加强内容建设，服务舆论引导

媒体融合不能仅止步于结构层面，最终效果如何，还是需要回到现实考察其在新闻生产中的实践程度。当然，融合后的新闻生产也不能成为传统媒体至互联网之间的机械搬运工。而是要探索数字科技对于新闻业整个生产流程、营收模式以及在传受关系上的突破，以形成数字化思维，进行数字化蜕变。[③] 对于四川省媒体融合的实践而言，则可以从生产流程、内容建设、渠道建设、舆论引导等方面进行考察。

（一）创新生产流程

为推动采编流程再造，川报集团立足于传统媒体持续发力，实现集群的指挥调度、内容生产、绩效考核的一体化，加速构建"中央厨房"式生产体系。在党的十九大、2018 年全国两会等重要主题报道中成功实践跨媒体采编、全时段发布、多载体传播等新新闻生产方式。以"川报观察""封面新闻"等为代表的主力产品进一步拓宽传播渠道，在今日头条、凤凰、网易、新浪、ZAKER、一点资讯等全国性门户 App 上推出媒体号，在安卓市场、苹果 IOS

---

① 资料来源于项目组调研材料《四川网络媒体创新发展研究》。

② 人民网：《〈2018 年上半年人民日报·政务指数微博影响力报告〉发布》，http：//yuqing.people.com.cn/n1/2018/0803/c209043-30205381.html，2018 年 8 月 3 日。

③ 李良荣、周宽玮：《媒体融合：老套路和新探索》，《新闻记者》2014 年第 8 期。

市场、小米应用市场等软件下载市场提升曝光率，同时还探索与三大运营商的合作，初步达成装机推广计划。① 2017 年 10 月，封面传媒自主研发的"封巢智媒体系统 1.0"正式上线，该系统可抓取全网线索，实现"一次生产、一键多发、精准分发"，并以全网的大数据为支撑精准评估传播效果。此外，新推出的"小封机器人"每天可生产 100 余篇稿件，还支持关键词提取、敏感词检测、频道归类等功能，配合算法推荐、场景化推送等智能分发机制，大大提高了新闻的生产效率及精准度，同时满足了信息爆炸时代用户的个性化信息需求。

成都传媒集团建设了数字采编中心作为全媒体内容生产的"中央厨房"，中心以成都全搜索新闻网为龙头，以成都日报"锦观"新闻客户端为核心，联动成都商报、成都晚报等时政类新媒体产品，主要发挥汇聚新闻线索、指挥新闻生产、监测传播效果等三大功能。②

成都广播电视台逐步打破记者、编辑专属于单一频道的格局，打造统一调配的全媒体、全能型的记者编辑团队。在生产流程方面，以"全媒体生产调度中心"为依托，采用"中央厨房"式采编播流程，利用自主创新研发的"度客"移动发稿工具，改变在特定时段、特定栏目播出的作业流程，按照全时段、全天候、全素材的方式，将新闻信息按照全媒体的模式进行生产和发布。同时，运用 UGC 模式，通过"成都圈""随手拍"等板块，让用户不仅是资讯的接受者，更是新闻的发现人。

（二）加强内容建设

媒体融合改变了新闻生产的时空结构，传统时间延续上的线性生产方式变为一种瞬时的聚合生产。③ 互联网的发展则深刻重塑着新闻生态系统，新闻媒体、行业媒体、自媒体成为泛社会化新闻生产中不同类型的新行动者。④ 这些

① 资料来源于项目组调研材料《四川报纸媒体创新发展研究》。
② 李科：《成都传媒集团：媒体融合发展的实践与思考》，《传媒评论》2016 年第 12 期。部分资料来源于项目组赴成都传媒集团调研访谈所得资料。
③ 周庆安、黄璐：《媒体融合视野下媒体内容生产：观念、方式和表现形式》，《南京政治学院学报》2015 年第 4 期。
④ 张志安、汤敏：《新新闻生态系统：中国新闻业的新行动者与结构重塑》，《新闻与写作》2018 年第 3 期。

因素一方面加剧了专业媒体的生存危机、话语危机与定位危机；另一方面也加剧了信息过载的局面。在这种生态之下，以内容生产作为根基的专业媒体应充分发挥不同类型的媒体优势，在海量的信息数据中深入挖掘，优质出品。四川省媒体在融合实践中，一方面结合不同媒体的媒介优势、资源优势，在内容生产上差序定位。例如四川日报全媒体集团利用《四川日报》所积累的优势资源以时政信息生产和服务作为主要定位；华西传媒集群则聚力都市和生活类信息服务，《华西都市报》辐射四川全域，"封面新闻"则主抓年轻类用户群体；成都传媒集团利用《成都日报》《成都商报》《每日经济新闻》等传统纸媒的行业优势，开发了相应的"锦观""谈资""每日经济新闻"客户端，分别服务于地方时政新闻、生活服务和财经资讯。另一方面，信息过载、内容同质化以及屏读时代的到来，使碎片化阅读风头日盛，阻碍了用户的深度思考。成都传媒集团推出深度产品"红星新闻"，主打"深度调查新闻＋时政评论"，坚守新闻专业主义，树立内容标杆，致力打造全国具有深度与思想的新媒体平台。现阶段在微博、今日头条、一点资讯等平台上设立同名账号，全网分发，连续打造独家精品内容。如独家首发的《广州医生发帖称鸿茅药酒是毒药被跨省追捕》，以及川航3U8633航班英雄机长刘传健专访等，皆引起强烈反响。2018年，"红星新闻"将在团队建设、内容及产品升级上持续发力，重点引进全国深度调查及评论的高端人才，为高质量的内容"造血"。

精品内容的打造需要拥抱新技术。"川报新闻""锦观""看度"等新闻客户端以及"四川发布"等各类媒体产品都积极地应用H5、短视频、直播、VR等新技术制作新闻产品，"封面新闻"也在智能语音、机器写作、人机交互、知识图谱等方面发力探索。新传播技术兴起而出现的"媒介融合"，推托而起的是一个"网络社会"，媒体组织也只能成为传播网络中的一个节点，[1] 衡量专业新闻传播机构的是接入点和到达点的数量，转化数据的能力和水平。[2] 因此，在加强内容建设的基础上，如何通过内容搭建与接收者的关系是未来媒体发展必须要思考的命题，也是四川省媒体融合实践中尚需探索的议题。

① 黄旦、李暄：《从业态转向社会形态：媒介融合的再理解》，《现代传播》2016年第1期。
② 黄旦：《重造新闻学——网络化关系的视角》，《国际新闻界》2015年第1期。

（三）服务舆论引导

习近平总书记指出，做好党的新闻舆论工作，事关旗帜和道路。作为社会的瞭望塔、权威的代言人，新闻媒体有责任对公众进行舆论引导。首先，要加强主阵地建设，构建新媒体矩阵，以适应分众化、差异化的传播趋势，打通两个舆论场。就四川省媒体组织而言，以"四川发布""成都发布"为代表的政务新媒体搭建了属地内政务公开、官民沟通、网络问政的有效桥梁。"成都全搜索"开设了"传真机"特色频道，即时发布辟谣消息，粉碎网络谣言。"封面新闻"的智能舆情服务平台，可提供最快速预警、研判、应对的舆情服务，并结合大数据可视化技术，使舆情交互智能化。其次，要创新传播手段，主动拥抱新技术，提高舆论的传播力、引导力、影响力和公信力。在党的十九大、全国两会、西城高铁开通等重要事件中，川报报业集团、成都传媒集团、四川新闻网以及四川广电传媒集团结合自身优势相互融合、各选发力重点，利用了AR、直播、短视频等手段实现了传统媒体与新兴媒体联动，多角度、立体化地进行了舆论引导。最后，要把握好舆论引导的"时""度""效"，打造"有思想、有品质、有温度"的新闻精品。如华西传媒集群推出的"三个村"（悬崖村、古路村、达布村）融合报道，以"图文 + 视频"的形式向总书记报告四川在脱贫攻坚中取得的成就。其中关于"悬崖村"的报道，朴实的故事、震撼的视觉呈现引发了强烈反响，阅读量达到 1639 万次，成为现象级产品。

三　多种经营：丰富产品业态，拓展合作界限

媒体融合需要大量的资金支持，而互联网的发展又使媒体组织多来年积累的"受众—广告"的经营模式失灵。川报观察执行总编辑钟莉表示："随着融合的深入，平台化建设应该向泛生态链延伸。"① 要解决媒体组织的赢利问题，需要构建多层次、宽领域、全方位的开放合作格局，形成可持续的"造血"功能。四川省媒体融合工作尽管获得了政府的大量政治及经济资本支持，但政

---

① 《川报集团：一体融合强化舆论主阵地》，人民网，http：//media. people. com. cn/n1/2017/1116/c40606 - 29650372. html。

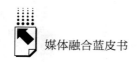

府补贴只能解决短期生存问题，长期发展还是需要媒体自身突破传统经营思维，探索适合互联网时代的经营模式。因此，拓宽媒体产业的合作边界，丰富产品业态，打造可持续的生态产业链成为四川媒体融合的可选路径。

（一）依托媒体集团资源优势，打造文创产业

四川日报报业集团布局实施了川报文创综合体、安仁文创综合体、川报·乐创汇（川西南传媒文化创意中心）、八里庄综合文化产业基地等一批事关集团长远发展重大项目。其中，川报·亚朵酒店项目、自贡项目等取得稳定可观的资产效益、投资收益，西部文化产业中心建设工程提前达到正负零并继续快速推进，多元项目在集团产业利润中占比接近50%，较2015年提高7个百分点，集团主要依托报刊主业支撑发展的结构性风险进一步降低。① 2018年2月，成都正式发布《建设西部文创中心行动计划（2017~2022年）》。② 同年7月，成都锦江区人民政府与川报集团签署战略合作协议，双方将聚集优势资源，招引文创企业，合力创建国家级文化产业园，打造西部文化地标。成都传媒集团也依照"西部文创中心"战略部署，着力发展数字新媒体、会展服务、时尚创意、教育培训等新经济文创产业，与人民日报、新华社等党媒合作，大力发展天府文化，助力城市宣传与建设。

此外，成都传媒集团还与世界文化名城论坛签署了《"一带一路"世界文化名城中心落户成都合作框架协议》，③ 坚决落实习近平总书记来川视察关于对外开放的重大要求，双方将调动各自优势资源，加强文创项目和产业多边合作共同推动"一带一路"世界文化名城中心落户成都，以促进国际文化交流。

（二）探索多元赢利模式，开放合作边界

四川日报报业集团与浙江日报报业集团共同投资成立的川报锋趣公司在游戏市场取得较大突破。"封面新闻"积极进行互联网跨界及校企合作，其中包

---

① 资料来源于项目组调研材料《四川报纸媒体创新发展研究》。

② 《关注！成都正式发布〈建设西部文创中心行动计划（2017~2022年）〉》，成都传媒集团，http：//www.cmgchengdu.com/content - 24 - 263 - 1.html，2018年2月24日。

③ 《国社@四川｜"一带一路"世界文化名城中心落户成都》，新华网四川频道，http：//www.sc.xinhuanet.com/content/2018 - 06/22/c_ 1123019157.htm，2018年6月22日。

括与阿里巴巴共建淘宝大学华西分校，与 Microsoft 合作探索人工智能应用，与腾讯合作打造视频栏目《视野》，其余先后与科大讯飞、咪咕音乐、蚂蚁金服、百度等展开多样化合作，同时与北京师范大学、中山大学等积极进行业务合作。四川新闻网集团致力于打造以网络信息传播业务为主、提供相关多元复合业务的省级传媒集团，通过入股和收购相关的公司以扩大集团资产，目前旗下已包括麻辣文化、新媒互联、新网公共、成都网泰、巴中传媒等几家控股公司，以及成都公交传媒有限公司 1 家参股公司。2018 年，四川广播电视台与腾讯公司在云服务、内容开发等方面展开深度合作，合力将资源转化为产品和服务，实现优质内容和技术支撑的双轮驱动。此外，四川省旅游投资集团与川报集团签署了战略合作协议，积极探索西部乃至全国"旅游 + 传媒"的产业发展新路径，在新媒体运营、品牌推广等方向拓展合作空间，向世界推介巴蜀文化，讲好四川故事。

（三）整合分散资源，优化资金运作方式

川报集团打造了新媒体产业发展基金，旨在打造联通创投、创业、互联网和传媒各界的交流合作平台，布局移动互联网时代新媒体内容生产、消费转型及技术支撑环节的潜力型、成长型项目，以资本为纽带，形成孵化、培育、包装上市等全产业链的资本运作管理模式。① "川报观察"积极利用媒体融合的复合资源，从内容生产者转向整合营销服务提供商，为多家企事业单位量身定制互动游戏产品、微电影、策展布展等综合服务；依托内容生产优势托管政务新媒体，积极开拓政府服务市场，在此基础上细分和深挖托管部门用户资源优势，做强互动和活动平台。

成都传媒集团以博瑞传播股份有限公司作为主要产业经营平台，开设用户数据中心整合集团各媒体旗下用户数据与资源，改变用户分散、杂乱的局面，形成覆盖全域成都的海量用户信息数据库。

成都广播电视台通过策划实施如成都旅游美食节、斯诺克国际锦标赛、中国网络视听大会、"天府—宝岛工业设计大赛"等一系列创新活动及大

---

① 《成都传媒集团发布"4311"战略全力进军新媒体》，成都全搜索新闻网，http://news. chengdu. cn/content/2014－10/31/content_ 1578611_ 2. htm，2014 年 10 月 31 日。

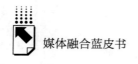

型公益活动，争取到政府财政资金的支持，实现社会影响与经济效益的双丰收。

四　结语

近年来，在省委省政府科学决策与统筹推动下，四川各级各类媒体机构结合自身特点、立足自身优势，积极探索媒体融合发展，但成效与问题并存。就四川省媒体融合现状而言，在战略布局层面，行政与市场共同发力，已初步形成多主体融合格局；在实践成效方面，技术与平台同步发展，已打造初具规模的全媒体矩阵；在融合实效方面，则存在低速与低效共存。所谓"低速"，即四川媒体融合发展的速度、广度、深度落后于媒体发展大势，也落后于四川经济社会的发展水平。例如，四川广电集群虽在结构布局层面实现了媒体融合，但在产业经营上却深受互联网重创，从 2015 年数据来看，资产总额、实际创收收入与总收入三项重要指标不仅全面落后于全国平均水平，还与中部、东部地区的广电强省产生了数量级的差距，① 这不仅限制了广电行业的融合走向深化，也阻碍了现有融合矩阵的效能发挥。所谓"低效"，是指四川媒体既未培育出全国级标杆性媒介产品，也未在重大事件传播中取得深度融合应有的传播效果。具体表现在重大主题、典型与热点报道上，在与国际国内主流媒体联动协作、与分众化的用户互动上，都尚未达到新型主流媒体应该达到的传播效果。

四川媒体融合发展的问题，既有媒介管理转型中的共性难题带来的阻碍，也存在区域媒体融合特有的阶段性瓶颈，使四川媒体融合在观念、动力、角色、人才等方面均有不同程度的困局。观念上，传统媒体注重主流意识形态的阵地"坚守"，新媒体侧重技术助力下的市场扩张，二者实际未在观念层面深度融合。动力上，四川顶层统筹的力度和精度在总体上还不足以切实激活各级各类媒体自主创新，导致媒体融合在现有融合机制、管理体制及国有资产管理方式等方面缺乏良性互动。角色上，四川媒体融合中各级各类媒体，迄今尚未找到新型媒体的最佳位置。新型媒体的角色处境仍很"尴尬"：本应成为内容

---

① 资料来源于项目组调研材料《四川广电媒体发展报告》。

发布的"优先选择者"却难以优先和独立。人才上，传统媒体固化的行政管理方式，难以优化组织机构和人力资源，致使考核机制、薪酬分配等成为越来越突出的瓶颈。

李良荣指出，"媒体融合是互联网的固有属性，而非人为的多媒体协作。为此，我们现在的任务不是再花精力和时间去人工完成新的所谓的'融合媒体'，而是探索适合互联网的新的表达形式"。① 当前，四川省媒体融合已经在战略布局层面形成了兼具各级各类媒体优势的融合矩阵，更重要的是激活各级各类媒体形成适合互联网的表达形式，探索使现有矩阵体系高效、可持续运行的方法。结合四川省媒体融合的现状与困局，本报告认为未来或可从以下三个方面改进：一是加强顶层统筹规划。成立全省媒体融合改革发展小组，融合政界、业界、学界三方力量，既保证党的领导，也保证领导决策的科学性、灵活性和动态性。二是打造特色标杆产品，集中优势力量实现"弯道超车"，改变撒胡椒面式的平均用力模式，着力打造能真正立足四川、引领西部、面向全国的新型标杆平台。三是打造西部媒体融合人才高地，深化人才机制的结构性转型，全面推动四川媒体人才的结构化转型。

---

① 李良荣、周宽玮：《媒体融合：老套路和新探索》，《新闻记者》2014 年第 8 期。

B.14
传播体系化、互联网化、产业链化、
本土化：重庆媒体走向可持续融合之路*

曾润喜　李梦寒**

摘　要：　为了解重庆市媒体融合发展现状，2018 年 8 月至 9 月，本课
　　　　题组走访了重报都市传媒集团、重庆广电集团（总台）、华
　　　　龙网、重庆日报报业集团，进行深入调研。本综述将从传播
　　　　体系、前沿技术、产业链布局和本土化实践四个方面展开，
　　　　一一介绍重庆各大传媒集团的先进经验、做法。研究发现：
　　　　重庆市都市报集群推进改革，成立"重报都市传媒集团"；
　　　　各大媒体推进融媒体新闻中心建设，打通信息生产全过程；
　　　　运用大数据、VR 等前沿技术打造新媒体产品；创造高品质新
　　　　闻内容，将内容生产作为立身之本；进行立体多元的产业布
　　　　局，加强对外合作，探索可持续发展模式。

关键词：　重报都市传媒集团　重庆广电集团（总台）　华龙网　重庆
　　　　日报报业集团

　　融合发展已逐渐演变为当下媒体发展的新常态，也是党和国家谋篇布局的
重大战略。为了顺应移动互联时代的浪潮，全国各大媒体一齐发力，不断推进

＊　重庆市社会科学基金重大招标课题"媒体融合发展研究"（项目编号：2017ZD09）阶段性成
　　果。
＊＊　曾润喜，管理学博士，重庆大学新闻学院研究员、博士生导师，新媒体与传媒管理教研室主
　　任，研究方向为公共政策传播、新媒体品牌传播与管理；李梦寒，重庆大学新闻学院硕士研
　　究生。本报告大部分事实材料来自传媒集团总结材料和访谈记录，由课题组审查，经提供者
　　授权使用，未另加注明。

改革，整合自身资源，探索新的产业模式，努力让融合发展取得新突破。重庆市的各级各类媒体也在媒体融合实践中探索奋进。为了深入考察重庆市目前的媒体融合现状，课题组走访调研了重报都市传媒集团、重庆广电集团（总台）、华龙网、重庆日报报业集团四家在重庆市颇具影响力的主流媒体，试图了解重庆市各大媒体在媒体融合方面做出的努力、遇到的问题以及未来的发展方向，为当下媒体融合进程提供参考。

一　重塑传播体系新格局

（一）建立新型媒体集团

党的十八大以来，党中央以巩固思想文化阵地、壮大主流思想舆论为目的，对推进媒体融合发展做出重大战略部署。在国家战略的指引下，从中央到地方，相继出现一批新型媒体集团，通过整合自身资源和优势，探索新的传播格局，开拓适合自身发展的融合路径。

2017 年 9 月，重庆市都市类报刊媒体集群推进改革，宣布成立重报都市传媒集团。《重庆晚报》《重庆晨报》《重庆商报》在保持原先的阵地、队伍和骨干的前提下，分两步走推进都市报深化改革工作。

改革后成立的重报都市传媒集团整合了晚、晨、商三家都市类报刊及各自创办的新媒体品牌，以"上游新闻"为转型主平台，将三家报纸的所有采编人员都放入其中，突出各报特色。同时，经市委宣传部批准同意，上游新闻作为重庆市一个独立重点新闻单位履行相关职能职责，这不仅使都市报转型有了新的平台支撑，也使集团的新闻影响力得到进一步提升，这是都市报改革最重要的成果。

多渠道传播、多元化产品布局，也是新阶段传统媒体转型发展的常态。经整合，都市传媒集团作为全国首家都市报航母，总用户数突破 5000 万人，拥有《重庆晚报》《重庆晨报》《重庆商报》等十余种报纸杂志；"上游新闻""上游财经""慢新闻"三个客户端 App，还拥有户外广告等超过 100 个分众新媒体平台。

为了适应新的传播需要，2018 年重报都市传媒集团新开通了"上游新闻

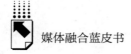

号"直升机，同时也成立了视听中心和数据新闻中心。随着视频、数据、VR
等基于移动端的内容质量不断提升，融合发展的速度加快、力度加大、广度拓
宽，进一步传递重庆声音。

通过改革，都市报经营活力也得到进一步提升，2017年9月整合后，广
告收入增加了10个百分点，有望尽快扭转收入利润大幅下滑的局面，找到新
的利润增长点。

（二）形成新的信息传播体系

1. 重报都市传媒集团的传播战略

（1）"上游新闻"成为媒体融合主平台

"上游新闻"创办于2015年11月，是由重庆市委宣传部重点打造，
在中国西部地区率先上线的综合类新闻客户端。由《重庆晨报》报业集团
承办，依托晨报的先进技术和宣传推广，同时引进了创新人才，充实员工
队伍，进而形成了具有坚实基础的新闻客户端。并且获得了中国"十大最
受关注的客户端"称号，也被评为国家级和重庆市级新闻出版改革的重点
项目。

现客户端下载量突破一千万次，日均活跃用户达到六十余万人。每天发出
的稿件约一千余条，通过审核的评论一万条左右，在中央网信办的月活跃度评
选中，长期处于前十名左右。

（2）瞄准风口，全面打造新媒体产品

"上游新闻"在创办三个月之内就开发了视频栏目。目前视频团队有员工
40余人，每日固定播出的视频栏目有《上游早上好》《上游脱口秀》《财经早
知道》。以《上游记录》《上游电影》为代表，每日固定生产的原创视频产品
也有十条左右。

（3）原创能力强大，加强内容生产

传统媒体具有"原创""权威"等优势，重庆作为依托"一带一路"的重
点城市，集团选派优秀记者采写有关新闻内容，进行相关报道。同时，由于晚
报善于做深度报道、文化新闻，晨报擅长政治、经济新闻，商报重点做财经新
闻，集团发挥三家媒体差异化的报道风格优势，充分挖掘优质新闻人才，发挥
原创能力。

（4）与腾讯新闻深度合作，成立重报移动传媒中心

2018年重庆日报报业集团与腾讯新闻达成合作，积极探索建立互联网平台级项目，成立了重报移动传媒中心，利用重报都市传媒集团专业的采编团队，原创内容生产能力，并借助腾讯新闻作为聚合类平台的强大流量分发优势，为腾讯新闻提供重庆地区定制新闻，力求成为重庆地区最大的定制新闻内容供应平台，提高集团的整体传播力与影响力。

（5）联手Google，向世界展示重庆声音

2018年重报都市传媒集团与Google重庆地区唯一合作伙伴亿特科技达成合作共识，发挥各自优势，以Google为平台进行海外推广，并进行基于Google大数据分析的合作。这是重报都市传媒集团启动海外营销战略的标志，也是都市传媒的新篇章。Google将与重报都市传媒集团联手，通过挖掘海外用户兴趣关注点，如重庆的人文生活等，增强重庆城市辨识度以及核心竞争力，让世界更多地聆听重庆声音，将"重庆名片"推向世界。

2. 重庆广电集团的融合建设

重庆广播电视集团（总台）凭借先进技术和优质内容，深度融合了平台、内容、经营、管理、渠道等各个方面，以"平台网络化、内容产业化、渠道生态化"作为引领，以"台网融合"作为突破口，以物联网互联网化改造、融合新闻中心建设以及拓展新媒体业务为抓手，使广播电视媒体融合建设走向新进程。

（1）建设融媒体新闻中心

重庆广电集团目前已经初步建立便捷、快速、灵活的广播电视媒体新闻采集、编排播出系统，基本实现即时收集、分析、处理、回传、编辑、直播等功能，做到新闻信息的实时更新和内容聚合。同时，也兼容了不同的媒介形态建立新闻采编社区，实现了记者一次采集、编辑多次生成、渠道多元传播。

2018年将在原有的体制机制上做出重大调整，集合集团内所有新闻资讯生产单元，包括原有的广播、电视、网站、新媒体，都进行了深度整合，以建立融媒体新闻中心。

该新闻中心的组建，首先从体制机制上解决了新闻资讯上采编"各自为政"的现实问题。新闻产品的生产部门，从采编、策划、生产到最后的分发，都将在融媒体新闻中心内部一次性完成，这将打通广播电视媒体以及移动端的

205

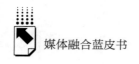

信息生产全过程，真正实现"一次采集，多种分发"的全方位的机构整合以及采编流程的完全再造，届时可能成为全国第一个省级电视机构内真正意义上的媒体融合生产单元。

（2）生产融合产品，建成移动传播矩阵

重庆广电集团于 2017 年 6 月 18 日正式上线运营了新闻视频 App "第 1 眼"，该 App 以重庆本土新闻为切入点，充分挖掘和利用新闻频道的采访资源，着力于新闻类短视频与网络互动直播，意将本土新闻做到极致，进而最终成为电视新闻在移动端传播的主要阵地，以及重庆本地市民获取本土新闻的主要渠道。目前，新闻视频 App "第 1 眼"的下载量已突破 42 万次，总阅读量也突破 3000 万人次。

除此之外，依托现有的广播频率资源，集团还打造了广播"逗听 FM" App，将其作为建设广播原创类声音产品、广播视频直播平台的主要工程。

（3）推进有线网络转型升级

以重庆有线网络公司与重数传媒公司的上市工作为抓手，有线网络转型升级工作有序进行。大数据平台、媒体云分发平台、重庆有线水土 IDC 数据中心、广域物联网、广播电视网络（NGB）建设项目、"来点"移动互联客户端等重点工程高标准建设，日后将为重庆市全市用户提供高清、4K 直播、点播以及视频通话、用户自服务、社交功能等多项新功能与新服务，为农业与环境、公共事业、工业监控、智慧城市、智慧楼宇、物流追踪、数字家庭、车联网等业务提供互联互通服务和高效信息。

重庆网络广播电视台目前开通了点播、直播、微视频等内容，日均页面浏览量达 500 余万次，在重庆的主流门户网站中处在领先位置。重庆手机电视台正式上线后，已经与重庆市 39 家区县广播电视台（包含万盛经开区）和 1 个外省区县广播电视台（贵州桐梓）共同组成了重庆网络广播电视联盟。其用户数达到 50 万人，月浏览量达到 3000 万次。

（4）以"台网融合"为突破口实施渠道生态化改造

"台"即重庆广播电视集团下属的 13 个电视频道和 6 个广播频率，以及各频道组建的公司及银龙公司、电影集团、英度公司等具有广播电视内容生产和集成功能的各个主体。"台"生产并播出了丰富的内容产品，构成了集团的核心竞争力；"网"建立起网络广播电视台和有线网络两个网络传输渠道，构成了集团的重要传播枢纽。

"台网融合"实质上是内容与渠道的融合，对电视频道、广播频率进行渠道化改造，拓展节目传播范围，有机整合台网资源，实现内容与渠道的优势互补，从而保证传统媒体的生存能力，提高其竞争能力。

集团党委对此项工作高度重视，为此出台了《推进台网融合发展的指导意见》。目前少儿频道、都市频道、文体娱乐频道、经济、广播电视频率、电影集团等单位和媒体与重庆有线、视界网展开了实质性合作。

（5）探索新的节目形态，拓展节目传播渠道

为鼓励广播走出单一线性的传统传播格局，集团发展音视频直播平台。经济、文艺、广播交通频率与少儿频道、重庆有线深化合作，探索最佳模式以使电视与广播有机结合。电视频道、广播频率不断与互联网企业的直播深化合作，与更多的直播平台建立合作关系，为商业植入和节目影响力扩展更多外延。

（6）深挖版权资源开发运营潜力

以 IPTV 平台、OTT 平台和手机电视平台建设为基础，通过与版权方、院线方开展合作，建设节目内容版权库，广电集团目前已建成 30 万小时版权库，为核心竞争力的持续开发打下了坚实基础。

广电集团实现了集团自制、参投节目版权的统一归口管理，和版权内容的再开发，引进了优质版权节目。同时抓好视听节目聚合交易平台建设，建成集合自由版权资源、外购版权节目、新媒体内容于一体的内容"云平台"。目前，对内部制作开放的版权媒资网已经正式上线且运营情况良好。

集团版权中心与 Google 旗下的全球最大视频网站 YouTube 于 2017 年 3 月实现正式合作，在 YouTube 平台上建立重庆广电集团的官方频道。这也意味着在媒体融合的格局下，广电集团版权媒资海外开发、展示宣传以及实现了影响力的战略性突破。下一步将结合视听聚合交易平台建设，实现内外连通、有分有合的版权内容运营格局。

3. 华龙网的现代传播体系

华龙网发力于"互联网＋大数据"产业集群，打造以华龙网为龙头的现代传播体系。通过大数据赋能，反哺党网阵地建设，赋予"新闻门户网站"新的内涵。

（1）新闻立网，创造高品质新闻内容

华龙网在媒体融合发展中，牢牢抓住"内容"之根本，坚持创造高品质的新闻内容，已经连续五年获得中国新闻奖。2018年，华龙网在第二十八届中国新闻奖中拿下两个一等奖，获奖作品是网络专题《绝壁上的"天路"》和专栏《百姓故事》。

《绝壁上的"天路"》于2017年11月推出，该全媒体系列策划由视频、H5、高清图片、VR全景、原声再现、深度稿件组成，讲述下庄村民在党组织的带领下，不怕困难，在悬崖峭壁下用双手向天问路的故事。一经推出，便取得了亿级传播效果，总阅读量达到1.25亿人次。

（2）推行"一枢纽、多联动"的运行模式

华龙网以数据为核心进行"内容＋技术＋营销"的整合，形成了从"相加"到"相融"的新型采编架构和融合思路。

"一枢纽"即新闻融媒体中心。通过发挥新闻融媒体中心的"超级枢纽"作用，打通各部门制作环节，培养"全能型记者"和"专业化编辑"。通过常态化调控以及建设统一数据库，形成有相同基因的"媒体矩阵"。

"多联动"即通过发挥传媒矩阵的作用联动发展一大批表现力丰富的融媒体产品。华龙网以"世界小点，重庆大点"的理念，建立了包括"两微一端"、手机报、阅报屏的传播体系，实现倍增效应。

（3）以视频为核心打造融媒体产品

华龙网围绕重要主题和重大节点，采用以视频为核心的融媒体手段，传播主流意识形态。其中，围绕消费维权、生态环境保护主题，策划开展了两场融媒体晚会，运用了网络直播、短视频、H5等多种手段，实现了线上线下的双向紧密互动，开展了消费维权歌曲网上征集、揭秘消费陷阱网络直播、环保主题亲子游等活动；围绕优秀文化挖掘与传承为主题，华龙网策划开展了重庆历史文化上网工程，构建起由微纪录片、微访谈、网络视频直播、图集、动漫构成的内容体系，2018年上半年制作并推出了以微川剧、雍刚说瓷、巴国传奇等为代表的各类作品超过120个；围绕宪法宣传，策划推出了"学法先锋"网上有奖答题活动H5，参与人数超过十万人；围绕春节、学雷锋日等节日，与全国多省市新闻网站联合开展网络联动直播，平均每场直播全网观看人数超过百万人；围绕"六五"重庆大轰炸纪念日，策划推出《重庆，不只是网红，更是英雄之城》5 集微纪录片，被央视网、人民日报、共青团中央等官博转发，浏览量超千万次。

（4）拓展新闻生产和信息获取的方式

华龙网拓展信息获取方式，对内建立"新闻情报所"，对外搭建"有稿投"平台和"鸣家"专栏，内外助推"三级协同"传播体系。

"新闻情报所"，由新闻中心、舆情中心、全媒体营销中心共同运营，接收问政平台、QQ、微信、微博等多渠道爆料，旨在发力深度报道。新闻情报所利用了自媒体时代人人有"麦克风"，人人是"发声者"的时代特性，发动广大网络组成超级"线索源"，寻找最有价值的新闻线索。

从新闻情报所运营以来，接收到各类线索超过千条，如基层正能量新闻、突发事件、街坊新鲜事等。这些线索也为品牌栏目《百姓故事》提供了丰富的选题，倾听到来自最基层的声音。很多选题产生了一定影响力，比如《百岁房客和房东"孙女"》讲述了没有血缘关系却比亲人还亲的动人故事；《最好的遇见只为弥补今生的缺憾》讲述一对特殊夫妇相守 33 年，令人动容，还有《八旬夫妻的无名理发店》等。

"有稿投"平台，是由来自 39 个区县的通信员报道区县新鲜事的平台，借助华龙网的平台渠道资源，展现重庆各个区县的精气神。"俯下身、沉下心"，通过各种报道形式，如图文报道、短视频、车载视频，以最及时的速度将区县新闻对外传递。目前已收到各区县通信员报道超过 1.5 万篇。

"鸣家"专栏，发挥了专家学者的"智库"作用，通过专家学者传递的有价值的观点，向读者传播当代中国的主流价值观。2017 年全年入驻"鸣家"专栏的专家学者有 68 位，2018 年以来新入驻"鸣家"16 位，其中包括著名音乐人赵传，焦作市作家协会副主席、河南省作家协会会员席樵声，重庆国家一级作家余德庄，著名诗人唐力等。

通过专栏，不仅营造了"百家齐鸣、百花齐放、引领舆论、引领生活、传播信息、传递观点"的网络氛围，还同时开展多场线下活动，将"与君同鸣"理念进一步传达。2018 年 1 月举行了 2018 年迎春诗词朗诵会，诗词名家吕进、聂晖等参与了此次朗诵会，传扬中国经典文化；3 月举行了"相约春好处"许世虎绘画沙龙以及"十年一梦还巴山"画展，通过丰富多样的作品，展现鸣家文人高雅的艺术情怀，营造了爱党、爱国、充满正能量的氛围。

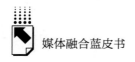

（5）建立重庆文化艺术中心

华龙网依托 200 余名传统书画家、近 100 名当代艺术家组成华龙网书画艺术联谊会为活动载体，紧密联络 50 余名中美协、中书协会员，200 余名省市级美协书协会员，建立了一个集艺术品宣传、展示和交易于一体的文化艺术中心。

4. 重庆日报报业集团的综合性传播格局

自 2014 年初集团推进媒体融合发展战略以来，集团的传播手段、传播能力、传播效果都取得了历史性的提升，从过去日均影响受众不到 200 万人，到现在每天影响受众超过一亿人。目前已形成"4（党报系、新媒体、都市报系、专业期刊）融媒体矩阵 +1 产业集群"的综合性传播体系，凭借卓越的综合能力，在全国报业集团中名列前十位。

（1）集团"两级中央厨房"建设走在全国报业集团前列

从 2014 年至 2016 年历时三年，全面建成了《重庆日报》等各主要报系"全媒体新闻指挥调度中心"和集团层面的"重报集团新闻内容生产及营运监管服务平台"，这两个平台建设都走在了全国报业集团前列。通过不断完善两个平台的功能，集团的"中央厨房统筹运行机制"也不断优化。

集团"两级中央厨房"将"天天用、重大时政报道统分结合用"作为发展战略，并使其常态化，以推动集团整体转型和媒体融合发展。2017 年 4 月，集团层面的平台顺利通过了原国家新闻出版广电总局验收，被评为 2011 年以来中央文化产业专项资金支持的全国数字化转型升级和媒体融合发展 35 家重点示范项目之一。

集团每日、周、月、季度、年度都会对集团内部原创新闻进行实时跟踪和分析报告，并上报集团领导和市委宣传部领导，成为市委宣传部和市网信办主流媒体新闻宣传传播效果的直播点和舆情关注点。监管平台实现了集团新闻流程管理和全媒体、全流域、全时段 24 小时动态监控和数字化管理，实现了集团新形势下新闻管理的重大转型。

（2）移动端建设取得新突破

华龙网在 2017 年 12 月的排名中综合传播力名列全国新闻网站第六，在各省级网站中排名第二。同时，其他移动端建设也实现了新突破，在 2017 年底全国新闻资讯类客户端的排名中，"上游新闻"名列第 13 位，目前下载量已突破一千万次；"上游财经"的下载量也突破一百万次；"慢新闻"被国家新闻出版广电总局评选为第二届全国报刊媒体融合创新优秀案例 100 佳；重庆日报理论头条被中央网信办评为理论精微传播工程 2017 年全国性重点工作。

二 技术驱动互联网化变革

（一）重报都市传媒集团的技术战略

1. "上游新闻"推出"VR 频道"

"上游新闻"在新媒体产品生产上走在前沿，上线半年之内就在全国所有客户端中最先推出了"VR 频道"。使用 VR 全景采编系统，记者可以在一分钟之内完成 VR 全景新闻采写，以最快速度还原新闻现场。该频道推出后，被评选为《人民日报》"中国十大传媒事件"，名列第四。

2. 人才团队的技术优势

新媒体语境下，技术是媒体融合面临的重要现实问题，媒体融合是传统媒体的互联网化，形成了全新的传播生态。传统媒体以往的新媒体研发通常是与第三方技术团队合作，建立网站、App 等移动端平台。第三方技术团队多以网络技术人员为主，对新闻传播领域缺乏涉猎，而媒体行业的采编团队又对互联网技术一窍不通，这也是当下媒体融合面临的难题，不将其解决，就很难实现真正的融合。

重报传媒集团的技术部有五十二人，除了满足集团内部的日常运营，还开展了技术输出，开发了《重庆日报》的客户端等。重庆各区县也对集团的技术优势十分认可，希望集团可以帮助它们推进当地的融媒体建设。

（二）华龙网的"互联网＋大数据"产业集群

1. 通过大数据中心打破数据孤岛

为实现业务的数据化，华龙网集合了内容、政务、业务、全市信用大数据，并且通过对数据的清洗、重新打标、实现数据标准化。再由重庆安全云提供可靠的云计算服务与安全整体解决方案，实现数据安全化。最后通过对大数据的深度分析与挖掘，为政府、企业以及个人提供应用与服务，实现数据商业化。

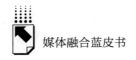

在内容生产上，华龙网实现了大数据传播体系，有效整合了内容、渠道、用户等数据，形成新闻宣传云。

现在，华龙网通过大数据中心打破内容、政务、业务等数据孤岛，对社会数据进行整合，实现共享互换，并最终打造以应用为导向的重庆市大数据交易服务平台，成为重庆本地乃至西南地区的可信赖大数据合作者。

（1）"大数据＋版权服务"，建立数字版权管理维权云平台

华龙网通过将先进的技术手段和版权服务进行有机结合，建立了数字版权管理平台，实现对版权作品的全面管理。平台可以对使用情况进行实时监测，对侵权行为进行及时取证，并通过专业的版权运营团队，实现版权增值运营。

平台将建成国内首个面向传统维权的、可拓展的"数字版权管理维权云平台"。结合互联网取证技术与版权服务，数字版权保护云服务平台全面、实时地帮助用户监测网络中的文字、图片类作品的被侵权情况，及时固化证据，并通过专业版权维权团队，保护用户的合法利益。

平台自 2018 年正式推广以来，已向全国 60% 的报业集团和新闻网站进行了推广，与此同时也积极向自媒体用户拓展。其中已有部分媒体单位和自媒体用户接入，包括重庆、云南、贵州、四川、南京、荆州等地主要新闻媒体单位，以及蓝田玉烟、老黄带你去旅游、猫之茶、华龙鸣家等自媒体用户。

（2）通过大数据实时监测舆情

华龙舆情系统每日通过 2.6 亿个信息源全网抓取舆情数据，24 小时多维度监测搜索关键词、双微、新闻评论、境内外新闻网站、论坛、博客、QQ 空间等舆情信息，为党政机构、企业、社会团体提供监测、预警、研判、处置、修复的网络舆情一体化解决方案，形成两室一院和三大平台业务服务体系。

华龙网主动把握新媒体时代舆论多元化发展的趋势，不断创新舆情信息工作的方式方法，打造沟通政府与百姓之间的"网络民意桥"，完成市委宣传部、市委网信办各项舆情信息工作任务，被市委宣传部评为"2017 年度舆情信息工作优秀单位"。截至目前，重庆网络问政平台共接到 7713 条网友问政，全部转办给了相关主管部门，其中，包括线下处置，已有 3113 条问政事项获得正式回复，有效回复率和网友总体满意度在 95% 以上，网友发帖点赞 100 余次。还有网友专门给平台发来感谢信，对平台的舆论监督功能表示赞赏，解决了百姓的一些难题。

2. 利用新兴技术打造新媒体作品

首届中国国际智能产业博览会（简称智博会）于 2018 年 8 月 23 日至 25 日在重庆举行。华龙网作为重庆报业集团媒体融合发展的战略转型平台，推出了一批流量大、传播广、点击率高的作品。

如《小蓝莓的奇妙探馆之旅》，通过小蓝莓真人与拟人化科技产品的互动，呼应了智博会"智慧、科技"的主题。以及《VR360 度全景探馆》，利用 VR 技术形成了立体多样的融媒体产品。

（三）重庆日报报业集团的大数据、智能化应用

重庆日报报业集团现建成集团中央厨房"公共稿库"和集团"媒体云"（或称"上游云"）整合打通集团各主要技术平台，将大数据、智能化运用到集团资源更大范围的整合、互通和数据共享中去。集团"中央厨房公共稿库建设"（含日报、都市报系、华龙网），实现了技术层面的打通，将在 2018 年内建设完成并实现运用。集团重大投资项目"媒体云"的建设也正在加紧进行，投资 2000 余万元，将在全国公开招标进行评选。

三　完善全媒体产业链布局

（一）重报都市传媒集团的"生态系圈层"

在媒体融合的浪潮下，如何构建可持续发展的模式也是考量媒体融合程度的重要标准，在传统媒体赢利模式被颠覆以后，如何探索多元的商业渠道，是媒体必须解决的问题。

重报都市传媒集团整合了传统三大都市报的媒体资源以及"上游新闻""慢新闻"等新媒体资源，建立了媒体圈层。三大都市报的微博粉丝数相加有 2300 万人左右，每个平台微信公众号的粉丝数也有 50 万人左右，形成了强大的新媒体矩阵。

同时，集团凭借专业的新闻知识和能力，为市政府部门、区县部门代运营新媒体平台。也通过与政府紧密的合作共同举办活动，如"三峡国际旅游节""十大渝商评选""重庆小姐评选""年度经济人物评选"以及宣传推进当地的

旅游项目。通过与政府合作，帮助政府发现、挖掘、提升区域的价值，发挥媒体的"智库"作用，实现互利共赢。

重报都市传媒集团于 2017 年 9 月 21 日与重庆际华目的地中心实业有限公司达成合作，以推进城市地标式旅游目的地建设为目标，与其建立长期的战略合作伙伴关系。并于 2017 年 10 月与新鸥鹏教育城管理有限公司建立合作，充分利用都市传媒的强大宣传平台和渠道优势，共同打造重庆市青少年素质教育培训和社会活动实践的高地。

重报都市传媒集团还突破行业限制，努力实现产业链的互通互联。在 2017 年 9 月 17 日，与海尔家电、兄弟装饰进行三方联合，举办了"海尔智慧城市战略发挥会暨第七届城市样板间"活动，推进智慧家居城市战略。在城市样板间的活动现场，全球首发"智慧生活城市战略"，并让到场的上万市民体验智慧家庭生活场景，享受便捷的智慧生活。重报都市传媒集团也一直在社会上引导正确的消费价值观，通过此次合作，使产业链向深度扩展。

除此之外，重报都市传媒集团还建立了"重庆新闻创业空间"，吸引到五十多个自媒体人入驻，相互支撑、配合，协同推动内容生产，也做出了如"重庆晚八点"等一系列比较有影响力的产品。

（二）重庆广电集团的产业链布局

1. 广泛吸纳国资、民资，开展跨地区跨行业合作

集团以推进节目生产为基础进一步发挥市场机制作用，提高自身的资本运作能力，探索以资本作为纽带的媒介融合发展路径，推进传统媒体吸纳国资、民资力量参与融合项目，联合开办节目公司以及合办节目栏目，以谋求更大的发展空间，进行跨地区跨行业的合作。

（1）探索漫画绘制、动漫制作、网络发布的 IP 孵化联动发展模式，加快推进少儿频道动画生产业务的混合所有制改革。

（2）都市频道与重庆市司法局合作"巴渝和事佬"App 2.0 版本已于 2017 年 6 月上线，截至 2018 年 2 月，总下载量 40 余万次，总注册用户量达 14.4 万人，咨询与人民调解案件总量 15523 起。同时，已经完成与重庆市高级人民法院"纠纷易解平台"的对接，完成司法行政调解转人民调解业务的数据交互。2018 年将推进 3.0 版本的建设，完善法律存证、专家宝、虚拟调

214

解室等建设，并且进一步对接重庆市高级人民法院的行政调解转人民调解，完善掌上司法确认的快捷申请。

（3）公共·农村频道采取"频道+公司"的模式，针对性地打造"三农"节目，全力搭建农资供销体系，开发媒体与"三农"产业融合的新兴业态。

（4）重庆科教频道创立并于2017年11月1日正式上线"趣试试"教育科技平台，平台主要推出三大板块，其一为"趣教育"，包含了最牛教育方法、最强教育专家阵容与最新教育资讯；其二为"趣成长"，精选了大量的本地优质教育机构推出的品质活动；其三为"趣体验"，持续推出教育机构提供的高品质活动的体验名额，该平台的上线取得了家长的极大关注。

（5）移动电视继续推动惠特集融媒体建设项目。通过惠特集电视直播节目、惠特集网上商城、手机端电视频道内容直播的融合发展，为城市家庭生活搭建了一个平价、优质、快捷的互动娱乐平台和服务平台。

2. 强化内容生产，拓展市场

内容是发展新媒体的基石，依托广电资源优势，瞄准新媒体的用户特点和产品特点，广电集团按照碎片化、品牌化、社区化、交互化、定制化的原则大力推进内容创新。

抓好栏目剧、影视剧、网络剧、纪录片、动漫作品等多元化内容的生产营销，提高内容产销能力。密切对接市场需求，生产适合当代传播特点的电视剧和节目；加大与国内知名视频网站深入合作，不断提高栏目剧、影视剧、网络剧等的制作水平，拓展剧类产品市场，使其成为新的经济增长点。

（三）华龙网打造互联网垂直产业链

1. 建设物联网平台

华龙网蓄力推动"智慧社区"建设，着力搭建集党群、政务、便民服务等功能于一体的政民交互、网络理政、网络问政、便民利民的综合信息平台。通过大数据技术，促进城市健康化发展，打造平安城市、智慧城市。

尤大"慧停车"管理系统作为智慧社区的重要组成部分，通过移动互联网技术，实现停车资源的便捷、高效、系统化的管理，解决停车资源不匹配的问题，为政府对无须占道的管控提供了新思路。

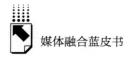

2. 自主研发互联网数据取证系统

经由重庆市互联网信息办公室指导，2012 年下半年以来，华龙网自主研发了互联网数据取证系统，解决了互联网信息内容执法取证的科学性、合法性和规范性，在互联网治理领域探索出一条将法律与技术相结合的创新之路。

互联网取证平台，以"互联网数据固化技术"为基础，通过云计算和"三维取证"创新技术，提供集线索发现、自动取证、数据分析、报告输出于一体的综合性服务平台。

互联网数据取证浏览器可以在巡检的同时方便无痕地对违法违规网页进行取证而不会中断浏览过程。可全面解决网信部门在互联网中的在线取证需求，同时还可适应不同的互联网信息取证场景，为网信部门网络取证提供了技术支持。

3. 建设互联网征信平台

互联网信用征信平台，通过数据归集，全面提供企业信用查询、报告、分析服务，为企业融资贷款、人才引进、资源整合提供权威的信用报告。截至目前，华龙企业信用信息平台收录中国境内组织用户 5000 万人以上，重庆地区 200 万人以上，搜集组织信息超过 5 亿条。

华龙信用已与 33 个区县和 23 个各类机构达成合作协议，帮助它们建立社会信用信息归集系统和信用公示门户网站，让信用建设深入组织机构、行业协会。

4. 重庆客户端集群"自主运营＋平台共享"的商业模式

重庆客户端集群通过打捆数据、资源、流量等，提升整体的市场竞争力，放大品牌效益和张力，进而突破地域限制，撬动全国市场。

华龙网将组建一支精干的运营团队，负责重庆客户端集群平台全国、重庆市场的广告招商、活动招商和大客户开发。集群平台扣除一定的平台服务费后，将广告需求发送至 CMS 后台，借助于后台统一的积分系统，各区县客户端均可共享广告资源，实现流量变现。根据不同的广告需求，各区县 App 可能按照 CPC（每次点击费用）、CPM（每千次展示费用）、CPT（时长收费）、CPD（每次下载收费）等多种广告结算模式获取广告费用。

（四）重庆日报报业集团对产业结构的优化

为了提高发展质量和效益，紧跟时代发展要求，集团在创新文化产业、电商物流、旅游等与主业关联度高的重点产业上全面发力，以提高集团的可持续赢利能力。与此同时，进一步深耕重庆市各部门和区县资源，形成整合效应，并进一步增强各级政府财政项目支持和扩大政府采购。

四　本土化传播满足用户需求

（一）重报都市传媒集团开通区县号，支持智能定位

重报都市传媒集团的媒体转型主平台"上游新闻"，在 38 个区县内开通了区县号，并且可以实现自动的智能定位。其中每个频道每天发稿 20 余条，针对各区县的区域新闻信息实现本土化传播，与受众拉近距离，将服务范围向区县一级延伸，惠及更多老百姓。

（二）华龙网深根区县基层，搭建平台，服务地方

1. 打造"龙头 + 龙身"传播体系

华龙网建立了"重庆客户端"集群，由 40 个客户端组成，即 1 个重庆客户端为"龙头"，39 个区县客户端为"龙身"。客户端以 3 个 1/3（新闻资讯、政务办事、生活服务）为原则设计，将新闻传播、政务服务和受众的生活需求相结合，实现"天下万事晓、办事万事顺、生活万事通"的目标。

目前平台已形成统一的技术标准、后台管理、用户数据及服务能力，但是也保留了区县媒体在内容和运营上的相对独立性和独具地方特色的多样性。

在内容上，重庆客户端集群平台实现共享互推，让优秀稿件在更多更好的平台发布。2017 年 5 月至今，重庆客户端集群累计合作稿件 382 篇，其中 76 篇稿件阅读量突破 10 万人次，渝北掌媒《渝北增加国家级大手笔，朋友圈火了!》阅读量高达 34.73 万人次；最江津《直播 | 2018 江津春晚》观看人数高达 85.61 万人。

在运营上，集群以汇聚 40 个客户端的推广能力联合展开宣传活动。2017 年 8 月，合川作为重庆的唯一代表，参加《魅力中国城》的竞演活动，入围初赛 32 城并登上国家媒体平台。重庆客户端集群联动发声，为合川宣传拉票，取得了突出的效果。

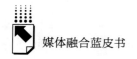

2. 重庆手机报集群覆盖全市各区县

除重庆客户端App之外，重庆手机报集群也已经全面覆盖39个区县，总用户数达1042万户，始终以用户为核心，以打造立足本土、言之有物、服务至上的媒体平台为目的，坚持"本土化、市场化、创新化"的前进方针。同时，重庆手机报及区县手机报集群作为党的宣传阵地，努力做好创新驱动发展、扶贫攻坚等重大主题宣传，及时在本区县发布当地党委政府的声音。

3. "云端问政"，搭建网络民意桥

华龙网致力于打造沟通政府与百姓之间的"网络民意桥"，建立了重庆网络问政平台。问政平台自运行至今已有六年，其间提供了逾10万条建言献策和民情民意给各级政府主管部门，并且有超过6万条的百姓呼声得到有效解决，为各级政府主管部门和百姓之间搭起有效沟通的桥梁纽带。

重庆"云端问政"的传播渠道包括"重庆网络问政平台"网站、"看重庆"客户端、重庆手机报、"重庆网络问政平台"微信公众号、"重庆网络问政平台"新浪、腾讯微博、户外LED、"华龙点击"电视栏目，106500782短信互动平台。

网络问政平台通过大数据应用，第一时间收集民情舆情动态，帮助各级主管部门处理负面与突发舆情，并通过大数据筛选网民诉求，大幅节省人力物力，为民众行使知情权、参与权、表达权和监督权，提供了合法合规合理的网络渠道。

网络问政平台完美支持PC端与移动端适配，网友可通过PC端和移动端问政。问政形式也多种多样，支持图片、文字、视频问政，实现有效的问、答、督、办。为方便各主管部门进行辖区问政管理，平台还提供了问政子账号功能。

五 结语：重庆市融合发展实践的启示与讨论

（一）内容建设仍是媒体的立身之本

媒体融合发展的轨迹要向产业扩展，形成立体多样的可持续产业体系。但是如果只追求产业链的扩张，把重心放在产业发展上，往往会本末倒置。内容建设永远是媒体生存发展的重中之重，传统媒体在转型过程中要充分发挥内部优质新闻人才的优势，在发展技术，拓宽产业的同时，将生产优质内容作为媒体发展的重心，以优质新闻产品作为立身之本。

在内容建设上，重报都市传媒集团利用晚、晨、商三家都市报媒体各自擅长的报道领域和风格优势，发布优质原创内容；重庆广电集团以重庆本土新闻为切入点，充分挖掘和利用新闻频道的采访资源；华龙网连续五年获得中国新闻奖，并在2018年拿下两个中国新闻奖一等奖，《绝壁上的"天路"》全媒体策划取得了骄人成绩；重庆日报报业集团建成两级"中央厨房"和"4+1"的综合性传播体系，这些理念和措施为媒体融合建设提供了一定的经验。但在生产出对全市、全国产生重大影响力和传播力的新闻产品上，重庆市的媒体集团仍需努力，在新兴智能技术的运用、线上线下的宣传推广等方面发力。

（二）媒体融合需要有互联网思维的创新人才

媒体融合是新的媒介环境赋予我们的任务，需要勇于转变观念，革新媒体融合发展的观念，冲破固有的保守思想，摒除传统的体制机制，建立符合移动互联网传播特点的内容调度中心。

思想观念革新程度，与媒体内部人才结构也有较大关联。目前的实践中仍存在将传统媒体内容"照搬"到新媒体平台上的问题，原因之一是目前从事新媒体工作的员工多是由传统媒体转行而来，是在传统媒体环境下培养的专业人才，生产新闻产品的思路和方法具有一定的局限性。媒体内部真正懂技术、懂网络，有新媒体技能，具备全媒体理念的人才依然很少。改革转型的思想准备还不充分，推动媒体融合发展的原生动能不足。

同时，一些传统主流媒体由于薪酬体系和薪酬管理规范，较难吸引高端新媒体人才，也是组建人才队伍过程中需要面对的难题。全媒体传播需要有互联网思维的全媒体人才，人才引进和人才培养问题应该放在媒体融合建设的优先解决位置。

重报都市传媒集团率先在技术型新闻人才引进和培养上发力，技术部共有五十二人，不仅承担集团内部的日常运营，还开展技术输出。华龙网也拥有大量掌握并熟练运用大数据技术的专业人才，实现了"大数据+版权服务"、

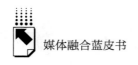

"大数据＋舆情监测""大数据＋信用征信""大数据＋执法取证"。但其他一些媒体还存在技术新闻人才缺乏的问题，今后在人才引进和培养上，可以优先考虑此类人才，扩充人才队伍。

（三）广播电视媒体的融合发展应差异化对待

广播电视媒体的转型之路，因为其自身区别于其他平面媒体的媒介特性，需要以差异化的视角对待。报纸等传统平面媒体具有明确的资讯传播属性，此类传统媒体的转型方式多以新建自己的新媒体客户端为主。

而以重庆广电集团的广播电视媒体作为更多以生活服务为导向的公共传播媒介，在转型过程中，如果按照平面媒体的融合转型思路，以建立 App、"两微一端"以及"中央厨房"建设为主要工作的话，可能会误入歧途。因此，差异化地对待各个媒体进行融合发展，应纳入媒体融合战略制定的考量范围。广播电视类的都市媒体，要想真正在融合中找到未来发展的新的增长极，必须找到可依赖的赢利模式。广电媒体融合发展的未来走向更应该是渠道的融合、产业的融合，打开融合思路，通过不断调研和试验，在现实实践中拓宽发展空间。

（四）资金短缺是媒体融合发展推进困难的瓶颈问题

一些主流传统媒体的融合发展，由于行业特殊性，与其他媒体的融合路径相比，具有投入大、周期长、回收慢的特点。尽管有市财政的一定额度资金扶持，但在近年新媒体快速发展、总体经济走势下滑和广告经营形势日趋严峻的多重挤压下，传统媒体运行困难加剧，收入逐年减少，能用于媒体融合的资金十分有限。

虽然重庆市的各大传媒集团寻求与互联网公司等外界平台以及市政府的合作，但是用于媒体融合发展的资金短缺问题依然显著，加大对媒体融合的资金扶持，也许会使融合发展情况再上一个台阶。

（五）媒体融合的走向是做智慧城市服务商

随着大数据、云计算、电商平台、移动互联网、人工智能等信息技术的发展，智慧城市的建设范围和覆盖领域也在不断完善，逐渐演化为一种新的社会生态。

　　智慧城市是技术、服务、内容的综合体，当下一些媒体也正依托自身优势向智慧城市方向努力，如华龙网蓄力推动"智慧社区"建设，搭建集党群、政务、便民服务等功能于一体的政民交互、网络理政、便民利民的综合信息平台，也提出了对未来智慧城市建设方面的构想。但是目前重庆市媒体在智慧城市建设方面仍处于起步阶段，未来应该多向物联网、智慧政务、智慧家居、智慧旅游、智慧医疗等领域嵌入，将媒体资源充分融入智慧城市的建设中。

B.15
甘肃媒体融合：突破与升级

支庭荣　谢灵佳*

摘　要： 2017～2018年甘肃省媒体行业加速媒体融合步伐，发挥后发优势推动媒体融合向纵深方向发展。甘肃广电总台优化媒体融合的顶层设计和战略布局，甘肃日报报业集团在实践中取得良好融合成效。本报告聚焦于甘肃广电总台与甘肃日报报业集团所进行的自我变革与最新突破，对甘肃省媒体融合重要标杆产品取得的进展作了归纳和探讨，同时针对甘肃媒体目前在媒体融合理念、体制机制、人才队伍建设等方面的问题提出了相应的建议。

关键词： 甘肃广电总台　甘肃日报报业集团　"飞天融合媒体云"　甘肃交通广播　甘肃手机报

2014年中央《关于推动传统媒体与新兴媒体融合发展的指导意见》对加快媒体融合、做大做强主流舆论阵地提出了新的使命。地方媒体以此意见为指导，依据地方实际情况制订了推动新旧媒体融合发展的实施方案。甘肃省由于历史积淀、经济实力、政策支持以及发展导向等诸多因素的制约，在推动媒体融合过程中面临诸多挑战，但是甘肃省的媒体融合努力仍然取得了显著成效。近年来，甘肃广电总台以巩固宣传思想文化阵地、壮大主流思想舆论为出发点和落脚点，把推动媒体融合发展作为落实意识形态工作责任、履行省级主流媒体职责使命的重大任务，从内容、渠道、平台、经营、管理等方面推进媒体融

---

* 支庭荣，暨南大学新闻与传播学院教授；谢灵佳，暨南大学新闻与传播学院硕士研究生。

合。2017 年中宣部推进媒体深度融合工作座谈会召开后，甘肃广电总台制订了媒体深度融合工作方案，精心梳理谋划，形成并不断调整优化"甘肃广电飞天融合媒体云技术体系"建设规划，推动媒体深度融合的顶层设计持续完善。甘肃日报报业集团再造新闻采编流程，形成新媒体矩阵，树立了及时发布、移动优先的理念，不断增强策划能力，围绕重大议题发挥党媒正确导向。同时，成立了融媒体虚拟工作室和新媒体实验室，提高内容生产质量，适应分众化需求，通过互动增强用户黏性。目前甘肃日报报业集团正在加速建设"甘肃云"全媒体聚合系统的建设，探索推动媒体深度融合发展的实践。

一 甘肃广电总台重构传媒生态，构建融合新格局

现今，甘肃广电总台拥有丝路明珠网，"视听甘肃"手机客户端和甘肃电视新闻微信、微博平台，形成了融媒体矩阵，"你中有我，我中有你"的媒体融合格局已初现成效。广电总台进一步优化围绕中心、服务大局的思路，不断强化方法措施，传播力、引导力、影响力、公信力得到显著提升。为促进媒体转型升级，向高质量目标进发，广电总台持续增强互联网思维，树牢一体化发展理念，正朝着"你就是我，我就是你"的深度融合目标加速迈进。

（一）精心打造融合内容，创新形式表达

广电总台发挥省属主流媒体准确、权威、专业优势，加强策划统筹，精心打造融合内容，组织报纸、广播、电视、网站、手机客户端等各类媒体，规范准确报道时政新闻，扎实做好重大主题宣传，对社会热点及时解惑，有序开展突发事件报道。在党的十九大期间，广电总台经过精心采制推出了《十九大时光》专栏，通过小切口映射大成就，以新闻故事暖人心，展现出 2600 万陇原儿女爱党、护党、永远跟党走的坚定决心和信心，受到中宣部和国家新闻出版广电总局的肯定和褒扬。《喜迎十九大特别节目——还看今朝·甘肃篇》《新时代新气象新作为》等融合新闻报道在新想法、新行动上做文章，生产出了一批有内容、有思想、有温度的新闻节目。在 2018 年全国两会期间，广电总台依托在北京搭建的"中央厨房"，在两会报道中首次采用"策采编播存全流程联动"模式，推出了一系列"接地气"的融媒新闻产品。《今日聚焦》

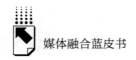
"全国两会专题"特别节目，围绕政府工作报告展现甘肃经济社会发展新进展新成就，受到国家新闻出版广电总局通报表扬；《甘肃新闻》推出《直通全国两会》《代表委员建言》等拳头板块，充分反映基层代表委员行使民主权利，参政议政的新思路。《甘肃新闻》以排名第四的成绩荣获国家新闻出版广电总局发展研究中心与泽传媒联合发布的"2018 年全国两会省级新闻联播移动传播十佳"称号。

此外，广电总台创新内容表达，丰富呈现形式。充分利用视频、音频、图片、文字、动漫、H5 等全媒体呈现方式和 VR、航拍等技术手段，创作了一批优秀的融媒报道。特别是在重大、突发新闻事件的报道中广泛运用新媒体直播，取得了良好的传播效果。仅 2018 年上半年以来，广电总台在"央视新闻+""新华社现场云"已发起 44 场新媒体直播，其中有 2 场直播获得百万次以上点击量，19 场直播入选央视新闻移动网精选首页直播。策划发起的《诗词快闪献礼五四青年节》新媒体直播成为当天多个社交平台传播量最大的新闻直播，点击量达到 132.9 万次。《5·12 地震十周年重返碧口重灾区》新媒体直播点击量达 49.1 万次，入选央视"5·12"十周年专题首页。广电总台与全国十省市联合推送的大型景观直播《中国此时此刻》兰州现场直播，点击量更是达到 232.9 万次。

（二）着力夯实技术支撑，升级采编流程

甘肃广电总台坚持以先进技术为支撑，全面利用最新的云计算、大数据等成熟技术，完成了"甘肃广电飞天融合媒体云"技术体系的顶层设计，形成了完整的云化基于微服务架构的媒体 pass 服务平台建设方案。电视高标清同播系统 2017 年 8 月建成投入运行并平稳过渡，甘肃卫视实现省内高标清同播（试播），正在积极推进卫星传输申报工作，地面电视频道实现 IPTV 平台的高标清同播（试播）；广电总台基本建成数字化高清生产体系，全面进入以视频高清制作为主、高标清同播的时代。广播 6 套频率除青春调频外，已全部实现省内 14 市（州）信号全覆盖，正在积极推进县域信号覆盖工作。

同时，广电总台不断推进媒体制播手段，转型升级采编流程，组建"飞天融合媒体云"系统，构成总台"飞天融合媒体云"技术体系建设的重要组成部分。面向总台融合新闻业务"策、采、编、发、播、存、管、用"的全

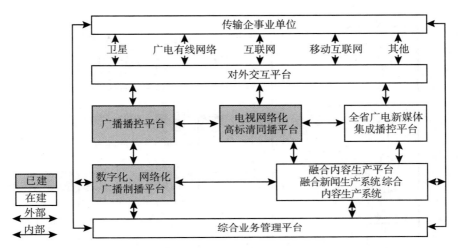

图1 "甘肃广电飞天融合媒体云"组成

过程，再造融合新闻生产流程，实现云化、数字化、网络化、全媒化、智能化等功能，形成"一次多样采集、全媒体多元编辑、立体多渠道传播、多屏联动接收"的新型媒体技术格局。截至目前，已投入项目建设资金7900多万元，其中5200多万元来自财政专项资金。新媒体集成播控平台完成一期建设，二期项目正在积极规划建设当中。优质内容向互联网汇集，以丝路明珠网和视听甘肃客户端为代表的新兴媒体稳步发展，网站和客户端累计发稿量达12万多条、日发稿量300多篇，网站历史累计浏览量逾5600万次、独立访客量2300多万人，客户端下载安装量逾40万次，成为全省舆论宣传的又一主阵地。

（三）有效聚合优质资源，拓展传播渠道

广电总台以打造区域性新型主流媒体为目标，坚持优势互补、开放办台、协同发展的理念，拓展深化对外合作，帮助进一步畅通融合渠道。在纵向层面，台内各个节目部门内容全部引入广电总台网站、客户端、以及今日头条号。同时，广电总台与省直部门、企事业单位及省内12个市县达成合作，共同打造优质内容。在横向层面，广电总台深化与新华社、央视新闻＋、人民日报全国党媒公共信息平台等中央新型主流媒体的合作，加强与今日头条、网易新闻、腾讯视频、蜻蜓FM、阿基米德等商业媒体的交流，一改以往简单的内

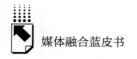

媒体融合蓝皮书

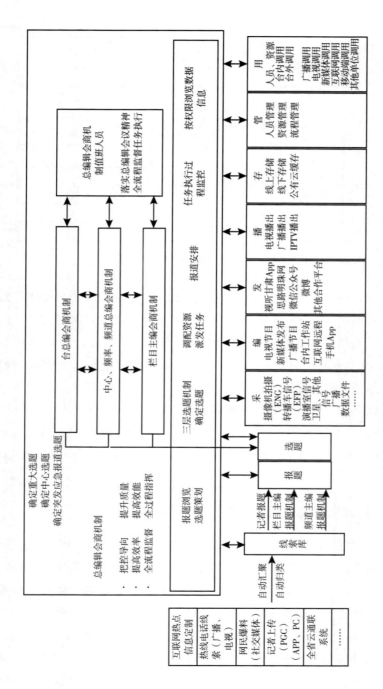

图 2 "甘肃广电飞天融合媒体云"技术体系 1.0 版

容互推，通过深化合作进一步健全共同策划、多方联动、统一宣传的沟通协调互动机制。

此外，广电总台在把好内容导向关的前提下不断拓展对外合作的范围。积极筹划牵头组建甘肃广电融媒体新闻联盟，联合全省 14 个市州 86 个县广电媒体以及各行业广电宣传机构，共同打造专注于甘肃省内新闻资讯的"联播甘肃"全媒体传播矩阵，通过聚合效应提高传播效果；吸纳邀请政府机构、行业主流媒体以及一批有影响力的自媒体入驻广电总台新媒体集成播控平台，通过多方引流壮大用户规模；内引外联，交融互通，拓展传播渠道将各方优质资源实现有机地聚合，大大提升了广电总台围绕中心、服务大局的能力水平。

（四）多元互动跨屏传播，提高媒体优势

甘肃广电总台积极推进与甘肃电信、移动、联通三大运营商的 IPTV 合作，所有内容生产部门均建立了"双微"（官方微博、微信公众号）平台，全媒形成社交媒体矩阵，多元互动跨屏传播实现资源互通，平台互通，以移动优先为原则，做好内容互动，拉长内容产品线，达到夯实主阵地、拓展新阵地的效果。广电总台还在网络直播、网络原创内容、融媒产品制作、线上线下互动等方面积极探索实践，带动了媒体的影响力和美誉度。

甘肃广电总台跨屏传播的实践也得到各方认可。电视《甘肃新闻》移动传播力位居全国前列，在泽传媒发布的 2018 年上半年全国省级台新闻联播移动传播榜中排名第六，电视《午间 20 分》栏目入选第八届电视满意度博雅榜卫视频道新闻类栏目十强。2018 年上半年，电视六个频道的市场占有率涨幅均达到两位数，六个广播频率继续领跑兰州市场，甘肃交通广播表现尤为突出，以"内容＋服务"理念，创新内容表达，注重用户体验，做出了一系列有益的尝试。甘肃交通广播创造了甘肃本土广播嫁接互联网的商业运作模式，解决了诸多媒体流量变现的难题。运用互联网思维打造的线上购物节目《5 号店》采用团购、秒杀、刮刮乐、线上直播等方式有效地吸引用户购买实体产品，浏览总数超过 62 万次，活跃粉丝量达到 5000 多人，购买人数达到 1732 人，成功实现了广播听众的流量转化。甘肃交通广播还充分利用活跃用户超过 50 万人的微信公众号，精准推送服务信息与线上互动活动，成功实施了喊红包、票务售卖、产品代理等网上营销，既扩大了影响力又获得了实在收益。2017 年 9 月

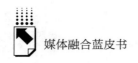

借助微信公众平台售卖"张学友演唱会·临夏站"门票，销售总额近 200 万元，刷新了甘肃媒体行业分销演唱会门票销量纪录。此外，甘肃交通广播依靠微信平台开通了寻物寻人重要功能，彰显了媒体责任。据统计，2017 年"1035 帮帮忙"平台共发布失物招领信息 12681 条，帮助 1977 位失主找回遗失物品，发动司机寻找深夜丢失的老人和小孩，共计找回 11 人。目前，甘肃交通广播已成为省内广播融媒体第一品牌，并多次入围"全国广播移动传播榜"十强。

（五）积极推进管理创新，激活内外合力

甘肃广电总台围绕推进传统媒体与新兴媒体融为一体、合而为一，着力强化互联网思维，以管理创新打破壁垒、突破瓶颈，努力建立融合型体制机制。

在人才管理方面，广电总台首先采用考评激励的办法充分调动人才的积极性和创造性，制定了《关于推动传统媒体与新兴媒体平台融合发展考评激励办法（试行）》《新媒体作品稿酬发放办法》《丝路明珠网、视听甘肃客户端通联稿酬及项目服务费发放办法（试行）》等一系列涉及用稿、技术服务方面的考评与激励办法，有助于提高融合发展的质量与水平。其次，广电总台加强全媒人才队伍建设，深入开展马克思主义新闻观教育，建立学习培训长效机制，抓好编辑记者的全媒体业务学习和培训实践，推动现有人员融合转型。此外，广电总台积极面向高校招聘人才，加大力度抓好后备人才储备培养，夯实媒体深度融合所需人力资源的支撑基础。

在新闻生产流程管理方面，甘肃广电总台不断优化再造策采编发流程，依托融媒体新闻云平台，研究建立"融合新闻策划指挥协同生产业务流程运行机制"，以构建完整的新型融合新闻生产模式，推动新闻生产模式的转型升级。同时，广电总台有序推进跨平台资源整合探索，现今交通广播、青少年广播一体化融合发展试点已取得一定成效，在此基础上进一步开展深化采编与经营分开改革试点，为全台体制机制改革全面推进先行先试、积累经验。

二　甘肃日报报业集团深化媒体融合，
　提升党媒影响力

近年来，甘肃日报报业集团主动适应媒体发展趋势，科学推进媒体融合发

展，稳步开发新业态新应用，打造了以每日甘肃网为旗舰的手机报、PC 端、微博、微信、移动客户端等全媒体传播矩阵，初步实现了"一次采集、多种生成、多元传播"的目标，党报、党网、党端、手机党报共同发展，抢占了舆论引导高地。

（一）创新呈现方式，强化服务功能

计算机网络信息技术的广泛应用，为新闻报道方式的多元化发展提供了有利条件。[①] 甘肃日报报业集团大力创新新闻报道方式，促进信息的交互和传播，使媒介融合的发展更加信息化、多媒体化。每日甘肃网是甘肃省最大最具影响力的综合性门户网站，已设 21 家报纸电子版，26 个特色频道，14 个市州频道，日均点击量 600 多万人次。作为甘肃省重要的网上舆论阵地，每日甘肃网率先创新信息产品的呈现形式和传播方式，对集团报刊新闻内容进行二次加工，以专题集纳整合、报网互动、视频访谈、网络问政等进行多媒体互动整合传播。同时，每日甘肃网还拓展了信息的传播渠道平台，打造了包括纸媒、数字报、手机报、网站、论坛、视频、微博、微信、移动客户端、今日头条和一点资讯等全媒体多平台传播的系列产品，[②] 提供新闻发布、数字政务、生活资讯、舆情研判、电子商务、网站建设、市场广告、活动策划、技术运营等服务。

《甘肃手机报》是甘肃省唯一一家面向全国发行的手机报，365 天不休刊发行，上午 7 时发布新闻类资讯，下午 3 时发布社会类、民生类资讯，以及突发事件的及时报道，目前手机报的全额付费用户数量稳定在 50 万人左右，每人每月资费 5 元，手机报订阅费成为集团一个强有力的经济来源。《甘肃手机报》已经走过了十多个年头，有效付费用户一直处于全国手机报领先地位。前期采用短信和彩信的方式向用户传递资讯信息，随着新媒体的发展，短信、彩信已经无法与两微一端的丰富性媲美，使手机报的订阅量直线下降。对此，《甘肃手机报》积极创新新闻信息呈现形式，2015 年采用 H5 技术将传统的短信彩信模式转变成集文字、图片、视频、音频于一体的全新表现模式，2016 年上线甘肃手机报语音读报，通过智能语音系统播放当日精彩看点，深受用户

① 霍天天：《媒介融合下新闻报道方式创新研究》，《中国报业》2016 年第 14 期。
② 昝琦：《积极打造西部新型主流媒体》，《传媒评论》2016 年第 12 期。

喜爱。如今手机报还在积极探索拓展链接地址服务，不仅能够全面呈现报纸版面内容，还能为用户提供服务功能。

（二）专注优质内容，适应分众化需求

2017年12月，甘肃日报报业集团成立了融媒体虚拟工作室，组建专业团队，运用新技术、新渠道、新思维开办了一批独具特色的微信公众号，扩大了甘肃日报社新媒体的影响力。通过深入挖掘甘肃日报社独有的新闻资源、文化资源来打造原创、优质内容，使品牌微信号成为新媒体矩阵的重要组成部分。首先，甘肃日报推出了名家融媒体产品，相继打造了叶舟的北方、张琳童心岛、德琪小品、牛庆国的黄土地等一批名家公众号，生产出了一系列随笔、杂文、诗歌、散文、童话、小说等原创作品。通过深入挖掘名人的影响力，带动了粉丝流量的注入，借名人与读者互动增强用户黏性，成为打造融媒体产品的一次有益探索。

其次，各部门积极开设了15个微信公众号，涵盖信息动态、新闻故事、高端论坛、理性思考、诗歌散文、名家原创、影像画面等不同内容，适应了分众化的需求。"甘肃日报速读"第一时间将《甘肃日报》刊发的省内新闻以"播音＋版面图"的形式简要发布；"甘肃日报观点"提供积极、独特、鲜明的评论观点以及甘肃理论界权威、严谨、多元的理论文章；"甘肃日报经济"发布经济资讯，从宏观层面描绘甘肃整体经济发展状况，从微观层面分享创业者的点滴故事；"甘肃日报叙事"以独特视角挖掘事件背后真情，分享平凡人的震撼与感动；"甘肃日报文艺"推介高品质的文学作品、书画作品以及戏曲影视作品，帮助提升审美情趣；"甘肃日报印记"通过溯源甘肃历史，传播甘肃优秀传统文化；"甘肃日报生活"为民众提供与日常生活息息相关的信息资讯，致力于成为"生活伴侣"；"甘肃日报方圆"打造文旅、健康以及科技三大知识板块，"方者"提高用户希望知晓的资讯，"圆者"服务用户身心需求；"甘肃日报清风"发布反腐倡廉相关政策，发挥第三方力量监督贪腐行为；"甘肃日报身边"以"悠悠万事，民生为先"为导向，关心民众的难心事、烦心事、高兴事、乐呵事；"甘肃日报微视力"为广大摄影爱好者搭建影像交流平台；"甘肃日报金融观察"关注甘肃金融业最新动态、发展趋势以及具体的实践经验，面向社会传播金融知识。

（三）聚焦重大议题，发挥党媒正确导向优势

甘肃日报报业集团发挥党报主渠道、主阵地、主战场作用，围绕重大主题宣传，积极运用全媒体手段，加速融合传播。集团以每日甘肃网新媒体部为依托，专门成立了的新媒体实验室，在重大主题宣传、重要事件节点推出一系列融媒体产品，有效提升新闻产品的网络传播力。目前，甘肃日报报业集团已成功策划和实施了甘肃省两会、全国两会、敦煌文博会、省十三次党代会、党的十九大等多个重大主题活动的新媒体宣传报道活动，并且取得了较好的传播效果。为迎接党的十九大胜利召开，集团精心策划，专门推出了《牢记嘱托砥砺奋进——甘肃省践行习近平总书记"八个着力"重要指示精神纪实》融媒体作品。每日甘肃网采用《甘肃日报》相关的文字稿件和摄影图片，进行二次乃至多次编辑加工，最终在移动端进行网络化呈现。还充分发挥联动作用，实现资源共享，同一主题的多向传播，巩固壮大了主流舆论引导力和效果。该H5作品一经发布就在朋友圈内广泛传播，短时间阅读量超过10余万人次，省内多家网站、官方公众号、自媒体大号自发转载，营造了良好的舆论氛围。① 在党的十九大之后，集团又推出了《陇原强音：十九大甘肃日报融特刊》H5作品，条理清晰地梳理了国家大政方针，集中展示了党的十九大期间传统媒体和新媒体产品的报道成果，也赢得了广大网友的转发点赞。在由人民日报全国党媒公共平台发起举办的"十九大融合报道精品100展示"活动中，《牢记嘱托砥砺奋进——甘肃省践行习近平总书记"八个着力"重要指示精神纪实》《陇原强音：十九大甘肃日报融特刊》双双入选"全国党媒十九大融合报道精品百强"，在网络投票中分别位列第41位和第43位。

（四）扩容品牌升级，加速全媒体运营步伐

甘肃日报报业集团为努力推进媒体融合，加快形成全方位、多层次、多声部的主流舆论矩阵，开展了一系列大刀阔斧的变革。2018年3月1日，在甘

---

① 贾磊、陈雪怡、郭萃等：《深化媒体融合 提升党媒影响力——第三届中国报业集团高层座谈会访谈》，南海网，http://www.hinews.cn/news/system/2017/12/11/031353735.shtml?wscckey=21c9a12102c253e6_1512955110，2017年12月11日。

肃日报社新一届党委班子的率领下,《兰州晨报》《西部商报》《甘肃农民报》《甘肃经济日报》《甘肃法制报》等子报同时改版,以推出新产品、提供新服务、打造新能力、增创新价值为目标,推动报社党建制度、采编改进、媒体融合、经营脱困、子报转型和管理提质六项改革。发挥省委机关报作用,紧密围绕省委中心工作传递主流声音;宣传党的重大理论创新,发挥党报评论的旗帜作用;全面整改副刊版面类别,凸显陇原特色做新闻精品;着力创新版式,实现可读性与观赏性双向发展。《兰州晨报》改版宣言声明要在坚持内容为王和把握正确舆论导向的前提下,"以全新的理念、视角和手法,融合线上线下传播",打造"有思想深度、有视界高度、有民生温度的原创优质新闻平台",提升报纸质量和全媒体影响力。① 此外,2018 年 6 月 23 日,遵循甘肃日报报业集团有关都市类媒体转型发展规划,《西部商报》休刊转型,并将新闻服务、报纸投递、广告刊发等业务全面转入《兰州晨报》,进一步扩宽了《兰州晨报》的受众面和覆盖面,增强其作为"甘肃第一都市报"的影响力。7 月25 日,《兰州晨报》与澎湃新闻签署合作协议,优质媒体与优质平台双优联姻,共同加强在资源整合、内容采编、技术分享和品牌推广等方面的深度合作,携手建设国内领先的新闻信息合作共享平台,共享新闻信息内容,共享新媒体平台,在重大报道、专题报道中互动协调,提升内容质量和品牌价值,共促融合发展。

三 存在的问题

2017 年至 2018 年,甘肃省媒体融合发展取得了显著性进展,利用后发优势,为西北地区同类媒体的创新转型提供了有借鉴性的新思路。但客观而言,甘肃省媒体融合发展依然存在许多问题,集中体现在以下几个方面。

(一)理念瓶颈,跟不上时代发展

媒体融合必须首先做到观念上的重视,甘肃媒体融合目前最棘手的是理念瓶颈。甘肃广电总台不断叩问是"互联网+传统媒体"还是"传统媒体+互

---

① 《春天,来一次深情告白》,《兰州晨报》2018 年 3 月 1 日,第 A03 版。

联网"，是"以我为中心做节目"还是"以用户为中心做节目"等观念问题。传统采编人员缺乏融合意识，同时无法在传统稿件的"厚重"与新媒体文章的"轻软"之间实现转换。以甘肃日报社为例，员工的平均年龄为 44 岁，缺乏年轻力量的注入，活力不足，滞后于时代发展。媒体普遍感受到危机感却又无力突围的尴尬。

（二）体制机制滞后，转型意识匮乏

甘肃媒体的融合转型步伐较慢，暴露出传统体制机制存在的诸多问题。事业体制和企业体制之间藕断丝连，受制于一方面固守既有利益一方面希望开拓市场的矛盾心态。传统媒体的管理机制、分配制度、用人机制以及组织架构都在一定程度上扼杀了传统媒体内部自我革新的内在动力。体制机制的不配套使甘肃媒体难以适应市场化的发展趋势，内部生产要素的活力严重缺乏。

（三）技术落后，资金投入不足

加快媒体融合的步伐需要有强大的技术支撑，先进技术设备的购买又意味着要耗费大量的资金。甘肃媒体面临着"融合保障乏力，经营形势严峻，财政资金不足"难题。甘肃日报报业集团作为一家欠发达省份的媒体，自身经营举步维艰，在媒体融合发展过程中也是慎而又慎，在经济营收大滑坡的严峻形势下，报社很难从有限的资金中挤出经费投入媒体融合建设。而政府的财政支持力度有限，以新媒体集团建设为例，政府仅投入 2000 万元，还需要报社自身投入配套资金 3000 万元。

（四）人才奇缺，欠缺激励机制

甘肃媒体融合面临两方面人才困境：第一，复合型人才引进难。甘肃广电总台深刻感受到没人比没钱更可怕。新的传媒格局对媒体人的综合能力提出了更高的要求。技术人才的引进十分困难，以甘肃日报社为例，技术团队仅有 8 名员工，缺少新媒体技术人员，技术开发能力不足。第二，媒体优秀人才流失加速。传统媒体的薪酬体系具有"固定进阶、按资排辈"的特点，缺乏人才激励机制，无法焕发内生活力，而具有媒体性质的科技公司采取的是股权激励吸引人才，传统媒体仅仅靠情怀难以留住人才。

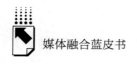

四　相关建议

全国的媒体融合已进入纵深推进的"深度融合"阶段。甘肃省必须加快步伐，树立"互联网＋传统媒体"的正确理念，全面推进媒体深度融合，积极打造新型主流媒体，构建以主流媒体权威声音和正能量为主导的舆论格局。总体而言，甘肃省的媒体融合亟须党委、政府的大力支持，需要媒体和媒体从业者的共同努力。

（一）强化融合发展责任意识

观念引领行动，认识推动实践。推动媒体融合发展，首先要解放思想，破除陈旧观念的束缚，形成适应融合发展的新观念新认识。[1] 对于媒体来说，要清醒地认识到媒体融合发展是大势所趋，要有开展一场全方位革新的决心。具体而言，传统媒体要用"融合思维"理解和认可新兴媒体并进行主动学习，增强"互联网思维""用户思维"，确立移动优先，用户导向的正确思路，从而把握大势。对于媒体从业人员来说，要主动转变观念，突破传统习惯性思维的束缚，积极学习新媒体技术和全新的新闻生产方式，完成自我转型，更好地投身于媒体融合的变革之中。对于政府来说，要树立守土有责、守土负责、守土尽责的发展理念，把媒体融合发展与网络宣传管理视为维护意识形态安全和执政安全的第一道坚固防线，始终关注，常抓不懈。[2] 对媒体的作用保持清晰的认识，在财政资金上给予一定的支持，保障媒体融合的加速发展。

（二）加快建设全媒体人才队伍

为政之要，首在得人。媒体融合发展离不开人才的推动力，既要提升固有员工的素质水平，又要引进复合型人才，更要制定激励制度留住人才。首先，

---

① 《在媒体融合发展中担当使命与责任》，《人民日报》2014年4月15日，第4版。
② 张犇：《欠发达地区中小城市媒体融合路径研探——以甘肃省平凉市为例》，《中国报业》2017年第13期。

在提升现有员工业务水平方面，甘肃媒体要加速对他们的培养进程，通过大规模开展对员工的全媒体传播技能、互联网思维意识培训以及新闻实践的锻炼，提高员工在新兴媒体平台发布、融合新闻产品制作等方面的能力，帮助员工转型升级。其次，甘肃媒体要加大新兴媒体内容生产、技术研发、资本运作和经营管理人才的引进力度，打造一支基础好、素质高的新闻采编队伍，帮助泛活传统媒体生命力。最后，甘肃媒体要探索在融合发展条件下留住人才的有效办法，积极转变用人机制，完善考核机制，创造干事创业的良好环境，形成人才集聚效应。

（三）创新体制机制激发组织活力

体制落后、机制僵化成为束缚传统媒体发展的一大难题，为顺利推进媒体融合需要甘肃媒体进行大刀阔斧的改革，在与新传播技术的嫁接方面大胆创新。首先，甘肃媒体要依据市场、政府和用户等多方的需求及时更新和完善运行机制，在新闻生产方面建立统一供稿机制实现新闻资源及时共享，实施移动优先原则；在新闻采编工作方面建立类似"新媒体中心""中央编辑部"等新媒体部门优化空间布局；在人才管理方面可通过运行内部项目孵化机制对内部员工从事新媒体创业项目进行鼓励。其次，创新体制机制还要处理好"变"与"不变"的关系，传统主流媒体作为舆论引导的主力军，要将正确导向贯穿到媒体融合的各个方面，坚守初心，坚持党性原则，用马克思主义新闻观武装自己，在新闻专业化与传播效果之间实现有机平衡。

（四）加强技术引领内容创新

以多形态内容、多渠道分发、精准推送、受众反馈互动等为主要特征的媒体融合趋势中，技术正成为越来越重要的驱动力。[1] 甘肃媒体位于西北欠发达地区，在技术层面上面临"先天不足"困境，在今后媒体融合的进程中要率先补强技术短板，例如甘肃日报报业集团加强大数据、云计算等新兴技术的运

---

[1] 吕绍刚、贺林平：《技术打开融合想象空间——"2017 媒体融合发展论坛技术分论坛"综述》，《新闻战线》2017 年第 17 期。

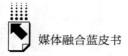

用，加速建设"甘肃云"全媒体聚合系统。同时，甘肃媒体应吸取其他媒体在融合进程中的经验和教训，避免出现内容和技术"两张皮"的问题，清晰地认识到技术是生产力，内容是硬道理，应大力增强传统媒体在内容把控上的原有优势，通过技术融合创新新闻呈现方式，更好地服务于内容生产，技术结合内容进行深度融合，进而反推内容创新，通过内容和技术的双驱动，实现媒体融合快速发展。

B.16
机遇·政策·底蕴：湖南媒体 融合发展的三个支撑点

王晓生 杨 文*

摘　要： 2017~2018 年湖南省媒体融合发展保持着媒体湘军一如既往的锐气，在平台转型升级与内容发展创新方面给市场与受众都交了满意的答卷。湖南日报报业集团以新湖南客户端为基点，传播了湖湘主流好声音；红网新媒体集团以时刻新闻为主力，覆盖三湘，下沉区县，持续为百姓的呼声优化互动平台；湖南卫视以芒果 TV 为发力点，凭借雄厚的内容制作优势与技术驱动力，逐级突破将自我打造成互联网视频现象级平台。当然，在谋求深度融合发展的过程中，各大媒体也都遇到诸如人才短缺、评价体系滞后于转型进程等问题。未来只有统筹全局，把握好关键问题，培养具有互联网基因的人才，革新机制体制，才能在融合之路上结出更多硕果。

关键词： 媒体融合　"新湖南"App　"时刻新闻"App　芒果 TV 品牌效应

　　当下，媒体融合转型进入关键期，湖南省媒体凭借媒体湘军的深厚底蕴与创新实力，保持着稳步前进的态势。笔者在对各传媒产品（新湖南客户端、时刻新闻客户端、芒果 TV 客户端）的深度体验及对其内部工作人员开展深度

---

　　* 王晓生，中南大学文学与新闻传播学院教授、新闻系主任；杨文，中南大学文学与新闻传播学院硕士研究生。

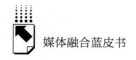

访谈的基础上，从平台建设、内容创新、品牌推广等方面对湖南省媒体融合的典型案例进行深入分析，以期呈现 2017～2018 年湖南省媒体融合发展的相对完整而有代表性的图景。

一 媒体融合发展：时代机遇、政策支持与自身底蕴

这些年来，随着媒介技术的更新迭代，媒体不断优化自身以获得受众，媒体融合早已不是什么新鲜的词语。在早期的媒体融合实践中，报纸建立网站，开发数字报，迈出数字化的第一步；电视台也开拓自己的网站，并将节目资源移到网站上，以满足观众非线性观看的需求。然而这些媒介融合性实践并未带来根本性震荡性冲击，直到移动互联网汹涌澎湃时，传统媒体才真正面临融合转型的必要性与重要性，且在这种机遇与挑战并存的现状中，从"相加"向"相融"迈进。

对于湖南省媒体来说，其融合发展有着普遍的时代背景和特殊的自我使命。与其他省市一样，近些年，湖南省的媒体融合事业之所以能取得大力发展，离不开时代给予的发展机遇和国家提供的政策支持。党的十八大以来，以习近平同志为核心的党中央提出了大力推动传统媒体和新兴媒体融合发展的战略部署。习近平总书记要求"着力打造一批形态多样、手段先进、具有竞争力的新型主流媒体，建成几家拥有强大实力和传播力、公信力、影响力的新型媒体集团"。这是湖南省媒体融合转型再出发的最大原动力。

以广电、出版为代表的广义的湖南传媒经过多年努力积累，很多方面都走到全国前列。从时间之河着眼，这些成绩已沉淀为媒体湘军的深厚底蕴；从地基之厚着眼，这些成绩已构筑成媒体湘军的坚强实力——因为这两点，湖南省的媒体融合有了一份持续发展的底气，也多了一份再次进步的责任。2015 年湖南省通过了《关于推动湖南省传统媒体和新兴媒体融合发展的实施方案》（以下简称《方案》）①，该《方案》指出要以华声在线为平台，将湖南日报报业集团建设成为在全国有重要影响的新型主流媒体集团，进一步强化湖南日报

---

① 《研究审议媒体融合发展、乡村教师队伍建设等改革方案》，《湖南日报》，http：//news. voc. com. cn/article/201512/20151211092535336O240901. html，2015 年 12 月 11 日。

客户端"新湖南"的作用；以办好"芒果TV"为首要，推动湖南广电集团成为国内领先、具有国际影响力的大型媒体集团；以红网建设为重点，打造湖南出版投资控股集团融合发展的主流数字媒体集群；支持红网搭建省、市、县三级开放共享的"四朵云"建设。这些政策措施经过接近三年的"发酵"，在2017~2018年度生发出了显著的结果效应。

二 湖南日报报业集团：以"新湖南"为基点，传播湖湘主流好声音

"新湖南"客户端在原"湖南日报"和"无线湖南"两个客户端基础上迭代升级而成，定位为"湖南新闻第一端"。"新湖南"客户端于2015年8月上线，截至2018年8月，从1.0版本升级优化至7.0版本。七个版本的迭代，从图文资讯，到音视频及直播，再到新闻跟评和话题互动，"新湖南"始终秉持着产品思维做新闻，不断优化用户体验。

（一）强化技术实力，加快"中央厨房"及融媒体分社建设

以"新湖南"为基点，过去三年来，湖南日报社大力推进采编技术现代化，改革采编流程，推进传统媒体与新媒体的深度融合，已形成融会贯通、全面覆盖的态势。全社所属的14家媒体，以"新湖南"为融合创新引擎，真正做到"一次采集、多元生成、多渠道发布"的"中央厨房"模式。目前，这种融合创新正在进一步推广和深入发展。

建设"中央厨房"和融媒体分社，需要强大的技术支撑，而不断强化技术创新实力，正是"新湖南"在省报客户端中的一抹亮色。作为拥有自建技术研发团队和自主知识产权的移动新媒体团队，"新湖南"除确保客户端本身的不断迭代升级外，还成功为海南日报等客户提供了技术外包服务。2018年8月新湖南7.0改版的关键词正是云协同、话题互动、智能推荐和阅读体验升级，将个性推荐、精品内容和实时互动推向新的阶段。[①]

---

① 《新湖南客户端7.0版本发布》，新湖南网，http：//hunan. voc. com. cn/xhn/article/201808/ 201808150919484624. html，2018年8月15日。

（二）依托时政优势，完成以精品内容做强主流引导使命

"新湖南"客户端将在互联网时代传承、创造和进一步开拓时政报道的优势。新湖南客户端累计下载量已突破 1900 万次，日活跃用户 160 多万人，日均点击量突破 670 余万次，[①] 成为中央网信办推荐的全国典型。作为省委在新媒体时代的核心媒体，"新湖南"客户端是省委机关报自然延伸升级的新媒体平台，其肩头肩负着做强主流引导、传播新时代湖南故事的重大责任。"新湖南"旗帜鲜明地提出"姓党、姓湘、姓时、姓移"，努力成为湖南省的"移动通信社"，争取"飞入千家万户、服务千家万户"。

"新湖南"既恪守正确的政治导向，又追求用户的最佳体验，围绕着"湘"字做文章，服务 7100 多万湖南人民。"新湖南"客户端的内容制作与传播始终"坚持正确导向，严格发稿规范"。"新湖南"团队全体在湖南日报社党组直接领导之下，对内容产品及从业人员进行有效动态管理。

基于导向的精准把握，从上线以来，"新湖南""10 万 +"稿件不时呈现，专题点击量最高超千万次。全省重大时政类新闻，有 90% 以上是"新湖南"首发，推出的《早读》《晚安湖南》《一线记者看湖南》《新湖南的市州朋友圈》等原创栏目以及小游戏《抗战问答》《精准扶贫手册》等大批优质的专题、H5 轻杂志等，在社交平台上引起广泛转发。做精品内容的同时，"新湖南"先后组织了"全省党报融合发展论坛""青春 8090 报道人物座谈""直播国庆黄金周"等系列活动，强化品牌的认知度和认可度。

通过综合发力，"新湖南"正在成为传播湖南时政新闻的党和人民的主流媒体平台。

（三）凭借精准定位，抵达精细目标用户

"新湖南"立志"精确定位、有的放矢"努力"影响关键少数、争取重点受众"。平台定位的精准性，决定了推广抵达的精细率。在"新湖南"媒体矩阵不断发展壮大的过程中，不仅有省委省政府、省直单位、各市州党委政府等

---

① 《新湖南客户端实现永州十一个县区全覆盖》，永州新闻网，http：//news. yongzhou. gov. cn/2018/0907/436671. html，2018 年 9 月 7 日。

主要领导的关注与重视，全省各级党政干部、企事业单位员工、高校师生和在外地的湘籍人士，对"湘味"浓郁的"新湖南"客户端，也都表现出浓厚的兴趣。

对目标受众的创新认知，使"新湖南"得到很多部门的关注和支持。省委宣传部联合省委教工委发文，省委网信办单独发文，均要求在各市州大力推广"新湖南"客户端下载。经省委网信办授权，湖南微政务也交由"新湖南"运维，与腾讯达成合作后，加快建设基于手机移动端的网上资讯和网上办事功能，构建湖南最大最完善的移动政务平台。省外事侨务办主要领导发动各方资源、通过多种渠道推广"新湖南"，境外湖南乡亲中相继掀起"下载新湖南、了解家乡事"的热潮。省工商联制订了具体推广方案，在湘商群体中的大力推广"新湖南"。省政府驻京、沪、穗、深、琼等办事处，也都对"新湖南"的推广极为支持，通过各种方式，把"新湖南"客户端纳入它们服务当地湖南乡亲的工作中。"新湖南"自行设计的"工作室"制度，是精细化推广的创造性延伸。

在融合实践中，湖南日报社进一步推进了"由端到云"的战略升级。"新湖南云"移动政务新媒体平台作为主要抓手，全面推进党报集团媒体融合进程。截至2018年9月初，"新湖南云"已完成区县、省直、高校类签约项目120多个。其中，参与入驻"新湖南云"的县市区达79个。

三 红网新媒体集团：以"时刻新闻"为主力，立足三湘，下沉区县

红网于2000年成立，历经18年发展，网站多年位列中国地方新闻网站影响力前列，全国新闻网站综合影响力十强，全球排名前500位，《百姓呼声》《红辣椒评论》等栏目相继荣获中国新闻奖一等奖。2014年推出"时刻新闻"客户端，定位为集新闻资讯、公众信息、政民互动于一体的移动互联网聚合门户，立足湖南，打造差异化产品，探索地方主流媒体客户端创新发展路径，谋求变道突围，是全国首个拥有三级发布体系的客户端，分市州、县市区发布新闻资讯。

2017年6月16日，湖南首个省级新媒体集团——湖南红网新媒体集团正

式挂牌成立。湖南出版集团、中南出版传媒集团注入资金 1 亿元来筹建红网新媒体集团，解决其运作初期的资本后顾之忧。红网新媒体集团旗下拥有"网报端微视屏"六位一体媒体矩阵，以及湖南红网传媒有限公司、湖南红网文化传播有限公司、湖南红网新媒科技发展有限公司三家全资子公司。同日，湖南红网新媒体集团正式启动新媒体"中央厨房"，"时刻新闻"客户端 5.0 版和湖南新闻 LED 联播网同步上线。一个覆盖省市县三级、双网（互联网和移动互联网）的湖南党媒新型传播平台已然成型。

（一）加强地方联动，促进资讯融合

作为红网新媒体集团重磅打造的湖南第一新闻资讯客户端，"时刻新闻"[①]在定位上追求的不是"弯道超车"，而是"变道超车"，把握"湖南第一新闻资讯客户端"的差异化定位，绕开国内国际时事新闻这一兵家必争之地，志在打造湖南新闻资讯传播的最大平台以及当日湖南动态的最快渠道。目前，它已成为省直厅局、市县、园区、高校和湖南媒体个性信息的展示窗口，湖南在移动互联网上的政民互动平台和公共服务平台。在省委宣传部、省委网信办支持下，红网于 2013 年便完成了 13 个市州（长沙除外）、122 个县市区的分站建设，聚合了全省强大的新闻生产能力，有效引导了区域舆论。"时刻新闻"客户端依托红网遍及湖湘大地的分站，邀请市州和县市区党媒入驻，由此开创了省市县三级党媒共建平台、共生内容、共享受众、共促传播的媒体融合模式。

（二）自主技术研发，推进迭代升级

截至 2018 年 2 月，"时刻新闻"已更新九个版本，优化界面与推荐机制，在视频、直播、互动跟帖等方面持续改善用户体验，提升用户体验和用户黏性，目前已累计发展用户 1850 万人，被中央网信办列为全国重点关注客户端。"时刻新闻"创办之始就确定了自主研发、平台开放的理念。其"中央厨房"策略，集新旧融合、一次采集、多种生成、多元发布、全天滚动、多元覆盖于一体，将实现线下线上深度融合。其于 2018 年 2 月发布的最新的 6.0 版本，

---

① "时刻新闻"，由红网推出的新闻综合客户端，是集新闻资讯、公众信息、政民互动于一体的移动互联网聚合门户。具体介绍见 https：//moment. rednet. cn/。

上线了打通红网所有产品的"红网通行证"，让用户用一个通行证掌握红网旗下所有产品，全方位升级时刻视频窗口五大视频新栏目，升级优化跟评功能，让互动更贴心。湖南新闻 LED 联播网在全省百城实现拥有 500 块户外 LED 大屏以及一万块电梯 LED 小屏的规模，走入万屏联播新时代。

此外，红网集团正在搭建省、市、县三级开放共享的集党务政务云、宣传文化云、公共服务云、电商游戏云为一体的"四朵云"。加快推进数字新兴媒体战略布局，打造天闻数媒、湘教传媒等融合发展的数字教育平台，快乐老人报与枫网等融合发展的老人大数据服务平台，天闻动漫与天漫等融合发展的在线互动娱乐平台，实现多媒体呈现、多渠道传播、多功能服务的新型主流媒体集群。

（三）推进在地内容，打造融合看点

借力红网遍布 14 个市州 122 个县市区的牢固基础，"时刻新闻"客户端扎根湖湘大地；而红网 18 年的发展过程当中，始终将"为民呼喊"作为其不可懈怠的责任与使命，《红辣椒评论》《百姓呼声》等名牌栏目便是这种使命感的具体践行，透着媒体湘军的锐气。"时刻新闻"客户端自上线以来便传承并开拓着"有锐气"和"接地气"的特质。

党的十九大精神占据"时刻新闻"头条首屏位置，彰显了党网新媒体的政治责任担当和创新引领能力。2017 年 6 月，湖南发生罕见的特大汛情灾情，"时刻新闻"与红网及红网分站集群、微博微信矩阵、红网手机报集群、红网时刻 LED 联播网联动，及时传播抗洪救灾的动态，为夺取防汛抗灾的胜利提供了强有力的舆论支持。

除了在新闻资讯领域发力，红网还充分发挥"红极潇湘、网罗天下"的传播力，成为湖南旅游形象的宣传者、旅游精品线路的推广者、旅游扶贫的促进者、文明旅游的引导者，进一步提升"锦绣潇湘"旅游品牌的影响力，为湖南省建设全域旅游基地、建设富饶美丽幸福新湖南做出贡献。

四　湖南广电集团：以芒果 TV 为品牌，打造互联网视频现象级平台

随着移动互联网技术的革新与网络视听节目对受众的争夺，传统电视媒体

意识到其所面临的压力，纷纷谋求融合转型之路。2014年4月，在没有任何先例可循的情况下，湖南卫视创立"芒果TV"，迈出了电视媒体融合转型的重要一步。湖南省及湖南广电对融合转型的顶层设计，使芒果TV成为湖南广播电视台和湖南广播影视集团有限公司旗下最重要的新媒体公司。作为"互联网＋"核心平台，芒果TV与湖南卫视一起，共同组成湖南广电"一体两翼、双屏驱动"基本战略的两翼和双屏，融合打造国家各级管理部门寄予厚望的新型主流媒体和国际级传播媒体。在"一云多屏""芒果独播"战略的培育下，芒果TV取得的成绩一改多年来电视台为视频网站提供版权内容的配角身份，直接参与视频网站的市场争夺大战，为广电媒体如何"触"网融合转型提供了一份典范样本。

（一）平台：打造"一云多屏"无处不在的立体传播体系

移动互联网的迅猛发展，改变了人们生活的方方面面。随着互联网特别是移动互联网的普及与智能设备的平民化，电视、电脑、平板、智能手机等多种终端，丰富了大众的娱乐选择，对于电视媒体来说，也拉开了一场注意力争夺大战。移动互联网的主导地位不断强化，在移动优先的战略下，芒果TV以用户为中心，逐步打通了"一云多屏"立体传播体系。2014年4月20日芒果TV全新亮相，全站当日播放量即达到200万次。2018年4月1日，芒果TV运营单位湖南快乐阳光互动娱乐传媒有限公司发布财务报表：2017年芒果TV实现净利润4.89亿元，成为第一个实现赢利的国内主流视频市场综合性视频平台。①

（二）内容：从"独播"到"独特"，满足个性化需求

在上线一个月后，芒果TV对外宣布"不再与其他新媒体合作，在互联网版权上一律不分销，全部由芒果TV自己播放"——"独播战略"就此启动。"独播战略"是以独有的内容为核心，依靠立体传播体系来实现。"独播战略"能走多远，取决于芒果TV能否源源不断地提供市场所需的、稀缺的、优质的

---

① 《芒果TV 2017年行业率先赢利4.89亿》，芒果TV，http：//corp. mgtv. com/a/20180402/1703577703. html，2018年4月2日。

视频内容。

基于对年轻用户喜好的精准分析，2018 年芒果 TV 综艺节目编排规划本着"聚焦青少年群体、宣扬年轻态度、坚持创新自制"的理念，以"重心""信心""核心""决心"为四个关键词，全方位打造芒果 TV 的内容生态战略，推出亲子节目带、悬疑智力节目带、芒果系综艺带、"酷文化"节目带、新型情感节目带、广告定制节目等六大黄金综艺带，为用户呈现了《声临其境》《向往的生活 2》《歌手 2》等口碑与流量同在的节目，最终六大自制节目带将形成芒果自制综艺生态圈。

经过几年的大胆探索，芒果 TV 整合湖南广电资源及自制优质资源，致力于内容创新，取得了不俗的成绩，难能可贵的是将内容的差异化和特色化提升到战略的高度。

（三）启示：以"平台＋内容"双核驱动，打造融合持久动力

互联网时代的融合发展必定要激活"互联网基因"，而互联网基因主要体现在两方面：开放融合，用户思维。"用户思维"指导下的传统电视媒体融合转型，不是简单地将电视台的节目搬运到网站上，也不是开通微信微博账号就能获得受众的青睐，而应当以"开放"的姿态去迎接新媒体融合，利用互联网的基因改造传统媒体"传者中心"的状态，将"受众"转变为"用户"，将"用户至上"进行到底。

这些年，芒果 TV 一直在思考：为什么是"用户思维"而不是"受众思维"？移动互联网时代，观众已经由过去的满足于"看电视"转变为现在的追求"用电视"，他们不再满足于"接受"，不是电视台播什么他们就"看"什么，而是希望将电视以个性化、移动化、社交化的方式"用"起来。正是在这个思维指导下，强大的芒果 TV 平台构建起随时随地观看视频并互动的乐园，精致的内容对标了用户口味并引导其思考。芒果 TV 以自身的特殊经验告诉了我们，什么才是电视媒体重生的关键。在构建"一云多屏"的立体传播体系过程当中，芒果 TV 体察到用户多场景、多元化的需求，并通过技术不断攻关以不断改善用户体验。

优质内容是决定媒体生存与发展的关键所在。芒果 TV 由"独播"走向"独特"，是基于最大化为用户提供优质内容的考量。最初，它敢于宣布"独

播"，最大的后盾是拥有湖南卫视的内容班底，掌握了丰富的节目资源。在"芒果独播"的战略支持下，芒果 TV 为用户奉上了《花儿与少年》《我是歌手》《爸爸去哪儿》《妈妈是超人》等口碑与流量同在的爆款节目。随着市场的变化，芒果 TV 加紧确立自身的内容定位，寻求与一线视频网站、内容制作方的合作，以期打造丰富多元的内容生态，刷新用户的体验。从"独播"到"独特"，有人认为是芒果 TV 的内容撑不起其平台的野心，而这正是互联网基因的另一个特征——分享与协同。良好的互联网生态一定不是封闭的、分裂的，而是在尊重版权的基础上，不断创新产品的形与神并共享，以达到最佳的传播效果。因此，芒果 TV 由"独播"到"独特"会让它在市场的激发下更具创造力，在融合转型的发展中走出一条独特的突围之路。

五 结语：媒体湘军，融合向前

回顾过去的几年，在互联网移动新媒体的冲击下，湖南省媒体意识到融合发展是传媒战线的一次"革命"，以时不我待、逆水行舟的紧迫感加快推动媒体融合向纵深发展，目前可以说已经完成了顶层设计，形成了融合品牌，从相"加"阶段稳步迈向相"融"阶段。本报告所分析的三大融合案例，涵盖报纸、网站、电视台，尽管形式不同，但依然可以从中发现媒体湘军在融合发展之路上的共性。

把握方向，坚持媒体湘军的守土之责。这个"守土之责"，既是在社会转型攻坚时期做好党的新闻舆论工作，巩固壮大主流舆论阵地，传播党的理论、路线和方针政策，以媒体之力铸造一股改革发展的凝聚力和向心力，也是守住媒体湘军在传媒圈的弄潮儿地位，把握创新领地，引领传媒风尚，为传媒乃至文化产业生态的升级铺路。不管是"新湖南"客户端、"时刻新闻"还是芒果TV，都在不断强化自身的大局意识、融合意识、时间意识、担当意识，主动担负起壮大主流舆论阵地的责任，加快媒体深度融合的步伐。

持续创新，开拓深度融合的广阔天地。"新湖南"客户端传递湖南好声音，将湖南故事传播到全国各地乃至国外，为全球湖南人搭建起精神家园；"时刻新闻"则是全国首个分市州、县市区发布新闻资讯的客户端，让市州、县市区用户实时了解家园的新闻动态，为百姓呼声加上了互动的注脚；而芒果

TV 的"一云多屏"，满足用户多元化的场景需求，最大限度地赋予用户选择权，实现了芒果 TV 无处不在的愿景，让"看电视"真正转向"用电视"。

内容为王，打造独一无二的湖湘品牌。传媒圈的湖湘品牌，"马栏山"①系列节目自是家喻户晓："快乐大本营"20 年为观众输入源源不断的快乐，"每周六晚守着芒果台的大本营"已成年轻人的一种"快乐情结"；"天天向上"集娱乐与人文之美于一体，拥有着一批忠实的观众粉丝；新兴节目《歌手》《声临其境》《儿行千里》《百心百匠》等，打造了流量与口碑的爆款。而红网则是新闻舆论监督的生力军，如红辣椒时评栏目、问政栏目等。红辣椒时评针砭时弊，以评论之力扛起"铁肩担道义，妙手著文章"的大旗，将"中国新闻奖一等奖新闻名专栏奖"收入囊中……这些都是媒体湘军深耕内容、铸造品牌的体现，在未来媒体融合的道路上，它们还将持续产出优质内容。

然而，融合发展之路并非一路坦途，机遇、风险与挑战同在，如对资本及政策扶持的依赖，一段时间内找不到合理的赢利模式，将影响媒体平台后续的深度融合转型进程。再比如，内容的同质化，不能够有效满足受众口味的多元化。市场充满变幻，要求我们的媒体深度体察，提前布局，持续用力，方能打造可良性发展的湖湘媒体生态圈。

---

① 马栏山，湖南省长沙市地名，为湖南广播电视台的所在地。

B.17
湖北媒体融合的特点、亮点与难点

支庭荣 吴 丹*

摘 要： 湖北省积极响应党中央在推进媒体融合发展、巩固宣传思想文化阵地、壮大主流思想舆论做出的战略部署，以湖北广电集团、长江日报报业集团为代表的湖北省传统媒体在媒体深度融合路径上持续探索，创造了武汉城市留言板、早安武汉、长江云移动政务新媒体平台等标志性成果。"新闻＋政务＋服务"与融合新技术的"新闻＋创意"丰富了新媒体产品，长江云走出了平台型媒体的融合探索之路，媒体融合亮点显著。

关键词： 媒体融合 湖北广电 《长江日报》 移动政务服务 城市留言板

在信息传播技术的推动下，传统媒体的发展格局和舆论生态发生了深刻的变化。移动互联网的迅速发展带动了信息生产和传播模式的革新。为应对新形势的变化，贯彻党中央关于推进媒体融合发展的重要部署，湖北省积极主动作为推动媒体融合发展。以湖北广电集团、长江日报报业集团为代表的传统媒体在媒体深度融合路径上持续探索：湖北广电集团打造的长江云政务平台，整合智慧政务、舆论管控、意识形态、社会治理、民生服务，是全省媒体共用的中央库房①。长江日报报业集团推出"武汉城市留言板"，以网络形式践行群众

＊ 支庭荣，暨南大学新闻与传播学院教授；吴丹，暨南大学新闻与传播学院硕士研究生。

① 宋建武：《特别策划·区域性生态级媒体平台的建设与运营》，首都互联网协会，http：// www. baom. org. cn/2018 – 01/24/content_ 17274. htm，2018 年 1 月 24 日。

路线，是长江日报着力深化媒体融合的独特平台①。湖北省多家传统媒体在媒体融合方面取得了不俗成绩，积累了融合经验，提供了媒体融合示范样本。

一 湖北省传统媒体的转型发展与融合进程

自 2016 年以来，湖北省加强媒体融合顶层设计，出台《湖北省加快推进传统媒体和新兴媒体融合发展规划（2016~2020）》《关于贯彻落实中宣部座谈会精神推进媒体深度融合发展的通知》等系列文件，申请专项资金支持湖北广电集团、湖北日报传媒集团发展②，为全方位推进媒体融合发展提供了制度保障和财政支撑。

（一）湖北省报业媒体的融合进程

湖北省报业媒体在近年媒体融合进程中成效显著。2017 年，湖北日报传媒集团大力推进媒体深度融合发展，基本建成全媒体指挥中心和全媒体采编系统，理顺报、端、网、微一体化的运行架构，深入推进新闻策、采、编、发流程再造，不断完善"一次采访、多次生成、线性发布、多媒体呈现、全时段传播"和"端网速度、纸媒深度"的新闻生产发布新形态③。长江日报报业集团自 2017 年开始大刀阔斧的媒体融合建设，在媒体阵地、运行机制、考核办法、新媒体产品方面进行了有益的探索与改革。长江日报主打武汉城市留言板这一服务性功能，结合本地政务发布、本地资讯平台等信息功能，通过视频、直播等新媒体形式，力求建设成聚集用户、服务用户、吸引用户、留住用户、影响用户的融合平台。

1.媒体融合阵地建设：一网一客户端，借助平台扩影响

长江网：主打武汉城市留言板。2017 年，武汉市委市政府积极践行网上群众路线，为长江日报融合转型提供了难得机遇。长江日报以武汉城市留言板

---

① 陈晓蓉、龚劼：《把握核心 找准入口 重建连接——长江日报媒体融合的创新实践与思考》，《新闻战线》2017 年第 15 期。

② 陈航、贺云松：《湖北推进媒体深度融合发展的实践与思考》，《新闻前哨》2018 年第 7 期。

③ 《湖北日报传媒集团社会责任报告（2017 年度）》，中国记协网，http://www.xinhuanet.com//zgjx/2018-05/30/c_137203258_3.htm，2018 年 5 月 30 日。

为入口，搭建平台入口，收集网上民情民意。原先主打信息发布功能的长江网，转变为主打武汉城市留言板这一政务服务功能的媒体转型入口。2017年城市留言板上线初期，仅有116个办理单位入驻，现入驻单位数量已远超2017年。据悉，长江日报计划将入驻单位数量扩展到7000个。庞大的政务单位用户群背后，离不开市委市政府的政策支持。武汉市每年都会评选出"十优""十差"单位，城市留言板亦有通报、排名的功能，在吸引各单位入驻的同时，也起到督促街道、站、医院及时回复网民提问的作用。

长江日报新闻客户端：媒体转型重要平台。长江日报新闻客户端凭借城市留言板、本地新闻权威发布、人工智能技术三大利器，成为长江日报这一传统媒体转型过程中的重要新媒体平台。新闻客户端以城市留言板作为核心依托，为用户提供办事、解决问题功能，使其超越了一般只有新闻发布功能的地方性媒体新闻客户端，与在新闻信息量上独具优势的网易新闻、今日头条等资讯平台形成差异化竞争，从而成为兼具新闻内容生产与信息服务于一体的综合性客户端。长江日报新闻客户端专做本地权威新闻首发。在市委市政府的信任下，市内所有的权威信息、政务发布，基本由长江日报集团首发。除此之外，长江日报集团还与科大讯飞集团合作，后者为长江日报在人工智能等新兴技术领域提供技术支撑，为长江日报客户端实现语音聊天、新闻及时推送等功能奠定基础。

构建立体多样传播矩阵，借助平台提升传播力。长江日报在微信、微博、今日头条等平台上都有相应的入驻账号，力求以多种渠道、多种载体扩大、提升长江日报的传播力与影响力，逐步构建起立体多样、融合发展的现代传播体系。以微信为例，长江日报官方微信着力打造独一无二的本地资讯平台，以正能量、武汉、原创作为微信平台运营的三个关键要素。截至2018年6月底，长江日报的微信粉丝达70万人。长江日报官方微信设置的新闻早餐类资讯栏目——《早安武汉》微信专栏表现出色，是除《人民日报》外第二家设立早上定时进行微信新闻推送的媒体。《早安武汉》微信专栏及时摘编昨夜今晨本地及国内、国际重要资讯，主打本地资讯，兼顾国内、国际及横跨财经、文体、社会领域的新闻资讯。以外，长江日报官方微信还会设置话题互动专栏、评选活动等，增强微信平台的话题性、互动性。其内容呈现符合移动互联网时代媒体融合传播的特性。2017年，在全国副省级城市党报首届媒体融合案例评选中，长江日报官方微信《早安武汉》专栏获评优秀案例奖①。

2. 运行机制建设：采编力量集聚，集团资源重组

在媒体运行机制建设方面，长江日报通过设置融媒体中心，集聚报社内的采编力量。在生产线重组的基础上，进行长江日报报业集团下属三家报社资源的重组，有效推进了传统媒体融合发展进程。

设置融媒体中心。在媒体融合的大潮之下，长江日报也开展媒体策采编发流程的融合，通过将新媒体、编务策划、主编室三个部门合体办公，组成新的部门——融媒体中心，将原先新媒体部门的新媒体发布、直播等新媒体生产环节，与编务策划部门的新闻策划、信源掌握与主编室编辑校对的功能及人员进行整合，从机制上打通新闻内容生产的全流程。融媒体中心的建立，使长江日报从信源部分即开始融合，统一指挥、统一调配记者采访，再将所有稿件集中到融媒体中心进行分发，新媒体的传播效果在融媒体中心的作用下获得及时的反馈。融媒体中心建立的目的是形成一个从信源、策划到采编、发布全流程的闭环。发布环节分为新媒体发布和报纸发布。新媒体发布要求即时、迅速，这与纸媒原来的内容生产方式、写作时限不同，以往报纸的截稿时间在晚上，记者有充足的时间可以进行新闻稿的撰写。如今依靠新媒体发稿的计分机制，倒逼着记者在采访完立即发稿，甚至晚于同城的媒体发稿即不计分。但极端的计分考核机制也有例外，记者在晚上采编补充内容，可以适当得到加分，某些不适合在新媒体发布的内容向上申请后也可进行计分，尽量达到"白天快、晚上深"的内容生产要求。

集团资源重组。集团资源重组的前提，就是生产线的重组。长江日报报业集团将旗下的长江日报、武汉晨报、武汉晚报三家报社的三个编辑部集中为一，三套采访力量合而为一，集中进行新闻内容生产，采编稿件共享，供三家报社依据自身特点选择所需稿件、进行不同的加工。记者接受总部的统一指挥、统一调配，不仅可以节省成本，而且为采访更细致、报道更深入提供了条件。长江日报依靠融媒体中心的建设，推促了长江日报集团下属报业的重组与转型。报业原先的图文生产，在媒体转型过程中转变为图文与视频、直播、

---

① 朱建武：《长江日报〈早安武汉〉：以产品思维打造移动端品牌栏目》，http：//media. people. com. cn/n1/2017/0720/c40628 - 29417605. html，2017 年 7 月 20 日。

H5 等并行的多元呈现方式，长江日报的这一跨界行为，在互联网，尤其是移动互联网条件下打破了原有广播电视与报纸之间的分界。

3. 考核办法创新：以新媒体发稿为指挥棒，不按体裁设新闻奖项

为适应媒体转型，2017 年 7 月起，长江日报开始实行新的考核办法。以前报业以报纸为主的考核办法转变为如今以新媒体为主的考核办法。该报确立了以下三个计分原则：一是在报纸和新媒体上都相同的常规稿件，以新媒体发布为计分原则；二是根据新闻价值计分，深度解读发布在报纸上的稿件也可进行计分；三是依据传播量、阅读量、评论点赞量来进行计分，稿件得到哪些平台、媒体的转载推送，在这些媒体/平台转载时的版面位置，是否被其他报纸加以转载，都作为计分的参数。记者的稿件量决定其业绩，而依据新媒体发稿量进行考核，是长江日报适应与强调新媒体传播特点的一个具体表征。

在好新闻评选方面，长江日报一改以往按照体裁进行评选的机制。在报社内部评选时，长江日报为适应媒体融合发展，创新性地设置了七个奖项，每季度进行一轮评选，七个奖项分别为：（1）主题宣传奖；（2）公共服务奖；（3）调查类新闻；（4）现场新闻奖；（5）观点贡献奖；（6）爆款产品奖；（7）传播创新奖。其中，公共服务奖主要以媒体在公共服务方面取得的成就作为遴选标准，区别于一般发布政府的服务信息。2018 年第一季度的公共服务奖得主关注的便是武汉市的手机代号转网办理问题，偌大的武汉只有三个办理点，明显没有充分落实工信部提出的方便群众的政策，经长江日报关注，办理点增加至十余个。爆款产品奖、传播创新奖分别基于传播广度、传播创新性而设置。原先依照消息、通信、连续报道等体裁进行的奖项评选，可能导致记者在接触到新闻信息时，首先考虑的是新闻的体裁。如今评选标准的转变，意味着记者要将传播的即时性、触达率考虑在内，与此同时，新闻内容的生产更多地围绕用户这一中心而展开。

（二）湖北省广播电视媒体的融合进程

湖北省广播与电视媒体在融合转型进程中以移动优先为战略，与时俱进地开拓短视频、直播等适应移动互联网时代用户获取信息需求的产品形式，取得了良好的传播效果。

湖北广电长江云于 2015 年成立，是利用云计算、大数据等技术启动建设

的全国首家省级新媒体云平台。2016年2月，湖北省委常委会决定，以长江云新媒体云平台为基础，统筹全省政务信息数据资源，加快建设"覆盖全省、互联互通、功能完备、运行通畅"① 的长江云移动政务新媒体平台。成立三年以来，长江云因其技术的领先性、融合的突破性、机制的创新性在全国独树一帜，引起了业界和学界的广泛反响，成为湖北媒体融合标志性成果。

1. "新闻+政务+服务"精准定位

长江云找准本地区域特色，将自身定位为"新闻+政务+服务"的客户端，既为湖北广电集团建设真正的区域性生态级媒体平台奠定了良好的基础，也推进了媒体融合发展，有助于传统媒体抢占新媒体主流阵地，促进其影响力、传播力、引导力、公信力的提升。

新闻：依托长江云的"云稿库"与"中央厨房"。依托长江云的后台打通功能，长江云创新升级"源、云、管、端"全流程服务，依托移动采编体系和"云稿库"，打造成湖北省、市、县上百家媒体机构（含广电、报社、网站）编辑记者共用的"云稿库"，累计稿件达320847条。一方面，"云稿库"拥有来自媒体、党政部门和用户三个信源，综合了PGC、OGC与UGC的信息挖掘与生产能力；另一方面，其以纵向贯通省市县三级传播通道为"管"，横向覆盖广播、电视、报纸、PC网站、手机网站、微博、微信、客户端八个端口。截至2018年6月底，全平台接入各类"两微一端"、头条号等各类产品8112个，接入省市县政务单位1941家。

长江云"中央厨房"以"统一指挥、统一信源、分级策划、统一标准"为基础，形成"多元采集、多样编辑、多种产品、多端分发"的省市县三级媒体融合的新闻生产运作流程和常态化的信息协作联动机制，采编团队"云上联合报道团队"覆盖省市县各级，拥有来自省市县上百家媒体机构的上千名地方记者。全平台移动优先，抢占第一时间权威发布的制高点，最大化传递主流价值正能量。

政务：移动政务大厅与舆情监控。长江云搭建的移动政务平台，不仅为用户提供了便捷获取政府信息的渠道，也为党政机关提供了包含客户端、微信、

---

① 黄俊华：《李鸿忠指示迅速掀起学习宣传贯彻习总书记重要讲话精神热潮》，荆楚网，http://news.cnhubei.com/xw/zw/201602/t3546986.shtml，2016年2月20日。

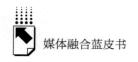

微博、网站等端口在内的新媒体产品矩阵，省去了政府机关部门在新媒体产品研发、设计与维护的成本。政务平台在为群众用户和党政机关用户提供便利的同时，也有效拓展了长江云的用户规模。在媒体转型过程中，长江云平台积极响应相关部门的舆情监测需求，构建起舆情监控板块，拥有自主监测、实时抓取、舆情分析、危机预警、事件追踪、舆情报告等核心功能。平台能够通过全省热点新闻监测数据、全省各个媒体端口热词数据发现舆情；亦能根据新闻地图研判舆情，并进行舆情的梳理与分析，实现全面准确、稳定高效、深度挖掘的舆情监测。长江云平台具有的"一键部署"功能，可以对全平台所有"两微一端"产品进行"一键推送"和"一键删除"，为实现谣言的及时辟除与信息的实时管控奠定了基础。

服务：多样化民生服务提升效率。长江云积极探索网上服务群众的方法，其民生服务涵盖热门服务、文化生活、充值缴费、医疗服务、交通出行、气象环保等板块，低频的服务（如公积金、结婚等）经平台的聚合，成为高频的功能，既为用户提供了便利，也提升了平台的服务能力，增强了平台用户的黏性。同时，长江云还承建了"省食药安全政民互动平台""云上社科移动平台""省政法网上为民服务平台"等多个"智慧湖北"信息化建设项目，着力打造成网民"口袋里的办事窗口"。

2. 建立统分结合、开放共享的融合机制

为适应媒体融合发展需求，长江云建立健全了统分结合、开放共享的机制。一方面，能够为各媒体和党政机关提供平台和技术支持；另一方面，又能允许各媒体及党政机关自主定制媒体产品、自主选择媒体收益方式，实现平台与媒体的双赢。

平台与产品定制统分结合。湖北广电根据省市县各级媒体的发展诉求，创立了云上系列客户端十个"一"建设和验收标准，即一个协调小组、一个实施方案、一个运营主体、一次需求调研、一份合作协议、一次推进大会、一次产品交接、一次操作培训、一次督办验收、一套运作办法，由此实现了平台在规划、建设、流程、培训、验收与技术支撑上的统一。同时，长江云还提供标准化平台和产品模板，提供开放接口供各媒体自主定制产品，提供全媒体直播、移动采编等32个功能模块，由各媒体和各党政单位自主配置，使各地客户端能够呈现多样化的亮点和特色。

技术与运营资源开放共享。长江云在技术团队、新技术研发、垂直行业应用等方面开放共享，各地政务和服务标准化接入。截至 2018 年 6 月底，产品迭代 342 次，全省各地客户端同步升级。平台还为每个市县配备了技术专员，提供全天候 24 小时的在线快捷服务。在运营方面，各单位在云平台上可独立经营，收入归己，也可以合作运营，利益共享。长江云可以通过将用户资源整体打包，提高平台议价能力；通过策划全平台运营方案，增加合作机会。在合作运营中，各媒体依照访问量、用户量等指标衡量贡献大小，以分配经营收益。

武汉市委、市政府直属事业单位武汉广电在突出抓好移动优先战略和"新闻资讯、移动直播、短视频"三大融产品生产，掌上武汉 App 用户数超过 220 万户，2017 年见微直播近 1000 场，单场最高点击量达 135 万人次，总点击量超 5000 万人次①，武汉广电媒体融合的成绩，同样令人瞩目。

二　湖北省传统媒体的融合亮点

在当下湖北省报业与广播电视媒体融合转型的过程中，融合效果显著，融合亮点鲜明：以长江云、武汉城市留言板为代表的媒体平台或新媒体产品，将政务、服务与新闻相融，以反映与推动解决民生问题方式参与社会治理，为传统媒体在新媒体平台聚拢了大批用户。传统媒体与新技术、新创意的融合，丰富了传统媒体的内容和表现形式。长江云移动政务平台成为传统媒体通过打造平台这一路径进行转型的示范与标杆。

（一）融合新闻与政务服务，重视民生聚拢用户

1. 长江云：构建网络问政体系，汇聚全省政务力量

搭建移动网络问政平台"民声"系统。长江云设置的"民声"24 小时移动互动窗口，群众可以通过长江云 App 一键提交诉求，长江云后台与各地党委政府和公用事业单位联通，需由市州政府解决的诉求，能转至对应的市州"云上"平台的"民声"板块进行办理。网民对问政的"回复速度""满意

---

① 何伟、张戟、伍廉瑜：《坚持创新驱动　提升广电影响力》，《新闻战线》2018 年第 17 期。

度"的指标进行评价，长江云平台将实时公布政府部门评价排行。对市民关切的热点民生问题，长江云融合打通"党风政风热线"广播栏目和"电视问政"栏目，充分发挥媒体督办的作用，借助长江云"民声"指数问政督办，形成全方位、全时段、全媒体、常态化的市民问政体系。

构建三级联动的长江云"政务大厅"。长江云打造的移动端"政务大厅"，逐步汇聚全省政务力量。各级政府部门不仅可以借助长江云移动客户端实行政务通知实时公开、政务新闻实时发布、政务直播，还可以在长江云上开展政务互动和各类网上窗口服务，实现政务信息和服务的可视化、全透明，有效提升治理体系的现代化水平。截至2018年6月底，"政务大厅"已入驻省卫生计生委、省国资委、省地税局、省新闻出版局、省体育局等74家省直部门，全省共有1941家各级政府部门接入，累计发布信息15571条。

2. 长江日报：城市留言板联动多方，打造政务民生服务平台

长江日报报业集团在长江网、长江日报客户端、微信订阅号等都设置有相应的武汉城市留言板入口。自上线以来，武汉城市留言板的作用显著。对政府单位而言，其能够接收网民及时反映的问题；对媒体而言，不仅为其网站、客户端、微信订阅号等各个端口带来了人气，也丰富了媒体内容的生产。长江日报报业集团在长江网、客户端、报纸都设立了"民有所呼、我有所应"的板块和独立的专栏，用户每天都能为媒体机构提供几百条的可用素材。报、网、端三端联动，为集团转型打造了媒体融合的主要阵地。在信息不再是稀缺资源的当下，仅有新闻信息发布功能的媒体，与用户建立起紧密联系是具有一定难度的，这正是长江日报将武汉城市留言板作为重要媒体阵地的原因。在2017年全国副省级城市党报首届媒体融合案例评选中，长江日报凭借其网上群众路线与媒体融合兼具的武汉城市留言板，获得媒体融合最佳案例奖。

（二）融合新技术："新闻＋创意"推陈出新

近年来，随着VR、AR、AI等新技术开始渗透到新闻生产的各个环节，传统媒体在融合转型发展过程中，在信息生产、发布环节中创新地融合新的传播技术，不断丰富自身的新媒体产品，极大地提升了传播效果。

1. 以视频直播为突破口，创新日常报道样式

移动直播的出现，在改变视频直播报道生产模式的同时，也成为传统媒体

转型的新契机。① 直播时代，党报积极将移动直播优势与自身在内容上的沉淀优势互补，打造具有优质内容的全息新闻报道矩阵②。湖北日报在"一江清水看中游"系列报道中以移动视频直播为主，拉近了与受众的距离，生动地呈现长江保护湖北这个大主题，当日直播就吸引了 120 余万网友观看、互动③。长江日报以现场直播视频为主打特色，将直播和视频作为日常报道的常态、样式。2017 年，长江日报所做的现场直播超过四百场。而 2018 年上半年，长江日报现场直播数量已达三百余场。2017 年 2 月，新一届武汉市政府领导班子履职第一天，长江日报在今日头条号上开启的《武汉新一届政府上班第一天跟长报记者一起去敲市长门》直播，将"神秘"的市政府大院的工作状态呈现在网民眼前，不仅在国内开了地方党报直播的先河，也创新了党报在政府作风建设上的报道方式。长江日报创新的直播样式吸引了人民日报的注意："比起把政策文件挂在网上，领导干部上网潜潜水、看一看，比起各种开会调研的电视镜头、文字报道，不打招呼的敲门而入，直接即时的现场直播，没有办法准备摆设，没有机会剪接修饰，显得更真实、更生动、更亲切"④。

2. 遵循"移动优先"，着力打造"新闻＋创意"产品

长江云凭借优厚的技术条件，在媒体传播中积极融合新兴传播技术，提升传播效果。截至 2018 年 6 月底，长江云已将大数据挖掘、词云图、信息可视化、"果壳问答"等成熟的应用于日常报道、集成报道、融合报道中，同时，灵活运用沙画、MG 动画、H5 等可视化、多感官呈现形式，着力打造"新闻＋创意"的新媒体产品。"新闻＋创意"作为湖北广电推进媒体融合发展的重要方式，极大地拓展了传统媒体在新媒体空间的传播力和影响力。2017 年 9月，长江云为"砥砺奋进的五年"制作的沙画《不忘初心 砥柱中流》网络点击量超过 2 亿次，在党的十九大召开前再度引爆网络，为党的十九大召开形成了良好的网络舆论氛围。党的十九大期间，长江云制作的 H5 作品《这堂必修课 蒋超良带你学》不仅在自身平台发布，还在今日头条、新浪、凤凰等

---

① 吕克：《移动直播在新闻报道中的应用》，《新闻与写作》2017 年第 1 期。
② 张梦、谭东秋：《党报转战移动直播、重塑传播格局的探索》，《今传媒》2017 年第 12 期。
③ 张小燕、余宽宏：《主题宣传网络化表达及新闻生产的变革创新——湖北日报"2018 湖北两会"融媒体报道特色分析》，《新闻前哨》2018 年第 3 期。
④ 刘林德：《这样的"围观"多些好》，《人民日报》2017 年 2 月 23 日，第 5 版。

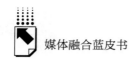

各大网络媒体平台上获得广泛传播，颇受好评。长江云的《每日一章》荣获第二届"梦想·互联"微党课原创 MG 动画三等奖，H5 作品《足迹》和《牢记嘱托 奋进湖北》成功入选由人民日报推出的全国党媒十九大作品百强。

（三）内容技术用户互联互通，平台型媒体共享共赢

互联网发展至"下半场"，在市场"人口红利"消化殆尽的情况下，传媒业态面临着媒介形态的平台化、发展重心的垂直化等新趋势新变化[1]。传统媒体在融合转型的进程中，其中一条出路便是平台化。湖北广电的长江云以移动政务新媒体平台为定位，统一开发、建设、维护覆盖湖北省市县三级 117 个"云上系列"移动政务客户端。依托长江云的"云稿库"和"中央厨房"，省市县三级政务新媒体平台得以在新闻素材、采编力量上实现资源共享。同时按照用户所属区域，借助"互联网 + 人工智能"的手段，对用户市场进行地域性的整合，从而打造出一个从技术资源、内容资源到用户资源互联互通的平台型媒体。长江云平台一体化的采编运作流程不仅为各级媒体机构打造了内容汇聚、编辑、分发的高效平台，有效地保障新闻内容的生产与传播，也为地方各级媒体机构提供新的广告渠道和赢利方式，减少地方媒体的同质化建设和跟风式布局，减低区域内同类媒体恶性竞争的可能性，从而带动平台上各级媒体机构的共享、共赢[2]。

三 湖北省媒体融合存在的问题与应对之策

（一）湖北省媒体融合存在的问题与难点

2017～2018 年，湖北省在媒体融合实践中已取得一定的成就，许多探索在全国地方传统媒体中尚是首例。但在融合过程中，也面临着一些问题与难点，主要体现在以下三个方面。

---

① 喻国明：《互联网发展下半场："聚变"业态下的行动路线》，《新闻与写作》2017 年第 10 期。
② 支庭荣、吴丹：《平台型媒体 VS 媒体型平台》，《南方传媒研究》2018 年第 4 期。

1. 技术方面：更新迭代缓慢与外源性技术的不稳定

尽管相继搭建了"两微一端"，乃至于在信息生产与传播的流程中添加了直播、H5、AR、VR 等技术元素，但在媒体融合进程中面临着以下两个方面的困难：一是缺乏必要的新技术支撑，新媒体前沿技术开发与应用滞后。长江日报在媒体融合转型的过程中，技术支撑主要来自长江网团队。长江网自2001 年上线以来，一直在媒体现代化发展进程中进行系统升级、技术维护，但随着新媒体的迅猛发展、传播技术的快速升级迭代，原先处于"技术引领"地位的长江网已无法为长江日报集团在媒体深度融合层面提供必要的、先进的传播技术支持，在一定程度上影响了媒体融合的进程和效率。

二是由于媒体依靠技术来源的外源性，一些媒体面临着技术的不稳定与安全性问题。长江云的技术来源是外源性的，并非由湖北广电自身的技术团队承担研发及维护。与技术公司进行合作，固然有利于传统媒体在技术层面得到迅速提升，加速媒体融合进程，但过度依赖购买的技术服务，不仅价格高昂，还面临着技术来源不稳定的风险。媒体融合要向纵深发展，媒体必须发展自身的技术力量，将核心技术掌握在自己手里，充分将技术和内容生产融合于一体，才有可能为政务平台的建设提供技术支撑，为未来做大平台、充分挖掘数据价值和保障数据安全奠定基础。

2. 资金方面：资金支持有限，商业模式待稳定

资金投入不足是制约媒体融合的一大重要因素。湖北省主流平面媒体在收支上基本处于"保工资、保运转"的状况，盈余资金有限，在一定程度上掣肘了其依靠自有资金完成融合[①]。由于缺乏硬件更新与升级，长江网的资产在不断折旧。在没有技术投入情况下，长江网投入初期价值 70 万元的资产至今已折旧至所剩无几。另外，政府对媒体融合的支持主要是具体项目，缺乏一个总体的投入与支持，导致长江日报在整体的研发、升级方面资金捉襟见肘。

在朝平台型媒体发展的进程中，长江云的商业模式尚未完善，市场竞争力亟须提升。长江云在建设初期，得到省委省政府在资金、资源配置方面的大力

---

① 王溥、姬媛、刘翠红：《媒介融合：渠道建构、组织创新与动力机制——基于湖北平面媒体融合发展的调查》，《新闻研究导刊》2018 年第 2 期。

支持。后续发展中，也得到省内各级党政单位的配合与支持。然而，作为事业单位、作为媒体产业，湖北广电集团及长江云平台不能仅依靠行政资源支持，平台型媒体要向纵深发展，就要建构起完善可行的商业模式，占领用户市场，才能在互联网时代新媒体的激烈竞争中立于不败之地。

3. 人才方面：复合型人才稀缺，人才激励机制不完善

由于传统媒体在与新媒体融合的过程中，其新媒体工作人员主要来源于传统媒体的岗位，呈现高度同质化的特征。媒体融合复合型人才特别稀缺。从长江日报集团目前发展来看，融合发展过程中面临着人才匮乏的困境。一方面，媒体优秀人才在不断流失；另一方面，新媒体人才尤其是技术、运营人才处于引进、培养期，这在一定程度上阻碍了媒体转型发展。此外，传统媒体的人才激励机制尚未完善，不利于优质人才的集聚与内容生产质量的提升。长江日报创新的考核机制尽管强调了新媒体及时发稿的重要性，但其一味求快，对于深度报道、调查报道等稿件在计分考核、奖励措施上的一视同仁，极有可能削弱记者进行深度、优质内容生产的积极性。

（二）湖北省媒体融合路径优化

面对新技术的冲击和市场竞争的激烈挑战，面对传媒业态的深刻变化，湖北省传统媒体要想在互联网发展的下半场中站稳脚跟、稳步前行，需要在融合路径上不断优化。

1. 弥补技术短板，内容与技术并重

传统媒体在转型融合过程中，不仅需要在技术上得到支持，与时俱进地引进先进的传播技术为我所用，利用 AR、VR 等新传播技术丰富报道形式，利用大数据、人工智能算法精准推送分发提升传播效率，利用数据库平台建设收集各个端口的反馈，更要为"中央厨房"工作机制提供必要的技术基础。长江日报作为一家党报，其核心仍旧是媒体，而非网络公司，因而应当坚持"内容为王"，充分将技术和内容生产融合于一体，树立内容与技术并重的发展意识。传统媒体在内容生产方面有着深厚的积淀，相对于新兴互联网公司的媒体平台，其在技术上的积淀未免相形见绌。因此，湖北广电集团更应该重视技术的力量，理念上重视技术，实践中提升集团自身的技术水平，引进与培养一批高端技术人员，完善平台在技术硬件与软件方面的配置，不断实现平台发

展的移动化、数据化、智能化。

2. 争取政策红利，探索可持续赢利的商业模式

传统媒体的改革离不开行政资源的支持。长江日报在媒体融合发展初期，面临在资金、人才、技术上的困境，在一定程度上掣肘了媒体融合迈向深入。作为主流媒体的省市县传统媒体，应当理直气壮地争取政策红利，强调政府支持①。政府相关部门应当加强对党报党媒在媒体融合进程中的资金扶持，加大对媒体融合发展的财政支持。

"'抢夺入口—搭建平台—构筑全产业链—形成闭环生态圈—获得商业模式'成为移动互联网布局的基本路径"②，推进媒体融合向纵深发展，长江云不仅需要充分利用行政资源优势铺设端口、建构平台、拓展用户，在构筑起从内容生产到新闻编发的闭环生态圈的同时，需要将其逐渐过渡到市场资源，不断延长平台及产品的产业链，大力发展舆情信息监控服务，建立和完善平台的商业模式，探索与建构可持续发展的赢利模式，通过竞争机制的引入，提升产品的活力与市场竞争力。

3. 强化用户思维，加速媒体平台化发展

传统媒体转型的一个难题就是难以完成向用户思维的转化。无论是传统媒体，还是市场化的媒体或平台，都能为用户提供海量的信息资源。传统媒体在融合转型过程中，要遵循人的发展逻辑，激发人的创造性，增强用户黏性，真正做到以用户为中心③。唯有从用户角度去生产内容、提供服务，才有可能持续吸引用户，增强用户的黏性，在互联网市场"人口红利"消失殆尽的情况下集聚用户。

一方面，主流媒体不能把自己仅仅定位在"新闻提供商、节目提供商"，而是要定位成"国家信息治理的全业务的平台"④。主流媒体可以提升与强化

---

① 王溥、姬媛、刘翠红：《媒介融合：渠道建构、组织创新与动力机制——基于湖北平面媒体融合发展的调查》，《新闻研究导刊》2018 年第 2 期。

② 梁志勇：《移动互联网入口竞争的市场格局及传统媒体的竞争策略》，《新闻大学》2014 年第 3 期。

③ 严三九：《中国传统媒体与新兴媒体融合发展的现状、问题与创新路径》，《华东师范大学学报》（哲学社会科学版）2018 年第 1 期。

④ 长江云：《"长江云平台建设研讨会"在武汉举行》，http://www.tvoao.com/a/192972.aspx，2018 年 4 月 3 日。

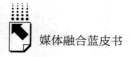

自身"媒体＋政务"的民生服务功能，凝聚民众智慧参与社会治理。另一方面，媒体还可以通过不断提高大数据分析能力，为用户数据库与内容数据库搭建匹配关系，实现内容的精准分发，提高平台对接用户的能力，使新闻报道内容的传播价值达到最大化，提升平台的知名度和影响力。

B.18
从"开发"到"升级"

——广东媒体融合的年度表现与典范案例

麦尚文　张钧涵*

摘　要： 2017～2018年度，广东媒体融合进入"深水区"。在融合工程成果初显的现实环境中，各主要传媒集团开始突破单一化追求平台与内容增量的局限，对融合方向及策略进行再审视与再思考，适时进行"转向"。在对待融合产品的整体战略部署上，实现了由"开发"向"升级"的质性跨越；在对待内容生产与产品开发上，实现了"智库化"的全面接入；在对待人才价值拓展上进一步鼓励个性化发展，并优化相关制度全方位释放人才价值潜力。此外，各集团致力于突破资本与赢利的"融合瓶颈"，进一步尝试向金融、政法、科技等领域寻求合作，带动了一大批新突破的实现：三大报业集团智库矩阵全面建成并实现过亿元赢利、广东IPTV用户量直破千万人、"羊城派""微城e家通"等"爆款"产品全面实现技术与内容的"双重升级"。总体而言，广东省媒体融合实践在本年度通过适当的战略转型实现了"深度融合"，在对实现融合产品矩阵走向"精品化"方面持续发力，为全国范围内持续推进媒体深度融合具有较为重要的参考价值。

关键词： 媒体融合　深度融合　新闻产品　新媒体　融合瓶颈

---

* 麦尚文，暨南大学党委宣传部部长、副教授、博士；张钧涵，暨南大学新闻与传播学院硕士研究生。

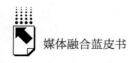
一　年度表现

伴随着大数据、人工智能等技术在过去一年内愈发快速地落地应用，加之以区块链为代表的新型互联网技术的出现，日新月异的技术变革在进一步推动社会发生结构性转变的同时，对传统媒体的冲击也在不断加深。此外，市场结构调整、制度变革等多重因素的共同作用，迫使各媒体在本年度的融合必须持续地、动态地推进。

作为具有丰厚报业文化积淀及传媒优势的广东，自2014年"中国媒体融合发展元年"起，历时四年的融合发展使广东区域内各大媒体的"自我改革"已初具规模，各传媒集团全媒体平台悉数打造完成，典型融合案例频出，媒体融合发展进程中的"广东经验"备受全国关注。据人民网研究院发布的《2017媒体融合传播指数报告》显示，广州日报与广东广播电视台表现强势，均跻身报纸、电视榜单的全国十强席位，《南方日报》《南方周末》《羊城晚报》《信息时报》《新快报》也悉数入选报纸榜单前百强①。以地理区域为指标对该榜单进行考察发现：广东省表现亮眼，入选媒体排名相对靠前，媒体上榜数量在全国范围内仅次于首都北京，是当下媒体融合的发展大潮中一支不可忽略的领头力量。

纵观整个2017～2018年度，广东省媒体融合进程未如前几年"大刀阔斧"式地改革。在战略共识愈发清晰、平台建设已初步成型的情况下，广东的媒体融合逐渐步入"深水区"，不再仅仅满足于单一地对平台与内容增量的追求，转而对当下融合战略进行再审视与再思考，进而带动了一批新突破的实现。通过对广东省2017～2018年度各媒体在媒体融合方面的实际表现及实践进行全面考察后发现，主要呈现以下特点。

1. 成果积累"反哺"未来发展，战略核心达成由"开发"到"升级"的质性跨越，各平台立足"爆款"产品进行"垂直深耕"与"横向挖掘"相结合的多维拓展，助推融合产品实现"沉下去"与"走出去"的深度融合

作为在瞬息万变的互联网时代背景中开展的一项大型工程，媒体融合始终

---

① 《2017媒体融合指数报告发布》，人民网，http：//zgbx. people. com. cn/n1/2018/0404/c415418 –29908314. html，2018年4月4日。

是动态的、持续的。自 2014 年媒体融合正式被提升至国家战略层面，开启"中国媒体融合发展元年"起，得益于政府的积极引导与优渥的市场环境，三年的发展使广东媒体融合工程已初具规模。在始终"摸着石头过河"的融合探索中，2017～2018 年度成为广东媒体融合重要的战略"拐点"。

2017 年广东媒体融合正式步入"深水区"，在全媒体矩阵悉数建立完毕，"爆款"产品成功上市的背景下，重点追求平台与内容增量的战略核心遭遇现实挑战。面对逐渐趋于饱和的融合产品市场，基于对当下战略的再审视与再思考，2017～2018 年度广东媒体融合战略达成了由"开发"到"升级"的质性跨越，各主要媒体集团将目光由开发新型融合产品逐步转移至对当下"爆款"产品的深度挖掘，初步累积的发展成果成功"反哺"未来发展，融合产品带动进一步融合发展的局势初步形成。

首先，立足"爆款"产品"垂直深耕"，以技术改造、资本运作等方式实行"纵向发力"，进一步拓展"新型主流媒体"的影响力与传播力，使融合发展成果真正"沉下去"，带动与目标用户更为广泛连接的构建。广州日报集团旗下"微社区 e 家通"持续推进与广州各街道的接入，逐步实现影响力由核心城区向边缘城区、郊区扩散。2017 年一年内，其公众号矩阵用户增量近 60 万人，总计渗透 400 万人，每日粉丝活跃度增至达 20% 至 30%。羊城晚报集团旗下爆款客户端"羊城派"正式启动"羊城派 4.0 项目"，从产品结构方面完成颠覆性优化，利用用户自定义、千人千面智能推荐、编辑推荐、LBS 技术、专题集纳等方式，将新闻和社交内容组合成更适合用户个性阅读的模式，并通过"兴趣推荐＋用户自选＋后台提醒"模式全面整合生活社交平台，以增强互动、拉动人际社交的方式提升用户对活动派、问 TA 吧等社交板块的黏度，实现用户增量。

此外，进一步使融合发展摆脱单一"自我进化"的局限，寻求产品与外围世界更多价值"连接点"，持续在资本、技术等领域寻求增量突破口，让产品进一步"走出去"。2018 年 5 月，羊城晚报与新浪签订合作协议，羊城晚报集团以"内容供稿"为切入口，旗下 13 个新媒体账号全线进驻新浪看点内容发布平台，并通过羊城晚报与旗下金羊网向新浪日均供稿千条的方式实现与新浪的"技术交换"，依托新浪平台"人工×智能"的分发优势，对羊城晚报入驻新浪的精品栏目进行重点推荐，与新浪资源实现优势互补，通过进一步打通全平台生态体系，实现羊城晚报内容产品在手机新浪网、新浪新闻、微博等多

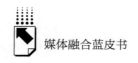

渠道的同步分发，以全面覆盖用户，加速品质内容推荐和传播，建立"1＋1＞2"的融合发展模式，以融合带动自身产品传播力的提升①。同样在技术合作层面，广东广播电视台与科大讯飞于2018年1月正式签署合作协议，其所有电视频道与旗下的"荔枝网""荔枝直播"全面接入讯飞系统，将共同在新闻大数据智能抓取和生产系统、智能新闻播报、音频资料智能化管理、基于电视盒子的智能硬件生产合作、智能广告研究，以及媒体融合联合实验室等十个领域展开全面合作，挖掘AI与广电业的融合价值点，探寻"AI＋广电"的新型发展模式②。此外在资本融合方面，6月南方传媒集团持续推进"传媒＋金融"战略，与深圳高新投集团达成合作共识，为旗下诸如"南方＋"、并读新闻等爆款产品引入全新资本，着力推进以产业培育与资本运作相结合的集团融合转型③。

2. 紧贴智媒时代"风向标"，引领平台进行"智库化"转向，利用"媒体＋智库"战略深挖融合产品在政务、企业等多方价值点，以"广东媒体智慧"引领产品实现"深入渗透"与"赢利创收"的"双到"

伴随着媒体融合的不断推进，大数据等技术的接入推动融合报道脱离曾经单一人工采编的"个人化"局限，无限接近于"全面报道"，使平台既发挥着全面"聚合"信息的作用，同时也拥有强大的"分发"功能，既为有关部门了解社情民意开辟出可靠空间，也为社会公众表达利益诉求提供了便捷渠道，引领用户对内容品质要求的整体性提高。总体而言，融合的不断深入带领着我们进入一个全新的"智媒体"时代，媒介生态和舆论格局不断发生深度调整，媒介平台也愈发呈现智库特征。

2015年1月20日，中共中央办公厅、国务院办公厅印发了《关于加强中国特色新型智库建设的意见》，首次将新闻媒体纳入智库建设的试点工作中，引领媒体与智库实现深度融合。2018年，广东省三大报业集团的智库全面建成，在积极响应政策号召的同时，始终将"融合"思维作为智库化媒体建设

① 马化展：《羊城晚报与新浪达成战略合作 共建媒体融合新生态》，http：//mini.eastday.com/a/180518211212407.html，2018年5月18日。
② 《科大讯飞于广东广播电视台正式签署战略合作协议》，广东广播电视台，https://weibo.com/ttarticle/p/show？id=2309404191844186630560，2018年1月2日。
③ 王莹、邓启祥：《南方报业传媒集团与深圳市高新投集团战略合作》，《南方日报》2018年6月28日，第A04版。

的核心思想，利用智库特性进一步提升"新型主流媒体"影响力与传播力，并逐步摸索该种新型融合产品的市场活力，在向上至政府、向下至各机构与用户方面深度挖掘智库媒体的价值点。

在上至政府机构层面，以"服务"作为融合发力点，既向政府做输出，也向政府要活力，以"政媒相融"提高自身在社会结构中的公信力与影响力，同时通过"政媒合作"实现独家政务产品的产出，及相关产品的价值变现。2018 年 5 月成立的羊城晚报智库将自身定位为"原创服务型媒体智库"，始终致力于成为各级党委政府以及各行各业的"耳目、尖兵和参谋"，坚持对接广东 21 个地市，为城市、乡村的发展提供智力支持。其核心产品"Y 指数榜单"（全称"广东政务传播力及政务微信运营指数榜单"）以通过对广东省各地级以上市、广州市下辖 11 个行政区、广州市部分职能部门等政府部门之政务微信的多维度考察，所得出的客观公正的综合性评价榜单，集中展现各行政区在"互联网＋政务"方面的活力。该产品现成为广东省政府考察、调整、部署宣传工作的重要参考。南方日报佛山记者站建立的佛山全媒体城市智库，在本年度与佛山市政府达成深度合作，就佛山市文化发展、国际对接、法制化建设、区域城市发展、产业融合、企业观察等多方面形成专项合作协议，为其定制专项媒体研究报告，在为佛山市提供全面"南方系媒体智慧"的同时，实现系列产品超亿元的价值变现。

在向下至相关机构与用户方面，各集团也充分释放智库型媒体的"产品"特性，始终坚持用户导向，重视对"用户需求"与"社会热点"的持续关注，实现传媒、学术与各垂直领域核心资源的跨界整合，形成"定制"与"量产"相结合的稳定商业模式。2017 年 11 月，广州市妇联委托羊城晚报"智慧中心"联合华南理工大学的相关专家，定制发布了中国家政行业首个由"政府职能部门牵头、产学研相结合"的大数据报告，报告以"数据画像"的形式，揭示了家政从业者、雇主、家政服务机构以及行业整体发展现状和需求，并对未来行业发展趋势做出预测[①]。在"量产"上，广州日报数据和数字化研究院自 5 月高考前夕至 7 月高考志愿填报结束期间，牢牢抓住"高考志愿填报"

---

① 刘海陵：《产品定制型媒体智库建设思考——以羊城晚报智慧信息研究中心为例》，《新闻战线》2018 年第 2 期。

这一社会热点话题，通过科学研究指数、人才培养指数、学科声誉指数和二次评估指数四个维度，对国内 575 所大学的 53 个学科进行科学评价，并进行排行，先后发布了"2018 广州日报高职高专排行榜""2018 广州日报应用大学排行榜""2018 广州日报大学一流学科排行榜"等共计 5 项大学及学科排名榜单，为当年择校学子及家长提供了权威的信息服务，并被数百家权威媒体相继转载，在高考话题的热门期持续获得了用户的广泛关注。

3. 注重人才转型，以"丛林法则"引领制度与层级架构的"双重"优化，进一步通过开展"小本经营"来适当切分资源、下放权力，全面释放人才潜力，以"人才融合"为改革切入口纵向带动"媒体融合"进一步"自我进化"

媒体融合作为一场复杂的"持久战"，人才作为其融合的基本保障，同样在经历"融合升级"。在广东省内，"人才融合"其具体表现在三个方面：首先是新闻业务能力融合，如南方报业集团、深圳报业集团着力培养多平台采编发一体化的"全能记者"；其次是"技术＋业务"融合，如羊城晚报集团打造无人机团队、数据新闻团队；最后是专业技能融合，如制定相关奖励政策，鼓励媒体从业者自主向金融、政法、心理等领域进修。2017～2018 年度，广东省各主要媒体集团内部"人才融合"基本完成，在融合"深水区"中，以个体化转型带动融合进一步深化这一措施的"边际效应"愈发凸显，人才转型在整体上呼吁制度革新与结构调整以进一步释放人才价值潜力。

本年度，广东省内各大媒体集团加大了对融合人才的"个性化"打造，在原有的个性化培养探索的基础上，进一步采用集团"分蛋糕"的方式，适当切分资源，下放权力，鼓励个体化自主"创业"，拓宽人才施展空间，进一步释放人才潜能，创造了数个"现象级"作品。南方报业集团于本年度推出第二批"网红记者"共计 25 人，相较于上年增长 10 人。在第一年成功探索的基础上，个性化"主流网红"培养方案全面落地。方案坚持对每一位记者采取有针对性的指导策略和推广方式，全力打造个性化的"网红记者"形象，为每人量身打造专门的人才培养方案通过"因材施教"的培养进一步促进全媒体融合，《武松打虎》，"网红记者对话"等现象级产品频出①。广东广播电

---

① 《春暖花开，南方网红又有新面孔》，南方网，http：//news. southcn. com/zhuanti/nfmj/node_362754. htm，2018 年 3 月 6 日。

视台工作室计划同样在本年度实现纵向拓展,基于对财经、娱乐、文商旅三大内容板块及对外合作、融媒生产两大业务板块建立的五个工作室开启了向地级市进一步扩张业务范围,实现对长尾资源的融合与收割。5月,广东广播电视台陈星工作室韶关基地正式揭牌,与韶关广电达成资源共享,将联手建立"广融体",推出系列融合标杆产品以打响韶关旅游文化品牌,开启对地级市用户的深度渗透。

同时,人才结构的变更离不开相关制度的优化。各媒体集团在鼓励人才个性化发展的同时,除设置较高的准入门槛外,还以"丛林法则"引领考核机制优化,引入内部竞争机制,设置考核周期与相关考核标准,对相关项目及个体实行"优胜劣汰"的考核,既防止过于推崇个性而"野蛮生长",同时对优异者进行奖励,以带动人才结构实现动态优化。南方报业集团"网红记者"采用了全新考核模式,鼓励"跳摘"、宽容失败,同时相配套的奖励考核机制同步推出,将"南方名记"从日常琐碎事务和"计件工资"中适度解放出来,给予固定薪酬以保障,并以一年为单位进行考核,对任务完成度、产品影响力、内容传播力、整体导向等指标进行综合考核,对优质者进阶提拔,但同时引入淘汰机制,取消未达标者"网红记者"资格,并以候选人给予"补位",通过奖惩均衡的机制建设带动集团内部融合建设的稳步前行。

二　典范案例

1. 南方报业集团——多维推进"传媒+"战略,全线突破"融合瓶颈"

在媒体融合逐渐踏入"深水区",全媒体矩阵初具规模,前期成果"边际效应"愈发凸显的现实情况下,南方报业集团在本年度本着坚持推进"融合深度"的理念,对内与对外持续挖掘"传媒+"战略更多的可能性,多维度探索当下自身平台体系内外围"连接点",全线突破"融合瓶颈"。

首先,全面开启"媒体+智库"转向,深度对接政府、企业、社会机构与普通用户,推进媒体与智库深度融合。2018年7月,南方传媒集团十大传媒智库机构正式亮相,共计在经济、法治、教育、城市、党建五大领域设置了专项智库,此外还成立南方数字政府研究院、广东乡村振兴服务中心、南方周末研究院、南都大数据研究院与南方舆情研究院五大智库机构,对外实现高品质的内容输出，对内实现产品"自我消化"，为自身发展提供决策依据。同时，各智库不断推进为系列产品植入"南方系智慧"的步伐，全面升级内容质量，取得了较为丰硕的成果。南方经济智库"奋力实现'四个走在全国前列'深调研"成果之一——《重整行装再出发》一书，被作为省委十二届四次全会参阅材料；南方数字政府研究院已牵头设计建设全省政府网站集约化平台，制定数字政府第三方评测指标体系；南都大数据研究院从"移动先行"的战略中再度深挖提出"数据先行"战略，以对数据的深度提炼与挖掘作为产出基础，目前已有《广州城市治理榜》《南都街坊口碑榜》等产品，且在新经济新业态、城市治理、区域经济、新生活和鉴定评测领域确立了 20 个课题项目①。

其次，"传媒 + 行业"领域持续推进跨行合作，挖掘新的融合背景下集团更多的盈利点与商业模式。2017 年 12 月，集团与北京摩拜科技签订合作协议，双方实现资源共享，并在新媒体策划、客户端资源、大数据挖掘、智库建设以及舆情服务等方面展开深度合作，拓展赢利口；2018 年 6 月，集团与深圳市高新投集团有限公司达成合作，成功渗透入金融界为内部发展再度引入"资本流"。

在"传媒 + 政务"领域，本年度南方报业集团同样持续发力，与政务机构的连接网进一步拓展，有效提升自我"唱响南方主旋律"的业务能力。2018 年 7 月，省文化厅与集团签署合作协议，共计 125 家广东省内文化单位同步进驻"南方 +"，同年 4 月，与省教育厅建立深度合作关系，达成共建"广东教育发布厅"全媒体平台、组建广东教育新媒体矩阵，联合开展"走在前列　教育支撑"深调研活动的共识。此外，广东省公安厅、广东省社会科学院、广州市黄埔区政府等也相继与集团建立合作关系。

此外，在人才方面，2018 年"南方网红计划"全面放开，更加强调个性化发展，持续鼓励集团内部"小本经营"的新型发展方案。新晋 25 名网红记者加盟该计划，全面突破"时评"为主的格局，开始形成网络脱口秀节目、短视频、深度报道、垂直领域微信公众号、大数据类产品等多个领域共享繁荣

---

① 《南方传媒智库矩阵揭牌成立　十大传媒智库机构亮相》，《南方日报》2018 年 7 月 2 日，第 A06 版。

的局面。

2. 广州日报报业集团——依附融媒生产"一体化"流程持续磨砺精品

人民网研究院发布的《2018 全国党报融合传播指数报告》显示：广州日报融合传播力位居全国第三位，报纸传播力排名全国第二，微博传播力排名全国第四，微信传播力排名全国第四，客户端（广州日报、广州参考、广报汇）传播力排名全国第五。本年度广州日报报业集团继续本着"以传媒为根本，以融合促转型"的基本思路，全面构建一体化融媒生产矩阵，打通"采编发营"一体化的生产经脉，全面升级自身具备优势的"中央厨房"模式，持续推进融媒产品的精品磨砺。

首先，进一步优化"中央厨房"的"中心指挥"功能，扩大其生产张力。在原有基础上，本年度集团通过"人才引进""资源配置调整"等方式对"中央厨房"系统中的空间平面和全媒体采编系统、报道指挥系统、安全出版系统、资源管理系统、传播效果分析系统、H5 可视化制作系统等进行新建或优化，基于大数据和云计算的"中央厨房"融媒体平台初具规模，同时，为配合全新的生产流程，多个扁平化项目团队与融媒体产品、项目孵化机制相继上线，探索以"中心工作室""健康有约工作室""五号楼工作室"为试点，深挖新闻采编资源和政务服务资源。

其次，持续推动生产能力进步，在产品生产过程中加大对精品的磨砺力度。集团在党的十九大召开期间推出的融媒产品《牢记总书记嘱托，百人畅谈广东五年创新路》，被中国报协评为"十九大融合报道十佳案例"；2018 年全国两会期间推出的《福气广州》MV，广聚集团内部资源，从形式到内容进行全面打磨，通过中央调度、部门联动、用户自产等结合的方式，参与人员实现从人大代表到基层员工的全方位调动，达成"出稿快、制作精、内容优"。MV 推出后一周内点播量逾 2.6 亿次，人民日报、新华社、今日头条等新媒体端竞相转发。

此外，以技术为基，利用大数据持续推动用户"连接"在纵横双向上的扩张，利用自身与政务部门深度合作的优势关系，致力于不断优化政务服务，同时对基层社区垂直深耕，达成优势关系的价值变现，实现用户量亿级的突破。2018 年 3 月，集团着力打造聚合广州政务服务信息化功能的全新平台，广州参考客户端的"广州政务大厅"全新亮相，升级为"广州＋"，第一批有

160 个政务公众号入驻。同时，广州日报、健康有约、广州参考等 10 余个公众号同步接入集团新媒体技术部开发的广州日报微门户营销平台，受众超过 300 万人。此外，集团旗下《信息时报》打造的另一"拳头产品"——"微社区 e 家通"，持续推进与广州各街道的接入，逐步实现影响力由核心城区向边缘城区、郊区扩散。2017 年一年内，其公众号矩阵用户增量近 60 万人，总计渗透人数约 400 万人，每日粉丝活跃度增至达 20% 至 30%①。

3. 羊城晚报报业集团——"平台化"操作带动融合创新实现全新"蝶变"

本年度正值羊城晚报创刊 60 周刊，在甲子之际，羊城晚报报业集团已全面实现了集团内部媒体的"平台化"转向，构建了"报 + 房 + 微 + 端 + 院"这样集报纸、"中央厨房"、微博微信、客户端、研究院于一体的立体化传播矩阵，成功从最初单一的报社转型为一家独具岭南文化特色的新型现代文化传播集团。本年度羊城晚报报业集团持续推进融合创新，持续引入前沿技术升级平台功能，促进集团融合"蝶变"。

2017 年，由羊城晚报首创的"媒体 + 创意园"的全新融合模式正式落地运营，"双轮驱动""一园多区"的融合新局势全面开启，形成了全国独一无二的媒体融合与文化产业聚集的创新驱动平台。同时，"文化 + 科技 + 金融 + 双创融合"的发展与赢利模式开启试运营，为羊城晚报深度融合奠定了坚实基础。目前羊城创意产业园区扩展至四大区域，分别为黄埔大道主园区、东风东园区、广州东园区和南沙园区。其中主园区已成为广州首批"互联网 +"小镇的核心区，并被文化部授予国家级音乐产业基地称号。2017 年，主园区入驻企业 145 家，产值超 120 亿元；东风东园区目前入驻企业逾百家，产值超过 100 亿元②。

此外，内部产品也持续走向精品化，推动与受众"全面连接"的建立。2018 年 5 月，集团"拳头产品"——"羊城派"迎来更新换代，"羊城派 4.0"项目全面启动，用户自定义、千人千面智能推荐、编辑推荐、LBS 技术、专题集纳等前沿技术全面接入"羊城派"客户端，推进"新闻 + 社交"的新型交互性内容分享平台建设，进一步深化客户端对用户个性化分发的实现。同

---

① 《广州日报报业集团：打好"组合拳"构建一体化生产融媒方阵》，中国记协网，http：//www. xinhuanet. com/zgjx/2018 – 10/11/c_ 137524561. htm，2018 年 10 月 11 日。

② 《创新融合促"蝶变"打造立体传播平台》，广东新快网，http：//epaper. xkb. cn/view/1106117，2018 年 4 月 11 日。

时，在生活社交板块开始实行"兴趣推荐＋用户自选＋后台提醒"模式，对其中诸如"活动派""TA吧"等核心社交板块的用户进行"高度黏合"，使用户能在第一时间对所关注的KOL、活动、话题等进行了解。此外，客户端内容供稿实行同步改革，权威PGC内容号——"金羊号"与全新客户端同步上线，其全面囊括权威信息来源，成为唯一权威供稿渠道，"中央集中"的高效供稿模式初步建成。

在本年度内，羊城晚报新媒体平台策划传播重大主题宣传逾百个，推出500多个新媒体产品，传播形式也愈发多样化，直播、H5、小程序、小游戏、大数据、互动化活动等新形式的运用更显游刃有余。2017年，在中国网站新闻传播力榜上，金羊网在中国地方新闻网站被转载指数始终稳居广东省媒体的第一位。

4. 广东广播电视台——"硬软件"同步升级，向"智能广电"融合标杆迈进

2017年人民网研究院公布的《2017媒体融合传播指数报告》中，广东广播电视台稳居广电榜单前十位，且指数得分较2017年相比有较大提高。2017～2018年度，广东广播电台在推进融合进程中持续发力，大动作频出，通过对内部硬件及软件的同步升级大大提升了自身的"融媒"竞争力，其内部生产调度、内容打造、流通分发等环节全面向着"智能化"广电迈进。

在硬件方面，历时两年多，耗资约1.3亿元打造的广东广播电视台全新融合媒体新闻中心（高清演播室群）于2017年12月正式上线，正式开始承担全台所有新闻节目的制作，为台内五个主力频道（广东卫视、珠江、TVS－1、TVS－2和新闻频道）服务。其核心全虚拟演播和控制系统，可实现包括3D、AR、VR等技术在内的新型融合媒体综合制播。此外，118个全媒体采编工作站点相继建设完成，通过"一个平台、多个端口"的技术体系，实现新闻采、编、发业务的高度集成化、流程化和自动化，也可以一键分发所有的短视频，提供给移动客户端的触电新闻和台官方微信、微博；同时还可以分享所有的音频，为12个广播频率、粤听App服务，使广电全媒体采编走向融合一体化，大大提升了内部效率①。

---

① 《同步4K再放大招！广东台全新融合媒体新闻中心正式上线》，百家号，https：//baijiahao.baidu.com/s？id＝1589033831129702602&wfr＝spider&for＝pc，2018年1月8日.

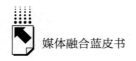

在软件方面，2018 年 1 月，广东广电与科大讯飞公司达成战略合作协议，集团内部 9 个广播频率、13 个电视频道、10 个有线数字付费电视频道及旗下荔枝网、荔枝直播、触电新闻等全面接入科大讯飞 AIUI 人工智能核心技术，开启"广电＋人工智能"的深度融合探索，共同在新闻大数据智能抓取和生产系统、智能新闻播报、音频资料智能化管理、基于电视盒子的智能硬件生产合作、智能广告研究，以及媒体融合联合实验室等十个领域展开全面合作，带动内容生产及产品打造的"智能化转向"。在 2017 年 12 月 31 日广东卫视年终盛典《更好的明年》跨年演讲上，讯飞听见智能会议系统全程实时将演讲者的发言一字不落地完整同步到屏幕上，转写准确率高达 95% 以上。

此外，借助于硬软件的升级，广东广电融合也取得了较为瞩目的成绩。截至 2017 年底，广东 IPTV 用户数突破千万规模，较 2016 年的用户数量增长了近 560 万人，增长率近 55%；基于对岭南文化深度挖掘而开发的专项广播 App "粤听"荣获"2018 中国广播创新融合案例十佳"称号，两项融合新闻作品《从广东制造到广东智造》与《"罗尔捐款门"，到底谁最受伤》分别荣获中国新闻奖一等奖及二等奖，在广电融合进程中树立起了"广东标杆"。

5. 东莞广播电视台——集约化"供稿联盟"全面收割市场"长尾"

作为地级市媒体，在资源及资金支持相对缺乏的现实情况下，东莞广播电视台以"融合思维"为指导，建立"市镇全媒体供稿联盟"，带动媒体单位抱团发展的融合案例值得借鉴。

营销学中曾提出经典的"长尾理论"，即在大的市场环境中，被人们忽视的大多数"非热门"产品所占据的市场空间往往与少数热门产品持平，甚至更多。作为传媒大省，在广东省的媒体市场中，大多媒体资本与资源集中在省会广州一市，作为地级市媒体，在缺乏能力与省内超大型媒体集团正面抗衡的情况下，东莞广播电视台将目光集中于"非热门"的东莞一市，巧妙通过利用自身有限的资源最大化地连通本地庞大用户群，以求最大化实现对东莞"长尾"市场的全面收割。

7 月，东莞广播电视台"市镇全媒体供稿联盟"在水乡麻涌镇启动。联盟以"全市传媒资源有机融合"为宗旨，首批带动全市主要政务宣传部门实现"抱团发展"，形成以东莞广播电视台采编总平台为核心的"中央厨房"模式。首先，建立"融合新闻采编平台"用来调度指挥一线记者采访，并实时编辑传送回来的各类新闻素材，并在第一时间打通联盟供稿渠道，实现联盟成员可即时通过手机语音、图片和微信平台及时将广播语音新闻、网络图文新闻、短视频新闻等多种形式的新闻汇聚至东莞广电的中央指挥部，在 20 分钟内即可实现稿件在广电台广播新闻、网络新闻和移动端的实时发布①。

同时，联盟向下则实现"采编发"权力的及时下放，让各部门接入发稿平台，实现在东莞阳光台的"随身发稿"，使广播、电视、网络和移动端各平台策划水平提升、新闻发布的信息量更大、新闻发布更及时。仅台风"洛克""天鸽"期间，各镇街共参与供稿约 300 条，大大丰富了各个端口的新闻来源。同时，得益于东莞广电台"中央厨房"的策划与资源调度，供稿联盟提供的各类稿件在东莞阳光网 PC 端总点击量超过 150 万人次②，在市民群体中引发大规模关注与传播，收获了广大市民的强烈反响。

此外，供稿联盟在发展中不断进行动态开拓更边缘的"长尾市场"，水乡片、山区片、丘陵片、埔田片、沿海片地区相继加盟，并逐渐由城市向着乡镇乃至山区进发，全面收割东莞媒体的"长尾"市场，实现在有限的地市级中最大化地挖掘价值点。

---

① 马慧敏：《东莞广播电视台"市镇全媒体供稿联盟"今日启动》，http：//news. sun0769. com/photo/dg/201707/t20170722_ 7481257. shtml#p = 1，2017 年 7 月 22 日。
② 马慧敏：《"市镇全媒体供稿联盟"成立"满月"融合新闻传播力显著增强》，http：//news. sun0769. com/photo/dg/201708/t20170826_ 7536588. shtml#p = 1，2017 年 8 月 26 日。

B.19
围绕用户体验：深圳报业与
广电媒体融合发展的源点

王建磊[*]

摘　要： 在持续关注深圳报业集团与深圳广电集团近 5 年的融合发展
与转型实践的过程中，不难发现，无论是报业集团，还是广
电机构，在具体战略制定和付诸行动层面，从大肆的渠道扩
张（兴建网站、开发客户端）到回归优质内容生产，从横向
多元拓展到立足自身优势的上下游开发，从关注自身感受、
小团体利益到聚焦市场需求和用户体验，可以说越来越趋于
内敛，趋于理性，趋于本源。他们把一开始的四处摸索转变
为在"微观改革、增量改革和边缘改革"为主的路径下的自
然延伸，应该说，这是一种积极的信号和向好的征兆。

关键词： 深圳报业　深圳广电　媒体融合　用户体验

随着媒体融合框架的日渐明晰，体制内的媒体机构在摸索中试探边界，在
失败中积累教训，在竞争中认识自我，各自依托实际情形，因地因时制宜寻找
地缘优势或业务优势，通过组织改革、内容创新、技术革新等手段，在产业链
和经济形态方面逐步走向减少内耗，生产持续、健康的"传媒产业共生模
式"[①]。尽管业务路径层面存在千差万别，但是整个融合生态的面貌、文化生

---

[*]　王建磊，深圳大学传播学院副教授，博士。本报告经作者在深圳卫视、融媒体新闻中心、
技术中心、深圳广电集团行政管理部门、深圳新闻网、《深圳商报》、《读创》App、《深圳
特区报》、《深圳晶报》等单位调研采访后完成。
①　陶喜红、丁兰兰:《中国传媒产业共生模式的建构》,《当代传播》2017 年第 3 期。

产的态势都得到持续的增强，从结果来看，无论是产品样态还是内容类型都迎来了新一轮繁荣，市场需求得到更好的满足，用户体验得到极大的提升。

用户体验在当前的新媒体环境中是一个很关键的词汇，因为它代表了传统语境下被动的受众变成了主观能动的消费主体。从人类学观点来看，体验是一种个人生活文化的方式，不仅是一种每日生活的个人感受，同时也是一种持续性的活动①；哲学意义上的"体验"突出身体的中心作用，以"身的复权"（强调身体的认知优先和重要性）作为核心命题来全面探索身体化的经验②；从社会学与心理学来看，体验是一种主观认知的过程，这种经验由个人实践构成，因此体验可定义为一种认知活动、一种试验、一种建构事实的过程③。在媒体融合的进程中，伴随着一系列理念更新与行为转变，媒体机构其实也在由一个内容输出机构变为综合资讯的服务机构，在兼顾舆论传达和受众教熏的双重目标中，最终的落脚点还是要对普罗大众给予指引。从这一角度来说，媒体融合作为策略，实际增强的是目标用户对媒体使用和消费的感受，以下结合深圳报业集团和深圳广电集团的具体实践，探索媒体融合背景下的用户体验该如何构建。

一　深圳报业集团与深圳广电集团2017年融合发展概况

（一）深圳报业集团2017年融合发展

从2015年起，深圳市将连续6年每年给予深圳报业集团1亿元财政资助，用于媒体融合和主业转型。而深圳报业集团确实也不负众望，出手不凡，首先在2016年全集团就实现总收入19.7亿元，集团利润总额同比上一年增长17.81%。④ 同时，由《读特》App、《读创》App、@深圳领衔的新媒体矩阵

---

① 方征：《消费体验研究概览》，《湖北教育学院学报》2007年第7期。
② 张寿：《体验主义哲学理论初探》，《延边大学学报》（社会科学版）2012年第12期。
③ 潘洪涛：《消费体验：研究的现状与未来研究展望》，《现代管理科学》2012年第1期。
④ 韩文嘉：《打好改革攻坚之战　建设新型传媒集团》，《晶报》2017年1月17日，第A06版。

已形成，主流媒体传播阵地不断壮大。① 截至 2017 年底，深圳报业集团已形成了以《深圳特区报》、深圳新闻网、《读特》、《读创》领衔、"纸媒＋网站＋客户端＋官微＋自媒体＋代运营"全覆盖的融媒体矩阵，目前总用户数（含粉丝数）已达 1.1 亿人（部分微博公众号用户量见表1）。

表1 深圳报业集团"四报一网"的微博平台发展情况

单位：万人

名称	深圳特区报	深圳商报	深圳晚报	晶报	深圳新闻网
2016 年 9 月用户数	380	194	302	526	42
2017 年 12 月用户数	799	614	743	896	95
2018 年 8 月用户数	833	650	775	956	109

注：除做说明外，上表数据均由作者观测所得。

深圳报业集团的媒体融合战略是把新媒体建设和媒体融合作为"社长一号工程"重点推进的，在 2017～2018 年，整个融合发展战略主要从移动端、资本运作和人才团队转型三个方面入手（见图1）。

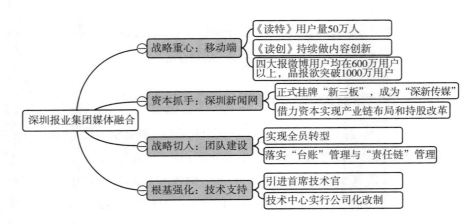

图1 深圳报业集团 2017 年融合发展框架

---

① 《深圳报业集团：自上而下，建设与管理并重是关键》，《中国新闻出版广电报》，http://news. youth. cn/jsxw/201706/t20170606_ 9984790. htm，2017 年 6 月 6 日。

首先，战略重心围绕移动端的用户争夺而展开，以《深圳特区报》时政新闻类客户端《读特》为代表，目前下载量接近 50 万次，在舆论引导中发挥了独特作用；除此之外，《深圳商报》打造的科技财经客户端《读创》是国内首家支持虚拟现实视频技术和首家支持连续音频播读新闻技术的新闻客户端，在过去一年在数据可视化新闻、H5、VR 影像等方面不断尝试，输出了不少传播量在百万级的内容产品（见图 2）。以独特的内容定位和鲜明的技术特征实现了市场立足。

其次，以深圳新闻网上市"新三板"为契机强化资本抓手。2017 年 3 月 24 日，股转公司正式批复同意深圳新闻网挂牌"新三板"。2017 年 6 月 26 日，陈寅社长在北京敲响了深新传媒挂牌"新三板"的钟声，整个股改挂牌工作宣告完成。作为全国领先的地方重点新闻网站，深圳新闻网挂牌"新三板"成为"深新传媒"，迈出的是资本市场的一小步，但对集团而言却是深化改革的关键一步。借助资本运作，深圳报业集团为打造一个产业链完整、全牌照"文化传媒＋互联网主板公司"形成基础布局，其下一步运营举措是：引进战略投资者，吸纳国有资本，增资扩股，总股本由 6000 万股扩大为 1.2 亿~2 亿股，实现首轮产业链布局；探索搭建员工持股平台，组建合伙人企业，推进核心管理团队持股改革；拆分整合深新传媒各板块业务，组建全资子公司，为下一步 A 轮融资提供资金需求和想象空间，为深新传媒实现完整产业链、全牌照"文化传媒＋互联网主板公司"助力。

最后，融合改革以人为本，深化发展靠人才驱力。2017 年 5 月 9 日，中央全面深化改革领导小组第三十二次会议审议通过《关于深化中央主要新闻单位采编播管岗位人事管理制度改革的试行意见》，要求既充分发挥事业体制凝聚人才的重要作用，又善于运用灵活用人机制激发新闻舆论工作队伍活力。[1]深圳报业集团在转型改革中，通过培训转型与引智强技并举，重点培育新型媒体人才。"按照集团的深化改革方案，未来 3 年内，集团 1300 名纸媒人员转型至少 50% 以上"[2]，深圳报业集团副总编辑吕延涛提道。2017 年，集团强力推

---

[1] 《习近平就深化人才发展体制机制改革做出重要指示强调　加大改革落实工作力度　让人才创新创造活力充分迸发》，《人民日报》2016 年 5 月 7 日，第 1 版。

[2] 《习近平就深化人才发展体制机制改革做出重要指示强调　加大改革落实工作力度　让人才创新创造活力充分迸发》，《人民日报》2016 年 5 月 7 日，第 1 版。

图 2 "读创"团队出品的 VR:《深圳铁骑暴雨中护送高考学子》

动《深圳特区报》《深圳商报》《深圳晚报》等几大媒体记者全员转型为《读特》、《读创》、深圳 ZAKER 等新媒体记者。与此同时,集团进一步完善落实《深圳报业集团新媒体管理规定》等制度,对新媒体实施"台账"管理,实现

"全媒、全程、全员、全天"导向把关，形成知责、明责、负责、追责的"责任链"，确保严格落实。该集团还积极拓展外部招聘渠道，探索通过市场化手段引进新媒体技术研发和管理运营顶尖人才，新媒体人才队伍不断充实，为发展注入了强劲动力，也增强了新媒体的舆论引导力和影响力。

此外，在技术发展层面，深圳报业集团以百万年薪引进一名首席技术官，负责读创客户端的技术研发，并授权组建技术团队，重视发挥科技"引领传播，支撑发展"的作用。该集团的技术中心已于去年改制，注册成立了"深圳市创意智慧港科技有限责任公司"。通过转变职能，大力加强媒体融合技术研发、引进、应用和两大数据库（版权和用户）建设，为其集团出版安全、技术保障和新媒体发展提供了强大技术支撑，并逐步形成具有自主知识产权的核心技术产品和对外服务模式。可以说，2017年，深圳报业集团继续深度融合，积极作为，全面完成了各项宣传任务和经营指标。

（二）深圳广电集团2017年融合发展

深圳广电集团的融合发展战略起步早、布局全，走过一些弯路，也锤炼出一些真金。2017年，其融合发展进入深度盘整期，集团高层更是全方面地总结了过去的经验与教训，因而在业务部署上更加慎重和集中。在内容生产、渠道管理、组织机构改革、融合业务拓展及新媒体用户经营等方面稳步推进，颇有亮点（见图3）。

在内容生产上，全力打造"中国第一电视双创平台"。卫视频道在已形成的新闻资讯、创投、综艺、时尚四大节目群基础上，2017年升级"创投节目群"为"双创节目群"，加入知识IP系列，凸显创新理念，将深圳卫视打造为"中国第一电视双创平台"。深圳卫视从2016年底布局，推出《时间的朋友：跨年演讲》后，2017年又陆续创新推出了《长谈》《锤子科技2017春季新品发布会》《春季知识发布会》《秋季知识发布会》等一系列以知识IP为主导，与双创紧密结合的内容产品；与社会公司展开多种形式、不同领域的合作，搭建创业孵化服务平台，推出《合伙中国人2》《为梦想加速4》，实现了"创投节目群"向"双创节目群"的升级，得到业界内外的一致好评；引领行业新风尚，开创"知识跨年"的先河——《2017罗振宇"时间的朋友"跨年演讲》，是深圳卫视与罗振宇合作的第二场。罗振宇与观众一起回顾了2017

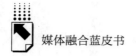

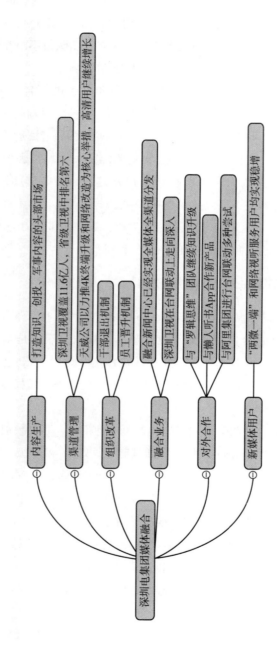

图 3 深圳广电集团 2017 年融合发展框架

年的商业文明发展，展望 2018 年的"中国式机会"以及未来社会、科技发展的新趋势。用六大脑洞给予观众思考，这场演讲不仅在高学历青年观众中的收视占比遥遥领先，更被行业评价为："在契合观众需求的基础之上，探索了电视内容的精神与文化高度、思想与理性深度，引领了行业与社会的新风尚。"①而在赢利方面，现今明星演唱会成本居高不下，深圳卫视则用一场四小时"知识跨年"，取得了赢利和口碑的双丰收，同时也获得了总局的表扬。

在渠道管理上，截至 2017 年底，深圳卫视在中国大陆县级以上有电视公共网入网率为 99.1%，覆盖中国大陆 11.6 亿人（比上一年增加 2.5 亿多人）排名省级卫视第六位。其中，深圳卫视高清频道在全国覆盖人口超过 3.6 亿人，排名省级卫视高清频道人口覆盖第五名。此外，深圳卫视还获得北京美兰德咨询调研公司颁发的"2017 省级卫视覆盖入网优胜奖"。同时，深圳广电集团的渠道运营商——天威视讯面临的市场竞争愈加激烈，特别是与中移动捆绑光纤电视为主的电信运营商的竞争，强烈冲击了既有用户市场。天威公司以力推 4K 终端升级和网络改造为核心举措，截至 2017 年 12 月 31 日，公司数字电视收费终端总数为 203.2 万个，较 2016 年底减少 12.3 万个，减幅为 5.7%（主要原因为标清用户流失，标清用户转向 IPTV 等业务）；2017 年天威宽带收费用户数为 50.43 万户（正常使用用户为 62.9 万户），较 2016 年底增加 14.47 万户（增加 20.7 万户），增幅 40.24%（增幅 49.05%）。

在组织机构的变革上，2017 年重点推动了两项工作，一是完善干部退出机制，实现中层干部队伍的合理、有序流动。这一举措打破了干部只升不降，人员只进不出的困境，政策颁布之后得到贯彻执行，有五个频道带任务上岗完成后，七名未获聘的中层干部免去现任职务，经征求本人意见进入研究机构。二是优化集团员工考核晋升规划方案，鼓励员工不断进步，加快集团优秀人才（特别是中初级员工）的晋升速度，实现从管理员工向成就员工转变。这"一进一退"两项制度的颁布和实施，凸显出深圳广电集团在用人方面打破固有格局、唯才是用的决心。

在融合业务开拓上，首先依托融合新闻中心（二期），通过分布式云节点

① 《深圳卫视"知识 IP"背后的品牌运营秘籍》，《综艺》2018 年第 1 期，https：//www.sohu.com/a/214049229_247520，2018 年 1 月 1 日。

持续扩容，在同一个云平台中不断扩展电视、广播、互联网全媒体业务，包括把微信微博两微矩阵、集团战略主打的 App 客户端壹深圳全部纳入集团融媒体云平台，通过"云和端"互相促进的方式，不断深化发展深圳广电的融媒体统一云平台建设，切实地开始支撑广播、电视、自有手机 App 客户端、OTT 大屏客户端、今日头条等第三方合作新媒体端的融合生产分发，使"全媒体汇聚、共平台生产、多渠道分发"的格局不断深化落地，发挥实效，同时，坚决贯彻"新媒体优先、移动优先"的内容分发理念。2017 年，融合新闻中心日均生产分发原创视频内容 1600 多分钟，其中有 630 多分钟为原创视频新闻直播内容；日均生产分发原创音频内容 4100 多分钟；日均生产发布的原创内容约 700 条，全渠道的累计阅读量总数超过 20 亿级。其次，深圳卫视已将合作模式深入到版权合作、宣传推广、节目制作、广告运营等全方位合作。为加强传统电视观众的黏性，提高平台的影响力，深圳卫视与阿里巴巴达成了"网台通"战略合作，除进行栏目、剧场的互动合作，以及直播双"十一"大型晚会外，战略推出品牌项目《超级发布会》，以阿里大数据为基础，利用阿里生态体系内资源，激活全频道节目、广告与观众的强力互动。

在对外合作方面，其一，与"逻辑思维"团队的合作走向深入，比如通过与其团队的"得到"App 进行资源对接，将知识创投类内容搬上电视屏幕，形成这一类型内容的头部市场。其二，与懒人听书签署协议，深圳卫视将与其联合发布知识创新类产品《好好学习》。此外，二者还将在多屏媒体资源代理、主播资源共享和有声版权资源上进行深度合作。[①] 其三，2017 年 6 月，阿里巴巴集团与深圳卫视正式达成"台网联盟"战略合作，并在深圳广播电影电视集团召开发布会，首次发布了"3 + S（super）"战略产品，其中的"S"级拳头产品，则是与阿里巴巴集团旗下创新娱乐板块阿里鱼共同打造的《超级发布会》[②]，致力于打破传统发布会主推产品的单向格局，与品牌销售完美挂钩，深度定制与节目内容强关联的互动形式，通过电视端号召观众打开手机淘宝、手机天猫"摇摇摇"参与实时互动，观众可以通过"弹幕评论""竞

---

① 严圣禾：《深圳广电携手多个行业试水文化产业跨界融合》，《光明日报》，https：// baijiahao. baidu. com/s？id = 1591207539675156694&wfr = spider&for = pc。

② 《阿里集团与深圳卫视达成合作　将推"3 + S"战略产品》，深圳新闻网，http：// www. sznews. com/news/content/2017－06/10/content_ 16426185. htm，2017 年 6 月 10 日。

猜""抢购""集赞"等多样化的互动，获得品牌产品优惠券、限量优先购买权，甚至免费获得产品，实现"边看、边玩、边拿、边买"，让购买行为与发布会内容强关联。

在新媒体业务的推进上，各客户端和原有的网络业务布局稳扎稳增，用户规模均实现了一定程度的提升（见表2）。

表2　深圳广播电影电视集团新媒体用户概况

单位：万人

年份	"两微一端"				网络视听	
	各类栏目官方微信粉丝	CUTV官方客户端用户	壹深圳客户端用户	深圳卫视官方微博用户	IPTV用户	天威视讯高清互动用户
2016	75	300	126	320	72	93.87
2017	120	业务合并到壹深圳	330	342	85	120.21

注：截至2017年12月31日，数据综合来源于公司财报、人员访谈等。

二　深圳报业集团与深圳广电集团在提高用户体验上的具体实践

"用户中心论"本来是互联网思维法则，传统媒体在与新媒体的竞合中发现："一切围绕用户的需求"，这才是造成新、旧媒体分水岭的源点。两大集团在融合发展的过程中，越发自觉地重视市场需求和用户反馈，这既是外部竞争带来的结果，也是媒体融合战略的内在要求。通过对以上两大集团融合举措的梳理，本报告把报业集团与广电集团在提升用户体验方面的具体实践归结为以下四个方面。

第一，导向体验。深圳是一所"舆论生成与传播"的高地城市，突发舆情数量多，舆论生成速度快，并且能在极短的时间内迅速蔓延，这种生态环境使深圳政府及媒体的舆论引导和宣传工作时刻处于不能懈怠的状态，要求媒体和宣传部门不仅能够在舆情发生时先声夺人，还要在诸多外地媒体夹杂和互联网新兴媒体的围攻下凸显自身的公信力与权威性——这种要求无疑是很高的，无论是广电集团还是报业集团，在争夺舆论主导权方面，做出了不

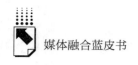

少努力和探索。

如深圳广电集团已经形成时政、民生、专题等较为完善的品牌新闻节目集群。特别是深圳卫视《直播港澳台》系列节目，积极抢占国际舆论传播制高点，不仅收视稳居全国省级卫视前列，而且获得了中宣部、国防部、外交部和中国空军的一致好评。为配合党的十九大胜利召开，从 2017 年 10 月 17 日起集中排播央视六部重点纪录片；展播"五个一工程"深圳获奖作品；黄金时段排播多档自制节目：纪录片《通途》（5 期）。所有电视剧场坚持播出价值取向和主题立意健康积极向上、传递正能量的影视作品；如深圳新闻网在首页头条区域等显著位置发布十九大相关稿件 400 多篇；在首页制作并推出了"聚焦十九大　共筑中国梦""砥砺奋进的五年"共计 17 个专题专栏，自选采编了"见圳""新时代有话说"等专栏；版面安排隆重突出，首页增加 19 大报道专区，及时对党的十九大报告进行提纲挈领解读。报道注重充分发挥网络媒体的优势，运用新技术、新手段、新平台传播分发，总点击阅读量超过 3000 万次。

事实证明，也只有传统媒体有能力、有实力在导向报道上发挥优势，带给民众全面、客观、正能量的资讯，两大集团也是继续借助媒体融合战略加大舆论引导能力，承担维护社会稳定和舆论和谐的重任。

第二，内容体验。新媒体渠道愈发增多，内容的重要性和根本性则愈发凸显。深圳广电集团的深圳卫视频道，充分发挥特区创新精神，从前些年的节目引进转向自主创新，推出全国首档大型科普类喜剧综艺节目《极客智造》，进一步完善原创创投节目《为梦想加速》（第四季），打破了对引进路径的依赖，代表着最为努力的一批电视人在版权引进的浪潮之中敢于与狼共舞，敢于展示原创能力和创新精神，坚守自我品质，深受广告主和收视群体的肯定。在这个"创新者生存"的时代，电视节目需要从内容、形态、推广三个层面进行持续性创新，才能在激烈的电视节目市场竞争中获得成功。

报业集团在传统采编和深度报道方面有得天独厚的优势，在转向互联网和移动互联网的新平台后，它们强调"从拼海量转为拼质量，由聚流量转为聚人心，由比广度转为比深度"，与此同时更加注重内容与形式的融合创新，大力推广直播、动画制作、宣传片拍摄、VR 视频、H5 新媒体互动宣传等新形式，打造"明星品牌"IP，产生了一批"叫好又叫座"的好产品、好项目，如上文提到的《读创》App 团队在 2017 年 3 月推出《这头抹香鲸，留给人类许多第一次》，对营救搁浅抹香鲸的全程及后续进行 100 小时直播，夺得 2017 年广东新闻奖一等奖；《晶报》的视频团队拍摄了《戏精女护士爆笑吐槽，看完眼泪都笑出来了》短视频，用轻松有趣的方式展现护士这一群体的职业操守和不为人知的艰辛，在网络上掀起了"病毒式"传播，达到很好的宣传效果和社会效果……这些努力和作品让人看到：传统媒体的团队不是保守和枯燥的代名词，他们不但与时俱进，针对年轻人所喜欢的风格与类型屡推佳作，而且深植马克思主义新闻观，保障政治合格，是一支具有铁一般信仰、铁一般信念、铁一般纪律、铁一般担当的新闻"铁军"。

第三，使用体验。既然两大集团都在移动端上倾注全力，那么作为推向市场的移动产品，更要考究其用户使用体验。首先，经过对《读特》《读创》App 的深度使用，发现其在设计形式上具备的共同优点是：简洁、大气、用色内敛又不失活泼，内容布局合理，个别页面稍显紧凑。在内容更新速度和频率上都很及时，日更新动态在 20 ~ 40 条左右，既有深圳本地的政府发布和民生新闻，也有财经和科技的专业新闻，两大产品在定位上形成差异和互补，能够带给用户更加全面的内容服务。

其次，深圳广电集团力推的"壹深圳"在产品界面设计风格上越发脱离了传统媒体"制作粗糙"的痕迹，已打造成一款设计精美、功能全面、运作规范的移动产品。在该产品的积极带动下，传统电视、广播积极主动改革节目形式，全力强化与新媒体端互动引流。如深圳台的本地最有影响力的民生新闻栏目《第一现场》节目中专门设立了一个叫作"现场朋友圈"的环节，它把来自壹深圳、两微矩阵后台的报料信息、素材引入电视生产制作、实时包装环节，增加了电视屏与手机屏的实时互动性和趣味性；广播的重点栏目与壹深圳App 进行长期的视频微直播、VR 直播合作，广播主播非常主动地向听众呼吁下载"壹深圳"参与互动。这种做法不但强化了传统视听节目与受众之间的以往难以实现的互动，更重要的是带给了移动端用户更好的使用体验，尤其是通过 App 产品进行内容阅看、评论和报料，能够及时得到媒体反馈，这种反馈会带给用户尊重感，这在任何其他资讯类产品上是无法实现的。

第四，服务体验。传统媒体历来专注于内容服务；在不断开发新媒体产品形成传播矩阵后，又可提供全方位的资讯服务；而随着市场化和公司化的转型

尝试，使其能够以内容为源头向上下游拓展，又可提供产业或产品服务。服务体验的好坏，就是对其各类工作的直接评判依据。

在内容服务上，深圳报业集团持续加大原创力度，提高原创质量，打造名栏目和名编辑，并做好"发现深圳"板块改版工作，做到新闻资讯深圳本土化、社区化。积极解决知识产权诉讼问题，一方面，全面梳理内容板块，杜绝未来的侵权漏洞；另一方面，加强与第三方合作，积极维护自身知识产权，迈出法律维权步伐。

在产业服务上，深圳广电集团聚合资源，打通母婴全产业链，打磨创新营销产品——《辣妈的秘密计划》。通过整合线上电视端、线下活动、新媒体、淘宝直播、台网跨屏互动等各方资源，为品牌提供一站式一体化"品效合一"的营销产品。经过半年多的资本运作，项目整体估值由 3500 万元增值至 1.7 亿元，深圳卫视持有股权价值由 350 万元增值至 1374 万元，溢价 3.9 倍。公司已经实现赢利、IP 逐步成熟、具备较强的资本运作价值。

除此之外，深圳广电集团的天威公司把 2017 年定为"用户体验年"，从优化服务流程、完善服务功能、丰富服务场景的角度，推动改善与提升客户体验工作。结合用户报障、投诉等相关数据，多渠道、多维度健全用户体验体系。跟进改进措施，在终端、网络、平台、管理四个方面十二个问题点，确定改进项目、改进内容、改进计划，责任到分管领导、到责任部门。如积极推进终端及网络监测平台建设，使公司能实时跟进终端及网络状态的监控、预警、响应、处理及反馈，为公司实现主动运维探索方法、积累经验。成立终端换代升级项目工作组，加强对终端质量控制，并对终端故障数据进行了全流程的跟踪和分析。

三　结语

深圳报业集团以移动端作为战略重心，以深新传媒作为资本抓手，以人员转型作为战略切入，以技术支持作为根基强化，进一步推动其融合发展的步伐走向深入；深圳广电集团在激烈的竞争中，由内而外，自上而下，坚持在内容创新、渠道铺设、组织改革、融合业务、对外合作等几方面保持发力，保持在国内广电集团的前列。从两大集团过去几年探索的方向和实践的内容中，不难总结：对导向的严格把控，对内容质量的严格要求，对产品体验的无比重视和对于内容形态创新的全力追求，这是隐藏在各种表象战略、策略之下的实质性的举措。在媒体竞争不断升级的背景之下，正是把握住这一实质并始终不懈的坚持，才能打造出与深圳经济社会发展水平相适应、与现代化国际化创新型城市相匹配的现代新型媒体集团。

不管是自觉还是无意，传统媒体对于融合发展的探索，将快速聚焦到用户体验的层面。对于文化产业或者内容产业来说，用户体验已经变成一个重要概念。媒体机构所做的所有努力，归根结底可以看作对提升用户体验的努力，因为唯有正面、美好的用户体验的积累才能让媒体机构与用户建立真正的"精神合作"关系。这就要求传统媒体在融合发展的过程中，打磨好自身的内容与产品体系，从舆论上引导受众，从市场上争夺用户，以更加真诚的姿态，聚焦用户真正的需求，回到以用户为中心的原点。

评 价 篇

Assessment Report

B.20

2017~2018年中国媒体融合发展排行榜

课题组*

摘　要： "中国媒体融合发展排行榜"旨在表彰在中国媒体融合发展中具有创新思想和卓越领导力、做出突出贡献的代表人物，以及在创新方面具有示范效应和领先优势的媒体机构。本榜单的遴选媒体范围以全国广播、电视、报刊、网络等传统媒体为主，兼及各类商业平台。课题组在对全国19个城市实地调研的基础上，确立了融合指数的指标体系，并结合公开数据，进行了综合评价。先锋榜、媒体融合领军人物和融合指数，均由专家组提名推荐或打分，最终确定入选名单和评价结果。

关键词： 先锋榜　领军人物　专家意见法　融合指数　示范效应

---

* 执笔：支庭荣，暨南大学新闻与传播学院教授。

"中国媒体融合发展排行榜"已连续8年推出，该榜单旨在表彰在中国媒体融合发展中具有创新思想和卓越领导力、做出突出贡献的代表人物，以及在创新方面具有示范效应和领先优势的媒体机构。

本榜单的遴选媒体范围以全国广播、电视、报刊、网络等传统媒体为主，兼顾各类商业平台。课题组在对全国19个城市实地调研的基础上，确立了融合指数的指标体系，并结合公开数据，做出了综合评价。

先锋榜、媒体融合领军人物和融合指数，均由专家组提名推荐或打分，最终确定入选名单和评价结果。

中国媒体融合2017~2018年度先锋榜

央视新闻+

新京报

澎湃

芒果TV

封面传媒

红网

南方+

读创

抖音

喜马拉雅

中国媒体融合2017~2018年度领军人物

丁　伟　人民日报社新媒体中心主任

裘　新　上海报业集团党委书记、社长

刘红兵　南方报业传媒集团党委书记、管委会主任，南方日报社社长

吕　芃　山东广播电视台党委书记、台长

王建明　贵州日报报业集团副社长

丁时照　深圳报业集团副总编辑、深圳晚报总编辑、深圳商报负责人

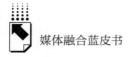
陆玉方　苏州广播电视总台党委书记、台长
李　鹏　湖北长江云新媒体集团副总裁、长江云平台总经理
单士兵　重庆日报社编委、理论评论部主任、理论头条新媒体负责人
王晓伟　浙江长兴传媒集团总编辑

中国部分媒体2017~2018年度融合指数

媒体单位	内容指标	渠道/平台指标	经营/管理指标	综合得分
人民日报社	★★★★⯪	★★★★⯪	★★★★⯪	★★★★⯪
浙江日报报业集团	★★★★⯪	★★★★⯪	★★★★⯪	★★★★⯪
上海报业集团	★★★★⯪	★★★★⯪	★★★★⯪	★★★★⯪
江苏省广播电视总台	★★★★⯪	★★★★⯪	★★★★⯪	★★★★⯪
新华报业传媒集团	★★★★⯪	★★★★⯪	★★★★⯪	★★★★⯪
湖南广播电视台	★★★★⯪	★★★★⯪	★★★★⯪	★★★★⯪
南方报业传媒集团	★★★★⯪	★★★★⯪	★★★★⯪	★★★★⯪
深圳报业集团	★★★★⯪	★★★★⯪	★★★★⯪	★★★★⯪
浙江广播电视集团	★★★★⯪	★★★★⯪	★★★★☆	★★★★⯪
上海广播电视台	★★★★⯪	★★★★⯪	★★★★☆	★★★★☆
广东广播电视台	★★★★⯪	★★★★⯪	★★★★☆	★★★★☆
重庆日报报业集团	★★★★⯪	★★★★⯪	★★★★⯪	★★★★☆
中央广播电视总台	★★★★⯪	★★★★⯪	★★★★☆	★★★★☆
重庆广播电视集团	★★★★⯪	★★★★☆	★★★★☆	★★★★☆
四川日报报业集团	★★★★⯪	★★★★☆	★★★★☆	★★★★☆
成都传媒集团	★★★★⯪	★★★★☆	★★★★☆	★★★★☆
羊城晚报业集团	★★★★⯪	★★★★☆	★★★★☆	★★★★☆
湖南日报报业集团	★★★★☆	★★★★⯪	★★★★☆	★★★★☆
吉林日报报业集团	★★★★☆	★★★★⯪	★★★★☆	★★★★☆
天津津云新媒体集团	★★★⯪☆	★★★★⯪	★★★★☆	★★★★☆
湖北广播电视台	★★★⯪☆	★★★★☆	★★★★☆	★★★★☆
湖南红网新媒体集团	★★★★☆	★★★★☆	★★★★☆	★★★★☆
安徽新媒体集团	★★★⯪☆	★★★★☆	★★★★☆	★★★★☆
辽宁报刊传媒集团	★★★⯪☆	★★★★☆	★★★★☆	★★★★☆
深圳广播电影电视集团	★★★⯪☆	★★★★☆	★★★★☆	★★★★☆
广西日报传媒集团	★★★⯪☆	★★★★☆	★★★★☆	★★★★☆
北京新媒体集团	★★★⯪☆	★★★★☆	★★★★☆	★★★★☆
陕西广播电视台	★★★⯪☆	★★★★☆	★★★⯪☆	★★★★☆
贵州日报报业集团	★★★⯪☆	★★★★☆	★★★★☆	★★★★☆
长江日报报业集团	★★★⯪☆	★★★☆☆	★★★★☆	★★★⯪☆
广州日报报业集团	★★★⯪☆	★★★⯪☆	★★★★☆	★★★⯪☆

续表

媒体单位	内容指标	渠道/平台指标	经营/管理指标	综合得分
吉林电视台	★★★½☆	★★★☆☆	★★★☆☆	★★★½☆
多彩贵州网	★★★½☆	★★★☆☆	★★½☆☆	★★★☆☆
辽宁广播电视台	★★★½☆	★★★½☆	★★★☆☆	★★★☆☆
陕西日报传媒集团	★★★☆☆	★★★☆☆	★★★☆☆	★★★☆☆
河北长城新媒体集团	★★★☆☆	★★★☆☆	★★★☆☆	★★★☆☆
甘肃日报报业集团	★★★½☆	★★★☆☆	★★★☆☆	★★★☆☆
甘肃省广播电影电视总台	★★½☆☆	★★★☆☆	★★★☆☆	★★★☆☆
北青传媒集团	★★★½☆	★★★☆☆	★★½☆☆	★★★☆☆
长春日报报业集团	★★½☆☆	★★☆☆☆	★½☆☆☆	★★☆☆☆

中国媒体融合2017~2018年度先锋榜、领军人物与融合指数专家组名单

（以姓氏首字拼音为序）

高山冰　南京师范大学新闻与传播学院副教授、网络与新媒体系主任

鞠宏磊　中国政法大学新闻与传播学院教授

孔令顺　广州大学新闻与传播学院教授

廖卫民　东北财经大学新闻传播学院副教授

刘国强　四川外国语大学新闻传播学院院长、教授

罗　昕　暨南大学新闻与传播学院教授

钱晓文　上海师范大学人文与传播学院教授

王佳航　中国政法大学新闻与传播学院副教授

颜　梅　中国人民大学党委宣传部副部长、新闻中心主任

杨兴锋　暨南大学传播与国家治理研究院院长、教授

阴卫芝　中国政法大学新闻与传播学院党委副书记、教授

余　苗　暨南大学新闻与传播学院副教授、高级编辑

余海侠　中国传媒大学经济管理学院副教授

张　放　四川大学文学与新闻学院副院长、教授

张明新　华中科技大学新闻与信息传播学院院长、教授

曾祥敏　中国传媒大学电视学院党委书记、教授

借 鉴 篇

International Reports

B.21

用户连接、社区化与参与感

——国外媒体融合中的用户思维

何国平　罗 淳[*]

摘　要： 随着媒体融合的纵深推进，媒体平台化和平台媒体化趋势进一步强化，基于传播技术的内容推送与信息分发成为精准传播的重要手段。但是"有爆款无用户"的尴尬提示在媒体融合发展进程中，用户的吸引、培养与维系有自己的规律与法则。这便是媒体融合中的用户思维。本报告通过编译和整理国外最新相关研究报告中的典型案例，围绕怎样建立用户连接，怎样通过记者与服务下沉建立基于成员制的社区，以及如何通过线上线下活动提升用户的忠诚度等。分析的案例主要有：Slate Plus 会员制模式，基督教科学箴言报算法提升用户参与，卫报的新三级会员计划，DNAinfo Chicago 记者下沉

* 何国平，广东外语外贸大学新闻与传播学院教授、副院长；罗淳，广东外语外贸大学新闻与传播学院硕士研究生。

社区建立受众信任，Voice of San Diego 发展线下活动，Netflix 引领视频用户收视变迁，GeekWire 探索深层次科技社区参与模式等，以期为中国媒体融合发展提供借鉴与参考。

关键词： 国外媒体融合　用户思维　会员制　社区参与　用户赋权

2017～2018 年，国外媒体融合的发展与结构持续处于调整与深度重构中。一年间，国外媒体融合在 AI 新闻、机器人写稿、大数据、算法推送等方面，以技术赋权方式不断向智慧媒体推进。平台方面，平台媒体化与媒体平台化结合后，平台的内容生产与分发功能进一步强化，旗舰效应进一步凸显。本质而言，媒体融合的动力与出发点即在新的媒介生态下，以技术倒逼方式、在创新传播内容与形式中创造传播价值，不断满足用户的迭变需求。丹麦学者延森的《媒介融合：网络传播、大众传播和人际传播的三重维度》对媒介融合做出过贴切地表达，他认为媒介融合是看媒体在数字化的时代如何转型，寻找新的赢利模式，争夺舆论影响力，重建传统媒体的舆论引导力。过去的新闻由大众媒体主导，当下的新闻有其时代特征，由"大众媒体＋社交媒体"共同构成，媒体传播习惯渐渐被社交媒体改造；受众从简单的信息接收者转变为主动的信息行动者；从纯粹的信息传播转向价值建立、情感转变多因素考量。"从历史的角度来看，媒介融合可以被理解为一种交流与传播实践跨越不同的物质技术和社会机构的开放式迁移。"[①]

这种"开放式迁移"是硬件平台的提升，是软件应用的升级，更是基于软硬件应用平台上的内容和服务与受众的消费行为与消费习惯的匹配。因此，无论传统媒体还是新媒体，媒体融合就是一个"永远进行"的发现受众、接近受众、维系受众的持续往复的进程，这就是媒体融合中的用户思维。因此，媒体融合进程中的"用户思维"是体现与落实"互联网思维"的应有要义。

本报告尝试关注国外的媒体融合是怎样贴近受众，又是如何在增进受众对

---

① 克劳斯·布鲁恩·延森：《媒介融合：网络传播、大众传播和人际传播的三重维度》，刘君译，复旦大学出版社，2012，第 17 页。

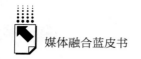

媒体的忠诚度中提升媒体影响力的。为了展示媒体融合中用户思维的沿革，本报告首先从历史维度考察部分西方媒体融合的既有做法。其次，主要考察2017～2018年度媒体融合中培养用户与受众的新动向。

一 媒体融合：发现用户、建立用户连接

当前，国外媒体融合的发展阶段已从打造"爆款"产品的狂热与写满"10万＋"欲望的嗜血急功近利的套路中抽身出来，致力于寻求突破"有爆款无用户"的瓶颈，完善和打通媒体价值链和产业链，逐步完成信息分发功能到信息服务功能的转型，向提升用户活跃度与忠诚度方面努力。2017年皮尤研究中心（Pew Research Center）的调查显示，Facebook、Twitter、Instagram、YouTube等社交媒体逐渐变成用户获取新闻资讯的最主要途径。而大部分新媒体，特别是与用户、读者、听众、观众建立良好联系的新媒体，对传统媒体构成正面挑战。当然，新媒体本身也在改变其根深蒂固的习惯、教条，创造与受众产生更紧密的联系，形成更主动的、更开放的、更多样的传播环境。

关于用户对社交媒体上的新闻体验的看法的调查表明，用户提及频次更高的是易用性而非内容。最常提到的优点是"便利性"，约占21％，8％的用户表示喜欢与其他人互动，3％的用户表示喜欢新闻的多样性，2％的用户希望能够定制其看到的内容。① 由此可见，便利性、互动性、与媒体之间更强的联系（强关系）成为当下媒体融合中用户是否使用其服务的关键。

路透社2017年3月发布的一份报告认为②，媒体创新表现在广泛采用分发式发布（distributing publishing），引入聊天软件与聊天机器人，以及开拓新型视觉新闻等三项大趋势，这折射出当下媒介融合的个性化定制、互动性和视觉化等突出特点。由此不难看出，媒体对用户需求的重视超越了过去对于用户简单维度的考察，如媒体使用的时间、地点、频率和忠诚度。媒体融合发展需要

---

① Katerina Eva Matsa, Elisa Shearer. News Use Across Social Media Platforms 2018. http：//www. journalism. org/2018/09/10/news－use－across－social－media－platforms－2018/，September 10, 2018.

② 刘洋、袁纯子编译《路透最新报告：媒体内容创新三大趋势》，http：//www. sohu. com/a/128042075_465245，2017年3月6日。

建立基于互联网思维的"用户思维",强化与受众的联系,通过会员制形成稳定的媒体——用户连接,建立基于用户的会员社区,通过媒体举办的活动扩大用户的线上线下参与等。总之,在媒体融合中,用户即流量,拥有用户即拥有未来。

二 媒体融合中的用户变迁与转变

(一)网络杂志 Slate 推出 Slate Plus 会员制模式

1996 年创刊的 Slate. com 是微软旗下一份美国知名的纯网络杂志,以评论、离奇新闻和艺术特写等方面的出色表现而为业内所称道。在探索读者为在线新闻付费方面,网络杂志 Slate 是先行者,早在创刊初期(1998~1999 年)即建立了付费墙,收取年费 20 美元。① 成立 22 年来,网络杂志 Slate 依然坚持自己秉持的价值观,并坚决反对追求数字媒体的趋势,没有拥抱内容分发平台。Slate 认为媒体公司追求网站流量,并非塑造独特媒体品牌的救命稻草。2014 年,网络杂志 Slate 推出其会员制模式——Slate Plus。Slate 的此举试图一再澄清:Slate Plus 不是付费墙,不是要求用户为新闻付费,也没有开启每月只能阅读 10 篇文章的设置,所有 Slate 读者都可以免费使用 Slate 上的所有内容。

Slate 是逆势而行而获得丰厚回报的典范,一如既往地坚持反主流价值观。与早期的动荡相比,如今 Slate 业务已经趋于稳定。同时,属于 Slate Plus 的用户可享受解锁额外播客和网络内容,参加直播活动打折的优惠。2016 年,Slate 已经拥有 1.6 万名超级粉丝,Slate 的会员也超过 1.6 万人,处于持续增长中。

支付 50 美元的年费,Slate 的超级粉丝将获得更多的内容,但最大的亮点似乎是对品牌的了解、现场展示前的派对、私人问答等模式。Slate Plus 还承诺将分页故事默认为单页,为 Slate 播客提供无广告版本,评论界面也更友好。

---

① Joshua Benton. Slate debuts its membership model, Slate Plus. http://www.niemanlab.org/2014/04/slate – debuts – its – membership – model – slate – plus/, April 21, 2014.

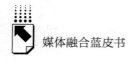

结合 VIP 俱乐部，Slate Plus 坚持内容免费，提高了用户体验，而每年 50 美元年费标签与"TPM（Talking Points Memo）精华"非常相似，在留言要点备忘录板块促销年费服务。

无论如何，Slate Plus 的关键价值主张不是单页新闻。Slate 很好地彰显了报道者的个性，这有效地加强了用户与网站的联系，Slate 超级粉丝与该网站的关系延续了十多年。用户决定支付 50 美元年费加入 Slate Plus，往往是一种基于肯定性的报偿心理："相比于交给当地公共广播电台的费用，这笔年费划算多了。"

随着媒体社交化趋势进一步增强，内容碎片化趋势持续强化，人们即便在 Facebook 这种大型社交平台上保持注意力的时间也越来越短，视频观看时间则只有 3 秒钟。手机正成为第一屏幕，人们每天花费 5 分钟、10 分钟、15 分钟时间阅读与他们息息相关的文章。基于对受众状态的洞悉，Slate 以趣味性的方式开拓报道的深度收获用户的青睐，因此，用户阅读 Slate 文章的时间在持续增加。随着 Facebook 和 Twitter 上的流媒体内容越来越复杂多元，Slate 目前正处于转折点上，其用户增长速度会有所减缓，它需要更有深度地探寻用户习惯，以生产符合用户需求的内容。

过去 5 年来，媒体市场上许多公司都在追求分发式社交媒体的流量，报道趋势也越来越相似。要想创造独特的媒体品牌或拥有独特声誉的网站，这并非挽留住用户的良方。Slate 正寻找更多方法，以维系受众的黏性与忠诚度，在常规基础上产出更加独特的内容。在主编大卫·普罗茨（David Plotz）倡导下，Slate 设立了 Fresca 奖学金，劝勉人们远离日常博客，深挖激情项目，以产出更好的内容。

（二）基督教科学箴言报以算法提升用户参与

基督教科学箴言报（Christian Science Monitor）2009 年 4 月起停止出版纸质日报，专注于网络版报纸，是美国首家以网络版替代全国发行纸质版的报纸。近年，基督教科学箴言报追求革新，对其网站进行多轮改版。2013 年初，该报公布将网站重塑成汇集每日简讯，目标是拥有 10000 个用户。对当时的基督教科学箴言报而言，这一目标近乎天方夜谭。但是，根据 The Lenfest Institute 研究所的分析，有 8500 个用户以每月 11 美元，或每年 110 美元的花费，订阅该报的在线内容。这让基督教科学箴言报网站看到曙光：似乎有望在当年3月底实现预期目标。①

创刊于1908年的基督教科学箴言报是一家已拥有110年历史的新闻机构，形成了严肃、科学、客观、冷静的办报风格，因而，拥有大批严肃、具有公民意识的受众。作为自2008年以来转向聚焦数字出版机构（2009年停出纸质日报），在将读者保留在其网站和用户参与性等方面，本该领先于竞争对手的。然而，基督教科学箴言报网站（csmonitor.com）的用户高退出率和页面低访问量（即用户浏览一个页面后有70%的退出率，每次用户访问平均只浏览4个页面）两大特点表明，受众并没有人们想象的那样忠诚。

尽管如此，基督教科学箴言报认为通过"谋求更多的受众参与"这一简单却明智的策略，可以扭转这种颓势。2014年6月11日当天，csmonitor.com网站上开始出现众多新特征，其中最突出的莫过于在新闻中的"采取行动"链接。这些新闻中的链接最终会将用户引导到一个与这些新闻和谈论话题有关的网页，并链接到相关外部组织和精选的代表性链接。

由于箴言报的读者是社会主流人群，他们对解决方案和社会进步感兴趣。所以，箴言报需要弄清楚自己能为读者们做些什么。相应地，箴言报开始询问读完新闻的读者对后续报道的反馈与建议。除了获得读者的反馈之外，该报还注重收集读者的电子邮件，通过电子邮件与读者保持互动。不少读者向箴言报提供新闻爆料，箴言报读者的参与度得到极大提升。

沿着提高读者参与性的思路，基督教科学箴言报在当年秋季还计划实施会员模式，即从网站后台注册，或从后台登录会员平台，通过会员注册直接与读者建立联系以换取用户个性化的网站体验。其他促进用户参与的功能还包括重新设计网站更基本的功能以促进用户参与，例如，当用户单击导航栏时，导航栏会显示所有站点的二级站点。滚动时会跟随用户的"黏性"导航出其他共享链接，用户可以在新闻结尾处查看相关内容，或将鼠标停留在某位记者的旁边，查看该记者撰写的其他新闻，强化用户黏性。2014年夏季，箴言报启动

---

① Lucia Moses. The Christian Science Monitor tweaks its engagement algorithm. https：// digiday.com/media/christian - science - monitor - going - maximum - engagement/，June 11, 2014.

该报的说新闻模式，这一新模式有助于记者选择讲述正在发生的复杂新闻故事的样式。

令人欣喜的是，在过去三年中，该报在线广告收入每年增长了 25%。负责该报发行的大卫·格兰特（David Grant）表示："我们的目标是尝试与读者建立更深厚的关系。这让我们踏上了全面进行数字订阅的旅程，真正致力于让人们更周到、更深刻、更平静，且以进步的视角看待世界。"同时，箴言报发布了"每日新闻"，每日新闻摘要包括五种内容形式（故事、视频、图形、社论和宗教文章），将于波士顿时间每个工作日的下午 6 点通过电子邮件发送给用户。每篇文章的摘要版都可以在"30 秒"内读完，阅读完整版本估计需要50 分钟左右。

没有广告的"每日箴言"可免费使用一个月。在此之后，收取每月 11 美元或每年 110 美元，或每月 9 美元/每年 90 美元。该团队认为，这个价格具有竞争力。虽然箴言报的网站仍会提供一些免费内容，但最终是让你成为其订阅者之一。

（三）卫报的新旧会员模式①

2014 年 9 月前后，作为英国自由派精英人士重镇的卫报宣称拥有 50 万会员和数字订户，以及 30 万名一次性捐款人。预计会员和订户的迅速增加有助于卫报在这一年将亏损降至 2500 万英镑（前一年财政年度为 4500 万英镑），从而在 2019 年前实现收支平衡。卫报是全球少数几家没有付费墙的优质报纸之一。过去，用户无限制地在线阅读卫报。这与纽约时报（NYT）和华盛顿邮报（WaPo）非常不同，后两者每月最多只能免费阅读 7 ~ 10 篇在线文章。

2014 年卫报开始实施会员计划时，卫报一直相信其受众数量（当时每月 1 亿人左右）最终将带来足以实现赢利的数字广告收入。然而，该报每年数字广告的增长速度并不尽如人意。

1. 广告主转向：从传统出版商到互联网

我们知道，20 世纪 90 年代后期至 21 世纪第一个十年发生了两件事：第

① Mark Sweney. Guardian launches new three-tier membership scheme. https：//www. theguardian. com/media/2014/sep/10/guardian – membership – scheme – patrons – kings – cross，May 31，2017.

一，谷歌和脸书斩获了大量的数字广告增长。第二，互联网的本质意味着无限的容量，这给传统媒体或出版机构定价带来了压力，因为像 NYT、WaPo 这些传统媒体的内容是有限的。越来越多的广告开始投放在广告价位低廉的网站上，从而降低了传统出版机构的收益率。于是，传统内容出版商开始在网上免费提供内容，并希望通过广告赚钱。如英国时报（The Times UK）开通了收费墙，刚开始看起来很有吸引力，但备受批评。英国金融时报（The Financial Times）率先推出了计量模式，即每月免费提供×数篇文章，暂停付费墙。这是后来 NYT 和 WaPo 所采用的在线阅读收费模式。

2. 卫报的新三级会员计划

英国卫报新闻与媒体有限公司（Guardian News & Media，GNM）推出的新计划包括三个层次：第一层次是朋友，免费且可以进入活动、新闻或预订等板块；第二层次是伙伴，每月花费 15 英镑，包括一系列的折扣和活动的优先预定；第三层次是赞助人，每月花费 60 英镑，包括额外的访问权限。额外访问权包括参观新闻编辑室，访问印刷厂，考察编辑流程等。通过举办自己的"卫报现场"直播活动，赞助人有助于形塑整个卫报会员社区。

"卫报会员"的新计划旨在让读者密切接触卫报品牌和开放的新闻哲学，该计划脱胎于 2012 年早些时候举办的一次读者周末活动。通过加入卫报社区，读者能够成为有着 190 年悠久历史的传媒机构社区中关系密切的一员，而这一社区由记者、读者、朋友共同构成。

卫报会员计划包括一个活动中心，位于国王十字车站二级市场的米德兰商品仓库，该中心于 2016 年秋对外开放。"卫报现场"是一个滚动节目，主题是关于活动、讨论、辩论、访谈、主题演讲和节日播报，以将卫报品牌和卫报体验带到英国甚至全球。

卫报会员计划致力于寻找新的、有意义的方式，使该报全球超过一亿规模数字读者货币化。同时，该计划保护并确认卫报对开放新闻的承诺，而不是在内容周围构筑围墙阻止内容自由流通。因此它不同于订阅付费方案。当被问及是否愿意成为卫报"会员"时，大多数人表示同意。

为更好地调整定位，卫报会员在 2014 年进入软启动测试阶段，2015 年 1 月全面推出。2014 年，卫报会员计划扩展到美国和澳大利亚，作为卫报数字版和读者社区在这两个市场的延伸，卫报现场将在世界一些重要城市举办活动。

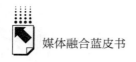

三 媒体格局重构背景下的用户培养

（一）美国新闻收入中心（News Revenue Hub）推进媒体会员制，扩大收益

衡量会员忠诚度的最佳预测指标有两个，其一，传媒组织是否与受众讨论资金筹集需要；其二，阅读列表中有多少订阅者，以及列表中订阅者的参与程度。在参与者同意的情况下，美国新闻收入中心（News Revenue Hub，NRH）每月从中心收集数据并将这些信息反馈到一个模型中，然后可以合理地预测收入目标。2018 年以来，越来越多的新闻机构投入大量的资金和时间完善会员计划。这意味着媒体的会员计划应该要有更多、更高的目标。①

NRH 成立于 2016 年，源于加利福尼亚州非营利性新闻网站圣地亚哥之声的一项倡议，2017 年从总部分拆出来。通过与参与该项目的新闻媒体合作，NRH 建立了会员通信、定价和福利，以及维持会员制的技术基础设施，并在整个过程中持续提供支持。该中心还帮助组织用户调查，以了解受众构成和偏好，正在试验类似于计量弹出窗口的轻推方式，鼓励阅读了一定数量新闻的读者注册一份时事通信。

该中心有 20 多个正式新闻机构作为中心成员，既有类似新泽西焦点（NJ Spotlight）和匹兹堡的 The Incline 这样的小型地理新闻网站（以及同类网站 Billy Penn 和 Denverite），又有 The Intercept 和 The Marshall Project 这样的全国性、聚焦区域主题的网站，再到像梅纳德新闻教育研究所（Maynard Institute for Journalism Education）这样以培训和教育为重点的行业组织。如果一切按计划进行，到 2018 年底，该中心将有近 30 名参与者。

新闻收入中心运作的态度一直是"如果你要求，将给予许多"。至少，如果成员媒体不要求也不表达工作中的困难，传媒的读者将永远没有机会在财务

---

① Shan Wang. When it comes to launching serious, sustainable membership programs for journalism, ask for more, more often, and aim higher. http：//www. niemanlab. org/2018/06/when－it－comes－to－launching－serious－sustainable－membership－programs－for－journalism－ask－for－more－more－often－and－aim－higher/，June 25，2018.

中体现他们对成员媒体新闻生产的支持。现在，凭借来自几十个成员组织一年多的成果，NRH 中心已经能够使用定性和定量数据支持相关新闻机构的会员策略。目前中心可以真正根据数据而不是猜测做出决定，可以更好地预测用户反应。

Maynard Institute 是 NRH 的新成员，与一般新闻机构不一样的是，这是一个新闻行业组织，而不是每天或每周有出版工作的新闻机构。在过去一年多的时间里，该研究所正在为该行业开发许多新的培训，吸引新的更大的资助者，并通过媒体行业的渠道，调动至少 200 名有色人种记者来推动一项多年的计划。该研究所正在计划把用户分成三个层次，家庭用户、资助者和金融家，并将针对不同层次的用户提供量身定制的时事通信、潜在的推送、参与活动、会议和培训。

Maynard Institute 向 NRH 支付了 3 万美元的会费，这笔费用最终远低于其支付给一名兼职会员经理的费用。随着服务的扩大，NRH 的定价结构也在发生变化。由于每个组织的情况不同，NRH 往往根据服务需求来定价。即使在 NRH 第一年表现最差的客户，也至少获得了高于投资额 13 倍的回报。

Hechinger Report 是最新加入 NRH 的网站之一，其为读者提供的会员选择范围广泛，最低每年收费 35 美元，交纳 500 美元以上的用户享受特别优惠。2015 年，该公司通过新闻项目众筹平台 Beacon Reader 开展了一场众筹活动，从读者那里筹集了约 4.2 万美元。2016 年，它开始放弃会员信息收发，加入"新闻匹配捐赠—匹配倡议"中，持续到 2016 年 12 月。2017 年又通过新闻匹配向读者筹集资金，在没有积极的、数据驱动的会员制推动下，该网站每年从读者那里筹集的资金都比前一年多。

Hechinger Report 加入 NRH 的益处良多。据 RNH 估算，一个组织能够从每一名读者的电子邮件募集 10 美元左右的捐款，Hechinger 大约有 18000 名签约读者，所以意味着至少有 180000 美元的资助。这个数目是 Hechinger 通过举办活动获得收益的两倍多。基于新闻收入中心会员的过往表现，18 万美元似乎是可以实现的。在与该中心合作至少一年的新闻机构中，最高的新闻机构筹集了 90 万美元，中位数约为 15 万美元，较小的机构为 8 万美元。

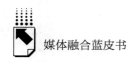

（二）DNAinfo Chicago 记者下沉社区，建立受众信任

2017 年 12 月，一个专做地方新闻的机构 DNAinfo 的网站突然下线，被改造为芝加哥街区俱乐部（Block Club Chicago）。重生的街区俱乐部是一个由记者组成的新闻机构，总部设在芝加哥和纽约，该俱乐部由区块链推动，通过订阅而不是财团获得支持。①

DNAinfo Chicago 聚焦于邻里社区，希望形成以地缘为基础的会员模式。这是芝加哥 DNAinfo 在商业方面尚未实现的。DNAinfo 发起会员订阅活动后，在当地时间 24 小时内已经完成超过 25000 美元的订阅目标，并于三天内从近 2000 名支持者中筹集到 116047 美元。这笔钱有助于启动于 2018 年 4 月正式成立的会员模式，聚焦于面向市场的"民生"（Civil）新闻业的现金和加密货币正给 DNAinfo 提供支持，这一次并没有要求亿万富翁资助。

从第一天到建立可持续发展新闻业市场的目标，DNAinfo Chicago 的战略就是专注于"本地、调查性和政策"报道。DNAinfo Chicago 的"本地"即与媒体用户建立、保持联系。DNAinfo Chicago 的基本原则是将记者植入特定的社区群，讲述城市中大的新闻机构可能忽略的本地新闻，但同时又是对社区读者来说很重要的报道，与受众建立信任，以强化所在区域的会员模式。

DNAinfo Chicago 曾经于 2014 年就提出了会员驱动的模式，由于当时 DNAinfo 最大资金来源于在线广告，没有进行深入的研究就草率地结束了这个模式。但同时由此得出结论，DNAinfo 归根结底是新闻企业，一家企业想要生存下去，就必须在经济上取得成功。为了让 DNAinfo 的当地新闻使命重新焕发生机，俱乐部进行了一项深度调查且做了测算，发现如果读者成为会员或者为订阅付费的比例达到 3% 就有利可图。

DNAinfo Chicago 的结构是一个非营利性的编辑室，通过吸引读者订阅并成为会员用户而得到可持续发展，它们还为特别项目和活动提供慈善资金，以促进订阅者与用户的参与和社区建设。区块链不仅允许订阅者以加密货币捐

---

① Christine Schmidt. DNAinfo Chicago will be reborn as Block Club Chicago, relying on blockchain and subscriptions instead of billionaires. http：//www. niemanlab. org/2018/02/dnainfo－chicago－will－be－reborn－as－block－club－chicago－relying－on－blockchain－and－subscriptions－instead－of－billionaires/？ Relatedstory，Feb. 8，2018.

款，而且使新闻编辑部可以持有能带来价值增值的货币股份。

借助 Civil 的初始资金，DNAinfo Chicago 聘请到五位记者——其中四位来自芝加哥 DNAinfo，还有一位是当地记者，他们在芝加哥南区有众多追随者。当被告知他们工作受区块链保护时，他们很兴奋。此次受聘的 DNAinfo 记者所有过去的工作也将在社区俱乐部的网站上分享，记者拥有自己内容的权利是协议的一部分。

区块链技术可以建立分散市场，让用户和记者共同努力，为他们感兴趣的话题提供报道资金。用户将持有支持记者所用的"CVL"令牌，这是民间的加密货币。随着时间推移，越来越多用户使用、购买，这种货币的价值就会增加，这将鼓励更多人投资，创造一个自我维持的系统。同时，运用区块链技术不仅没有吓跑 DNAinfo 的用户，而且额外的筹款可以完全由编辑部自行决定，用户、公众将成为此类活动的中心。用户将有多种方式来支持新闻机构以及他们所支持的记者、新闻项目，由此强化媒介与用户的联系及会员模式。同时网站也会通过电子邮件通信、社交媒体和网站与用户交流。

（三）圣地亚哥之声（Voice of San Diego）发展线下活动[①]

大约 300 人曾在圣地亚哥参加了由圣地亚哥之声（Voice of San Diego）赞助的关于该地区创新之源的讨论。聚集的人群成为一个无组织概念的有形存在，这个无组织概念就是正在崛起的非营利性新闻业的会员制。出席会议的每一个人都是圣地亚哥之声的付费成员，其中一些人过去参加过该活动。

新闻机构长期以来一直试图将临时用户变成常规用户。对于非营利组织来说，不应仅仅致力于提供免费内容，还需要建立更强大的社区联系，会员制模式将越来越受欢迎。

非营利组织 MinnPost 首席执行官乔尔·克莱默（Joel Kramer）表示："会员制是最重要的……因为投入金钱是衡量人们对其所参与事情的热情与强度的一个重要标准。"基于大量追随者的商业模式通常比基于大量资金流量的模式

[①] Joseph Lichterman. A club that will have me as a member: Voice of San Diego and MinnPost are building out their membership models. http: //www. niemanlab. org/2014/03/a – club – that – will – have – me – as – a – member – voice – of – san – diego – and – minnpost – are – building – out – their – membership – models/? Relatedstory, March 31, 2014.

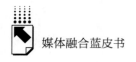

更稳定、更有前途。

为深化会员制模式，奈特基金会（Knight Foundation）已给予圣地亚哥之声和明尼苏达邮报（MimnPress）两家机构资助。奈特基金会给两个组织的资助金额为 120 万美元，每个组织每年 30 万美元，为期两年。这是该基金会 2014 年 1 月宣布的资助当地媒体计划的一部分。这两家新闻机构将共同改进其客户管理系统并努力将会员数据更好地整合到各自的网站中。

圣地亚哥之声和明尼苏达邮报正在建立工具和系统，以达到真正了解会员和潜在用户的情况，并能够以有针对性的方式进行沟通，来适应独特需求。因为这两家拥有良好的、准确的数据，在所有系统中都将可以相互交流。这两家机构都希望让捐赠者多次捐款方式更容易，而且希望用户和组织都能随时获得关于每个会员的更多信息。例如，媒体可以知道如果某人最近已经捐赠，那么就选择不通过电子邮件邀请他们，以免让捐赠者负担过重。

奈特基金会资助的第二阶段也将朝着这一目标努力，使明尼苏达邮报和圣地亚哥之声能够更好地将会员信息与每个网点的网站整合起来，以利用这些数据提高用户定制网站和激励会员的能力。圣地亚哥之声运行内容管理系统 WordPress，明尼苏达邮报在 Drupal 上运行，因此它们分别开发项目的第二部分。但通过奈特基金会赠款开发的所有内容都将是开源的，因此其他非营利性新闻机构能够采用圣地亚哥之声和明尼苏达邮报开发的内容，还可以根据自己的独特需求进行调整。

最近几年，这两个网站的会员数量都在增长。作为奈特基金会资助计划的一部分，它们已经设定了在三年内将会员总数增加两倍的目标。这两家出版机构都希望会员人数的增加能促进收入增长，允许它们在改进新闻业方面持续投资。

（四）Netflix 引领视频用户收视变迁

总部位于美国加利福尼亚州洛斯盖图的 Netflix 是一家在线影片租赁提供商，成立于 1997 年，主要提供超大数量的 DVD 并免费递送。Netflix 多次被评为顾客最满意的网站，是全球十大视频网站中唯一的收费站点。2018 年 5 月 23 日早上，以解释新闻学著称的新媒体公司 Vox 为 Netflix 制作的新剧集首播，剧集以简单而深刻的品牌——"解释"（Explained）命名，大受欢迎。[①]

Vox 确实做出了一些特色社论和具有美学意义的产品决策。大多数 Vox 视频都在 6 ~ 8 分钟；2018 年早些时候，Netflix 在一组 15 分钟的喜剧特别节目中取得了进展，调整到最近致力打造的每集时长为 16 ~ 18 分钟的剧集。在 YouTube 上，Vox 的视频是围绕一个特定主题的子频道系列构建的。在几乎所有这些视频中，制作人、主持人或讲述者都是最重要的，他们在屏幕上花费了大量的时间。效果好的视觉呈现可能会促进受众个体之间的联系，从而导致点击"订阅"按钮。Netflix 则少了互动，更多是一种"被动式媒介"（lean-back medium），所有的讲述者都在后台。与其令人眼花缭乱的内容库不同，Netflix 遵循的商业公式简单明了：用户数 × 订阅费 = 公司收入，明确提出"用户始终是公司唯一的中心"的理念。

Vox 和 Netflix 是万众期待的视频内容的两个重要来源。然而，在后有线电视时代，未来视频新闻会是怎样的？换句话说，人们怎么理顺眼前这些复杂纠缠的现实？

很多人从电视上得到新闻。20 年前，原本应该是一名专注于报纸的读者，如今他翻阅的却是 Twitter 和早间电子邮件新闻通讯，认为电视本质上是一种愚蠢的（dumb）媒介。但这是较早对媒介的刻板印象。2016 年，从地方电视中获得新闻的受众比所有在线来源加起来还多。这说明人们确实喜欢从设备上获得视频。尽管数以百万计的美国人取消了付费电视订阅，但这并不意味着他们花在屏幕前的时间减少了。相反，他们转向了视频点播（VOD）、实时流媒体服务和直接通过互联网连接设备提供的超顶（OTT）平台。

实时广播有利于实时新闻和实时信息的传播；流媒体平台的经济效益只有在其产生的内容在较长一段时间内具有价值时才会发挥作用。人们在内容选择方面空间越大，选择新闻的人就越少。有线电视的兴起使电视节目的选择从几个增加到几百个，而 Netflix 和 YouTube 等流媒体平台将这一数字提高到数百万个。

---

① Joshua Benton. Vox's new Netflix series is really good, but it doesn't get us any closer to figuring out what news on streaming platforms looks like. http：//www. niemanlab. org/2018/05/voxs – new – netflix – series – is – really – good – but – it – doesnt – get – us – any – closer – to – figuring – out – what – news – on – streaming – platforms – looks – like/, May 23, 2018.

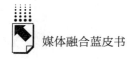

Vox 总是将文本（文字报道）和视频分开构思，视频新闻并不是文字报道的影视版。Vox 视频并不是以动态图像形式精心美化 Vox 故事。分别以明确的产品针对明确的目标市场。在文本产品中，以 FBI 前局长罗伯特·米勒（Robert Mueller）为特别检察官对"通俄门"调查事件为例，Vox 充分运用快速运转的、低成本的介质，每小时提供调查的最新进展，表现近乎完美。但对于高产值视频而言，Vox 并不使用这一策略。对长剧情视频《一夫一妻制，解释》（Monogamy，Explained）的冗长测试没有意义，因为文本故事阅后即扔；相反，永远可以通过算法将视频推送给 YouTube 用户。这意味着大多数 Vox 视频不是"新闻"，更像是"为好奇的、参与性受众提供的智慧内容"，这不失为一种深思熟虑的策略。

Netflix 拥有 1.25 亿付费用户，每年制作的电影数量超过大多数主要电影制片厂的总和，给数百万人晚上习惯性地斜躺在沙发上带来视觉享受。如果有人可以选择将人们的注意力引向视频形式的高质量新闻，那就是 Netflix。

（五）爱迪生研究：新闻分类播客满足细分受众

2017 年 4 月，爱迪生研究公司（Edison Research）发布了其"播客消费者" 2017 年调查结果（Podcast Consumer 2017 survey findings），这是其年度无限拨号报告（Infinite Dial report）的突破研究。年度调查结论如下。①

（1）播客消费者显然较年轻、富裕并受过教育。

（2）在每月接受调查的播客用户中，56% 为男性，44% 为女性。

（3）播客听众更喜欢播客而不是其他形式的媒体。

（4）主要用户行为显示消费者是选择点击并立即收听，而不是先下载然后再收听。该研究进一步发现，47% 的每月播客用户在下载播客后的 24 小时内就会收听播客，这对有动态广告插入功能的发布商来说可能很有用。

（5）每月播客用户平均订阅 6 个播客，所以如果你想设计适合普通听众的播客，必须要成为这 1/6。

---

① Nicholas Quah. Gabfest, explainer, local, The Daily: A taxonomy of news podcasts. http://www.niemanlab.org/2017/04/gabfest – explainer – local – the – daily – a – taxonomy – of – news – podcasts/, April 25, 2017.

（6）数据说明，智能音箱关联非常吸引人：播客的用户往往比美国普通民众更了解智能音箱，月度播客听众比一般人更有可能拥有一个 Amazon Echo 智能音箱。在 2 岁以上的美国人口中，9% 的月度播客听众拥有 Amazon Echo 智能音箱，而普通听众只有 5% 。播客听众拥有 Google Home 智能家居设备的比率和普通大众一样，都是 2% 。

"播客消费者"年度报告在很大程度上将受众定义为"年轻，富裕，受过教育"并广泛使用，这些术语的意义何在呢？根据这些细分受众特征，可以将新闻播客分为以下类别：对话或"漫谈"式、纪录片式、访谈式、新闻杂志式、解释者式、本地播客、早间新闻或每日新闻博客。有关播客的行业和社区肯定会从这些稳定的概念化中演变出来，需要为更多样化的受众群体规划不同节目，就像播客这种介质试图扩大广告容量和交易量，以满足细分用户一样。

（六）GeekWire 探索深层次科技社区参与模式

诞生在西雅图的科技新闻网 GeekWire 在对当地科技场景报道的基础上，GeekWire 正在建立国际受众群体。像西雅图主要媒体 KEXP 一样，GeekWire 利用其本地报道来增强国际影响力，同时使其自身成为西雅图读者群体不可或缺的一部分。① 为了寻找"下一个伟大的北美科技城市"，GeekWire 邀请众多城市提交提案，为该网站建立一个临时的第二个前哨站，2018 年 2 月派遣记者报道了选定城市的科技场景。

GeekWire 联合创始人约翰·库克表示，网站已将其模式与西雅图不断上升的形象联系在一起，这有助于它在众多的科技媒体空间中与其他出版物区分开来，这些众多的媒体空间由纽约市和旧金山的网站主导。虽然 GeekWire 的地理位置使其具有更广泛的吸引力，但对本地的关注是其战略的核心。西雅图房地产开发项目、创业公司以及思域创新项目都是该网站的核心报道范围。

---

① Ricardo Bilton. In Seattle, GeekWire is building an international audience on top of its coverage of the local tech scene. http://www.niemanlab.org/2017/12/in-seattle-geekwire-is-building-an-international-audience-on-top-of-its-coverage-of-the-local-tech-scene/? relatedstory, Dec. 7, 2017.

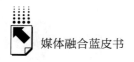

对于 GeekWire 来说，与目标受众建立并保持牢固关系非常重要。为此，GeekWire 每年举办十几场活动，其中大部分活动集中在将西雅图科技界人员聚集在一起。2017 年的 GeekWire Bash 吸引了 1700 人参与趣味游戏。

为西雅图科技界寻找新的服务方式也是该网站的会员计划的一部分。除了会员专享和活动折扣之外，通过与华盛顿的奥奇特（All Tech）保险公司合作，GeekWire 还为会员公司提供一项意想不到的好处：健康福利。这得益于 GeekWire 的 199 美元/年基本会员计划。而享受这一福利的其他保险费用每年高达 1999 美元。

GeekWire 并不是唯一一家探索在其模式中建立更深层社区参与新方法的新闻机构。2016 年，加州本地新闻机构 Berkeleyside 开始通过一种称为直接公开募股的方式，为读者提供投资该公司的机会。布里斯托尔有线电视公司（Bristol Cable）是英国的一家非营利组织，该公司谋求受众给予新闻调查方面提供帮助，同时能让受众帮助分发印刷物。这些努力至关重要，因为重申了新闻机构与受众的关系，而受众为组织的持续发展提供更多的投入。

四　媒介融合中用户思维的特点

（一）用户从分散化到紧密联系

以网络杂志 Slate 为例，当下越来越多媒体由专注单一付费墙，到开始关注分散的用户。新闻媒体在处理用户问题上，存在差异，由于大众媒体的用户数量大、相对分散、类型多样，与用户联系相对分散。所以，部分媒体在将用户与付费并用的同时，他们会发现，简单通过会员模式运用付费墙形式效果难如人意。

在发现上述问题后，Slate 立即提出新会员模式 Slate Plus，该模式实现创新性联系用户和内容生产者。随着用户阅读习惯的培养、阅读时间的增强，以及社交媒体的内容混杂等问题，Slate 开始有意识地引流用户，提供有深度的分析内容，同时建立奖金制度。基督教科学箴言报则是改变用户制度和网站功能，给予用户引导链接，一方面收取用户的信息，另一方面通过邮件定时定点发布新闻摘要包，通过种种方式与用户建立紧密的联系，提高用户忠诚度。

（二）权力从单一转向多元

过去，用户在免费或付费情况下成为媒体/平台的成员后，一般只享有媒体/平台传递给他们的讯息获知权。假新闻泛滥的时代，人们依赖于权威的主流媒体获取消息本无可厚非，但在一个社会运作正常的市民社会中，则需要多元化的新闻机构提供适当的多元信息和观点，甚至是来自作为市民的用户的参与建议。英国卫报推出的新三级用户计划，则是将员分成"朋友、伙伴、赞助人"。不同类型的用户需要支付相应的费用，也享有不同的福利。但相同的是，新用户除了简单获知讯息，还提高了用户权限，不仅可以参与卫报的后台编辑，还可以参观新闻编辑室、访问印刷站等，以此方式塑造了稳定的成员社区，真真正正地实现用户参与，用户拥有更多的权力，成为监督者甚至是管理者。

（三）从用户到"成员"

媒体"成员制"（membership）是将零散的用户、订阅户、读者等转变成媒体社区中的成员，同时，成员仍需要支付相应的费用，积极参与媒体社区举办的活动，才可加入新闻媒体社区的大家庭。美国梅纳德学院（Maynard Institute）、西雅图科学网站（GeekWire）、西班牙新闻网站 El Diario 和法国新闻网站 Mediapart 都将会员模式置于其身份建构和新闻业务的核心。

芝加哥街区俱乐部（Block Club Chicago），则通过吸引读者订阅，并赋予成为"成员"的用户参与社区建设的权利。"成员"可以持有加密货币捐款，可以为其感兴趣的话题提供报道资金。这将鼓励更多人投资，创造一个自我维持的系统，真正将订阅者、用户变成媒体不可或缺的"成员"。

（四）从媒介平台到亲身参与

过去，用户接触、接受新闻、讯息往往只能通过媒介平台，如电视、报纸、广播等。任何新闻、事件经由多种媒介平台流转，会削弱用户直接感官体验。随着时间推进，许多传统媒体或是新媒体在包括转型、变革等融合发展过程中，愈发重视用户体验。越来越多的媒体利用节假日、会议、现场直播等形式，拉近和用户的距离，使新闻更接地气。通过用户与重大事件的直接接触提

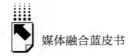

升其对于新闻媒体、公司机构的了解，为创收创造条件。芝加哥 DNAinfo Chicago、GeekWire 以及《法国日报世界报》（Le Monde）、《德州论坛报》（The Texas Tribune）大都采用了类似的策略，即通过活动（event and campaign）将散落的用户从各个媒介平台"拉回"现实，聚在一起，不断地强化媒介平台与用户的联系，使受众保持较高忠诚度。

（五）从绝对话语权到赋权用户

基于万维网和区块链技术，新型互联网进一步形成的"去中心化"格局为传统媒体的融合发展提供了新出路。在媒介与信息稀缺的前互联网时代，受垄断性加持，传统媒体对受众拥有绝对话语权，受众成为信息的被动接收者，媒介是主动的、绝对的信息占有者与发布者。随着互联网技术的发展，特别是社交网络的快速兴起，媒体平台用户自产（UGC）海量增加，成为一个个独立存在的信息源。不论在美国还是在欧洲，为了了解受众、联系受众、把握受众，新闻机构都朝着向用户、读者越来越开放发展，这就不得不使新闻在编辑的时候必须听取受众的意见，提高用户参与度，使新闻报道和信息流通进一步"去中心化"，赋权用户、分散话语权是未来媒体融合中用户思维发展的必然逻辑。

五　结语

2017～2018 年，国外传媒行业继续蓬勃发展，传统媒体进入快速转型期，媒介融合发展有力推进，发达国家媒体行业在转型过程中，结合社交平台特点，对用户发起"攻势"。基于用户思维，贴近用户，将用户转变为社区成员，扩大成员的线上线下（O2O）社区参与，树立真正的用户思维是媒体融合中除了创新商业模式、推进技术变革的又一根本命题。

当下，国内传统报业与广电媒体可以借鉴国外媒体融合发展中提出的革新计划，针对用户个性化进行领域细分运营，与细分受众建立紧密联系，提供有针对性的、高质量的讯息与服务，除了满足受众、扩大受众权力，还知其所知，解其所惑，提高用户参与度、忠诚度，将用户变成媒体融合发展中不可或缺的社区成员。同时，新技术不断涌现，网络视频、人工智能、虚拟现实

（VR）、语音播放器等被广泛应用在传媒行业的多个领域，不论媒体行业如何变化，媒体提供的内容或服务始终是满足细分用户，维系用户需求，在媒体融合发展的新阶段，连接用户、社区成员以及增加受众参与的用户思维既是方法论，又是价值论。

B.22
智能语音革命助推国外
音频媒介融合转型

唐佳梅　何子杰*

摘　要： 2018 年被称为智能语音革命元年，国外媒体纷纷创建智能语音界面，打造优质的音频内容，通过将智能语音技术和内容生产模式相互融合来加快传媒行业自身升级转型。本报告通过编译和整理国外最新相关研究报告，分析智能语音技术对音频媒介融合过程的影响及推动作用。国外媒体借助智能语音技术实现了"智能语音 + 搜索引擎""智能语音 + 信息聚合""智能语音 + 移动场景""智能语音 + 通知应用"的融合转型，创新了音频媒介内容的生产方式并深刻影响用户的媒介使用行为。智能语音尚处在发展阶段，其融合进程中面临的引发儿童伦理问题、泄露用户隐私和阻碍新闻多样性的问题也日益显现，需要在发展中探索应对之道。随着技术的进一步完善，智能语音有望推动新一轮音频媒介融合转型，增强传媒行业的竞争力和实力。

关键词： 智能语音　音频媒介　媒介融合　移动场景　用户隐私

　　2017～2018 年，人工智能依旧是国外媒体融合的重要杠杆，推动传媒行业的升级转型和创新其固有的内容生产模式，人工智能产业消费市场呈现繁荣

---

* 唐佳梅，广东外语外贸大学新闻与传播学院教授；何子杰，广东外语外贸大学新闻与传播学院硕士研究生。

增长态势。根据美国信息技术研究分析公司加特纳（Gartner）的数据显示，2018 年全球人工智能产业将达到 1.2 万亿美元，比 2017 年同期增长 70%。[①] 用户体验优化、技术创新以及生产成本降低是人工智能产业市场发展的巨大推动力。随着新一轮技术革命席卷全球，人工智能技术如算法、机器人、AR 以及 VR 等蓄势待发，进一步协助内容产业的结构调整和市场布局；此外，智能语音技术因其与设备交流互动的功能特点备受国外传媒行业青睐，以亚马逊和谷歌为代表的智能音箱销售量呈爆发式增长，为语音新闻发展提供了绝佳的传播平台。

在巴黎举办的智能语音峰会（Smart Voice Summit）上，来自谷歌的莱昂内尔·莫拉（Lionel Mora）表示："我们，正处于语音变革元年。"[②] 尽管智能语音技术正处在起步状态，但国外媒体已陆续开始打造智能语音界面，抢占语音技术产业的先机。通过融合人工智能生态系统各方技术、内容生产模式以及用户场景等元素，创建适合在智能音箱等设备上传播的优质音频内容，挖掘智能语音技术对媒介使用及内容生产带来的革命性影响。国外传媒行业正努力借助新一轮技术革命促进音频媒介的深度融合，改进并优化内容生产模式和传播渠道，在新技术浪潮的冲击下保持自身的独特品牌。本报告通过编译 2018 年国外智能语音技术发展情况及其融合趋势的相关报告，借"他山之石"为国内的智能语音技术发展提供借鉴，促进国内传媒行业应用智能语音技术加快媒体融合的步伐，为受众提供更优质的媒介内容。

一　智能语音推动音频媒介融合的发展

从公共广播到智能音箱，音频媒介借助技术被赋予了不同的功能特征，并在不断融合过程中产生新的媒介形态，满足用户不同方面需求的同时也慢慢影响其媒介使用习惯。智能语音时代下，用户不仅能够从语音设备中"听到"

---

① Shweta Mayekar. Global Market Value of Artificial Intelligence to Hit US ＄1.2 Trillion in 2018. https：//www. analyticsinsight. net/global – market – value – of – artificial – intelligence – to – hit – 1 – 2 – trillion – in –2018/，May 2, 2018.

② 《语音革命元年来了：外媒将点亮哪些全新技能?》，全媒派，https：//mp. weixin. qq. com/s/C51lDDm5yDIZ – gDtHuABog，2018 年 3 月 13 日。

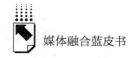

信息，更重要的是实现人与机器之间的"对话"。智能语音技术的发展为音频媒介的融合提供了巨大的推动力，智能语音设备消费市场迅速崛起，用户群体的年轻化趋势将成为智能语音融合平台进一步发展的重要基础。

（一）音频媒介的融合：从信息传播到人机互动

"二战"后公共广播（Broadcasting）成为音频媒介的代表，依托无线电波技术，突破时间和空间距离，及时向大众传播最新消息资讯。由于具有"廉价""便捷"以及"娱乐"等功能特征，广播一度成为大众热捧的消费媒介之一。然而，随着科技发展，画面代替了声音，语音资讯变成了文字短信，家庭成员坐在一起收听广播的场景似乎成了一代人的回忆。

互联网的兴起使音频内容重返用户生活，建立在电子数字平台上的"播客"（Podcast）成为网民最受欢迎的音频节目形式。播客一词开始由 iPod 和广播（Broadcast）缩合而成。2004 年，前 MTV 编辑亚当·库里（Adam Curry）和软件工程师戴夫·维拿（Dave Winer）等合作编写出名为 iPodder 的程序成为网络播客的雏形。与传统广播不同的是，播客类型多样，内容涵盖了政治、新闻、生活、美食、健康、技术、商业以及运动等主题，部分地区的播客内容涉及喜剧元素。此外，播客实现了真正的个性化定制，用户通过 RSS 源订阅并自动接收音频文件的功能，可使个人自由创建和发布内容，成为新兴的网络媒介形式。[1] 路透数字研究院 2018 年人工智能和机器人调查报告中显示，在被调查的 22 个国家人口中，超过 34% 的人每月收听一次与新闻相关的播客，但国与国之间有明显差异，如韩国每月通过播客收听信息的人数高达 58%，而美国则有超过 33% 的受访者表示在过去一个月中曾访问过播客。研究表明互联网平台上的播客传播范围广泛并具有一定的用户黏度。

公共广播时代，人们习惯通过单向、线性的模式来接收信息，借助第三方媒介设备如电话等进行互动；互联网时代，以播客为代表的互联网音视频平台的出现使声音传播范围更广泛，音频产品不再受无限电波的束缚，用户可以自由选择合适的节目收听、回放以及下载存储。通过网络社交平台，用户还可与主播进行实时互动对话；进入人工智能时代，智能机器人的出现使人与设备的

---

① 史安斌、薛瑾：《播客的兴盛与传媒业的音频转向》，《青年记者》2018 年第 16 期。

对话成为可能并常态化，生活中越来越多的设备开始支持语音交互，以亚马逊的 Alexa、谷歌的 Home 为代表的智能音箱逐渐成为人们家庭中的一员。根据朱尼普研究公司（Juniper Research）最新的研究报告，到 2020 年，智能语音音箱的销售总量将达 1.75 亿台，全球超过 7000 万户家庭里至少拥有一台智能音箱。[①]

与传统语音互动方式相比，智能语音交互技术解放了双手和双眼，以声音作为直接介质，深度融合人们生活中的各种场景应用，可与用户达成全天候的互动状态并帮助节省时间和生活成本；此外，语音对话具有多维度特点，除了语音本身传递的信息外，言语中还蕴含着丰富情感，用户在与智能音箱互动的时候不再是面对一个冰冷的机器，更像是面对一个忠诚的朋友。[②]

智能语音技术正急速发展并将其影响扩散到全球，正如移动应用程序出现后改变人们的社交方式一样，以智能音箱为代表的智能语音设备也正慢慢改变用户的媒介使用行为。随着技术逐渐成熟，智能语音产品将变得更为实惠，它将成为车载设备、家用电器甚至是办公用品的一部分。智能语音融合平台与其他平台应用程序的融合将使其具备更多功能，作为载体的智能音箱并不只是一个漂亮的小工具，而是集多种功能于一身的生活助手。总而言之，随着人们对智能语音技术的深入实践和了解，将引发一场新技术的变革和融合。

（二）智能语音前景：智能音箱成为语音融合平台的重要载体

过去几年里，智能语音技术已发展成最突出的技术之一。来自易观国际（Canalys）的调查发现，智能音箱占据市场的份额已远超 AR、VR 和可穿戴设备，成为近段增长最快的消费产品。2018 年智能音箱的销量依旧呈现持续增长趋势，预计到 2018 年底，全球发货量将增长 70%，数量达到 5600 万台。[③] 亚马

---

① Sarah Perez. Voice-enabled Smart Speakers to Reach 55% of U. S. Households by 2022，Says Report. https：//techcrunch. com/2017/11/08/voice－enabled－smart－speakers－to－reach－55－of－u－s－households－by－2022－says－report/，November 8，2017.

② 《多维对话——走向视听融合的语音交互新体验研究》，百家号，https：//baijiahao. baidu. com/s? id = 1606853921093937821&wfr = spider&for = pc，2018 年 7 月 24 日。

③ Palo Alto. Smart Speakers Are the Fastest-growing Consumer Tech；Shipments to Surpass 50 Million in 2018. https：//www. canalys. com/newsroom/smart－speakers－are－fastest－growing－consumer－tech－shipments－surpass－50－million－2018，January 4，2018.

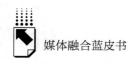

逊的 Echo 始终占据智能语音行业的首位，谷歌的 Home 则紧随其后。2018 年初，苹果也计划推出语音设备 HomePod，尽管后续竞争对手强大，但亚马逊具有占据早期市场以及产品的更新迅速等优势，依旧遥遥领先其他竞争对手。

美国智能音箱的销售量占据了全球市场的大部分份额，成为最重要的销售阵地。易观国际分析师文森特·蒂尔克（Vincent Thielke）表示，尽管当前智能音箱的功能和安全性方面存在不足，但用户依然对其保持积极乐观的态度并愿意尝试接受这一新事物。目前各大智能音箱的开发平台已将产品升级到最新型号，并通过语音技术融合到日常生活场景的方式来推动设备与用户之间的联系。如亚马逊的 Alexa 就创建了智能家居模式，简单的语音命令便可完成一系列生活场景需求，给用户带来极大的便捷体验。苹果公司的 Homekit 计划也将推出更多功能应用，进一步刺激用户对智能音箱的购买和使用。

鉴于智能音箱在美国和西欧国家取得巨大成功，作为人口消费大国的中国市场，也开始追赶智能语音技术的潮流。阿里巴巴、京东和小米等厂商里陆续推出智能音箱来试探国内市场。随着技术进一步完善，智能语音技术研发者根据中国国内市场融入游戏、家居等热门场景元素，极大地满足用户的日常需求，预计 2018 年智能音箱将在中国市场呈现大幅度增长。"中国市场将在不久后发生重大变化，"易观国际市场分析师卢西奥·陈（Lucio Chen）说，"以阿里巴巴等为代表的新兴互联网公司目前已在智能音箱的研发上投入大量资金，中国投资市场开始出现增长趋势。而近日小米公司推出的小型智能音箱价格偏低，刺激着消费者的购买欲望，中国消费市场有望一触即发。"

专家预测智能音箱的兴起并非暂时趋势，加拿大皇家银行的资本市场显示，到 2020 年，亚马逊和谷歌将从智能语音设备中获得 100 亿美元的收入，亚马逊的智能语音平台在全球范围内就有 5 亿多活跃用户。这家投资银行将语音技术描述为"一次巨大成功且具有潜力的机会"，由于目前亚马逊的主要业务在网络商城上，因而运用网络平台对智能音箱的宣传和推广更有助于销售量的增长。

（三）智能音箱用户：互联网"原著居民"转型为语音用户

2017 年 9 月，CapTech 研究院调查了将近 1000 名美国人的智能音箱使用情况。结果数据显示，超过一半以上（53%）的用户年龄在 18～36 岁，年龄在 37～52 岁的则占 32%，仅有 15% 左右的用户在 53 岁以上。研究表明：智能音箱的使用者大多数为移动互联网时代下的"原住民"，他们对新技术有着天然好感，更容易与智能音箱展开互动。

除年龄因素外，性别和收入也是影响智能音箱使用的重要因素，超过 58% 以上的用户年收入达 7.5 万美元以上，其中大部分是拥有本科或以上学历的男性。收入高的男性群体更愿意把钱花在电子产品上，比如最新兴起的智能音箱。因此，男性尤其是年青一代的男性成为新技术的早期使用者。

在使用智能手机和使用智能音箱的看法上，将近五分之四的受访者认为语音设备给人们生活带来的便利性更为明显，并表示他们在一周内使用智能音箱的频率至少为 4 次以上，这也表明语音交互模式将有利于用户参与，增强用户和设备的黏性。研究显示，当用户使用智能音箱的时间越长，对其产生的依恋程度越深，这与报纸、广播和电视等媒介有很大区别。用户对智能音箱的使用和消费激发了内容生产机构的创造动力，不少公司为提升用户数量不惜重金投资语音产品，或在其产品开发中融入声音元素，或创建智能语音传播的渠道。

调查中还发现，约有 82% 的用户表示播放音乐是其使用该设备的首要目的，42% 的用户会通过智能音箱收听新闻或搜索信息。随着用户与智能音箱的互动加深，用户在智能音箱等设备上的购物行为也逐渐增加，其中，三分之二的受访者认为通过智能音箱进行购物会更加舒服便捷。在未来发展中，语音技术将成为电子商务中潜在的技术力量。伴随着人工智能、自然语言以及机器人学习的进一步发展，智能音箱的功能将变得更为复杂，用户不仅能把它作为音乐播放器、收听新闻或消费购物，同时也能满足用户更为复杂的生活场景。

二　智能语音推进音频媒介融合的模式

过去，人们对音频媒介的印象停留在"说"和"听"的状态。广播及互联网播客的出现让声音具有了"可携带性"和"可储存性"，进一步延伸了声音的传播范围，但没有突破原有功能。在人工智能时代下，声音不再是"说"和"听"的传播介质，它更像是一种媒介力量，通过和其他的媒介形态相互融合，改变了原有的结构功能生态系统。通过智能语音技术的研发，各媒介形

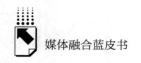

式交互融合一触即发，多方面、深层次和垂直化的融合模式将不断提升音频媒介的创造力。

（一）智能语音 + 搜索引擎：用户信息寻求模式的融合

加特纳（Gartner）于 2017 年的研究报告中指出，到 2018 年底，语音搜索将占网民搜索总量的三分之一，其中大部分搜索行为是通过亚马逊的 Echo、谷歌的 Home 以及苹果的 Homepod 等智能语音设备进行，而非来自我们形影不离的智能手机。更为重要的是，用户特别是千禧一代越来越倾向于和智能音箱进行互动，无屏幕的搜索方式正慢慢改变用户的媒介使用习惯。

人工智能技术的发展是语音时代的重大变革。智能音箱在全球大规模生产与使用为人工智能技术的研究和发展提供了无限商机与可能。尽管机器人和算法技术为移动互联网的搜索引擎提供了巨大动力，但直到用户与智能音箱实现实时的互动对话之后，人工智能才算有了真正意义上"人性"特征。智能语音时代，用户面对的不再是冰冷的屏幕，而是一种具有人性关怀的对话互动设备。在智能音箱的帮助下，用户可以把传统的搜索方式变成语音对话，在轻松交谈的过程中完成信息的收集和问题的解决方案。通过对话，用户不但完成了搜索行为，而且感受到被倾听的温暖，进而对智能音箱产生了依恋情感。专家预测，到 2020 年，网民搜索行为总量中将有一半以上为语音搜索。①

移动互联网下，对于数以千万计的文档和音视频内容，用户可以通过关键字形式在搜索引擎上进行查询，通过人工筛选出自己想要的文件，并从中获取所需信息。但对于碎片化、片段化的音频内容，移动互联网的搜索引擎显然无能为力。智能语音搜索的出现使其成为可能，基于自然语言技术，电脑自动识别用户的意思，然后适配正确内容。例如，用户可以使用智能语音应用程序进行提问，这些程序将筛选一系列音频信息，并提供符合要求的片段。②

长期以来，片段化的音频内容被视为杂乱无章的代码，难以标注和索引，但智能语音技术提供了一个成熟的生态系统，音频的创建、管理和使用都能满

---

① Greg Zakowicz. The Threat of Disappearing Brands in the Age of Voice Assistants. https：//multichannelmerchant. com/blog/the－threat－of－disappearing－brands－in－the－age－of－voice－assistants/，February 14，2018.

② 钟新、王岚岚：《2017 年国外广播动向与趋势》，《中国广播》2018 年第 2 期。

足用户的特定需求并激发用户的想象，不少用户逐渐把智能音箱作为日常生活中的第一设备。随着音频内容的不断变化和创新，其使用更为普遍，传播更为广泛，用户在生活中收听到音频的同时，也希望将声音作为更为方便直接的搜索引擎介质，直接询问并得到所需信息。

智能语音技术与搜索引擎媒介的融合在一定程度上提高了用户对媒介的使用体验，通过用户的话语识别需要的内容和收听的片段，可以提高搜索的精确度，节省搜索的时间成本。另外，智能语音搜索也将彻底改变人们使用媒介的方式，智能音箱成为一个集新闻、娱乐、交通、天气以及体育信息于一体的信息来源，人们使用媒介和搜索信息不再通过打字和浏览网页，而是通过对话和倾听。此外，频繁使用智能语音搜索方式让智能音箱更为善解人意，通过算法和大数据技术帮助智能音箱更加了解用户使用行为和习惯，更准确地识别用户的身份特质，行为习惯和需求特点。在不断发展的过程中，人工智能将能更准确预测用户的需求，推算用户的性格特征并为用户进行模式、行为、语言以及偏好的个性化定制。随着语音交互的深入实践和探索，智能语音搜索将成为重要的信息使用和搜索的融合模式。

（二）智能语音 + 信息聚合：媒介内容生产模式的融合

云技术的出现和用户沟通方式的转变，越来越多人使用智能音箱来"阅读"新闻。简单的功能，例如早上睡醒后询问"今天的新闻是什么"已吸引大部分用户的关注。美国著名媒体博客"财经内线"（Business Insider）的一份报告显示，大约 66% 的用户通过智能音箱来使用"闪电简报"（Flash Briefing）功能。跳过打开手机，查找手机应用程序等烦琐步骤，智能音箱也能将最新消息用一种缓和而生动的方式向用户播报。

英国广播公司（BBC）、美国国家公共广播电台（以下简称：NPR），以及 ACCU 天气预报（Accu Weather）等媒体为智能音箱提供了源源不断的新闻消息来源。自从亚马逊的智能音箱 Echo 出现以来，很多媒体都想尝试通过智能语音融合平台来发布新闻内容，广播电台由于具有天然音频内容制作的优势而迅速融入了这一技术趋势。

在美国，NPR 被视为最早使用智能语音技术的电台之一。该电台智能语音技术研发中心的高级产品经理哈霍亚·哈马诺（Ha-Hoa Hamano）将整点播

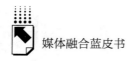

出的语音新闻广播描述为"通往 NPR 新闻内容的门户"。哈马诺十分看好智能语音的发展前景,她引用相关研究报告指出当前 18 岁至 34 岁的人群中,大约有 34% 人没有收音设备,也没有听收音机的习惯。如果将这部分潜在用户转变成为电台听众,以此扩大受众群体,那将是惊人的用户数量。智能语音技术能使 NPR 无缝融入人们的日常生活,不管用户在家里还是其他地方,都可以轻松地收听到电台内容并与之互动。

目前,NPR 已在亚马逊的 Echo 和谷歌的 Home 上实现智能语音新闻发布,下一步计划将是开发苹果的 HomePod 传播渠道。哈马诺认为,智能语音技术能够更好地帮助 NPR 新闻在新媒体时代下传播,更有利于使用声音讲述好的新闻故事,同时,新技术的出现也使该团队面临着如何生产更多优质音频内容的挑战。

与此同时,《华盛顿邮报》作为文字内容的生产者也紧锣密鼓地在亚马逊和谷歌智能语音平台上进行实验。领导这项任务的高级产品经理表示,该团队现在对智能语音技术还处在早期研发阶段,如何突破技术的限制并非关键,关键在于思考和创作对用户有价值及有趣的内容和体验。《华盛顿邮报》尝试通过不同的音频播报形式来推送新闻内容,从亚马逊 Alexa 的自动语音到邮报记者当主播来分享自行采写的新闻故事,不断创新使用语音技术的传播渠道和方式。以生产文本内容为主的《华盛顿邮报》几乎没有属于自身的音频内容,必须制定正确的策略将其文本内容转化成适合在语音平台上播放的音频内容。目前该研究团队生产和制作音频内容的方式有两种,一种是将文本内容通过机器人转化为声音并朗诵出来,这种方式比较容易扩大其传播范围;另一种方式是让邮报记者自行撰写并播报文章,形成特色栏目,并为邮报的语音平台创建本地音频内容。尽管相关新闻机构的初步试验显示后者的做法更具良好的反馈效果,为用户提供更好的体验,但在实际操作上却有一定困难。

与《华盛顿邮报》不同的是,对于美国有线新闻网(以下简称 CNN)这样的媒体来说,早期在语音技术方面的实践更侧重于用户对音频内容时长的接受程度以及对语音广告的容忍限度。为此,CNN 数字产品高级编辑伊丽莎白·约翰逊一直为该智能语音平台研发和制作"闪电简报"工作。约翰逊表示:"我们假设一些用户会把智能音箱放在厨房里,你们用户早上在厨房会做什么?做早餐!那要花多久时间去做一个百吉饼?五分钟!因此,我们要在这五分钟内播报用户可能想要收听的内容。以这样的逻辑类推，那么一天中的其他时间，我们尝试思考用户习惯，并知道在什么时候用户愿意收听我们的广告。"

随着亚马逊智能音箱最近发布"回声秀"（Echo Show）的新功能，CNN也紧跟其步伐，以"百吉饼时间"（碎片化）为理念，研发一种适合应用"回声秀"功能播报的新闻简报。为使新闻简报起到一定意义和效果，CNN已经考虑通过其移动应用程序和客户端来及时推送不同类型的信息。就正如CNN的宗旨一样，为不同类型的受众和目的服务，目前CNN也正努力在智能语音融合平台上优化对用户信息服务的新形式。

对于英国广播公司（以下简称为：BBC）来说，其自身已拥有在电视、广播、网络以及数字电视中生产内容的能力，目前更希望为孩子们开发一种以声音为主导的数字产品。BBC产品高级分销经理本·罗森伯格表示："为用户提供多种形式的优质内容对我们来说既是挑战，也是很好的发展机会，可以使我们和观众建立更为密切的关系，并更好地为他们服务。目前语音技术应用的案例表明，广播、新闻以及儿童类的内容产品确实存在需求。"

BBC最近也成立了一个专门研究和开发数字音频的工作小组，试图打造更多的数字音频内容。罗森伯格承认，智能语音界面出现后会显著增加音频内容的消耗量，这与NPR委托爱迪生研究公司的发现有类似之处：拥有一个智能语音音箱会导致音乐、新闻、谈话节目、播客以及有声读物的消费大幅增加。拥有这些内容优势的媒体如果将其内容转化为音频并投放在这些智能语音融合平台上，对于媒体来说将是巨大的潜力市场。

（三）智能语音 + 互动场景：用户互动参与模式的融合

智能音箱正成为家喻户晓的必需品，语音交互技术也越来越多地应用于人们的日常生活当中，声音将人与更多的设备联系起来，万物互联的趋势成为可能。例如在电视观看体验方面，用户通过简单的语音便可以控制频道的转换、节目的回放以及内容的转发分享等；在社交媒体使用方面，用户通过语音操作可以不必花费更多时间去浏览和处理电脑屏幕上的社交信息。便捷固然是智能音箱广受青睐的一个重要因素，语音设备还可以与应用程序进行交流互动，进一步提升用户对内容的需求以及使用体验。亚马逊的Echo、谷歌的Home以及

市场上其他智能音箱正为内容生产者提供难得的机会，让其产品通过语音方式与观众进行互动。在早期，BBC、网飞公司（Netflix）和华纳兄弟公司就已开始以用户为主体研发一系列互动广播剧和新闻游戏故事。其中 BBC 的互动广播剧"检查室"便是首批新型互动语音产品之一。

"你好，我的名字是戴夫。"故事以一位机器人的自我介绍开始。随着"检查室"故事的发展，用户会听到三个不同角色，分别是机器人戴夫以及两位来自外星球的科学家。广播剧的剧情设定是，在两位外星球科学家回到自己的星球之前，必须要帮助用户确定现在的生活状态，通过询问一系列的问题如"你觉得自己特别吗""你心情愉快还是低落"等了解用户现状并给出指导方法。但唯一不足的是，整个故事中没有明确设定发生的情景，仅要求用户回答科学家的问题，并根据不同的回答方式得出不同结果。"由于科学家各有不同的方式去解决用户的问题，所以整个故事既充满了两位科学家之间的矛盾，也有他们和机器人戴夫之间的矛盾"，BBC 研发团队高级制片人亨利·库克表示。整个故事大约持续 20 分钟，尽管每位用户参与的过程大致相同，但得出的结果却取决于用户对问题的回答和反应。

语音交互技术最初是为了满足用户日常生活场景的便捷性而出现，但如今 BBC 已将其创新地运用在新闻业中，并从"检查室"的实践中得到出如何使用语音技术来提升用户对新闻故事的参与程度和优化用户的使用体验。首先，设置经常性、非强迫性的互动环节是吸引用户参与的必要前提。由于技术限制，不同语音平台对用户参与互动对话的时间要求也不尽相同。比如亚马逊的 Alexa 在互动过程中需要对方每 90 秒说一次话；而谷歌的 Home 则在两分钟之内回答即可。此外，新闻故事的情节设计还必须包括用户的自愿回答，不能强迫用户意愿。库克说："机器人戴夫的角色创建就是为了缓解游戏过程中的紧张气氛，用户和戴夫的互动就像和朋友聊天一样轻松自在。尽管这个角色的设置一开始是出于技术角度来考虑，却收到意外的效果。"

目前，智能音箱与用户互动只能识别预先设定的单词语句，BBC 研究人员希望尽可能地创建用户能使用的词汇表以便其进行互动。但是，按照词汇表与智能音箱进行互动似乎又重回简单的程序化模式，用户在参与过程中就很有可能得知预先设定的结果，这似乎又难以体现智能音箱"人性"的特点。由于技术限制，并非所有的故事场景都适合按照词汇表来进行设定。如何通过更多途径吸引用户参与的积极性，赋予智能音箱更多人性化的功能特点依旧是该团队研究的重点。

限制互动游戏故事中的角色数量可以进一步凸显用户参与的重要性。"检查室"从机器人戴夫的自我介绍中引入，在故事正式开始之前，就已经将语音技术辅助的虚拟世界链接到故事中。BBC 早期的戏剧节目，大多数就像是阅读电视剧本一样，尽管其间有互动，但是由于角色太多容易使人困惑。而在BBC 另一个实验中，用户始终与一个角色进行对话互动，这又限制了故事情节的发展空间。研究人员发现，只有在三个角色的新闻故事中，才能更好地安排听众的位置，并让其保持定期的互动习惯并且不会感到无聊。"我们不想再设计更多的人物模型，因为这样会很容易让用户迷惑。"库克说道。为了使其功能更清晰，故事环节还设置了叮当声来提醒用户什么时候该进行对话了。

只有用户真正参与故事情节，通过自身行为来推动故事的发展并得到由用户行为产生的结果，这样的互动类型才是持久的互动路径。正如亨利·库克所说："我们正在努力创造一些新的音频内容，使内容既有丰富的故事元素，也能使用户从其间获得相应的参与感。"

（四）智能语音＋通知应用：通知信息提示模式的融合

移动应用程序出现之初，人们就迫不及待地开发各种与之相符的移动应用场景，并在实践中完善其原有功能。但用户的需求问题并没有得到彻底解决，随着技术发展，内容生产者依旧要以用户为中心，寻找满足用户媒介使用体验的另一种途径，并使新出现的功能和应用能够吸引用户进行参与，维持受众稳定。

移动应用程序开发了信息提示业务，于是用户就能看到照片墙（Instagram）上的活动通知或者航班被延迟的提醒。通过一些基础性业务增强用户和平台之间的黏性，提高用户的参与程度并减少用户流失。不少以往仅有基础性服务的电子设备（如邮箱、短信业务）也陆续新增信息提示功能，以此来提高用户的使用频率。在一段时间里，移动通信上的信息提示应用一度成为 Adobe、Oracle 和 Salesforce 系统中的标配，而语音时代也摆脱不了这样的事实。语音实验室（Voice labs）的研究指出，当用户首次使用语音程序时，仅有约3%的用户能在一周后依旧保持其原有的收听兴趣，因此，如何吸引用户使用语音程

序，稳定用户的收听习惯成为研究人员的一大难题。

亚马逊已在其智能音箱的研发中新增了"通知"提示功能，意味着该平台即将从移动文本通知逐渐转换到语音通知。一些大型公司例如 Urban Airship 等已开始使用亚马逊提供的语音信息提示服务；《华盛顿邮报》团队正在研究在亚马逊的 Alexa 以及谷歌的 Home 平台上发布通知的应用程序。例如，如果有突发消息，《华盛顿邮报》可以通过回声提示或者闪烁灯光来提醒用户，用户就可以询问："Alexa，我错过了什么？"或"Alexa，我的信息提示是什么？"当然，用户也可以通过设置"勿扰模式"来阻止这样的提醒功能。

正如移动应用中的消息通知成为营销平台的标配功能一样，语音通知也朝着这个方向发展，营销人员尝试把自身的消息系统连接到语音应用程序上，使品牌也能通过语音技术来进行传播。由此看来，过去每一种涉及移动应用的通知都将被链接上语音信息提示。移动应用占据了营销领域 5 年多，随着智能语音技术崛起，营销人员或许就要回到移动时代第一个十年的状态，预想到品牌发生的变化，并考虑声音是什么，才能更好地保持用户对智能语音平台的黏性。

三 智能语音融合模式的未来发展趋势

2010 年，当苹果公司推出平板的时候，"移动"的定义被扩大了，通过不同的设备可以满足用户日常生活中不同的场景需求，比如平板电脑用于"背靠"消费，而手机用于"旅途"消费等。2018 年智能音箱的崛起则使技术设备赋予人性化的特征，人与设备互动的场景更为多样化。随着用户需求以及技术的进一步完善，智能音箱的功能将朝着更为纵向的方向融合与发展，实现用户个人化定制服务，颠覆媒介内容生产机构的运作模式。

（一）满足多元场景，构建语音生态系统

2018 年将是智能语音技术发展趋势不可阻挡的一年，很多媒介机构或企业把语音界面的开发放在发展战略的重要位置，亚马逊的 Alexa 和谷歌的 Home 将成为热门的投资方向。苹果公司 IOS 系统平台的开发为移动应用开辟了新的可能性，并使 IPhone 成为移动应用产品中最具竞争力的品牌；智能语音融合平台代表着相类似的潜力，相关公司如亚马逊、谷歌、苹果以及脸书已

相继在智能语音平台上实现了简单的语音应用（比如音乐、播客以及天气预报等），形成全新的生态系统。

正如社交媒体给用户提供全新的沟通方式一样，智能音箱也可以用作新闻事件的传播与推广，为内容生产者提供平台，激发创造力、数据整合以及市场营销。"声音是一种强大的交流工具，它是社会中最具人性特征的互动方式之一。在我们学会打字、阅读或运用技术设备之前，我们就已经学会了倾听和说话。"埃默吉公司负责人詹姆斯·波尔特（James Poulter）说。

人们总是习惯看到和触摸事物，因此总认为屏幕不会消失。但毫无疑问的是，语音作为设备的接口已经开始成为一种自然行为，就像在互联网环境下长大的孩子一样，千禧一代的年轻用户使用智能音箱或与之对话将成为一种不可逆的趋势。爱迪生的研究结果显示，在拥有智能音箱的家庭里，孩子使用该设备的频率很高。此外，智能音箱由于具有公共性特征，可以充当连接父母和孩子的桥梁。父母和孩子在一起使用智能音箱无疑让父母有更多时间去陪伴孩子，而不再躲在各自的电子屏幕后面。语音时代下，父母给孩子讲故事的场景很快就会转化为智能语音设备中的儿童节目，使其变得更具吸引力和教育意义。不久的将来，智能音箱将完全改变用户的媒介使用习惯，实现真正的个性化定制以及互动模式。

智能语音融合平台的开发者希望用户参与并不仅限于娱乐，更重要的是满足用户的各种日常情景互动。在移动应用时代，营销人员在产品的外观视觉上耗费巨大精力。随着越来越多智能音箱的出现，用户更倾向于使用语音设备来进行购物。如何通过声音来塑造自身品牌并捕抓用户的注意力成为营销人员面临的挑战。智能语音融合平台的发展趋势并没有消退迹象，传统家庭中全家人聚集在一起收听广播的场景似乎重回我们的生活。智能音箱正从具有个人化、沉浸式的设备中抽离，成为群体中最为广泛的娱乐方式。正如全球创意内容战略总监迈克尔·鲁特利（Michael Rutelli）声称："下一时代将以声音为动力。"

（二）融合多方技术，推动自动化新闻

尝试想象 2027 年一名新闻记者的日常工作状态：乘坐一辆无人驾驶汽车，使用智能语音助手播报日常新闻信息。记者启动社交媒体追踪程序并发现当天的新闻线索，进而使用自动文本分析工具搜索相关的背景信息以及从摄像机器

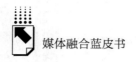

人中下载相关图片。当记者对官方信源采访时，智能语音助手中的情感分析技术会自动检测并区分对方的回答是"试探性"还是"紧张"的语气。当所有的信息采集工作完成后，记者通过智能语音技术将新闻故事口述给具有拼写检查功能和自动书写格式的应用程序。

"确实，在三四年前，如果有人在新闻编辑室中提出人工智能的问题，很多编辑都会把它抛给科技研发部门，然后继续以传统的方式进行日常采编工作，但在今天看来，这实际上是一个错误。"美联社的德维恩·德索尼尔在美国一个编辑工作网络研讨会上表达了他的看法。

人工智能引发各行业的高度关注，各大新闻编辑室也已经开始试验这些新技术以完善和创新新闻内容的生产模式。2017年底，英国路透社研发团队发布了"路透社追踪器"（Reuters Tracer）以推动自动化新闻的发展；《华盛顿邮报》则通过自动新闻写作工具 Heliograf 报道了政治选举情况的全过程；智能音箱如亚马逊的 Echo 和谷歌的 Home 等越来越受到新闻内容生产机构的欢迎，美联社、《华尔街日报》、国家公共广播电台、BBC、《经济学人》杂志等众多新闻机构纷纷进行音频接口实验。

人工智能技术在新闻业中的作用越来越重要，编辑们从过去质疑人工智能是否对新闻生产有帮助到如今普遍认为技术可以进一步提升新闻采编的工作效率。人工智能视频平台 Wibbitz 的创始人佐哈尔·达扬（Zohar Dayan）在一次采访中表示："随着 AI 技术被广泛应用，媒介生产方式将发生巨大变化，运用 AI 技术可以收集统计数据，并将数据自动生成信息图（数据可视化）以及自动生成短视频内容。"在不久的将来，AI 中的智能语音技术也将实现情感分析，除了日常的语音提醒、语音对话以外，其语音分析功能可以辨别声音来源的情感态度及倾向，提高并判断消息来源的准确性。

包括智能语音在内的人工智能技术已慢慢融入新闻业，通过机器学习、自然语言、视觉以及机器人等其他技术共同推动自动化新闻的发展，提升新闻内容的制作效率。人工智能使记者从烦琐的任务中解放出来，增强记者对新闻事件的理解分析能力和职业素养。当然，人工智能也给新闻业提出了一系列问题，新闻机构需要有强大的技术力量才能掌握并控制自动化新闻的采编系统，这也有可能导致媒体间的竞争更为激烈，具有不同经济实力的媒体差距越来越大。正如美联社的报告所指出，自动化新闻需要的是更为"干净、准确以及结构化的数据"，这给新闻机构以及新闻记者带来挑战。人工智能的扩张对新闻业来说既是挑战也是机遇。"新闻业应该加强与人工智能生态系统中的各个环节建立战略合作伙伴关系而并非仅仅停留在技术应用层面。"尼曼实验室客座研究员艾米·韦伯在其研究报告中写道："新闻编辑可以与人工智能的研发者一起参与实验，促进彼此互动对话。简而言之，新闻编辑要主动参与人工智能技术的变革，而不是等人工智能的发展来促进新闻业的改变。"

四 智能语音融合进程面临的问题与挑战

传统媒体时代，人们习惯从纸媒、广播或电视等不同媒介渠道来获取信息，随着智能音箱的出现，这种情况或许会发生改变。未来，智能音箱或将成为人们收听新闻信息的主要来源。技术发展给人们生活创造更多便利的同时，也可能产生一系列社会问题。用户在与智能音箱互动过程中所产生的行为和情感挑战着人类社会的某些伦理道德，而个人隐私数据的泄露似乎也成为技术发展过程中难以避免的难题。技术发展带给人们更多便捷，但也更需谨慎审视其发展过程中的问题。

（一）智能音箱能左右用户情感并引发儿童伦理问题

智能语音依旧是一个十分新颖的技术领域，随着技术的进一步发展，由语音技术导致的社会道德问题将更加突出。研究表明，与以往设备如智能手机、平板电脑、收音机以及电视机等相当不同的是，用户特别是女性用户和智能音箱建立感情的速度非常快。由于智能语音技术的交互性，用户在使用智能音箱时很少产生孤独感，这类似于养宠物所产生的情感联系。这样的现象并不是在智能音箱出现后才有，早在 1966 年就已有科学家将人们对具有人性特征的技术设备产生感情的现象称为"伊莱扎效应"。这种心理现象会使人们错误地认为人工智能技术无所不能，但实际上并非如此，智能语音能使人减少孤独感，却不能完全代替真实的人际交流。

哈佛大学伯克曼互联网与社会研究中心的朱迪丝·多纳特解释了语音交互技术可能带来的影响："经过精心设计，赋予这些智能音箱以'人格'特征，你可以试着通过各种方式与它们互动，但你却不能对报纸广播这样做。用户可

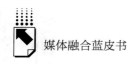

以选择喜欢的声音来播报所要收听的消息，如果你选择的亚马逊的 Alexa 智能音箱，那么你也就能听到 Alexa 的声音而不是《华盛顿邮报》或者福克斯新闻的声音。"

部分研究者提出了自身的疑虑，选择智能音箱来播报消息意味着用户将失去区分不同新闻来源的能力，因为这些新闻都是从同一个声音中发出，当用户习惯某一种声音后，很可能不再会去改变使用习惯。尽管朱迪丝·多纳特认为通过智能音箱播报新闻赋予了用户一定的自主选择权，但她也承认，用户在这样一种收听新闻的模式下很难保持独立思考，当用户存在疑问的时候，通过语音搜索便即刻得到所想要的结果。

此外，智能音箱中语音提醒功能设置能够及时把最新新闻消息推送给用户，因而媒体机构更愿意把突发性新闻事件在该渠道上发布。然而，智能音箱大部分放在客厅里，这就可能导致另一个道德问题的出现。CNN 的伊丽莎白·约翰逊强调了一个可能出现的场景："有时我们有个坏消息要告诉你，但通过智能语音平台也许会造成更大的不良影响，比如在场有个五岁的小孩，那么你会愿意让一个小孩听到暴力恐怖的消息吗？我们是否需要在智能语音设备上针对有小朋友的情况多设置一层信息过滤？"

值得注意的是，随着智能音箱的普及，孩子们与之接触和互动的频率随之增多。小朋友在与智能音箱互动对话时并不等同是人与人之间的相互交流，很多时候他们对智能音箱的对话是带有命令性的，这很容易导致在现实的人际交往中缺失应有的礼仪。正如一位名叫亨特·沃克的父亲写道："亚马逊的 Echo 是一件很神奇的东西，同时它也把我儿子变成了一个不懂礼貌的坏蛋。"为了解决这个问题，智能音箱在未来发展中，需要针对儿童功能和应用程序设置更多的礼貌回应，以培养儿童良好的习惯。

（二）智能音箱存在用户隐私泄露风险

一项新的研究表明，智能音箱也容易受到隐匿在音频文件中的病毒攻击，进而导致用户个人隐私泄露。面对这项研究结果，智能语音平台的三大巨头亚马逊、谷歌以及苹果公司并没有给出太多回应。

如今，智能音箱正蓬勃发展，受到越来越多的家庭欢迎，这引起了相关研究人员对其使用安全的担忧。据《纽约时报》报道，用户在使用智能音箱收听音频时也可能接收到频率之外的电磁波命令。这些秘密的命令看似无害却可以被黑客利用，影响用户在智能音箱上进行信息发送、购物或者网络汇款等行为。也正是由于这些安全漏洞的存在，黑客可以在用户无意识的状态下通过智能音箱快速窃取用户的个人数据，侵犯用户的个人隐私。

从 2017 年开始，中国相关研究团队发现，超声波等传输频率能够成功触发像 Siri、Alexa、Cortana 以及谷歌的 Home 等智能音箱，这种被称为"海豚攻击"（Dolphin Attack）的黑客技术对距离要求较高，只有入侵者与智能音箱有足够近的距离时，才能影响到用户的智能音箱，但最新研究表明这样的攻击正在逐渐扩大范围，甚至在相距 25 英尺的地方，黑客也能成功地侵入用户的智能音箱。

《泰晤士报》引用加州大学伯克利分校研究人员尼古拉斯·卡里尼（Nicholas Carlini）和大卫·瓦戈尔（David Wagner）的最新研究指出，黑客能够在一组词汇音频或音乐片段中嵌入完全不同的秘密指令音频，当用户播放时就可以发起攻击。卡里尼在接受《泰晤士报》的采访时说："我的想法是，那些心怀恶意的人已经雇用了一些人来做这些事情。"尽管目前市场上并没有任何有效反抗攻击性的硬件设备，但他告诉记者他的团队在不久将研发出新的防护系统来对抗黑客入侵。

在众多智能语音平台开发公司中，没有人愿意承认智能音箱存在这样的安全问题，也没有提出任何有效解决方案，例如没有公司敢于承诺它们的语音平台能区分不同频率的传输，并能切断人耳所不能听到的超声波等。尽管人们对人工智能和语音技术的关注度很高，但大多数公司不愿公开谈论安全问题，谷歌在年度大会上的主旨演讲中几乎没有涉及智能音箱的安全性问题，苹果公司也没有回应这样的问题。

谷歌公司发言人表示当前谷歌智能音箱中有几个功能能减轻网络攻击行为，比如设置"隐藏音频监测"指令等。此外用户也可通过语音识别功能对购物行为、个人信息以及敏感信息等进行保护，但正如谷歌自身也指出，语音识别功能也只能在一定程度上减轻上述几种攻击行为，并不能保证万无一失。比如它不能阻止黑客源源不断地向用户发送骚扰性消息。与此同时，亚马逊也通过语音识别软件来为 Alexa 提供相类似的保护。该公司要求用户在进行语音购物行为时必须设定一个语音密码，只有通过语音密码验证后才能交易成功。

尽管如此，没有实质性的证据表明亚马逊的 Alexa 能有效地阻止各类安全攻击。亚马逊的发言人也表示，目前他们并不能过多披露所采取的安全措施，但是亚马逊公司具有强烈的社会责任感，会认真对待每一位用户的利益，为此设立了专门研发和打击设备安全问题的团队，致力于确保产品安全。当今时代，用户信任胜于一切，随着智能音箱的用户逐渐增加，潜在的安全问题也日益严峻，开发者只有做出更多努力才能缓解用户内心的担忧，保证设备使用安全。

（三）智能音箱阻碍媒介多样性发展

一些新闻行业组织十分关注语音技术对新闻业影响，认为该技术是对多元化新闻的威胁。相关研究指出智能语音技术背后的科技公司在很大程度上决定新闻信息的来源，这有可能导致新闻多样性的缺失。亚马逊的 Alexa、谷歌的 Home 以及苹果的 Siri 通过播放来自各个媒体制作的"闪电简报"给用户推送最新新闻消息。美国科技新闻网（GeekWire）的一则报告显示，Alexa 所推送的新闻中，五分之一是根据用户所在地来进行分发。谷歌和亚马逊的语音平台中都允许用户设置和选择新闻信息来源；而苹果的 Homepod 则在用户收听或查询新闻的时候自动提供一系列的消息来源供其选择。但如果用户没有根据自己的使用习惯做出设置，智能音箱所播报的消息很有可能只会从 NPR 中获取。

NPR 新闻被认为是智能音箱的"默认消息来源"。早在 2014 年亚马逊第一代智能音箱 Echo 出来的时候，NPR 新闻就已经成为该设备的首选新闻来源。亚马逊新闻发言人在最近一封公开邮件上写道："当我们第一次推出 Echo 时，我们就与 NPR 建立了伙伴关系，使它成为默认的新闻信息提供者。从那时起，我们在功能设置上就有了自定义信息来源和默认新闻消息来源的区分。"与此同时，谷歌也承认和 NPR 新闻有较为密切的联系但没有正式合作伙伴关系，但因为 NPR 在新闻界中有较强的权威性，能定期更新音频内容，适合在智能语音平台上播放，因而默认了 NPR 作为新闻信息的来源。

在假新闻泛滥时代，人们依赖于权威主流媒体获取消息本无可厚非，但读者需要多元化的新闻机构提供不同观点。尽管智能音箱中提供的信息内容十分丰富，但这些消息都来自同一的新闻来源将阻碍新闻的多样性。当用户登录

Alexa 进行个人设置时，会出现一些推荐性的消息来源例如 CNN、《华尔街日报》以及美联社等；而苹果的 HomePod 则会提供 NPR（默认）、福克斯新闻、CNN 或《华盛顿邮报》等选择。即便做了个性化设置，用户在实际使用上也被限制了信息接收范围，收听信息的渠道变得单一。在个性化设置后，用户面临的情况也许是每天早上醒来从同样的消息来源中得到类似的信息，没有机会获取其他新闻机构的新闻信息。

此外，Siri、Alexa 和 Home 在播报新闻时统一使用白人口音也可能同样造成"新闻播报多样性"的缺失问题。智能音箱以设定好的声调来播报新闻简报，单一的声音和语调长时间反复出现，使用户被动习惯于智能音箱中的白人声调。非裔美国教授钦杰莱·库曼尼喀（Chenjerai Kumanyika）对这种功能表示质疑，他认为如果以白人的声音去播报的他个人所写的作品，那白人声音和语调必然会对作品主题的理解和风格产生不确定影响。智能语音平台正在努力消除这种单一播报声音所产生的消极影响，如谷歌智能音箱最近推出了六种新声音，其中包括非裔人士的声音，或许会对这种情况的改善有所帮助。

尽管智能音箱中的新闻信息播报功能使用量仅次于播放音乐和查询天气，但有研究发现该功能使用频率有逐渐上升的趋势。据爱迪生 2018 年智能音频报告指出，72% 的用户开始使用智能音箱以后就不再通过其他社交平台进行新闻搜索。45% 的用户认为现在智能音箱已经替代了广播，36% 的人将其替代了互联网的搜索引擎，32% 的用户认为智能音箱已经替代了纸媒。因而，用户面临的风险不仅在于信息来源的单一性，他们获取信息的渠道以及信息寻求行为也将逐渐变得单一。

为了促进媒体的多样性，谷歌发言人研发出了"可播放"（Speakable）功能，让符合条件的印刷媒体在其新闻文章中标记出重要部分并交付给智能音箱播出，有助于纸媒在语音平台上进行自我品牌传播；苹果将 NPR 的默认设置改为编辑选择，用户可以根据需求随时设置或更新自己的消息来源。

亚马逊的发言人表示，他们不再为智能音箱的客户选择默认新闻来源："当客户第一次打开智能音箱时，我们要求用户在第一次使用前就通过语音设置来选择适合他们的消息来源，并将该来源设置为默认选项。例如，当用户第一次询问：'Alexa，播放新闻。'它会回应：'你最喜欢哪个新闻机构的新闻消息？'你可以说 CNN、福克斯新闻、NPR 或路透社等。"当然，目前通过智能

音箱获取的新闻大部分还是来自 NPR 新闻。各智能语音平台也在不断完善自身功能，尽最大可能保持新闻的多样性。

五 智能语音在国内的应用与启示

伴随着智能语音技术在国外传媒行业的蓬勃发展，国内市场也加紧了研发和应用步伐。CNNIC 发布的第 42 次《中国互联网络发展状况统计报告》指出，2018 年上半年我国在人工智能研究领域取得了突出成果，其中语音识别以及自然语言处理是人工智能技术取得较为成功的领域之一，以科大讯飞为代表的智能语音研发企业发展迅速，推出了一系列的智能语音设备，极大满足了国内用户群体与智能语音设备交流互动的需求，促进了消费市场的崛起。①

尽管智能语音识别技术在国内研究取得一定的成果，但相对于国外市场，国内智能语音融合平台还没有真正搭建起来，且并未对内容产业产生推进作用。以讯飞、百度、阿里、腾讯、京东以及小米等为代表的互联网巨头纷纷重资研发智能音箱以抢占市场销售份额，推出智能音箱如百度的"小度"、腾讯的"听听"、京东的"叮咚"以及小米的"小爱同学"等，但国内智能音箱限制于技术发展以及用户习惯等因素还存在种种问题，例如智能音箱配置的功能不够完善、交互场景未能达到用户预期、个人数据容易泄露以及语音生态系统标准体系不明确等，这些都成为阻碍国内智能语音技术发展的重要因素。② 基于此，国内智能语音技术应该进一步提升科技含量，追赶国际人工智能技术的浪潮并不断创新其固有的生产与应用模式。智能语音技术只有与人工智能生态系统中的各部分技术相结合、与内容生产机构相配合以及和用户日常生活场景相融合，多方面挖掘用户需求，创建更多以用户为中心的场景，才能打造出国内自身的智能语音融合平台。国外智能语音技术的发展对国内相关的行业带来的启示如下。

（1）加速智能语音技术与机器人、算法、AR 和 VR 等其他人工智能技术

---

① 《CNNIC 报告：中国网民超 8 亿，人工智能取得突出成果》，搜狐科技，http：//it. sohu. com/20180821/n546995977. shtml，2018 年 8 月 21 日。

② 泰尔终端实验室：《智能音箱产业发展迅猛 诸多问题亟待解决》，搜狐网，http：//www. sohu. com/a/243263631_ 733904，2018 年 7 月 25 日。

的结合，增强智能语音设备的应用功能，让智能音箱更具备"人性"特征。目前，国内智能音箱的研发者对智能语音融合平台的认识还不够清晰，对智能音箱作为传播载体的作用了解不够深入，因而也难以通过智能语音技术来推动内容产业的加速融合和升级转型。国内各品牌的智能音箱功能差异化较为明显，比如天猫精灵主要功能是语音购物，小雅音箱则是以输出喜马拉雅的音频内容为主，而小米的"小爱同学"主打智能家居语音控制。[①] 虽然同类产品增强优势特点能更好地进行产品差异化竞争，但同时也降低了消费者的使用体验，单纯强调智能语音设备部分的优势特征而缺乏整体性的功能优化设置，使用户无法真正体验到无处不在的、全天候的实时交互。因此，国内的智能语音产业需要提高提升产业自身的技术含量，完善并增强语音设备的各项功能，才能在国际上打造自身的技术品牌，推动国内智能语音产品走向海外市场。

（2）加强智能语音技术和内容生产机构的融合，创新内容生产模式，让语音信息内容和产品得到更广泛的传播。互联网的出现改变了公共广播的内容生产方式，音频内容通过数字化处理可永久保存并且方便用户随身携带以及随时收听。技术的发展加速了内容生产机构的快速融合，传统的内容生产模式只有适应技术的发展趋势，才能更好地提升实力并赢得新技术的受众群体。以《人民日报》新媒体编辑部为例，在十三届全国人大一次会议开幕式、两会记者会、部长通道、代表通道、委员通道等视频直播中，运用智能语音识别系统对直播音频的中英文文本同步进行翻译，经过人工审核后发布，有效提高了文字实录发布速度，使人民日报"两微两端"直播的更新速度和传播效果大大领先于其他平台，获得受众的广泛认可。[②] 提高新闻信息发布的时效性，提升编辑部的工作效率是内容生产机构运用智能语音技术的一个重要方面，但更为重要的是如何运用该技术来创新内容的生产模式，打造更多以用户为中心的融合音频产品。"内容为王，渠道制胜"的媒介生存法则在智能语音时代下同样适用，只有生产出更多优质的音频产品，并借助智能语音平台广泛传播，才能在新技术风口的角逐下占据一席之位。

---

① 马荣：《智能音箱 2018 国内市场仍然"欠教育"》，搜狐网，http：//www.sohu.com/a/225326749_114822，2018 年 3 月 12 日。

② 《新媒体中心用上智能语音识别系统》，北方网，http：//news.enorth.com.cn/system/2018/03/08/035152340.shtml，2018 年 3 月 8 号。

（3）提高智能语音技术和移动终端、智慧家居、智能车载语音系统以及其他行业应用场景的深度融合，优化用户的参与体验。智能语音技术和移动终端的融合，使用户实现了在手机等移动设备上使用声音进行搜索的可能；家居设备当与智能语音技术结合后则可以解放用户的双手双脚，通过声音识别系统，智能音箱就能"认识"主人并完成一系列的操作命令；而在驾驶汽车的场景下通过语音调节车内导航、娱乐、空调等系统在一定的程度上提高了驾驶安全性。从屏幕触摸到声音控制是一个跨越，智能语音技术只有不断和用户日常生活场景相融合，满足用户无处不在的生活需求，才能提高用户对智能语音技术产品的黏合度，进而保持对智能音箱的忠诚度。智能语音技术多元场景的深度融合，用户与设备互动方式的多样性，仍是国内智能语音技术和媒介融合过程中面临的最大挑战。

国外庞大的语音设备消费市场和坚实的用户基础代表着智能语音融合平台的发展前景，而国内智能语音技术尚处在研发阶段，智能语音设备功能不明确、用户定位模糊、智能语音技术的生态圈尚未构建起来，这意味着国内相关媒体行业有机会尽快调整发展战略，把智能语音技术放在突出位置，结合内容生产优势，加紧对新技术的研发和应用，在不断升级转型进程中打造具有本土特色的智能语音融合平台，进而促进传媒行业及音频媒介产业的深度融合。

六 结语

2018 年，国外各大媒体积极利用智能语音新技术加快自身产业结构调整，音频媒介（如传统的广播和播客等）凭借自身语音内容生产的优势获得有利局面，并在智能语音技术的推动下加快转型，以智能语音技术为载体的音频媒介融合趋势不断增强。

以用户为中心，打造用户所需的内容产品是国外媒介融合的重要目的。通过与智能语音技术的融合可增强音频内容的多样性和互动性，优化用户的使用体验，不断为智能语音融合平台吸引和积累庞大的用户基础。尽管智能语音技术是一个新兴的科技领域，其发展中面临的问题和挑战也亟待解决和完善，但国内外媒体的实践和应用表明，智能语音已经成为发展趋势，媒介内容生产机构势必顺应潮流，在不断融合过程中明确自身的发展方向，调整内容生产模式并及时制定新的传播策略。

　　未来发展过程中，智能语音技术将成为媒介融合的关键技术之一，智能语音融合平台的构建也将不断完善。国内媒体机构应把握当前机遇，迎接新技术对传媒行业的挑战，在应用智能语音技术的发展过程中探索新的生产及传播模式，加速媒介融合并提升媒体实力。

附　　录

Appendix

B.23
2017年9月至2018年8月
中国媒体融合大事记

课题组 *

九月

9月1日　浙江省新媒体专业委员会成立，这是中国记协在国内的首个省级新媒体专业委员会试点。

9月5日　第二届海外华文新媒体高峰论坛在成都举办。论坛围绕媒体融合、技术创新、绿色金融、人工智能等"一带一路"建设和媒体发展进程中的热点话题进行了探讨。

9月5日　由中共荆州市委宣传部主办，荆州日报传媒集团承办的"党报云"中央厨房"上线暨文化创意产业中心开园仪式在荆州举行。

9月7日　中央网信办《网络传播》杂志"中国主流媒体 App 排行榜

＊　资料整理：王懿慈、曾欣，暨南大学新闻与传播学院硕士研究生。

2017 年 8 月榜"发布，排在前三位的 App 是人民日报（人民日报）、新华社（新华社）、上游新闻（重庆晨报）。

9 月 8 日　来自全国近 30 家省级地面频道代表齐聚广州琶洲会展中心旅博会，共同开启中国电视旅游联盟战略合作，这是"电视 + 旅游"的一次有益尝试，也是电视媒体产业化运营的积极探索。

9 月 8 日　珠海报业传媒集团正式成立，与此同时，珠海报业传媒集团融媒中心正式启用，"特报 App"3.0 版本正式上线。

9 月 10 日　名为"ZAKER の新作"的奶茶店落户广州羊城创意园。顾客可在品尝奶茶时，通过扫杯身上的二维码，进入相关页面，继续阅读 ZAKER 挑选的精彩资讯。

9 月 11 日　中国电子信息产业集团有限公司与湖南电广传媒股份有限公司在长沙共同签署战略合作框架协议。这也标志着中国电子牵手电广传媒擎起军民融合大旗，共同吹响网信产业融合的号角。

9 月 18 日　腾讯与广州市政府签订战略合作协议，双方将在互联网服务本地化、产业创新、政务服务、民生应用、大众创业五方面开展深入合作。

9 月 19 日　《山东青年报》、《山东青年》和《齐鲁少年报》联合组建山东青年报刊传媒中心。

9 月 19 日　陕西广播电视集团有限公司和东方明珠新媒体股份有限公司达成战略合作，将在"一带一路"的整体战略指导下，携手网络协同合作、新媒体及融媒体产业领域、电视购物、文化旅游、文化地产和资本层面，形成全面的战略合作，快速建设文化产业发展联合体。

9 月 19 日　全国 ZAKER 看合肥暨媒体融合高峰论坛在合肥举行。来自全国各地的 19 家 ZAKER 城市媒体齐聚庐州，记录合肥跨越发展征程，探讨媒体融合发展策略。

9 月 21 日　今日头条和《三联生活周刊》达成战略合作，除去常规的内容分发外，双方将在商业化、联合打造 IP、数据新闻等领域展开全面的合作。

9 月 23 日　中国报业教育发展联盟成立大会暨"ZAKER 泰安"上线仪式在泰山国际会展中心举行。这是在互联网条件下全国报业与教育领域资源的深度整合，是报业跨界发展的一种积极探索。

9 月 25 日　由央视网承建的"砥砺奋进的五年"大型成就展网上展馆正

式上线，与位于北京展览馆的"砥砺奋进的五年"大型成就展同步开馆。

9月25日 四川省新闻出版广电局组织开展广播电视媒体融合创新案例评选活动。

9月25日 爱奇艺、中国工商银行在北京举行业务合作发布会，双方宣布在多维跨界联动、资源涵盖VIP会员增值服务、影视周边衍生商品、智能硬件体验等多领域达成业务合作。

9月26日 江苏有线公司与深圳酷开公司签署了战略合作协议，将"共享"用户、资源、技术、渠道。

9月27日 山西广播电视台、山西省公安厅交通管理局举行战略合作协议签署仪式，将着力打造公安交通管理融媒体宣传矩阵，全力构筑"舆论传播平台、信息发布平台、应急指挥平台、警民共建平台"，推动警媒合作模式全新升级。

9月27日 京东与网易达成全面战略合作，共同推出"京易计划"。

9月28日 光线传媒在最新披露的投资者关系活动记录表中称，腾讯微信、QQ、音乐、文学、视频等会与猫眼进行全方位合作。

十月

10月1日 央视财经频道推出《厉害了我的国》十一特别直播节目，超10小时互动直播、17路记者连线、33城接力灯光秀，实现频道国庆报道新突破。采用大小屏互动，多家直播平台同步播出。

10月9日 广州日报报业集团与广州医药集团签订战略合作框架协议。

10月10日 中国国际电视台（中国环球电视网）CGTN融媒中心正式投入运营，改版升级的CGTN客户端同步上线。

10月11日 设在梅地亚中心的十九大新闻中心正式对外开放，为境内外记者采访十九大提供服务保障。十九大新闻中心驻地设置新闻发布厅、个别采访室、融媒体访谈室、广播电视信号服务室、网络服务室、图片服务室、医疗服务室等功能区。

10月12日 广西崇左广播电视台举行花山TV客户端上线发布会。

10月13日 新华社推出"点赞十九大，中国强起来"系列公益互动活动，该系列活动创造史上首个"30 亿级"国民互动产品，并将 H5 轻应用传播极值刷新为 30 亿规模。

10 月 13 日　四川省 21 个市州电视台和四川省广播电视台正式签约成立"直播四川联盟"。

10 月 14 日　雄安新区与百度集团举行对接座谈，双方就大数据、人工智能、云计算等潜在合作领域进行对接。

10 月 14 日　北京银行宣布正式成立文创金融事业总部，同时在发布会现场揭牌两家文创专营支行，发布了业内首个 IP 产业链文化金融服务方案"文化 IP 通"。

10 月 15 日　人民日报英文客户端上线仪式在人民日报社新媒体大厦举行。

10 月 15 日　河北省第一家以互联网为主体的新型媒体集团——长城新媒体集团正式揭牌。省委常委、宣传部部长田向利出席揭牌仪式并启动长城新媒体集团"中央厨房"。

10 月 17 日　"喜迎十九大　全国党端联动再出发"仪式在人民日报社中央厨房大厅举行，首批 38 家党媒客户端签约入驻"全国党媒公共平台"。

10 月 17 日　京东集团与腾讯公司宣布：将联合推出赋能品牌商的"京腾无界零售"解决方案，以腾讯的社交、内容体系和京东的交易体系为依托，为品牌商打造线上线下一体化、服务深度定制化、场景交易高度融合的零售解决方案。

10 月 18 日　黑龙江广播电视台推出了 H5《龙广电北京融媒体演播室给你精彩》。

10 月 18 日　今日头条和复旦大学达成战略协议，双方将合作建设"复旦—今日头条智媒先锋实验室"，在内容生产教学实践、智媒领域理论问题研究及智媒评价体系研究等方面展开探索。

10 月 18 日　由苏州市政府主办、江苏有线苏州分公司承办的《苏州政务》云媒体电视栏目正式上线运行。

10 月 22 日　长沙广电·中广天择"全媒体受众实验室"启动仪式在长沙广电主楼大厅隆重举行，此举标志着以长沙广电为代表的城市台在全媒体研究的道路上又迈进了一大步。

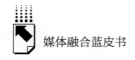

10 月 24 日 举世瞩目的中国共产党第十九次全国代表大会胜利闭幕。作为党中央机关报，《人民日报》及旗下的人民网、"两微一端"、"中央厨房"等各显神通，为网友们烹饪出了各式各样的"融媒体产品大餐"。图解、视频、H5 都别具特色，多次引发"刷屏"风潮。

10 月 25 日 青岛广电银色年华全媒体舰队正式整编出发。

10 月 25 日 中央数字电视书画频道与遵义市人民政府在北京书画频道艺术交流中心签署战略合作协议。

10 月 29 日 江苏有线与全国老龄办信息中心倾力打造的"孝乐工程"正式发布，成为全国第一个专为老年观众打造的全服务平台。

10 月 31 日 今日头条与中央电视台《我要上春晚》宣布达成战略合作。本次合作中，《我要上春晚》节目内容将以图文和短视频方式在头条上分发传播，通过人工智能技术精准触达用户。

10 月 31 日 央视新闻一体化云制作平台等 6 个项目通过由中广联合会组织的科技成果鉴定。这些项目满足了"多形式采集，同平台共享，多渠道、多终端分发"的业务需求，实现电视和新媒体、本部和分台、台内和台外生产一体化。

十一月

11 月 1 日 在成都举办的第 54 届亚洲—太平洋广播联盟（ABU）大会"弘扬丝路精神 深化媒体合作"专题论坛上，中国国际电视总公司副总裁唐世鼎与亚广联秘书长贾瓦德签署合作备忘录。

11 月 2 日 新华社《新华全媒头条》专栏全方位体现传统媒体与新兴媒体"相融"，多件作品传播效果好，成为首个获得中国新闻奖特别奖的"融媒体"作品。

11 月 3 日 首次中柬广电合作定期会谈在四川成都举办。会谈总结了中国和柬埔寨在广电领域已经取得的合作成果，并共同议定 2018～2020 年双方合作计划和重点项目。

11 月 3 日 四川广播电视台与凤凰卫视有限公司签署战略合作协议，双方将在资源共享、业务合作、文创产业等领域开展广泛深入的合作。

11 月 6 日　今日头条与中国电信集团签署战略合作协议，双方将在通信、信息、精准营销、渠道以及公益等多方面展开合作。

11 月 7 日　腾讯与武汉市公安局交通管理局将携手打造全国第一个无人警局，在不久的将来投入使用。

11 月 7 日　河北 IPTV 影视融合包在河北电信上线。

11 月 8 日　2017 腾讯全球合作伙伴大会上，腾讯宣布正式推出腾讯内容开放平台。

11 月 9 日　深圳广电集团和中国华阳经贸集团有限公司签署战略合作协议，双方将在财经、金融、影视、文教、体育、传播等产业领域建立长期稳定的战略合作伙伴关系。

11 月 9 日　新京报社与新浪在京召开新闻发布会，签署全面深度合作协议。会议以"新新相携　从新出发"为主题，宣布双方将在高品质内容创作、分发传播、新媒体转型等方面展开全方位合作。

11 月 9 日　北京电视台与紫光旗下新华三集团共同召开了北京电视台融合媒体生产云平台项目启动会，标志着北京电视台将对关键业务系统进行全面提升，正式迈进融媒云时代。

11 月 11 日　今日头条正式与北美知名短视频社交产品 Musical. ly 签署协议，将全资收购 Musical. ly，交易总价近 10 亿美金。

11 月 13 日　欢乐传媒与微博正式达成战略协议，双方将就幽默搞笑领域的内容合作、喜剧节目的网台联动展开全方位的合作，共同孵化喜剧 IP。

11 月 14 日　"拥抱新时代——广播电视融合发展台长论坛暨闪电新闻与腾讯新闻内容战略合作签约仪式"在济南举行，闪电（青年）融媒学院同日揭牌。

11 月 17 日　山东广播电视台党委副书记周盛阔和腾讯网媒拓总经理王永治在上海世博中心共同启动了城市伙伴合作计划。

11 月 21 日　第三届"世界电视日"中国电视大会在京举行。在这场以"遇见电视的未来"为主题的大会上，媒体融合成为大会主论坛与分论坛热议的重要话题。

11 月 21 日　央视欧洲分台建设项目启动仪式在英国伦敦举行。根据规划，欧洲分台将建设具备独立制作播出功能，在电视、互联网社交媒体、移动

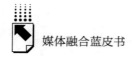

客户端平台实现互动联通的全媒体编辑部，并逐步实现每日制播 5 小时本土化节目的能力。

11 月 22 日　阿里云总裁胡晓明在 2017 年云栖大会·广东分会上宣布，将设立阿里云广东研发中心，招募 1000 名云计算和人工智能工程师，推动前沿技术与广东产业融合。

11 月 23 日　中国报业十九大融合传播峰会暨百名社长总编沿海湿地采风活动在盐城开幕。

11 月 30 日　在第五届中国网络视听大会上，中国电影电视技术学会和中国电视艺术家协会媒体融合推进委员会联合发布了《2016～2017 中国电视媒体融合发展报告》。

11 月 30 日　故宫博物院与腾讯共同宣布成立"故宫＋腾讯"联合创新实验室。

十二月

12 月 1 日　在由人民网承办的媒体融合发展峰会上，与会者共同探讨了媒体融合发展的新业态。

12 月 3 日　中央电视台综艺频道播出的文博探索节目《国家宝藏》，不仅讲述中国故事，更充分利用电视技术手段，高度还原国宝文物的历史故事，以新媒体技术手段为基础进行媒介融合，全方位、立体地讲述文物的故事。

12 月 6 日　凤凰出版传媒集团与中国教育电视台正式签署"新时代中国教育创新发展基金"战略合作协议，未来双方将在教育、出版、传媒等领域开展多方位合作。

12 月 6 日　广安市政府与四川省广电网络公司签约，共同推进"高清四川·智慧广电"示范市建设，确保广安市在全省率先完成"高清四川·智慧广电"各项目标任务。

12 月 6 日　河北广电传媒集团、河北电信、华为公司签署战略合作协议，发布"大视频 3.0 ＋"新产品。

12 月 9 日　由中国新闻出版传媒集团和海南日报报业集团共同举办的第三届中国报业集团高层座谈会在海南陵水召开。座谈会围绕"新闻媒体版权保护""推动媒体深度融合的探索与实践""新时代报业经营的转型突围之道"
等内容进行交流探讨。

12月12日 "媒无界 即生活——BTV生活 BTVi生活2018战略发布暨
平台联盟发起大会"举行。

12月12日 廊坊广播电视台新闻客户端"HI廊坊"正式上线。

12月14日 2017年"丝路电视国际合作共同体"高峰论坛在北京举行。
该论坛以"融合创新 共赢发展"为主题，旨在促进"一带一路"沿线国家
影视领域专业合作，进一步提升"丝路电视国际合作共同体"的国际影响力。

12月14日 优酷土豆与NBC环球（NBC Universal）及索尼影业电视
（Sony Pictures Television，简称索尼影视）达成内容授权协议。

12月15日 东方明珠新媒体与中国电信在上海国际会议中心举办战略合
作协议签约仪式，宣布启动全面合作，携手发力家庭娱乐领域。

12月16日 由首都文化创新与文化传播工程研究院、北京师范大学文化
创新与传播研究院、北京师范大学艺术与传媒学院和新闻传播学院联合举办的
"第五届媒介融合与创新论坛"在北京师范大学召开。本届媒介融合论坛力邀
学界和业界高层精英，以"传统媒体的融媒体转型"为主题，展开了一场跨
界的头脑风暴。

12月18日 湖南广播电视台广播传媒中心与科大讯飞股份有限公司携手
共建"AI+广播新技术"研发应用平台。

12月19日 爱奇艺举办"聚智同行"教育盛典，在活动现场，爱奇艺与
外研社达成在教育领域的战略合作。

12月20日 百度与南方电网广东公司在广州签署战略合作框架协议，就
践行国家"互联网+"智慧能源行动计划达成深度战略共识。

12月21日 中央电视台2018年世界杯全媒体广告资源发布会在北京举
行，首次正式发布央视2018年世界杯节目资源与广告产品，强调世界杯期间
央视将采用赛事多空间组合方式展开报道，突出多平台、全时段传播理念。

12月23日 由中国行业报协会主办、传媒茶话会承办的2017年第二届中
国产经媒体融合发展高峰论坛在北京召开。会上发布了《2017年中国产经媒
体融合发展实践报告》。

12月24日 中央电视台中文国际频道全方面提升《中国舆论场》节目品

质和互动性，直播期间紧扣时事热点，电视和新媒体实时联动，极大激活用户活跃度。

12月26日 第五届中国新兴媒体产业融合发展大会发布了中国第一个媒体人工智能平台——"媒体大脑"，可向媒体机构提供"大数据+人工智能"的新闻生产、分发和监测能力。新华社还发布了首条MGC（机器生产内容）视频新闻。

12月28日 来自全国各地的57家媒体机构在湖北省襄阳市集中签约入驻人民日报全国党媒信息公共平台，至此全国已有147家媒体机构入驻该平台。

12月28日 由新华网、中国网络视听节目服务协会联合主办，新华广播承办的"跨越时空的对话暨首届新华之声平台入驻开放合作大会"在新华网全媒体集成播控中心举行。本次会议旨在融汇各方之力，打通发展壁垒，共享优势资源，开创新时代互联网广播发展新局面。

12月30日 央视新闻移动网用户数量突破100万人，日均活跃用户数达18.7万人，央视新闻客户端下载量达6000多万次。"央视新闻"新媒体深耕用户交互、优化搜索环境，拓展推广资源渠道，实现央视新闻移动网、央视新闻客户端双平台用户数据同步增长。

12月30日 以"新使命、新视界、新动能"为主题的第五届中国网络视听大会在成都开幕。来自网络视听全产业链的5000余人齐聚大会，探寻视听领域发展新趋势。包括网络视听产业峰会、新视听创新峰会、媒体融合发展峰会等36场论坛和主题活动。

一月

1月1日 央视财经频道进行全新改版，全面提升在财经领域的引导力，努力打造"国家财经传播融媒体平台"。

1月1日 《如果国宝会说话》首播，中央电视台纪录频道围绕该纪录片，创新融合宣传推广方式，取得良好传播效果。

1月3日 中视传媒拟联合朴盈投资共同发起设立朴华融合媒体股权投资合伙企业（有限合伙），以股权方式投资省级IPTV集成播控平台，兼以投资

IPTV核心产业链相关项目。

1月8日 郑州电视传媒集团有限公司挂牌成立。集团由7家子公司组成，业务范围涵盖电视、电影、商贸、服务、文化、旅游，打造电视媒体全产业链，致力成为郑州地区有影响力的现代传媒集团。

1月8日 湖北之声全新推出文化阅读类节目《朗读吧》开播，《朗读吧》节目重视广播电台内容的打造，同时，还加强了新媒体运营和实践。

1月12日 以"知识服务模式创新、融合发展业态创新"为主题的第十一届新闻出版业互联网发展大会在北京举行。

1月13日 中央电视台发展研究中心联合央视市场研究股份有限公司、中国传媒大学共同主办"智慧融媒体系列研讨活动之纪录片发展创新"。

1月15日 《走进古北口》微视频系列片完成全部制作，在腾讯视频、央视网、今日头条、微信、微博等平台播出，长城文化再度走进大众视野。

1月16日 人民日报社与雄安新区管委会正式签约，共建雄安新区文化传媒平台，雄安媒体中心（"中央厨房"）同时揭牌运营，"雄安天下"客户端和"人民雄安网"也正式上线。

1月17日 中国国际电视台（CGTN）新媒体全球活跃粉丝超1.01亿人，英、西、法、阿、俄账号粉丝量创"六个第一"。

1月18日 由央视纪录频道与深圳广播电视集团联合制作的大型纪录片《创新中国》举行首映式暨"创新引领中国"媒体行动。该纪录片利用人工智能技术进行声音还原、为纪录片配音，是世界首部采用人工智能进行配音的纪录片。

1月22日 金华广电融媒体"中央厨房"、无限金华客户端升级4.0版启用暨"飞越八婺·看综合交通廊道"大型新闻行动启动仪式在金华广播电视总台举行。

1月23日 中国国际电视台（CGTN）赴云南昆明、大理、腾冲和芒市等地展开为期10天的走基层联合采访活动，充分发挥CGTN融媒中心作用，新媒体内容实现高度共享、整体融合，并根据各平台特点差异化采集、个性化发布。

1月30日 国家新闻出版广电总局"数字影音互动科技与标准重点实验室"在京举行揭牌仪式，为传统出版企业数字出版转型升级提供解决方案和技术支撑。

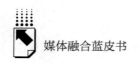

二月

2月1日　由包括广州、深圳、沈阳、哈尔滨、长沙、南昌、南宁、贺州在内的十余座城市的 ZAKER 融媒体合作伙伴记者组成的报道团，奔赴当地火车站、高铁站、高速公路等交通要道，进行现场采访直播，展现了各地春运首日的场景。

2月1日　阅文集团与深圳广电集团、安徽出版集团达成三方战略合作，利用各自在版权 IP 储备、传统与互联网出版渠道、文化旅游、影视及文化产业投资等方面的优势，实现资源共享，互利共赢。

2月5日　微博成为 2018 年中央电视台春节联欢晚会新媒体社交平台独家合作伙伴，将与央视在短视频、直播、内容互动等多领域展开深入合作，打造全球华人聊春晚、点赞春晚、喝彩中国的互动型春晚。

2月6日　中央电视台正式上线 CCTV5 客户端冬奥版，全方位助力平昌冬奥会融合报道。

2月7日　"央视新闻"新媒体推出春节特别节目《寻找三线记忆》，紧扣习近平总书记 2018 年新年贺词中提出的"幸福是奋斗出来的"重要论述，聚焦 20 世纪 60 年代我国进行"三线建设"时期留下的历史印记，展现爱国主义精神。

2月8日　央视新闻移动网发布新版"央视新闻＋"手机客户端，开启 UGC 上传入口。

2月9日　由北京市新闻工作者协会与暨南大学联合编著，社会科学文献出版社出版的《中国媒体融合发展报告（2017～2018）》发布。

2月15日　2018 年春节联欢晚会通过央视综合、综艺、中文国际、军事·农业、少儿共 5 个频道，全国 182 家电视频道，央视网、"央视新闻"等新媒体平台，以及 IP 电视、中国电视长城平台向全球同步播出。

2月15日　CGTN 俄语频道在海外社交平台同步直播《2018 首届欧亚网络春晚》，首次进行线上线下互动直播，在演播室网络直播的同时嵌入两场移动直播。

2月16日　跨文化传播纪实故事节目《中国缘》开播，该节目采用"系列纪实片＋融媒体演播室＋中国缘主题大会"的方式，放眼全球，以"缘"为纽带，深度讲述中国与世界的精彩结缘故事。

2月19日 "央视新闻"客户端正式上线时政融媒体频道"传习录"，在媒体融合与时政新闻报道上做出重要创新。

2月27日 设在北京西长安街北侧梅地亚中心的两会新闻中心正式"开张"。

三月

3月1日 新华社客户端发布5.0版，围绕智能化主线，就语音交互、原生AR、政务服务等战略性功能进行全面升级。

3月1日 南方财经全媒体指挥中心正式启用，和科大讯飞联合推出的"人工智能语音主持人"当天正式上线，成为全国媒体首位人工智能虚拟主持人。

3月2日 新华社"媒体大脑"从5亿个网页中梳理出两会舆情热词，生产并发布了全球首条关于两会内容的MGC（机器生产内容）视频新闻——《2018两会MGC舆情热点》。

3月2日 人民网携手人民日报全国党媒信息公共平台，推出大型全景式视频直播节目《两会进行时》，直击两会重大现场。此外还引进VR、AR、AI等多种新技术多维度呈现大会盛况。

3月2日 人民网、腾讯公司、歌华有线宣布将成立视频合资公司，共同发力直播和短视频领域。

3月2日 海客4.0两会频道和海外网两会融媒报道专题同时上线。

3月4日 贵州日报报业集团全国两会融媒体演播室在北京西苑饭店正式启用，开启融媒体传播新格局。同时，全媒体报道组集成打造"听见贵州日报""总编辑两会夜话""十秒""两会会客厅""代表委员长镜头"等新媒体产品。

3月5日 人民日报海外社交媒体团队专门为海外社交媒体官方账号制作了系列英文版微访谈节目——《斐然看两会》，节目收看时长超过1560小时，阅读量超过20万次。

3 月 5 日 人民日报推出短视频《中国一分钟》。第一集《中国一分钟·瞬息万象》在人民日报微信平台推出后不到半小时，阅读量即达"10 万 +"。

3 月 5 日 人民日报客户端借助 VR 技术，360 度呈现部长通道、代表通道、委员通道，让受众感受现场氛围。截至 3 月 6 日 20 时，浏览量超 20 万次。

3 月 5 日 新华网研发的 Star 生物传感智能机器人生产出国内首条生理传感新闻（SGC），据称这是情感交互技术在时政新闻领域的首次应用。

3 月 6 日 《安徽日报》在客户端和微博、微信平台同步推出新媒体作品《@李克强总理，你的这些建议我们都同意》，以"内容解读 + 报告原声 + 现场视频 + 网友评论 + 表情包"等全媒体形式，解读政府工作报告给百姓带来的"红包"与"福利"。

3 月 7 日 人民日报新媒体发布短视频音乐 MV《中国很赞》，通过原创手指舞，创意表达对新时代的期待和祝福，迅速引发刷屏。人民日报新媒体中心进而发起"中国很赞"众筹 MV 活动，截至 3 月 18 日 20 时，活动阅读量、参与量超 10 亿次。

3 月 7 日 央视新闻和微博联合推出的 24 小时新闻频道"央视会眼"在微博上线。

3 月 7 日 湖北广播电视台推出"央媒矩阵""省媒矩阵""市州矩阵"，与中央电视台以及湖南、陕西、河南等省级媒体和地市媒体联手开展多平台分发、多屏传播的两会报道。

3 月 8 日 新华社客户端发布"增强现实"报道《AR 看两会 | 政府工作报告中的民生福利》，用户点击新华社客户端首页下方的"小新机器人"，使用 AR 功能扫描二代身份证带有国徽和长城图案的一面，便可用更具科技感的方式浏览政府工作报告。这是国内首次采用 AR 技术报道全国两会。

3 月 13 日 东方卫视和微博正式达成战略合作。未来 3 年，双方将从品牌、内容、用户、数据、产品等多方面进行深度整合。

3 月 13 日 微博与咪咕数媒举行战略合作发布会。

3 月 15 日 安徽日报新闻客户端推出《共舞长江经济带：11 省市代表委员说发展》特别报道，联合长江沿岸 10 省市党报，围绕区域协调发展的主题，采访代表委员，形成一次采访、多元生成、内容共享的格局。

3月17日 人民日报客户端推出创意互动H5产品《为习主席点赞》。上线24小时总页面浏览量超2050万次，网友总点赞次数5.96亿次。

3月19日 以"云聚融合、智创未来"为主题的腾讯云广电融合大会在北京召开。来自4K全景视听产业的内容、平台、终端、运营、高校代表共同启动了4K全景（中国）实验室，通过产学研用协同，致力推进4K全景这一新视听产业的发展。

3月21日 根据中共中央印发的《深化党和国家机构改革方案》，整合中央电视台（中国国际电视台）、中央人民广播电台、中国国际广播电台，组建中央广播电视总台，作为国务院直属事业单位，归口中央宣传部领导。

3月22日 人民日报客户端正式推出旅游频道。整合人民日报社旅游媒体资源，深入推进"旅游＋互联网"的融合发展。

3月23日 来自全国各地广播电视台的新闻业务骨干参加了央广以"走出概念·快速见效"为主题的论坛。论坛介绍了央广新闻采编业务的流程再造成果，分享融媒创新产品设计和运营经验，并演示了车联网、智联网等前沿技术和终端产品。

3月28日 南方都市报联合业内权威检测机构和行业协会，共同发起成立广东质量提升联盟，通过第三方独立评价体系的构建和大数据的使用，建立南都在公共部门和行业领域的评价标准，形成南都评测报告，综合选出南都优选产品。这是南都在媒体转型，打造智库型媒体方面迈出的创新性一步。

3月28日 由移动资讯平台ZAKER与珠海广播影视传媒集团共同打造的"ZAKER珠海"正式上线。

四月

4月3日 快手和清华大学宣布成立未来媒体数据联合研究院。

4月3日 国际在线携手察哈尔学会在中国国际广播电台举办"新时代智库与企业合作的路径与方法"研讨会暨察哈尔学会国际在线环球创业平台签约仪式。

4月3日 由光明网、中国妇女发展基金会、一下科技主办的"与爱同行"文艺汇演直播活动在北京朝阳区恭和老年公寓举行，探索"直播＋公益"

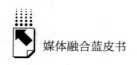

的新模式，号召更多网友关注老年人群体。

4 月 9 日　以"亚洲媒体合作新时代——互联互通与创新发展"为主题的亚洲媒体高峰会议在海南三亚举行。

4 月 9 日　百度视频与东方明珠旗下的百视通达成战略合作，双方将整合资源，在视频内容制作、分发、变现等方面进行深度合作。

4 月 13 日　海南日报社新媒体中心创新工坊制作的 H5《快来！搭乘"海南号"时空穿梭机重返 1988》，以动画、动图、资料视频、文字解说等形式，共同回忆了海南省作为省办经济特区 30 年来的重大历史事件及其意义。

4 月 13 日　河南日报报业集团旗下大河网与安阳县委宣传部签署安阳县融媒体中心合作共建协议，联手打造该省首家县级融媒体中心。

4 月 16 日　中央宣传部加挂国家新闻出版署、国家版权局、国家电影局牌子，统一管理新闻出版工作，统一管理电影工作，新组建的国家广播电视总局正式揭牌。

4 月 17 日　乐视网与营销平台公司华易科技达成战略合作。

4 月 18 日　国家新媒体产业基地宣布和钛媒体集团达成战略合作。

4 月 19 日　"中国蓝"新闻客户端新版上线，省内 31 家市县区"蓝媒号"频道同步入驻，并联合启动"庆祝改革开放 40 周年"大型融媒采访行动。

4 月 19 日　百度和梨视频举办战略合作启动仪式，梨视频将内容向百家号同步开放。未来双方将共同孵化内容，深化商业化探索，携手共建开放、共赢的内容生态。

4 月 20 日　当代东方与新华新媒文化传播有限公司签订《新华社客户端区块链频道商务独家合作协议》，双方将共同开发、运营区块链频道。

4 月 20 日　网易云音乐与索尼音乐在北京宣布达成合作，将共同探索线下 Live 业务。

4 月 22 日　三联书店与旗下三联生活传媒公司（松果生活、中读 App）、三联韬奋书店等子品牌联合举办阅读与知识分享活动"三联·新知大会"。并将与"松果 LIFE＋"演讲共同推出系列专场，在中读 App 推出线上知识分享服务。

4 月 25 日　中宣部副部长、国家广播电视总局局长聂辰席在广电总局党组会议中提出，要加快推动广电媒体与网络视听媒体的优化整合、深度融合。

4月25日 "创生数据动能，讲好广播故事"广播高峰论坛暨CSM媒介研究2018年广播客户年会在厦门召开，来自全国26家广播电台的百余名代表和相关领域的学界研究人员出席。

4月27日 广西日报社在广西云"中央厨房"举行广西云客户端上线仪式。

4月28日 中央广播电视总台下属的中国国际电视总公司与阿里巴巴集团签订技术合作协议。双方将在云平台、大数据、移动客户端、信息化平台建设等方面进行合作。

五月

5月4日 中华全国新闻工作者协会发布了关于印发《中国新闻奖媒体融合奖项评选办法》的通知。经中央批准，中国新闻奖增设媒体融合奖项。

5月4日 由四川省互联网信息办公室指导，中国报业协会、四川日报报业集团主办，封面新闻、《华西都市报》承办的"2018媒体深度融合论坛"在成都举行。

5月4日 湖南省有线电视网络（集团）与湖南省体育局体育彩票管理中心共同签署战略合作协议，联手打造智慧体育彩票电视购彩平台。

5月8日 《河南日报》首个报纸AR（增强现实）广告上线。用手机QQ扫描第一版右上角"仰韶彩陶坊"报眼广告，即可呈现31秒视频动画。

5月9日 腾讯与英国国际贸易部在伦敦签署战略合作备忘录，宣布在文创领域展开合作。腾讯旗下的企鹅影视将与BBC签订3年合作计划，在联合制作、内容开发、商业授权等方面开展深度合作，打造精品纪录片。

5月10日 羊城晚报移动客户端——羊城派4.0项目启动仪式在第十四届中国（深圳）国际文化产业博览交易会新闻出版馆举行。

5月16日 思美传媒股份有限公司公告，拟与浙江新蓝网络传媒有限公司共同出资人民币5000万元设立浙江布噜文化传媒有限公司。

5月21日 新华网融媒体科技展示馆落户乌鲁木齐成功广场，成为新疆首家融媒体展示馆。

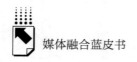

5 月 24 日　2018 年（首届）山东品牌传播融媒体发展论坛在山东新闻大厦举行。论坛开幕式上，智汇品牌融媒体研究院、品牌中国战略规划院山东研究中心、智汇小记者培训中心正式揭牌。

5 月 26 日　贵报传媒今贵州客户端参与 2018 年数博会人工智能全球大赛直播，并将大赛直播分发到新华社、央视网、腾讯、"南方＋"、广西日报等 10 余家新媒体平台和 30 余家全国媒体。

5 月 28 日　《贵州日报》与 QQ–AR 联手，首次运用"传统纸媒＋立体 AR"的形式，创新报纸阅读体验。通过 QQ"扫一扫"，扫描《贵州日报》第 7 版"这就是数博会·科技——2018 中国国际大数据产业博览会特别报道"中的任意一张完整图片，2018 年中国数博会中亮相的高科技产品将通过 30 秒短视频的形式全方位呈现。

5 月 29 日　第三届海外华文新媒体高峰论坛在杭州市召开。

5 月 29 日　优酷与央视正式签订 2018 年俄罗斯世界杯直播权协议书。

5 月 30 日　浦发银行与上海报业签署战略合作协议，贯彻推进上海"四大品牌"（"上海服务""上海制造""上海购物""上海文化"）建设，进一步推动上海主流媒体创新转型发展，促进新闻媒体与金融行业的合作共赢。

六月

6 月 1 日　《法制晚报》宣布报纸与新闻客户端的产品生产链将实现全面打通，融媒体尝试取得突破性进展。

6 月 2 日　由山东出版集团、泰山体育产业集团、山东体育学院共同建设的"文化＋体育/健康"综合服务平台——山东出版健康体测中心建成落地。线上线下深度融合，实现权威、精准、个性化的健身健康管理和服务。

6 月 4 日　浙江广播电视集团与腾讯音乐娱乐集团达成战略合作。

6 月 5 日　人民网与北京师范大学签署中国 VR/AR 产业全球战略合作协议。双方将以学术研究、智库支持、内容产品生产、行业引导等为抓手，推动中国 VR/AR 产业发展。

6 月 6 日　中文在线公告与快手签订了战略合作协议。双方拟借鉴对方的资源和能力，对现有内容进行二次开发、宣发及推广，提高双方内容吸引力。

6月6日 北京市石景山区融媒体中心正式成立。

6月7日 中国报业协会主办的"2018年第三届中国传媒创新杭州峰会"在杭州拉开序幕。《广州日报》"中央厨房"项目在此次峰会上获"2018中国传媒融合发展创新奖"。

6月9日 上合组织青岛峰会举行，人民日报社新媒体中心推出的微视频《共同家园》《青岛一分钟》，在网络引发刷屏效应，截至6月9日20时，两个视频的播放量已超过8000万次。

6月9日 厦门市打造的"媒体+创业"企业服务平台——《创客空间》全媒体正式上线，包含了广播、电视、官微、看厦门App、广播电视报、腾讯视频等全媒体资源。

6月11日 人民日报新媒体发布四款新产品——全国移动新媒体聚合平台"人民号"、人民日报英文客户端2.0版、人民日报创作大脑、人民日报智慧党建平台。

6月12日 北京市大兴区融媒体中心成立。现场与北京广播电视台签署深度融合战略合作协议。

6月13日 今日头条与内蒙古网信办签订战略合作协议，双方将建立长效合作机制，在平台、数据共享、技术合作、联办活动等方面展开深度合作。

6月15日 由人民日报全国党媒信息公共平台与今日头条合作的"党媒推荐"频道在人民日报70周年社庆日正式上线。

6月15日 中国青年网开设《精准扶贫》频道，旨在搭建为脱贫攻坚一线青年朋友解惑释疑、传经送宝、鼓舞士气的宣传平台。

6月15日 河南首家新媒体内容聚合平台——"大河号"正式上线。

6月16日 北京市延庆区融媒体中心成立。在人民日报媒体技术公司提供的技术支持下，延庆区融媒体中心成为国内首家"广电+报业"模式的"中央厨房"，将打造集报纸、电视、广播和新媒体于一身的全媒体发展平台。

6月19日 北京市朝阳区融媒体中心正式挂牌成立，实现了平台、信源、产品、渠道、技术、人才等深度融合。

6月19日 一点资讯上线"一点号MCN管理平台"，旨在与各类MCN机构达成深度合作。

6月20日 第三届全国党报网站高峰论坛在天津召开，论坛主题为"媒

体融合：宣传新时代　拥抱新时代"。

6月20日　山西省长治县全媒体中心、长治市上党全媒体集团揭牌，标志着长治市媒体融合迎来全新发展阶段。

6月20日　今日头条在"IN 2018 娱乐 IP 社会化营销发布会"上宣布与湖南卫视、北京卫视、东方卫视、江苏卫视、浙江卫视五大卫视开启战略合作，未来将在综艺、影视项目宣传推广、短视频联合出品等领域进行深入探索。

6月21日　国家广播电视总局广播电视规划院、湖北省广播电视信息网络股份有限公司与 360 企业安全集团在北京正式签署战略合作协议，将在广播电视网络安全保障领域开展深度合作。

6月22日　视觉中国宣布与腾讯社交广告平台签订战略合作协议，将开展关于正版创意素材、创意服务方面的深度合作。

6月23日　北京市顺义区融媒体中心挂牌成立。

6月24日　中国报业第二届融合创新大会在河北廊坊举办。

6月26日　中国社会科学院新闻与传播研究所、社会科学文献出版社联合在京举行以"智能互联·数字中国"为主题的新媒体蓝皮书《中国新媒体发展报告（2018）》发布会。

6月26日　河南省安阳广播电视台融媒体中心成立。

6月27日　河南日报报业集团开封城市综合体全面开工，包含文化、商业、住宅 3 个子项目。

6月29日　以"新时代　主流再出发"为主题的第四届观媒峰会在重庆举行。探讨新时代下媒体深度融合新格局以及主流媒体转型之路。

6月30日　"新广播　新传播　新责任　新作为——融媒体产品'阿基米德'案例研讨会"在中国传媒大学举行。来自广电业界从业代表和新闻传播学界的学者代表就广播媒体深度融合展开探讨。

七月

7月2日　贵州省推动媒体深度融合发展会议在贵阳召开。会议要求，要进一步解放思想、加大力度，以"多彩贵州宣传文化云"等为依托，推进全省新闻媒体实现深度融合、整体转型，打造一批形式多样、手段先进、竞争力强，具有贵州特色、力争走在全国前列的新型主流媒体。

7月2日 山东广播电视台齐鲁频道推出一小时海上现场直播《我国首座"深海渔场"黄海启用》，采用"'中央厨房'融媒体演播室＋大量海上现场连线"的形式，通过电视、网络、手机全媒体联动。人民网、新华社现场云、央视新闻＋等中央级媒体也高度关注并做重点直播推介。

7月2日 丽水日报报业传媒集团融媒体一体化平台"绿谷融媒小厨"上线运行。

7月6日 浙江广电集团与青田传媒集团融媒体中心建设举行签约仪式。这是浙江广电集团与县域融媒体建设的首度深层次全方位合作。

7月6日 湖南日报社浏阳融媒体中心正式挂牌，成为湖南省首家区县融媒体中心。

7月6日 社区媒体融合发展暨《金鹰报》转型创新研讨会在长沙召开。

7月6日 郑州人民广播电台举行"融·动——2018郑州电台融媒体资源推介会"，推介郑州广播优质节目和活动资源，探讨城市广播媒体融合发展趋势。

7月9日 专属于宜宾的全国性网络平台"封面新闻宜宾频道"正式上线。

7月9日 深圳广电集团与腾讯公司签署《深圳广电集团与企鹅FM战略合作协议》，共同创建"企鹅深圳"城市互联网广播，并宣布正式上线企鹅FM。

7月9日 PP体育在北京宣布与德国足球甲级联赛"德甲"达成未来5年全媒体独家版权合作。

7月10日 惠东县政务新媒体集体入驻"南方号"，惠东首批共有30家政务新媒体集体入驻南方号，已经上线的"南方＋"惠东频道将打造惠东县移动端主流舆论阵地。

7月11日 人民卫生出版社和丁香园宣布达成战略合作，双方将在知识产权保护、图书及期刊出版、教育培训、健康科普和数字产品平台运营推广等多领域进行深度合作。

7月11日 由江西日报社"赣鄱云"援建的克州融媒体"中央厨

房"——"克州云"顺利竣工并投入试运行,标志着新疆第一个真正意义上的融媒体"中央厨房"正式诞生,也标志着江西"赣鄱云"成功跨出本省。

7月13日 主题为"津门论道——媒体创新新时代"的海外华文媒体论坛在天津召开,探讨华文媒体的转型升级、融合发展大计。

7月14日 加拿大红枫林传媒集团董事局主席、加拿大财经一号电视台执行台长,与"津云"中央厨房正式签署战略合作协议,开启华文媒体与中国城市主流媒体融合发展新时代。

7月16日 北京市西城区融媒体中心成立。

7月18日 北京市通州区融媒体中心成立。

7月18日 中共阳江市委与南方报业传媒集团联合举行"南方号·阳江矩阵"启动暨战略合作框架协议签订仪式。包括"广东阳江发布""文明阳江"等在内的首批50个阳江新媒体入驻"南方号"。

7月19日 2018年中国广播创新融合案例评选活动初评会在上海举行。

7月19日 新组建的辽宁广播电视集团(辽宁广播电视台)举行揭牌仪式。根据辽宁省委《省直公益性事业单位优化整合方案》,辽宁广播电视集团(辽宁广播电视台)由辽宁广播电视台、辽宁东北网络台、省对外文化交流中心等7家事业单位整合而成。

7月21日 北京市海淀区融媒体中心成立。

7月22日 台风"安比"在上海崇明岛沿海登陆,看看新闻Knews24直播流中,推出"迎战台风安比看看新闻全天候大直播",上海电视台《午间新闻》、东方卫视《东方大头条》扩版各推出一小时特别直播节目。

7月24日 国内首家由文化央企打造的IP交易服务平台"中国文化传媒新文创(IP)平台"正式上线,由中国文化传媒集团建设并运营。

7月24日 天津津南区政务微信矩阵正式上线。

7月25日 国务院国资委新闻中心官方新媒体平台"国资小新"正式在微信端推出智能服务机器人程序,上线试运行,正式开启智能化服务的新阶段。

7月25日 由澎湃新闻主办,汇聚全国近60家主流新媒体机构的"2018外滩新媒体峰会"在上海举行。论坛主题为"内容新生态 平台新势力",旨在展现中国互联网的治理和新媒体的发展,探讨中国新媒体融合与转型的新未来。上海网达软件股份有限公司与澎湃新闻同期签署战略合作协议,双方拟携手突破传统媒体技术、产品、运营之瓶颈，共同拓展传统媒体向新媒体转型的融合发展之路。

7月26日 省级移动新媒体平台"四川云"再添新成员，成都、德阳、绵阳、内江、达州等15个市的130个"县区观察"集中上线。

7月26日 广西壮族自治区新闻出版广电局举行广西"广电云"上线暨融媒产品发布仪式。立足于打造一个可覆盖服务广西区、市、县三级，以及具备"新闻＋政务＋服务"功能的融媒平台。

7月26日 分众传媒发布公告称，与阿里网络签署框架协议。在广告系统服务、人脸识别技术、OTT智能电视广告等领域展开合作。

7月26日 百家号与MCN机构Zoomin. TV达成战略合作。Zoomin. TV旗下优质视频内容将入驻百家号，双方将共同出品《Amazing中国故事》系列视频及IP打造，百度旗下"好看视频"App将进行独家播放。

7月27日 《扬子晚报》《新闻晨报》《都市快报》与新安传媒共同倡议搭建"长三角都市媒体融合服务平台"。

7月27日 "2017江西省市县区媒体融合发展指数活动"颁奖典礼在江西日报传媒大厦全媒体演播厅举行。分宜县、瑞金市、赣州经开区等十家融媒体单位荣获媒体融合标杆案例。

7月27日 《世纪》杂志与澎湃新闻签署了战略合作协议，《世纪》杂志入驻澎湃新闻的"湃客"频道，共同探索优质内容共享与深度开发推广模式，开拓新媒体发展新格局。

7月29日 第十一届中国经济媒体领袖峰会在广州举行。峰会以"新转折 新媒体 新价值"为主题，热议经济热点与媒体变革，认为科技变革在不断催生媒体新业态，各形态媒体要加快融合创新，推动我国经济高质量发展。

7月31日 经中央广播电视总台授权，中国国际电视总公司与中国移动在京签署合作框架协议。双方将在5G技术研发、4K超高清频道建设等6个领域发挥各自优势，开展深度合作。

7月31日 "创新中国·智行天津——2018人工智能与出行产业峰会"在天津召开。此次峰会旨在揭示天津智能出行生活的新方向，推动互联网、大数据、人工智能和实体产业深度融合。

八月

8月1日 由人民日报全国党媒信息公共平台与搜狗合作推出的"党媒推荐"频道，在搜狗旗下的"搜狗搜索""今日十大热点"两个客户端正式上线。

8月1日 由南京报业传媒集团紫金山新闻客户端建设和运营的移动聚合平台——"紫金号"正式上线。以"平台＋技术＋服务"的新模式，与南京的党政机关、各类机构和主流媒体，共同打造移动化、智能化的内容传播和政务服务的媒介平台。

8月1日 张家界和快手达成战略合作。快手将通过为张家界定制短视频宣传计划、启动旅游行业"子母号"联动管理平台、实施旅游扶贫计划。

8月1日 灏景（厦门）文化传媒股份有限公司与人民日报数字传播有限公司签署战略合作协议，双方将在全国共建"人民日报数字传播 灏景物联信息服务平台"。同时，人民日报数字传播有限公司将战略性入股灏景传媒，共同发展物联信息服务平台，构建基于物联网技术的新零售线下流量入口及数据中心。

8月2日 短视频平台西瓜视频联手央视共同推出大型地标特产文化系列节目《寻味中国》。

8月2日 新华报业传媒集团与陕西日报传媒集团缔结战略合作协议。

8月2日 山西日报报业集团与杭州凡闻科技有限公司签署战略合作协议。双方共同推进新闻大数据中心建设，更好地盘活历史核心数据资产，助推省内媒体深度融合发展。

8月3日 长城新媒体集团与河北省体育局签署战略合作协议。双方将在竞技体育、群众体育、体育产业等方面开展深入合作，共同探索"体育＋"融合发展新模式，全方位构建河北体育发展新格局。

8月6日 太原日报报业集团全媒体指挥中心落成启用。

8月6日 爱奇艺与新英体育成立合资公司，打造全新体育视频平台"爱奇艺体育"，加码体育版权市场。

8月7日 爱卡汽车与四川报业集团旗下的《华西都市报》封面新闻正式

签署战略合作协议。

8月8日 2018年全国传统媒体融合发展研讨会在云南昆明举行。

8月8日 由南方报业传媒集团与南海区大沥镇携手共建的"南方+"大沥频道正式上线,"南海大沥"等首批29个新媒体集体入驻了"南方号·大沥矩阵"。

8月8日 厦门《海西晨报》在第1992期向读者宣布进行全媒体转型,融媒体产品同时上线,八大矩阵全新亮相。

8月8日 安徽省砀山县融媒体中心在县广播电视台揭牌。

8月10日 江西省上高县融媒体中心举行启用仪式。

8月11日 由济南市市中区委宣传部联合济南日报报业集团打造的市中区融媒体中心正式揭牌。

8月12日 由江苏淮安市淮阴区人民政府、中国经济时报社主办的"产业头条"新媒体平台成立揭牌仪式在淮阴区举行。

8月12日 西安市蓝田县融媒体中心挂牌运行。

8月13日 人民网和中移互联网有限公司在人民日报社新媒体大厦进行战略合作签约,"人民网公益云"平台正式对外发布。

8月13日 国内首家广播街景融媒体演播室"山东广播街景融媒体演播室"正式启用。山东文艺广播、山东音乐广播实现融媒化24小时播出。

8月15日 由上海市新闻出版局倡议的"长三角一体化出版发展战略合作协议签约仪式"在上海书展举行。江苏、浙江、安徽、上海三省一市新闻出版(版权)部门负责人共同签署了《关于共同推动长三角区域出版和版权发展的框架协议》。

8月15日 咪咕数媒与华东师范大学出版社签订战略合作协议,双方依托"大夏书系"优质教师教育资源,历时两年精心打造的"大夏悦读"系列产品正式发布。

8月15日 济南市新闻宣传融媒体公共服务平台建设启动活动在济南报业大厦举行。该平台包含5个项目,分别是济南日报报业集团"中央厨房"项目、爱济南8.0版升级重构、云宣系统、新媒体实验室、济南市融媒体中心。

8月17日 上海报业集团与中国移动上海公司签署战略合作协议。

8 月 18 日　"中国县级媒体融合发展与加强基层主流舆论阵地建设论坛"在甘肃省玉门市举行。

8 月 21 日至 22 日　全国宣传思想工作会议召开。中共中央总书记、国家主席、中央军委主席习近平在会议上指出，要扎实抓好县级融媒体中心建设，更好引导群众、服务群众。

8 月 22 日　汝州市融媒体中心成立暨揭牌仪式在汝州广播电视总台举行。

8 月 22 日　以"品质融媒体　智享新生活"为主题的第 27 届北京国际广播电影电视展览会（BIRTV2018）在中国国际展览中心举行。

8 月 22 日　"新势能·连接＋"2018 年东莞邮政新媒体融合发展交流会在广东省东莞市常平镇举行。

8 月 22 日　上海世像文化传媒有限公司与全球领先的潮流文化公司 Pop Life Entertainment 共同创建公司 Poplife Global Limited。世像传媒将从单一的传媒公司，转变为多元化的全球娱乐品牌。

8 月 23 日　首届中国国际智能产业博览会在重庆市开幕。国家主席习近平向会议致贺信。习近平指出，我们正处在新一轮科技革命和产业变革蓄势待发的时期，以互联网、大数据、人工智能为代表的新一代信息技术日新月异。促进数字经济和实体经济融合发展，加快新旧发展动能接续转换，打造新产业新业态，是各国面临的共同任务。

8 月 23 日　新华社新闻信息中心与新华文轩出版传媒股份有限公司全面合作协议签署仪式在北京正式举行，双方将在媒体融合发展、教育培训、阅读推广、文化建设、国际文化交流等方面开展全面合作。

8 月 23 日　北京日报、北京晚报体育部正式合并，成立京报体育。

8 月 25 日　"传媒中国 2018 年度盛典"在贵州兴义召开。全国广电、报纸媒体管理者、专家与一线从业者共聚一堂，探讨传统媒体的融合之路，交流一线实战经验。

8 月 27 日　北京广播电视台举行融媒体中心成立仪式。

8 月 28 日　"2018 区域新型主流媒体融合发展论坛"在江苏镇江举行。

8 月 28 日　安徽省涡阳县融媒体中心举行挂牌仪式。将全力打造集报纸、电视、广播和新媒体于一身的全媒体发展平台。仪式上，安徽新媒体集团和涡阳县签订战略合作协议，共建涡阳县融媒体中心。

8月28日 湖南省溆浦县融媒体中心成立暨"溆说"新闻客户端上线体验活动举行。

8月28日 "ZAKER融媒体城市群广州峰会暨领读中国盛典"在广州召开。在峰会现场，ZAKER与羊城晚报举行战略签约仪式，标志着ZAKER区域融媒体战略再次得到一线主流媒体的支持和认可。

8月29日 全国首个集成民生服务微信小程序"粤省事"服务项目迎来扩容，省公安110项便民服务上线，涵盖出入境、治安、交管、监所等领域，极大地方便了群众掌上办事，广东数字政府建设向前迈出了重要一步。

8月29日 上海大剧院与阿里文娱集团宣布达成战略合作。其中大麦网与上海大剧院将着力共建"智慧剧院"，建设和发展文娱行业中的云计算、大数据和人工智能运用。

8月30日 由中央网信办违法和不良信息举报中心主办、新华网承办的中国互联网联合辟谣平台在北京正式上线。

8月30日 全国法院媒体融合发展工作推进会在山西太原召开。

8月30日 "第三届党报评论融合发展论坛"在锡林浩特市举办。论坛主题为"全媒体时代 以主流声音传播主流价值"。

8月30日 福建省永泰县融媒体中心揭牌成立。

8月31日 大连新闻传媒集团正式揭牌。该集团由大连报业集团、大连广播电视台、大连京剧院、大连舞美设计中心、团市委宣传教育中心等11家单位融合而成，

8月31日 仙居广电传媒集团融媒体中心指挥平台建设项目正式启动。

Abstract

For China's media convergence, the period from 2017 to 2018 marks a turning point from "combination" to "convergence", a critical node from individual and separated convergence to regional and overall convergence, and a new start from building enterprise cloud to media cloud. Going beyond the integration in formality and content, China has embraced the era of Convergence 3. 0 characterized by system and institutional integration.

This annual report is comprised of five parts, namely the overall report, exploration section, regional section, evaluation section and experience section. The overall report not only describes the development and new kinetic energy for China's media industry in the era of Convergence 3. 0, but also expounds new challenges for further breakthrough and new features unfold. It cites data from representative media in China and the opinions and suggestions made by people in the circle. Its main focuses are on the key features, the achievements so far and the existing difficulties and problems in Convergence 3. 0.

To sum up, the following new and distinctive features can be observed in China's media convergence over the past year:

First, from passive integration to active action. The shift to mobile network is driven by a strong will with enthusiasm rather than drifting along with the tide or an occasional act.

Second, from creation to renovation. The initial stage of media convergence was mainly the accumulation of new media while the upgrading stage witnesses the in-depth reform on existing capacity.

Third, from partial progress to comprehensive breakthrough. After years of efforts, China's media convergence embraces the transformation of quantitative into qualitative change. For China's media industry, such an advancement is not only a drastic transformation but also a successful leap.

Forth, from dependence to independence. New benchmark products on the building of independent and controllable media platforms, such as the Cover Media of Sichuan Daily Press Group, Changjiang Cloud of Hubei Broadcasting Group and iTouch TV of Guangdong Radio and Television have emerging. On the one hand, the media expands its influence through information distribution via commercial platforms; on the other hand, the media has taken the initiative and strengthened its communication capacity by placing greater emphasis on client apps, cloud platforms and all-media command centers.

To build media matrix or media platform? One terminal or N terminals? Being portal or vertical? Many media find it not easy to make up their minds. But the significance of platform building cannot be underestimated. For some time, the impact of the Internet and business platforms has actually endangered the media's status as the channel controller and gatekeeper. The development of media convergence based on independent platforms may not be able to eliminate some of the traffic gaps between commercial platforms and user-generated content, but it can be rooted in authoritative sources and regional advantages and become an indestructible mainstream in the public opinion field.

Drawing from the media experience nationwide, the platform development has received unprecedented attention. It is conducive to the realization of "Four Controllables". First, the position is controllable. The dominance over the whole process of content collecting, editing and distributing has established accordingly the system regulation on the accounts of government affairs service on the platform. Second, the technology is controllable. Key technologies and iteration capability of the platform are in our own hands. To attract core technical talents, market-oriented incentive mechanism is generally adopted. On technological achievements, companied will be established for application transformation and providing project support to research and development team. Third, data is controllable. Users' data and data on communication effect is retrieval and can be used in the business development of big data on news, public sentiments and smart city. Fourth, the economy is controllable. The enhancement of "hemopoietic function" facilitates the measurement and control of operating costs and locate the break-even point.

Meanwhile, the media convergence across China varies in localities and institutions. In developed areas, the first echelon of media convergence has overcome great difficulties and achieved successful experiences in transformation. In relatively

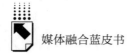

媒体融合蓝皮书

developed areas, despite concerns the second echelon of media convergence is keeping up with some outstanding highlights. In underdeveloped areas, the third echelon of media convergence has met relatively great resistance or inertia and registered poor performance in the context of industry downturn.

In the exploration section, on the one hand, it summarizes the achievements of relevant theoretical research at home and abroad last year, and discusses the construction of media convergence centers at district and county level, the construction of media think-tanks, and the short video industry. Some thoughts have been proposed on how to generate content in the context of "algorithm + " from the perspective of toutiao. com.

In the regional section, the discussion focuses on the new practices, new experiences, and problems and countermeasure during media convergence in some administrative districts, including Beijing, Tianjin, Jilin, Jiangsu, Shanghai, Zhejiang, Sichuan, Chongqing, Gansu, Hunan, Hubei, Guangdong and Shenzhen.

In the evaluation section, the research group invited experts and scholars to make the 2017 – 2018 China Media Convergence Pioneer List and the Convergence Development Leaders Ranking, and conducted a comprehensive evaluation of the convergence index of some media according to expert scores, aiming at giving full play to their demonstration role as the benchmark.

The appendix of this annual report has compiled the memorabilia of media convergence over the past year from the perspectives of policy planning, new technologies, new products, new platforms, conferences and forums, and strategic cooperation, and it strives to comprehensively and systematically present the imprint of China's media convergence.

The *Annual Report on Media Convergence in China* has been published for eight consecutive years. Compared with the previous ones, this report has the following characteristics in addition to the update of situation, data and opinions:

First, attention to the real ecology of the industry as a whole. Through field visits to more than 50 media in 19 cities, the research group learned a lot about the situation and was deeply touched by the firm ideals and beliefs of the front-line media man and woman. At the same time, it is also noted that some media in the areas experiencing economic downturn, especially the city-level media, need more supports and should find more solutions.

Second, on "integration and convergence". Integration refers to the integration of institutions, regions and markets. Convergence refers to the convergence of technologies mechanisms and management. There is an old saying in Chinese, "Adversity leads to prosperity." For the time being, integration and convergence lead to prosperity. Through years of efforts at all levels the media convergence has found the right direction and seen the light.

Third, the experimental application of the evaluation approach on the convergence index. The evaluation of the entire media industry is a huge project demanding massive data. Based on the actual situation, the research group made a preliminary attempt with the expert-oriented questionnaire as the main means. Some media, despite registering high scores, have their own confusion; those with relatively low scores actually have a lot of successful experience. Therefore, the results are not important. What is important is that the entire industry and the whole society work together to make the future of Chinese media better.

Keywords: Media Convergence; Convergence 3.0; Platform Based Media; County-level Media Convergence Center; Media Think-tank

Contents

I General Report

    Abstract: From 2017 to 2018, China's media industry has made remarkable achievements. Both traditional and new media have done well, and moved towards deep convergence. The pace of traditional media transformation picks up, new media assessment gets larger in proportion, revenue grows fast, and then we see the light there. Central Radio and Television Network has made its debut after internal integration and the construction of media convergence centers are vigorously promoted across counties, cities and provinces. Mobile live broadcasting, short video and audio applications have become new windows for urban publicity. Artificial intelligence and big data are helpful for personalizing and refining the content production model. At the same time, China's media convergence is facing new challenges and presents some new trends.

    Keywords: Media Convergence; Convergence 3. 0; Convergence of Newspaper with the News Network; Copyright Revenue; Overall Solution

II Exploration Reports

    Abstract: This paper summarizes representative viewpoints from media convergence research at home and abroad from 2017 to 2018. The study finds that domestic research focuses on the nature of media convergence, cultivation of talents, infiltration of intelligent technologies, and the ecological reconstruction of the media industry. Foreign research generally explores around the following six aspects: the management and operation of convergence media, the path of change in media industry, up-to-date news training methods, the role and value of media professionals in news production, and the profound impact of media convergence on technological and cultural.

Keywords: Intelligent Technology; Industrial Transformation; Ecological Reconstruction; Skill Training; Social Impact

B. 3 The Status Quo on the Construction and Development of County-level Media Convergence Center *Wang Jun* / 070

Abstract: As an important policy innovation, the county-level media convergence center has been greatly promoted and widely extended in recent years, and will exert a significant impact on the technology application and market pattern of the media industry. This paper expounds the external motivation and industry performance of this innovation, and analyzes the existing difficulties and specific countermeasures. It is believed that more progress will be made in the future construction of such centers.

Keywords: County-level Media Convergence Center; Media Convergence Platform; Internet +; Digital Technology Talent; Capital Operation

B. 4 Study on Promoting the Construction of Media Think-tanks in the New Era *Zhu Wenzhe* / 079

Abstract: In response to the call and demand for modernizing national governance system and capacity, media think-tanks shall take the advantage of the

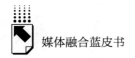
historical opportunity of China in promoting the construction of new think-tanks with Chinese characteristics, innovate information production mode and mechanism and become an important service consulting force in China's modernization. By taking resource advantages of mainstream media, media think-tanks should improve their professional capability with forward-looking mindset and strengthen their competence in consultation and communication so as to provide media perspectives and solutions for public decision-making. Therefore, strengthening the functional construction of think-tanks is necessary for the convergence and transformation of traditional media. Only in this way can media think-tanks exert a driving effect in leading correct public opinions and serving major national and social strategies.

Keywords: Media Think-tank; Public Decision-making; Media Convergence; Driving Effect; Consultative Power

B. 5 Media Integration Driven by Short Video: Problems and Challenges

Ji Deqiang / 088

Abstract: This paper firstly puts forward the historical logic of media convergence with Chinese characteristics from technology and industry agenda to political agenda. Then it combs the development status of China's short video industry and its multiple driving forces, including demand-oriented relationships between supply and demand, the strong layout of Internet financial capital, differentiation and restructuring of business model, the needs and differences expressed by users, as well as regulatory driving forces. Based on the analysis above, this paper tentatively proposes that the rise of short video makes up for the video communication and social needs of Internet users left behind by the convergence of traditional media and emerging media, but the industry capitalization and heavy supervision may marginalize this possibility once again. If the policy framework and market environment of the short video industry are far away from the motivation of its emergence and development, moreover, if the short video is transformed into a tool of traffic support, we have to rethink whether the current media convergence is adequate, whether it provides more diversified information consumer goods, and whether it empowers the largest number of Internet users.

Keywords: Short Video; Media Convergence; Traffic; Capital; Supervision

B. 6 The Innovation of Intelligent Recommendation
Technology and the Transformation of Journalism and
Communication Industry

Yuan Xiang, Li Xin, Wang Ying and Meng Haibo / 100

Abstract: In recent years, algorithm-centered intelligent recommendation technology has become an important means of content acquisition and distribution in the journalism and communication industry. While greatly improving the efficiency of news and information production, it also brings new challenges to the whole industry. How to effectively avoid some problems brought by intelligent recommendation technology, strengthen the guidance of public opinion, and improve social benefits to a greater extent, have become one of the breakthroughs of this technology in the future. On the basis of summarizing the gains and losses of the industry, this paper puts forward several suggestions.

Keywords: Intelligent Recommendation Technology; Mainstream Media Algorithm; Algorithm +; Values Model; Public Opinion Guidance

III Regional Reports

B. 7 The Status, Problems and Suggestions of Beijing Municipal
Media Convergence (2017 −2018)

Han Xiaoning, Guo Weiqi / 110

Abstract: Beijing municipal media have further promoted media convergence in the period of 2017 − 2018 and made beneficial exploration in system design, production concept and profit model. Based on the on-the-spot investigation and discussion of Beijing municipal media such as *Beijing Daily* and *Beijing Evening News*,

Beijing Youth Daily, Beijing Television and Beijing New Media Group this paper summarizes the exploration and practice of Beijing municipal media in media convergence from 2017 to 2018, and sums up the practical characteristics and existing difficulties. On this basis, it puts forward some suggestions to promote media convergence and transformation.

Keywords: Beijing Municipal Media; Media Convergence; Development Dilemma; Countermeasures and Suggestions

B. 8　A Review of Media Convergence Development in Tianjin in 2017 −2018 Period　　　　　*Chen Peng*, *Zhao Bei* / 121

Abstract: 2017 is a critical year for the development of media convergence in Tianjin. To adapt to the media development in the new era, Tianjin Municipal Committee of the CPC has made an important strategic plan to further promote the key projects of media convergence and to establish a "Jinyun" central kitchen, which integrates quality resources of mainstream media in Tianjin, such as *Tianjin Daily*, China Tianjin Radio and TV, *Tonight News Paper*, Enorth and Branch Life News Publishing House, which relies on the technological advantages of the Enorth New Media Group and the experience of network media operation, and reconstructs the business process, thus realizing the all-media integration of radio, television, newspapers and the Internet. It is the first provincial-level central kitchen in China to achieve all-media integration. In the practice of "Jinyun" central kitchen, a number of high-quality media content emerged, expanding the influence of new media. Tianjin media dare to reform drastically and its media convergence has entered a substantial stage, and there is still a long way to go in the future. Only by adhering to the support of advanced technology, taking content construction as the foundation, relying on the optimization of communication concepts, and upgrading communication capabilities as the basis can we take the big step forward in media convergence.

Keywords: Media Convergence; Jinyun; Central Kitchen; Business Process; Big Data

B. 9   Practice Path and Action Strategy of Regional

Media Convergence

—*An Overview of Media Convergence in Jilin*   *Liu Xueyi* / 136

Abstract: Media convergence is an all-round media revolution. How can the local media in poor condition transform itself digitally? How to seize the Internet communication opportunity and follow policy direction so as to find their suitable ToG and ToC business? The review on these experiences is worthwhile. Despite the difficult initial environment for media convergence in Jilin, Jilin media professionals can face up to their own coordinates and orientation in the national media market, seize the "golden period" of convergence and transformation, and unremittingly explore the path of convergence. At present, the multi-form communication pattern of "traditional media + Internet" has gradually taken shape, and Jilin media has entered a new era of communication across media platforms. Restricted by the development of regional and local media market, the road of new media in Jilin has invisible and unforeseeable gridlocks. In light of current media development, regional integrated media haven't found a way out of this dilemma. Therefore, we should identify "four priorities" in media positioning, product design, key breakthroughs, and system and mechanism so as to take a substantive step in media convergence.

Keywords: *Jilin Daily*; Regional Convergence; Practice Path; Action Strategy; User Demand First

B. 10   The Practice of Media Convergence in Jiangsu

Gao Shanbing / 157

Abstract: Promoting the integrated development of traditional and emerging media is a major strategic plan made by the Party Central Committee to consolidate the ideological and cultural front and strengthen mainstream opinion. With leading economic development nationwide, Jiangsu Province is above the national average in terms of science and technology innovation, Internet penetration and user's media literacy. Jiangsu media, in light of their own characteristics, have seized the strategic

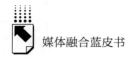
opportunity brought by media convergence to accelerate reform, innovation, convergence and transformation. And they have given full play to their respective and crucial role in positive publicity and dissemination of positive energy, and taken the leap in enhancing the quality and effect of convergence media coverage with their characteristics, thus significantly strengthening guidance on Internet opinion and industrial competitiveness. However, in promoting media convergence Jiangsu Province is still facing multiple problems such as imbalanced regional transformation and development, the overall competence of media workers unsatisfactory to meet the demand of media development in a new era and unclear ownership of new media.

Keywords: Media Convergence; Litchi Cloud Platform; Effect and Model; Problems and Countermeasures

B. 11　Research on the Current Situation and Latest Development of Media Convergence in Shanghai　　*Xie Xuefang*, *Li Lin* / 165

Abstract: The alteration and innovation of technology have promoted the structural change of the media industry. In the Internet age, the traditional media suffer a huge user drain and the business decline. At the same time, the rising Internet new media is facing some bottlenecks like content fragmentation, mode homogenization and difficulties in operation and supervision. The integration and transformation of traditional media and new media have become the necessary means of innovation. The media convergence in Shanghai is constantly presenting new highlights. The media convergence practice represented by Shanghai Media Group and Shanghai United Media Group has accelerated the pace of media convergence and provided a universal trend and direction for media convergence and transformation.

Keywords: Media Convergence; Shanghai; SMG; Shanghai United Media Group; Intelligent Media

B. 12　Small clues for the future: new emerging models of

　　　media convergence in Zhejiang　　　*Shao Peng, Zhu Yujia* / 178

Abstract: Zhejiang is an economic and cultural prosperous province in China, and its media industry is among the best in the country. In recent years, the development of media convergence in Zhejiang Province has brought a lot of innovative breakthroughs to the media industry; it has also formed a lot of new models of national representative convergence; the dissemination and influence of the media have been comprehensively enhanced. In 2017, the Media Convergence Assessment Group of Zhejiang Province, led by School of Media and International Culture, Zhejiang University, made a comprehensive evaluation on the development of media convergence in 11 districts and cities in Zhejiang Province. Based on the evaluation, this paper comprehensively elaborates the development status of media convergence in Zhejiang Province in 2017 −2018 from both macro and micro dimensions.

Keywords: Zhejiang Media Industry; Media Convergence; Communication Matrix; Central Kitchen; Grassroots Convergence Practice

B. 13　New branches of old trees: media organizations building

　　　western intellectual highland in Sichuan

　　　　　　　　　　　　　　　　　Chen Xueqi, Wang Yici / 189

Abstract: In 2018, media convergence in Sichuan advances steadily. In terms of layout, Sichuan gives full play to its political and territorial advantages, and constructs the four matrixes led by Sichuan Newspaper Group, Chengdu Media Group, Sichuan Radio and Television Media Group and Sichuan Network Media Group. In news production, Sichuan makes full use of its advantages to innovate the production process, strengthen the content generation, and provide guidance on public opinion. In media operation, it enriches types of product, expands cooperation and explores multiple profit models. As far as the status quo of convergence is concerned, there are still dilemmas in concept, motivation, role and talent which can be broken down by strengthening top-level planning, creating

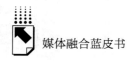
媒体融合蓝皮书

benchmark products with characteristics, and building an intellectual highland of media convergence in western China.

Keywords: Media Convergence; Sichuan Newspaper Group; Chengdu Media Group; Sichuan Radio and Television Media Group; Sichuan Network Media Group

B. 14 Communication System, Internet, Industry Chain and Localization: the Sustainable Media Convergence in Chongqing
Zeng Runxi, Li Menghan / 202

Abstract: To better understand the development status of media convergence in Chongqing, the research group visited Chongqing Media Group, Chongqing Broadcasting Group, Chongqing News Portal and Chongqing Daily News Group for in-depth investigation from August to September 2018. This review begins with the analysis on the four aspects of communication system, cutting-edge technology, industrial chain layout and localization practice, and introduces the advanced experience and practice of major media groups in Chongqing respectively. Research findings are: Chongqing city newspaper cluster has reformed to establish Chongqing City Media Group; major media push forward the construction of convergence media center and open up the whole process of information production; the use of cutting-edge technologies such as big data and VR to create new media products; the creation of high-quality news content, taking content production as its foundation; multi-dimensional and diversified industrial layout has taken shape to strengthen external cooperation and explore sustainable development models.

Keywords: Chongqing City Media Group; Chongqing Broadcasting Group; Chongqing News Portal; Chongqing Daily News Group

B. 15 Media Convergence in Gansu: Breakthrough and Upgrade
Zhi Tingrong, Xie Lingjia / 222

Abstract: From 2017 to 2018, the media industry in Gansu Province accelerates the pace of media convergence, and takes late-mover advantage to promote in-depth media convergence. Gansu Broadcasting Group has optimized the top-level design and strategy layout on media convergence and Gansu Daily News Group has achieved good results in convergence practice. Focusing on the reform and breakthroughs of Gansu Broadcasting Group and Gansu Daily News Group, this paper analyses and discusses the achievements in key benchmark products of media convergence in Gansu and proposes corresponding suggestions on the concept of media convergence, system and mechanism and the building of talent cohort.

Keywords: Gansu Broadcasting Group; Gansu Daily News Group; "Feitian Convergence Media Cloud"; Gansu Traffic Radio; Gansu Mobile News

B. 16   Opportunity, Policy and Profoundness: Three Pillars in the Development of Media Convergence in Hunan

Wang Xiaosheng, Yang Wen / 237

Abstract: The development of media convergence in Hunan Province in 2017 — 2018 is as vigorous as Hunan media. It has given a satisfactory answer to both the market and the audience in terms of platform transformation and upgrading and content development and innovation. Hunan Daily News Group spreads the mainstream voice of Hunan on the New Hunan app; Rednet New Media Group takes the News Moment app as the main force and continuously optimizes the interactive platform for voices of people across districts and counties in Hunan; Hunan Satellite TV, with Mango TV as its pivot and its strong content production advantages and advanced technology, develops itself into phenomenal video platform on the Internet step by step. Certainly, in the pursuit of deep convergence and development, various media have also encountered such problems as the shortage of talent and the backward evaluation system in the transformation. Only by overall planning, grasping the key issues, cultivating talents with Internet genes and reforming the mechanism and system can more fruits be achieved on the way of convergence.

Keywords: Media Convergence; New Hunan App; News Moment App; Mango TV; Brand Effect

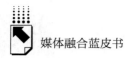
B. 17　Media Convergence in Hubei: Characteristics, Highlights
　　　　and Difficulties　　　　　　　　*Zhi Tingrong, Wu Dan* / 248

Abstract: In response to the strategic deployment made by the CPC central committee to promote the development of media convergence, strengthen ideology dissemination and expand mainstream public opinion, Hubei Province has made attempts on the path for deep media convergence. The traditional media in Hubei represented by Hubei Broadcasting Group and Changjiang Daily News Group have made landmark achievements in building new media platforms such as Wuhan City Message Board, Morning Wuhan and Changjiang Cloud Mobile Government Service. The "News + government affairs + service" mode and "news + creativity" mode with new technologies bring more new media products. Changjiang Cloud is a highlight of media convergence for platform media.

Keywords: Media Convergence; Hubei Broadcasting Group; *Changjiang Daily*; Mobile Government Service; City Message Board

B. 18　From development to upgrading: Annual performance and
　　　　excellent cases of media convergence in Guangdong
　　　　　　　　　　　　　　　　Mai Shangwen, Zhang Junhan / 263

Abstract: In 2017 −2018, the media convergence in Guangdong crossed "deep water zone". When the convergence project revealed its preliminary result, major media groups began to break through the limitations of the singular pursuit of platform and content increment, re-examine and rethink the direction and strategy of convergence, and "turn" in a timely manner. In the overall strategic deployment of the products to be integrated, the qualitative leap from "development" to "upgrade" has been realized; in content production and product development, comprehensive access to "think-tank" has been established; individualized development is encouraged, and optimization of relevant systems is carried out to unleash the talent value potential in all directions. In addition, the media is committed to breaking the "convergence bottleneck" of capital and profit, and further attempts to seek cooperation in finance, politics, science and technology, and it has made great breakthroughs: the matrix of three major newspaper group think-tanks has taken shape and made billions of profit, the number of Guangdong IPTV users exceeded 10 million, "Yangchengpai", "Weicheng ejiatong" and other hit products have supported the "double upgrade" of technology and content. In general, the media convergence in Guangdong Province has moved deeper thanks to strategic transformation this year, and continued exerting its efforts in refining convergence product matrix. Such a practice is worth learning for the continuous promotion of deeper media convergence in China.

Keywords: Media Convergence; Deep Convergence; News Products; New Media; Convergence Obstacle

Abstract: Following the integration and transformation of Shenzhen Newspaper Group (SNG) and Shenzhen Media Group (SZMG) in the past five years, it is not difficult to find that both SNG and SZMG have returned from channel expansion (websites and APPs development) to high-quality content production, from horizontal diversification to upstream and downstream development based on one's own advantages, and from focusing on one's own sentiments and interests of small groups to market demand and user experience. It can be said that both of them become restrained and rational. Besides, they have turned the initial groping around into a natural extension of the path dominated by "micro-reform, incremental reform and marginal reform", signaling a positive and upward sign.

Keywords: Shenzhen Newspaper Group; Shenzhen Media Group; Media Convergence; User Experience

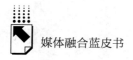
媒体融合蓝皮书

Ⅳ Assessment Report

B. 20 China's Media Convergence Development Ranking

(2017 −2018)   *Research Group* / 290

Abstract: The " China's media convergence development ranking" aims to identify representatives with innovative ideas, exceptional leadership and outstanding contributions in the development of China's media convergence, as well as media organizations with exemplary effects and leading advantages in innovation. The selection of media of this list is dominated by traditional media such as national radio, television, newspapers and periodicals, and the Internet, with consideration given to various commercial platforms. On the basis of field investigation in 19 cities in China, the research group has established the system of convergence index and made a comprehensive evaluation based on the open data. The pioneer list, leading figures in media convergence and convergence index are based on the nomination, recommendation or scorings of the expert group before the selected list and evaluation results are finally revealed.

Keywords: Pioneer List; Leading Figures; Expert Opinion Approach; Convergence Index; Demonstration Effect

Ⅴ International Reports

B. 21 User Connection, Community and Participation: the Users'

Mindset in Overseas Media Convergence

He Guoping, *Luo Cun* / 294

Abstract: With the advancement of media convergence, the integration of media and platform has been strengthened. Content push and information distribution based on communication technology have become an important means of accurate communication. However, the embarrassing hint of "hit product attracts no one" in media convergence reveals that users' attraction, cultivation and maintenance have their own laws and rules. It is the user's mindset in media convergence. By compiling and collating the latest foreign related research reports, this paper analyzes the trends in the development and application of foreign media convergence. The case study mainly focuses on how to establish user connection, how to build a community based on membership through journalists and services, and how to improve user loyalty through online and offline activities. Analysis of the cases are: Slate Plus membership model, *Christian Science Monitor*'s algorithm on increasing user participation, the *Guardian*'s new tertiary member plan, DNAinfo Chicago reporters' sinking community on establishing trust, Voice of San Diego's development of offline activities, Netflix's practice in leading video user interface changes, and GeekWire's exploration on the in-depth participation pattern of technology community. All these can offer reference for the development of China's media convergence.

Keywords: Overseas Media Convergence; Users' Mindset; Membership; Community Participation; User Empowerment

B. 22 A Revolution of Smart Speaker Voice Promotes the Media Convergence and Transformation of Audio Overseas

Tang Jiamei, He Zijie / 314

Abstract: 2018 marks the first year for smart speaker voice revolution. Many foreign media have created their smart speaker voice interfaces and produced high-quality contents, aiming at promoting the upgrading and transformation of media industry by integrating the technology of smart speaker voice with the mode of content production. This paper mainly analyzes how the smart speaker voice technology influence and accelerate audio media convergence, by compiling latest foreign reports. With this technology, the media overseas have made the convergence and transformation of "smart speaker voice + search engine", "smart speaker voice + information aggregation", "smart speaker voice + mobile scenes" and "smart speaker voice + notification application", innovated the production mode of audio media content and deeply influenced the media usage behavior of users. Since smart speaker

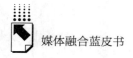

voice is still in the developing stage, the emerging problems about children ethics, the leakage of user privacy and the barrier to news diversity in the convergence remain to be solved. With improvement, smart speaker voice is capable to boost a new round of audio media's convergence and transformation and reinforce the competitiveness and strength of the media industry.

Keywords: Smart Voice; Audio Media; Media Convergence; Mobile Scene; User Privacy

Ⅵ　Appendix

❖ 皮书起源 ❖

"皮书"起源于十七、十八世纪的英国，主要指官方或社会组织正式发表的重要文件或报告，多以"白皮书"命名。在中国，"皮书"这一概念被社会广泛接受，并被成功运作、发展成为一种全新的出版形态，则源于中国社会科学院社会科学文献出版社。

❖ 皮书定义 ❖

皮书是对中国与世界发展状况和热点问题进行年度监测，以专业的角度、专家的视野和实证研究方法，针对某一领域或区域现状与发展态势展开分析和预测，具备原创性、实证性、专业性、连续性、前沿性、时效性等特点的公开出版物，由一系列权威研究报告组成。

❖ 皮书作者 ❖

皮书系列的作者以中国社会科学院、著名高校、地方社会科学院的研究人员为主，多为国内一流研究机构的权威专家学者，他们的看法和观点代表了学界对中国与世界的现实和未来最高水平的解读与分析。

❖ 皮书荣誉 ❖

皮书系列已成为社会科学文献出版社的著名图书品牌和中国社会科学院的知名学术品牌。2016年，皮书系列正式列入"十三五"国家重点出版规划项目；2013~2019年，重点皮书列入中国社会科学院承担的国家哲学社会科学创新工程项目；2019年，64种院外皮书使用"中国社会科学院创新工程学术出版项目"标识。

中国皮书网

（网址：www.pishu.cn）

发布皮书研创资讯，传播皮书精彩内容
引领皮书出版潮流，打造皮书服务平台

栏目设置

关于皮书：何谓皮书、皮书分类、皮书大事记、皮书荣誉、
　　　　　皮书出版第一人、皮书编辑部

最新资讯：通知公告、新闻动态、媒体聚焦、网站专题、视频直播、下载专区

皮书研创：皮书规范、皮书选题、皮书出版、皮书研究、研创团队

皮书评奖评价：指标体系、皮书评价、皮书评奖

互动专区：皮书说、社科数托邦、皮书微博、留言板

所获荣誉

2008 年、2011 年，中国皮书网均在全
国新闻出版业网站荣誉评选中获得"最具
商业价值网站"称号；

2012 年，获得"出版业网站百强"称号。

网库合一

2014 年，中国皮书网与皮书数据库端
口合一，实现资源共享。

权威报告·一手数据·特色资源

皮书数据库
ANNUAL REPORT(YEARBOOK)
DATABASE

当代中国经济与社会发展高端智库平台

所获荣誉

- 2016年，入选"'十三五'国家重点电子出版物出版规划骨干工程"
- 2015年，荣获"搜索中国正能量 点赞2015""创新中国科技创新奖"
- 2013年，荣获"中国出版政府奖·网络出版物奖"提名奖
- 连续多年荣获中国数字出版博览会"数字出版·优秀品牌"奖

成为会员

　　通过网址www.pishu.com.cn访问皮书数据库网站或下载皮书数据库APP，进行手机号码验证或邮箱验证即可成为皮书数据库会员。

会员福利

- 已注册用户购书后可免费获赠100元皮书数据库充值卡。刮开充值卡涂层获取充值密码，登录并进入"会员中心"—"在线充值"—"充值卡充值"，充值成功即可购买和查看数据库内容。
- 会员福利最终解释权归社会科学文献出版社所有。

数据库服务热线：400-008-6695
数据库服务QQ：2475522410
数据库服务邮箱：database@ssap.cn
图书销售热线：010-59367070/7028
图书服务QQ：1265056568
图书服务邮箱：duzhe@ssap.cn

社会科学文献出版社　皮书系列
SOCIAL SCIENCES ACADEMIC PRESS (CHINA)

卡号：951898553677
密码：

S 基本子库
SUB DATABASE

中国社会发展数据库（下设 12 个子库）

全面整合国内外中国社会发展研究成果，汇聚独家统计数据、深度分析报告，涉及社会、人口、政治、教育、法律等 12 个领域，为了解中国社会发展动态、跟踪社会核心热点、分析社会发展趋势提供一站式资源搜索和数据分析与挖掘服务。

中国经济发展数据库（下设 12 个子库）

基于"皮书系列"中涉及中国经济发展的研究资料构建，内容涵盖宏观经济、农业经济、工业经济、产业经济等 12 个重点经济领域，为实时掌控经济运行态势、把握经济发展规律、洞察经济形势、进行经济决策提供参考和依据。

中国行业发展数据库（下设 17 个子库）

以中国国民经济行业分类为依据，覆盖金融业、旅游、医疗卫生、交通运输、能源矿产等 100 多个行业，跟踪分析国民经济相关行业市场运行状况和政策导向，汇集行业发展前沿资讯，为投资、从业及各种经济决策提供理论基础和实践指导。

中国区域发展数据库（下设 6 个子库）

对中国特定区域内的经济、社会、文化等领域现状与发展情况进行深度分析和预测，研究层级至县及县以下行政区，涉及地区、区域经济体、城市、农村等不同维度。为地方经济社会宏观态势研究、发展经验研究、案例分析提供数据服务。

中国文化传媒数据库（下设 18 个子库）

汇聚文化传媒领域专家观点、热点资讯，梳理国内外中国文化发展相关学术研究成果、一手统计数据，涵盖文化产业、新闻传播、电影娱乐、文学艺术、群众文化等 18 个重点研究领域。为文化传媒研究提供相关数据、研究报告和综合分析服务。

世界经济与国际关系数据库（下设 6 个子库）

立足"皮书系列"世界经济、国际关系相关学术资源，整合世界经济、国际政治、世界文化与科技、全球性问题、国际组织与国际法、区域研究 6 大领域研究成果，为世界经济与国际关系研究提供全方位数据分析，为决策和形势研判提供参考。

法律声明

　　"皮书系列"（含蓝皮书、绿皮书、黄皮书）之品牌由社会科学文献出版社最早使用并持续至今，现已被中国图书市场所熟知。"皮书系列"的相关商标已在中华人民共和国国家工商行政管理总局商标局注册，如 LOGO（　　）、皮书、Pishu、经济蓝皮书、社会蓝皮书等。"皮书系列"图书的注册商标专用权及封面设计、版式设计的著作权均为社会科学文献出版社所有。未经社会科学文献出版社书面授权许可，任何使用与"皮书系列"图书注册商标、封面设计、版式设计相同或者近似的文字、图形或其组合的行为均系侵权行为。

　　经作者授权，本书的专有出版权及信息网络传播权等为社会科学文献出版社享有。未经社会科学文献出版社书面授权许可，任何就本书内容的复制、发行或以数字形式进行网络传播的行为均系侵权行为。

　　社会科学文献出版社将通过法律途径追究上述侵权行为的法律责任，维护自身合法权益。

　　欢迎社会各界人士对侵犯社会科学文献出版社上述权利的侵权行为进行举报。电话：010-59367121，电子邮箱：fawubu@ssap.cn。

社会科学文献出版社